D1754332

Dieter Spath | Wilhelm Bauer | Martin Engstler (Hrsg.)

Innovationen und Konzepte für die Bank der Zukunft

Dieter Spath |
Wilhelm Bauer | Martin Engstler (Hrsg.)

Innovationen und Konzepte für die Bank der Zukunft

Mit modernen Vertriebslösungen und
optimierten Wertschöpfungsprozessen
künftigen Herausforderungen begegnen

GABLER

Bibliografische Information der Deutschen Nationalbibliothek
Die Deutsche Nationalbibliothek verzeichnet diese Publikation in der
Deutschen Nationalbibliografie; detaillierte bibliografische Daten sind im Internet über
<http://dnb.d-nb.de> abrufbar.

1. Auflage 2008

Alle Rechte vorbehalten
© Gabler | GWV Fachverlage GmbH, Wiesbaden 2008

Lektorat: Guido Notthoff

Gabler ist Teil der Fachverlagsgruppe Springer Science+Business Media.
www.gabler.de

Das Werk einschließlich aller seiner Teile ist urheberrechtlich geschützt. Jede Verwertung außerhalb der engen Grenzen des Urheberrechtsgesetzes ist ohne Zustimmung des Verlags unzulässig und strafbar. Das gilt insbesondere für Vervielfältigungen, Übersetzungen, Mikroverfilmungen und die Einspeicherung und Verarbeitung in elektronischen Systemen.

Die Wiedergabe von Gebrauchsnamen, Handelsnamen, Warenbezeichnungen usw. in diesem Werk berechtigt auch ohne besondere Kennzeichnung nicht zu der Annahme, dass solche Namen im Sinne der Warenzeichen- und Markenschutz-Gesetzgebung als frei zu betrachten wären und daher von jedermann benutzt werden dürften.

Umschlaggestaltung: Nina Faber de.sign, Wiesbaden
Druck und buchbinderische Verarbeitung: Krips b.v., Meppel
Gedruckt auf säurefreiem und chlorfrei gebleichtem Papier.
Printed in the Netherlands

ISBN 978-3-8349-0943-5

Vorwort

Der Bankenmarkt in Deutschland ist seit Jahren von einer hohen Wettbewerbsintensität geprägt. Ursachen sind die hohe Anbieterdichte im Markt sowie die Expansionsbestrebungen von Direktbanken, spezialisierten Banken und die verstärkten Aktivitäten international agierender Anbieter im Zuge harmonisierter Finanzmärkte.

Wie können Banken in diesem Umfeld individuelle Strategien definieren, welche strategischen Projekte sind heute einzuleiten, um zukünftig Wettbewerbsvorteile zu generieren? Diese Fragestellung hat Fraunhofer IAO in den Mittelpunkt der Forschungsarbeiten im Bankensektor gestellt. Zusammen mit zahlreichen Bankpraktikern und IT-Dienstleistern entwirft Fraunhofer IAO im Rahmen des Verbundforschungsprojekts Innovationsforum „Bank & Zukunft" strategische Handlungskonzepte für die Bankbranche, die durch jährlich durchgeführte Branchentrendstudien ergänzt werden.

In den letzten fünf Jahren konnten im Rahmen dieser Branchentrendstudien deutliche Veränderungen hinsichtlich strategischer Maßnahmenprioritäten in den Banken ermittelt werden. In der bereits im Herbst 2003 von Fraunhofer IAO und IBM Deutschland GmbH durchgeführten Trendstudie „Banken im Aufbruch" waren strategische Handlungskonzepte noch überwiegend von Rentabilitätserwägungen und Kostensenkungsmaßnahmen geprägt. Zur nachhaltigen Veränderung der Kostenstrukturen sahen 83 Prozent der Studienteilnehmer den verstärkten IT-Einsatz zur Geschäftsprozessoptimierung als wichtigsten Ansatz. Auch sahen darin 44 Prozent der Studienteilnehmer im Prozessoutsourcing einen strategischen Ansatz zur Beherrschung von Prozesskosten im Banking. Diese Ansätze wurden erstmals unter dem Begriff „Industrialisierung der Finanzbranche" zusammengefasst, wenngleich die Reichweite und die Begriffsinterpretation damals noch stark variierten. Aber auch im Vertrieb wurden in dieser Studie hohe Kostenoptimierungspotenziale gesehen. So sahen hier 54 Prozent im Ausbau der Direktvertriebswege und 41 Prozent in der Reduktion der Vertriebsstandorte wichtige Hebel zur nachhaltigen Veränderung der Kostenstrukturen einer Bank. Allerdings wurde auch bereits erkannt, dass im Vertrieb ein hohes Innovationspotenzial steckt, das es künftig besser zu heben gilt. Rund 63 Prozent der Studienteilnehmer sahen sowohl bei Finanzprodukten als auch bei Vertriebskonzepten hohen Handlungsbedarf. Die damals initiierten Optimierungsprogramme sollten die erforderlichen Freiräume für zukunftsorientiertes strategisches Handeln schaffen und damit den unternehmerischen Gestaltungsfreiraum erweitern.

Vor dem Hintergrund der ermittelten Herausforderungen und auch Chancen in der Finanzbranche wurde im Juli 2004 von Fraunhofer IAO zusammen mit Partnern der Wirtschaft das Verbundforschungsprojekt Innovationsforum „Bank & Zukunft" gestartet, an dem bislang rund 30 Unternehmen aus dem Bankensektor, das heißt Banken und IT-Dienstleister der Branche, aktiv mitgewirkt haben. Das Ausloten strategischer Optionen für die „Bank der Zukunft" nimmt darin einen festen Platz in den Strategiekonzepten ein. Die erzielten Ergebnisse dienen sowohl Banken als auch IT-Dienstleistern der Branche gleichermaßen als Orientierung.

In der vorliegenden Buchpublikation erhalten die Leser einen Überblick über die wichtigsten wissenschaftlichen Forschungsergebnisse aus dem Innovationsforum „Bank & Zukunft" und konkrete Lösungsansätze der Innovationspartner dieses Verbundforschungsprojekts, die durch Erfahrungsberichte bei der Umsetzung innovativer Konzepte in der Bankenpraxis abgerundet werden.

Einzigartig ist der im Rahmen dieser Publikation gespannte Themenbogen, der von innovativen Vertriebskonzepten an der Kundenschnittstelle bis hin zu neuen Wegen der internen Prozessorganisation und damit verbundener struktureller Entwicklungstrends im Zuge der Industrialisierung des Bankensektors reicht. In diesem Gesamtkontext werden Bausteine der Unternehmensentwicklung in Banken skizziert, die gleichermaßen die Aspekte Effizienz und Innovation adressieren und damit zur Steigerung der Ertragskraft insgesamt beitragen.

Eine Schlüsselrolle bei der Umsetzung innovativer Konzepte in Banken kommt dem Einsatz moderner Informationstechnologien zu. Sie bilden ein wichtiges Instrument zum Auf- und Ausbau von wettbewerbsrelevanten Differenzierungsmerkmalen am Markt und sind somit als fester Bestandteil der strategischen Konzepte zur Weiterentwicklung der Geschäftsmodelle insgesamt zu gestalten. Die IT-Dienstleister im Finanzdienstleistungssektor haben sich vor diesem Hintergrund längst von einfachen Produktlieferanten hin zu kompetenten Lösungspartnern bei der Konzeption und Realisierung innovativer Prozesse entwickelt.

Innovation ist heute zu einem strategischen Leitthema im Management geworden. Zur Umsetzung der Innovation sind die Mitarbeiter und auch die Kunden in den Innovationsprozess zu integrieren, will man nachhaltig Erfolge am Markt erzielen.

Innovationen entstehen im Dialog, so das Leitmotto des Innovationsforums „Bank & Zukunft". Unser Dank gilt daher allen Autoren und Innovationspartnern dieses Verbundforschungsprojekts, die gemeinsam mit den Wissenschaftlern am Fraunhofer IAO an den innovativen Konzepten für die „Bank der Zukunft" arbeiten und zum Gelingen dieses Buchs beigetragen haben.

Allen Lesern wünschen wir, dass sie aus den Buchbeiträgen zahlreiche Impulse für die Bank von morgen erhalten, die sie zeitnah in ihren Unternehmen sowie mit ihren Kunden und Mitarbeitern erfolgreich in die Praxis umsetzen können.

Stuttgart, im Juni 2008   Dieter Spath, Wilhelm Bauer, Martin Engstler

Inhaltsverzeichnis

Vorwort 5

Teil I
Aktuelle Entwicklung im Retailbanking

Bank & Zukunft – Trends und Entwicklungen 13
Dieter Spath / Wilhelm Bauer / Martin Engstler

Teil II
Innovationen für den Finanzvertrieb

Erlebniswelt Bankfiliale 23
Martin Engstler / Christian Vocke

Kann eine Bank von anderen Branchen lernen? 45
Michael Allen / Markus Wunder

Die Bank der Zukunft –
die intelligente Verknüpfung von realem und virtuellem Banking 57
Rainer Welsch

Filialstrategie für Regionalbanken 65
Axel Gürntke / Horst Schreiber

Emotionalisierung im Vertrieb – Chance zur Differenzierung 73
Tobias Lukas

Auf Augenhöhe: Kundenbindung über den Filialvertrieb 79
Markus Krüger / Michael Reif

Intelligent kommunizieren – emotional binden 83
Ulrich Prosch / Sabine Vogel

Von der Mehrwertfiliale zum Community-Banking 89
Hermann Stengele

Die Bedeutung der SB-Bereiche zur Stärkung der Filialstruktur 99
Bernd Fitschen

Marke – Raum – Mensch 105
Gunter Lück / Toni Piskač

Automation und Mehrwertservices im SB-Banking 113
Andra Dempzin / Michael Strümpfler

Der Bankarbeitsplatz der Zukunft –
Integration und rollenbasierte Konzepte als Schlüssel zum Erfolg 121
Rainer Welsch

Nutzen Sie Ihre Chance! Wenn nicht jetzt, wann dann? 129
Ines Kremer / Frank Koebsch

Kundenbindung durch Videosysteme und Web 2.0 139
Uwe Müller

Biometrische Anwendungsgebiete im Bankenumfeld 147
Christoph Hampe

Web 2.0 bei Banken: Der Trend verstärkt sich 153
Susanne Fröhlich / Georg-Martin Wasner / Andrea Immenschuh

Banken und Kommunikation 2.0 161
Martina Göhring

Teil III
Industrialisierung im Bankensektor

Facetten der Bankenindustrialisierung 171
Claus-Peter Praeg

Inhaltsverzeichnis

Emotionalisierung sichert langfristigen Erfolg 189
Peter Blatter

Die Zerlegung der Wertschöpfungskette
als Treiber für den Umbau der Bankenbranche 199
Johann Rudolf Flesch

Die Europäisierung des Zahlungsverkehrs –
Herausforderungen und Chancen für regionale Banken 209
Benjamin Syrbe / Ulrich Prosch

Organisationsentwicklung als Servicebereich
in der Unternehmensentwicklung einer Bank 221
Arno Walter / André Berndt

Industrialisierung im Allfinanzvertrieb – Utopie oder Wirklichkeit 229
Frank Erb

Mehr Drehmoment durch Industrialisierung im Private Banking? 235
Jürgen Hoß / Ralf Schuster

Innovative Lösungen im Kreditprozess 241
Frerich-Weers Bremer / Heike Huth

Der Industrialisierungs-Quick-Check – eine Methode für das Assessment
der prozessbasierten Industrialisierungsreife bei Banken 247
Claus-Peter Praeg

Serviceorientierte Architektur (SOA) – Hype oder Notwendigkeit? 255
Johannes Wallenborn

Von der Prozessbewertung zur Serviceorientierung:
Value Chain im Finanzierungsmanagement 263
Uwe Bröker

Teil IV
Ausblick

Ausblick 2015 271
Martin Engstler / Claus-Peter Praeg / Christian Vocke

Die Herausgeber 287

Die Autoren.. 289

Teil I

Aktuelle Entwicklung im Retailbanking

Bank & Zukunft – Trends und Entwicklungen

Dieter Spath / Wilhelm Bauer / Martin Engstler

1. Herausforderungen im Finanzdienstleistungssektor

Die Wettbewerbssituation im Bankenmarkt hat sich in den letzten Jahren zunehmend verschärft und wird vor allem von einem intensivierten Preiswettbewerb im Bereich der Standardprodukte geprägt (siehe Abbildung 1). Beispielhaft zu nennen sind vor allem Marketing-Aktionen, die Bankleistungen zum Nulltarif propagieren („Null-Euro-Girokonto") und darüber hinaus auch noch monetäre Abschlussprämien bzw. Gutscheine für Sachprämien versprechen.

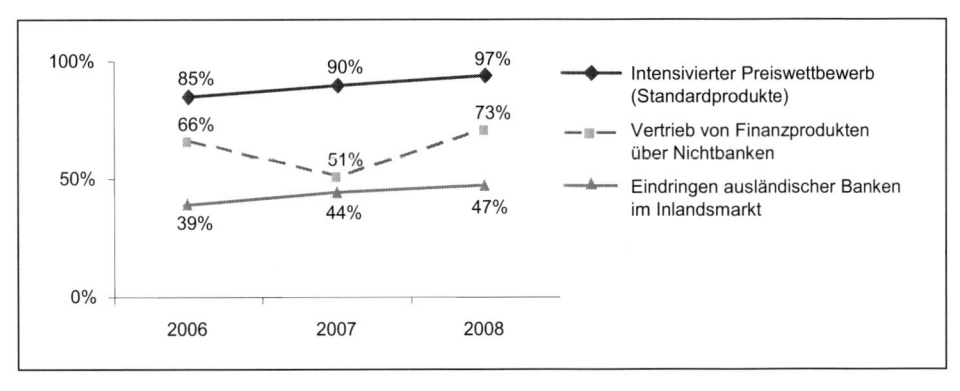

Jahr	Intensivierter Preiswettbewerb (Standardprodukte)	Vertrieb von Finanzprodukten über Nichtbanken	Eindringen ausländischer Banken im Inlandsmarkt
2006	85%	66%	39%
2007	90%	51%	44%
2008	97%	73%	47%

Quelle: Spath (Hrsg.)/Engstler/Praeg/Vocke (2006/2007/2008)
Abbildung 1: *Strategische Herausforderungen*

Eine Reduktion der Wettbewerbsarena auf den Kreis traditioneller Bankanbieter greift zunehmend zu kurz. Die Teilnehmer an der Trendstudienreihe „Bank & Zukunft" bewerten auch die verstärkten Marktaktivitäten von Nichtbanken bzw. ehemaligen Nichtbanken sowie das verstärkte Eindringen ausländischer Banken im Inlandsmarkt als strategische Herausforderung. Die Banken werden sich künftig in einem erweiterten Wettbewerbsumfeld behaupten müssen.

2. Effizienz als Basis für Innovation?

Der intensive Preiswettbewerb bei Standardprodukten hat dazu geführt, dass sich die Banken in den letzten Jahren intensiv mit den Kostenstrukturen und der Steigerung der Prozesseffizienz insgesamt auseinandergesetzt haben.[1] Im ersten Schritt wurden insbesondere Kostensenkungsprogramme im Sach- und Personalkostenbereich vorangetrieben und Prozesse (zum Beispiel Zahlungsverkehr, Wertpapierabwicklung) durch verstärkte Automation bzw. Outsourcing-Ansätze optimiert. Heute können die Banken erste Erfolge verzeichnen, auch wenn bei vielen Banken das Industrialisierungspotenzial in den Prozessen nur zum Teil ausgeschöpft wird.[2]

Mit der Industrialisierung der Prozesse wird inzwischen ein weitergehender Ansatz verfolgt, der die Banken zu Innovationen befähigt und deren Umsetzung in weiterentwickelten Wertschöpfungsmodellen unterstützt. Damit wurden Freiräume geschaffen, sich auch wieder verstärkt mit der Ertragsseite zu beschäftigen und auch hier neue Impulse zu setzen.

Zur Steigerung der Ertragskraft insgesamt bedarf es daher Innovationen an der Kundenschnittstelle, die ergänzt um ein industrialisiertes Prozessmanagement zur Gesamteffizienz der Bank beitragen und damit eine zukunftsorientierte Unternehmensentwicklung beschreiben (siehe Abbildung 2). Dabei sind Veränderungen im Markt und bei den Erwartungen der Kunden zu reflektieren, die neben preiswerten Standardleistungen auch eine hohe Qualität der Bankleistungen sowie der Beratungsangebote fordern.[3]

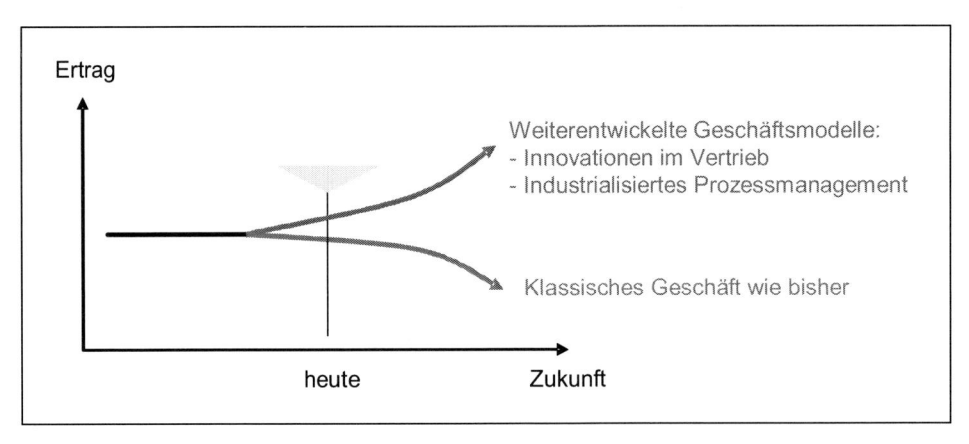

Abbildung 2: Weiterentwicklung der Geschäftsmodelle als Erfolgsfaktor

---

1 Vgl. Spath (Hrsg.)/Engstler/Praeg/Vocke (2007), S. 10f.; Spath (Hrsg.)/Engstler/Praeg/Vocke (2006), S. 11; Spath (Hrsg.)/Engstler/Vocke (2005), S. 15.
2 Vgl. Spath (Hrsg.)/Engstler/Praeg/Vocke (2007), S. 35.
3 Vgl. Spath (Hrsg.)/Engstler/Praeg/Vocke (2007), S. 7ff.

Bank & Zukunft – Trends und Entwicklungen

Die Trendstudienreihe „Bank & Zukunft" von Fraunhofer IAO zeigt, dass sich die Banken intensiv mit Innovationsstrategien sowie auch Industrialisierungsmaßnahmen auseinandersetzen und an zukunftsorientierten Geschäftsmodellen arbeiten. Die Verbindung von Effizienz und Innovation – zum Nutzen des Kunden und auch der Bank – stellt dabei die wichtigste Herausforderung auf dem Weg zur Bank der Zukunft dar.

Ein funktionierendes Innovationsmanagement bildet hierbei die Basis für die langfristige Wettbewerbsfähigkeit. Innovation ist in diesem Kontext als nutzenstiftende Problemlösung zu verstehen, die durch einen neuen Ansatz entsteht. Eine Eingrenzung auf neue Produkte oder Dienstleistungen der Bank greift zu kurz. In einer erweiterten Sicht sind Innovationen auch hinsichtlich neuer Interaktionsprozesse, Verfahren, Organisationsformen oder auch der Entwicklung und Erschließung neuer Märkte zu verstehen. Um den Prozess der Unternehmensentwicklung zu festigen sind Innovationsprozesse in den Unternehmen zu verankern. Innovationsmanagement im erweiterten Verständnis umfasst neben den Innovationsprozessen auch die Implementierung der hierzu erforderlichen Infrastrukturen, Prozesse und Regelungen. Hier bestehen jedoch trotz erkannter Bedeutung in der Bankenbranche noch erhebliche Defizite bei der Verankerung eines systematischen Innovationsmanagements (siehe Abbildung 3).

Von zentraler Bedeutung ist die Schaffung einer Innovationskultur, die zur Hebung der im Unternehmen vorhandenen Innovationspotenziale beiträgt. Die Förderung von Innovationsprozessen ist dabei kein Gegenpol zu Programmen der Kostenoptimierung, vielmehr soll damit die Möglichkeit zur Wettbewerbsdifferenzierung eröffnet werden. Wesentlich sind hierbei vor allem die Berücksichtigung der Kundenbedürfnisse beim Handeln der Banken und die Orientierung an den jeweils relevanten Dienstleistungsanforderungen.

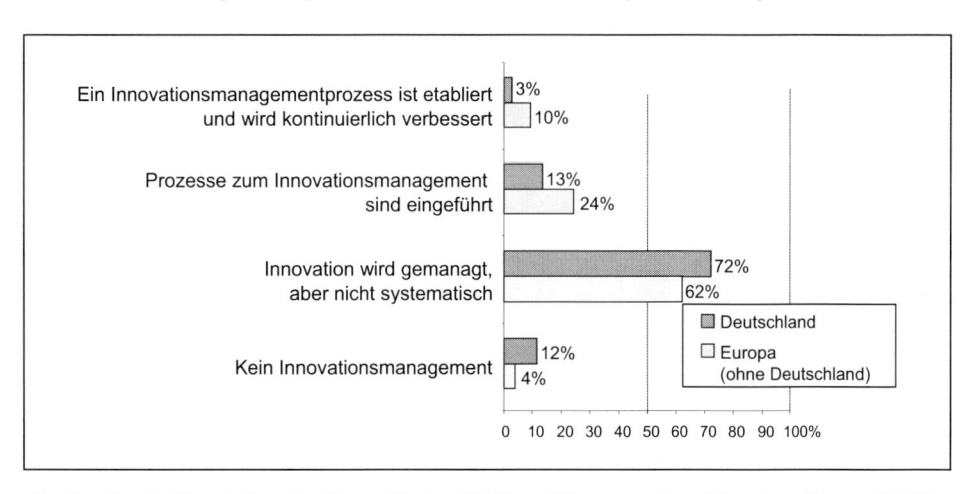

Quelle: Spath (Hrsg.)/Engstler/Praeg/Vocke (2007) und European Retail Banking Survey (2008)
Abbildung 3: *Status des Innovationsmanagements in Banken*

3. Innovationen entstehen im Dialog

Um die Ziele „Effizienz" und „Innovation" zu verbinden werden im Rahmen des Verbundforschungsprojekts Innovationsforum „Bank & Zukunft" am Fraunhofer IAO strategische Potenziale und Anforderungen in der Finanzbranche aus Sicht des Marktes sowie aus Sicht der agierenden Unternehmen aufgearbeitet und Lösungsansätze auf dem Weg zur „Bank der Zukunft" entwickelt (siehe Abbildung 4).

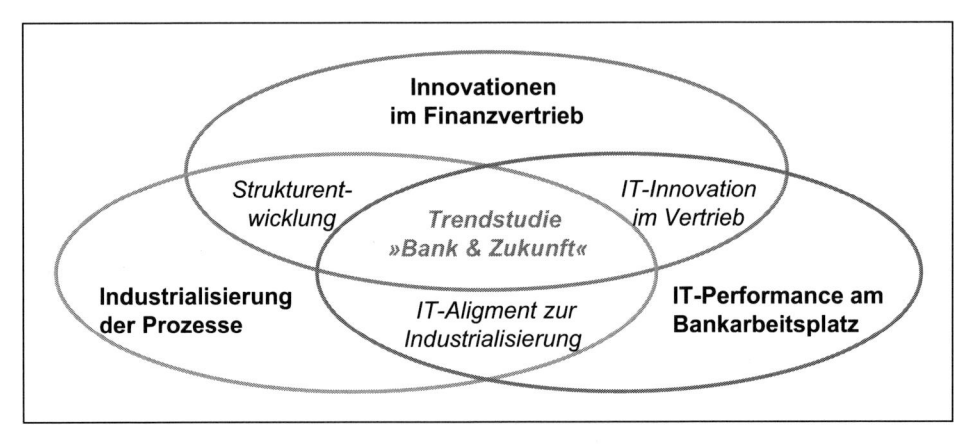

Abbildung 4: Forschungsrahmen des Innovationsforums „Bank & Zukunft"

Den Ausgangspunkt des Bankinnovationsprozesses bilden Innovationen an der Kundenschnittstelle. Durch die Inszenierung neuer Formen der Begegnung von Bank und Kunde wird die Basis zur Vertriebsintensivierung gelegt. Hierzu bedarf es auch einer Weiterentwicklung der Leistungsangebote und neuer Wege der Präsentation in den Vertriebskanälen. Ergänzend dazu gilt es die technische Prozessunterstützung und auch die Förderung sowie den Ausbau der Mitarbeiterkompetenzen sicherzustellen.

Die Freiräume für die Umsetzung innovativer Vertriebskonzepte werden durch eine zunehmend industrialisierte Prozessabwicklung geschaffen. Der Einsatz moderner Informations- und Kommunikationstechnologien bildet hierbei sowohl einen wichtigen Baustein zur Effizienzsteigerung in den Prozessen als auch zur Steigerung der Transparenz durch modernisierte Führungsinstrumente.

In einen zukunftsorientierten Gestaltungsansatz sind auch strukturelle Entwicklungspfade in den Bankinstituten sowie der Finanzbranche insgesamt einzubeziehen. Von zentraler Bedeutung ist hierbei die Entwicklung und Förderung einer Innovationskultur als Grundpfeiler eines nachhaltigen Unternehmensentwicklungsprozesses, den Führungskräfte und Mitarbeiter gemeinsam beschreiten müssen.

An dieser Stelle setzt das Innovationsforum „Bank & Zukunft" an und entwickelt Strategien und Konzepte für die „Bank der Zukunft". Fraunhofer IAO ist Träger dieses Forschungsprojekts und stellt den wissenschaftlichen Rahmen durch Studien sowie den Technologie- und Methodentransfer erzielter Forschungsergebnisse sicher.

Im Verlauf der seit Juli 2004 durchgeführten Forschungsphasen bündelten bereits über 30 Unternehmen ihre Kompetenzen im Innovationsforum „Bank & Zukunft".

Folgende Unternehmen haben bereits aktiv als Partner in diesem Verbundforschungsprojekt mitgearbeitet:

- 3X Banktechnik GmbH
- Akademie Deutscher Genossenschaften e. V. ADG
- Allen-International Ltd.
- arvato logistics services – arvato distribution GmbH
- Berliner Volksbank eG
- Bosch Sicherheitssysteme GmbH
- CISCO Systems GmbH
- Citibank Privatkunden AG & Co. KGaA
- Commerzbank AG
- Mercedes-Benz Bank AG (bis 31.12.2007: DaimlerChrysler Bank AG)
- Deutsche Apotheker- und Ärztebank
- Deutsche WertpapierService Bank AG
- ELAXY Financial Software & Solutions GmbH & Co. KG
- Equens Deutschland AG
- FIDUCIA IT AG
- FinanzIT GmbH
- GAD eG
- IBM Deutschland GmbH
- inasys Gesellschaft für Informations- und Analyse-Systeme GmbH
- Kreissparkasse Ludwigsburg
- Marketinggemeinschaft der Volksbanken und Raiffeisenbanken e. V. MVR
- NORD/IT – NORD/LB Informationstechnologie GmbH
- S&N AG
- Siemens Enterprise Communications GmbH & Co. KG
- Sparkasse Pforzheim Calw
- Sparkasse Pfullendorf-Meßkirch/Tineon AG
- Strähle Raum-Systeme GmbH
- Vereinigte Volksbank AG Böblingen/Sindelfingen – Schönbuch-Calw-Weil der Stadt
- Vitra GmbH
- Volkswagen Bank GmbH
- VR-Bank Rhön-Grabfeld eG
- Wincor Nixdorf International GmbH

Ziel dieses Verbundforschungsprojekts ist es, durch eine enge Kooperation von Anwendern und Herstellern von Technologien im Bankenbereich zielgerichtete Akzente in der Finanzdienstleistungsbranche zu setzen und damit notwendige Innovationsprozesse zu initiieren. (siehe Abbildung 5).

Abbildung 5: Teilnehmer am Projektsteuerungsmeeting IX im Juni 2007

4. Wege zur Bank der Zukunft aus Sicht der Wissenschaft und der Praxis

Im Innovationsforum „Bank & Zukunft" wird unter wissenschaftlicher Leitung von Fraunhofer IAO seit dem Jahr 2004 an Konzepten und Lösungen für die „Bank der Zukunft" gearbeitet. Im Mittelpunkt des Verbundforschungsprojektes stehen die Weiterentwicklung bestehender Geschäftsmodelle sowie die Ausschöpfung der Innovationspotenziale neuer Technologien in Banken.

Adressiert werden in diesem Buch folgende Themenblöcke aus den Arbeiten des Innovationsforums „Bank & Zukunft":

- *Innovationen im Vertrieb:*
Szenarien und Lösungen für die Filiale der Zukunft, Prozessentwicklung und IT-Integration, Lösungen für die zukünftige Kundenkommunikation

- *Industrialisierung der Finanzbranche:*
Industrialisierung der Prozesse zur Erreichung von Prozessexzellenz, Strukturenentwicklung industrialisierter Banken und Kooperationsmechanismen, Einsatz von IT-Lösungen.

- *Ausblick 2015:*
In einem Ausblick in das Banking sowie den Bankenmarkt im Jahr 2015 werden heute abschätzbare Trends zusammengefasst, die im Rahmen der Trendstudienreihe „Bank & Zukunft" von Bankmanagern bewertet wurden.

In den nachfolgenden Kapiteln erhalten die Leser einen Einblick in die Ergebnisse der wissenschaftlichen Forschungsarbeiten des Innovationsforums „Bank & Zukunft". Die Beiträge der Bankpraktiker sowie von Herstellern und IT-Dienstleistern aus dem Verbundforschungsprojekt ergänzen die wissenschaftlichen Forschungsergebnisse bzw. Szenarien und beschreiben innovative Umsetzungskonzepte, Erfahrungen aus dem Praxiseinsatz sowie geplante Weiterentwicklungen aus der Anwender- und Anbieterperspektive.

Literatur

ENGSTLER, M./PRAEG, C.-P./VOCKE, C./WELSCH, R. (2007): European Retail Banking Survey, Stuttgart und Frankfurt am Main: Fraunhofer IAO/IBM Deutschland GmbH 2007.

SPATH, D. (HRSG.); ENGSTLER, M./VOCKE, C. (2005): Trendstudie Bank und Zukunft 2005 – Trends und Entwicklungen im Front- und Backoffice-Bereich von Banken in Deutschland, Stuttgart 2005.

SPATH, D. (HRSG.); ENGSTLER, M./PRAEG, C.-P./VOCKE, C. (2006): Trendstudie Bank und Zukunft 2006 – Wettbewerbsfähigkeit durch Innovation im Vertrieb und industrialisierte Prozesse, Stuttgart 2006.

SPATH, D. (HRSG.); ENGSTLER, M./PRAEG, C.-P./VOCKE, C. (2007): Trendstudie Bank und Zukunft 2007 – Mit Prozessexzellenz und Vertriebsinnovationen die Bank der Zukunft gestalten, Stuttgart 2007.

SPATH, D. (HRSG.); ENGSTLER, M./PRAEG, C.-P./VOCKE, C. (2008): Trendstudie Bank und Zukunft 2008 – Wie sich Banken auf die Herausforderungen von morgen bereits heute vorbereiten, Stuttgart 2008 (in Vorbereitung).

Teil II

Innovationen für den Finanzvertrieb

Erlebniswelt Bankfiliale

Martin Engstler / Christian Vocke

1. Herausforderungen im Finanzvertrieb

Der Leistungsdruck an der Kundenschnittstelle in den Banken hat sich in den letzten Jahren deutlich erhöht. Die Banken spüren dabei neben einem zunehmenden Preiswettbewerb bei Standardprodukten zunehmend auch steigende Anforderungen an die Beratungsqualität durch besser „informierte Kunden".

Als Folge des höheren Anspruchs der Kunden ist ein höherer Aufwand im Umgang mit den Kunden zu verzeichnen. Dies betrifft gleichermaßen alle Vertriebsaktivitäten, das heißt die Kundenakquisition, die Durchführung der eigentlichen Verkaufsgespräche und auch die begleitenden Maßnahmen zur Kundenbindung (siehe Abbildung 1).

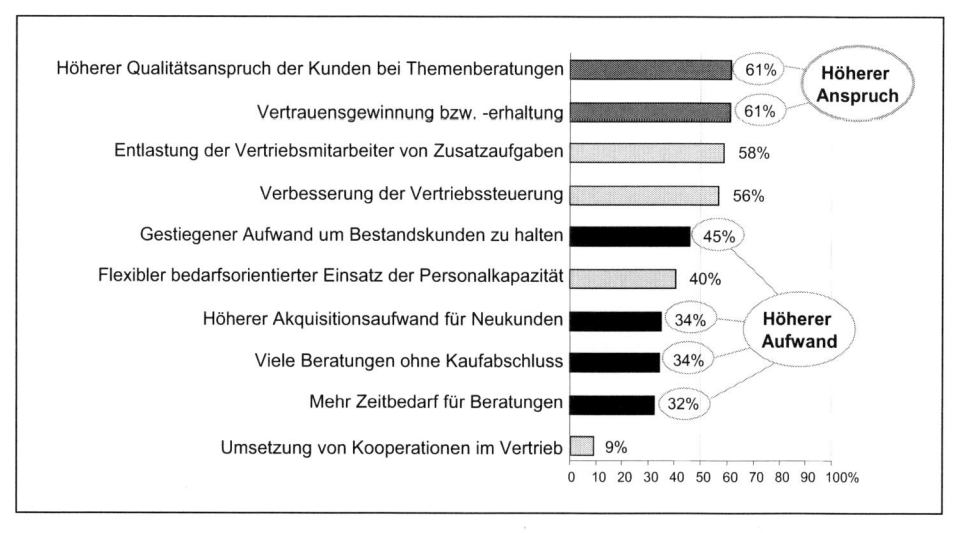

Herausforderung	Anteil
Höherer Qualitätsanspruch der Kunden bei Themenberatungen	61%
Vertrauensgewinnung bzw. -erhaltung	61%
Entlastung der Vertriebsmitarbeiter von Zusatzaufgaben	58%
Verbesserung der Vertriebssteuerung	56%
Gestiegener Aufwand um Bestandskunden zu halten	45%
Flexibler bedarfsorientierter Einsatz der Personalkapazität	40%
Höherer Akquisitionsaufwand für Neukunden	34%
Viele Beratungen ohne Kaufabschluss	34%
Mehr Zeitbedarf für Beratungen	32%
Umsetzung von Kooperationen im Vertrieb	9%

Gruppierung: Höherer Anspruch (erste beiden); Höherer Aufwand (Akquisitionsaufwand, Beratungen ohne Kaufabschluss, Mehr Zeitbedarf).

Quelle: Spath (Hrsg.)/ Engstler/Praeg/Vocke (2007), S. 13
Abbildung 1: *Herausforderungen im Vertriebsmanagement*

Ursachen für diesen Trend sind die zunehmende Markttransparenz und das zunehmende Wissen der Kunden über Finanzprodukte, die den Wissensvorsprung des Bankberaters gegenüber seinem Kunden insbesondere im Massengeschäft reduziert haben. Verstärkt wird dieser Trend auch durch neue Informationsdienste des Web 2.0, die neue Formen der Vernetzung der Internetnutzer sowie darauf basierende Informationswege eröffnen. Für die Banken ist es damit zudem schwieriger geworden, die Kunden langfristig an ihr Haus zu binden. Zugleich ist ein steigender Aufwand für die Neukundenakquisition und die Kundeninteraktion in den bestehenden Verkaufsprozessen festzustellen.

Gesucht werden daher innovative Ansätze, die zur Steigerung der Erfolge im Vertrieb beitragen und gleichzeitig den steigenden Anforderungen an die Wirtschaftlichkeit der Vertriebsstrukturen gerecht werden.

1.1 Erziehung des Kunden zur Selbstständigkeit

Um dem verschärften Preiswettbewerb im Vertrieb von standardisierten Produkten zu begegnen, wurden in den letzten Jahren vor allem Investitionen im medialen Vertrieb getätigt, die langfristig zu niedrigeren Transaktionskosten bei der Abwicklung von Standardgeschäften führen sollen. Die klassische Bankfiliale wurde in diesem Kontext in ihrer Rolle ebenfalls deutlich verändert. Fachkompetenzen wurden an ausgewählten Standorten gebündelt und Zonierungen innerhalb der Filiale sollten die Trennung von SB, Service und qualifizierten Beratungsbereichen auch für den Kunden sichtbar machen.

Im Zuge dieser Veränderungen wurden die Bankkunden schrittweise daran gewöhnt, einfache Bankgeschäfte allein und damit aus Bankensicht effizient durchzuführen. Die Kunden wurden dadurch selbstständiger und aufgrund der gestiegenen Markttransparenz auch kritischer. Heute ist es daher zunehmend schwierig geworden, dem Kunden individuelle Unterschiede der Leistungsmerkmale einer Bank transparent zu machen. Alternativangebote sind heute oft nur noch einen „Mausklick" entfernt bzw. werden den Kunden von spezialisierten Bankinstituten direkt am Point of Sale mit attraktiven Konditionen oder anderen Vorteilsmodellen angeboten. Bei rückläufigen persönlichen Kontakten können Leistungsmerkmale einer Bank zudem immer weniger für den Kunden erlebbar gemacht werden.

1.2 Rückgewinnung der Kundennähe durch Vertriebsintensivierung

Für die Banken steht heute vor allem der Wiedergewinn von Kundennähe im Vordergrund. Damit soll das vorhandene Vertriebspotenzial bei den Bestandskunden besser ausgeschöpft und der Gefahr der Abwanderung der Kunden zu Fremdanbietern bei ausgewählten Leistungen entgegengewirkt werden. Unterstützt werden die Maßnahmen zur Vertriebsintensivierung durch eine Reorganisation der Prozesse und Strukturen im Vertrieb sowie eine durchgängige IT-Unterstützung der Prozesse im Sinne von „End-to-End"-Ansätzen. Damit sollen die Leistungskraft der Vertriebsorganisation erhöht und die erforderlichen Freiräume für eine intensivere Kundenbetreuung und zielorientierte Verkaufsprozesse geschaffen werden. Die Wahrnehmung und das Erleben seiner Bank sind für die Kunden jedoch durch vielerlei Aspekte geprägt. Neben rational begründbaren Kostenunterschieden bei Standardprodukten fließen durchaus auch emotionale Erlebnisse und Trendfaktoren in Entscheidungssituationen mit ein. Genannt sei hier die Kopplung des Erwerbs von Finanzprodukten mit Sachprämien (zum Beispiel Tankgutscheine, Eventtickets etc.), die das abstrakte Finanzprodukt mit einem sofort „erlebbaren" Zusatznutzen verbinden. Zunehmend werden dazu Verkaufsansätze des Handels wie Bonusmodelle, Aktionswochen, zeitliche Befristung von Angeboten etc. auch von Banken übernommen. Zur Festigung der Kundenbeziehung und Steigerung des Vertriebserfolgs bei vorhandenen Cross-Selling-Ansätzen ist es daher zunehmend erforderlich, den Kunden durch Begeisterungsmomente zu binden. Eine hohe Qualität der Leistungserbringung allein führt im Finanzsektor heute zu keinem Alleinstellungsmerkmal (siehe Abbildung 2).

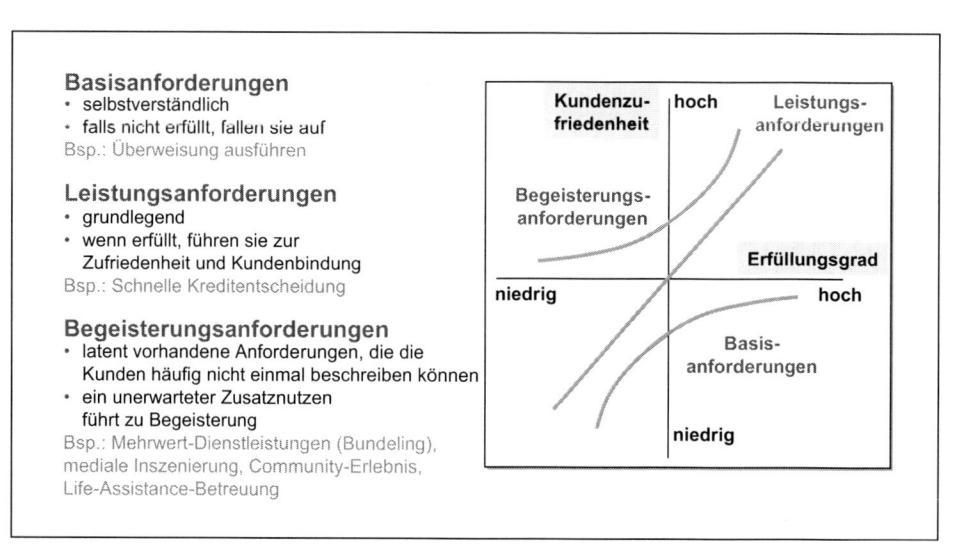

Quelle: IAO in Anlehnung an Noriaki Kano, Japan
Abbildung 2: Modell zur Klassifizierung von Kundenanforderungen

Um neben den Leistungsanforderungen auch Begeisterungsanforderungen erfüllen zu können, müssen die Banken zusammen mit den Kunden an neuen Vertriebskonzepten und -instrumenten experimentieren. Dabei gilt es stets aufs Neue das Interesse der Kunden für die Bank und deren Produkte aufrecht zu erhalten und die Neugierde für neue Wege der Interaktion mit der Bank zu wecken. Patentrezepte hierzu gibt es nicht, vielmehr gilt es organisatorische, personelle und technische Voraussetzungen zu schaffen, im Rahmen derer Innovationsprozesse ablaufen bzw. gefördert werden.

2. Innovationen durch inszenierte Bank-Kunde-Interaktion

Die Begegnung von Bank und Kunde muss durch Innovationen im Leistungsangebot, in den Vertriebswegen und der Vertriebsreorganisation strategisch neu positioniert werden. Neben dem Preis- und damit Kostenwettbewerb ist damit zusätzlich ein Wettbewerb um den besten Weg zum Kunden entbrannt. Die Filiale wird dabei als Ort der persönlichen Begegnung wiederentdeckt. Dabei sind sich die Bankmanager bewusst, dass Nachholbedarf bezüglich innovativer Lösungen im Filialgeschäft besteht. Die Filiale soll dabei primär die Umsetzung eines intensiven Betreuungsansatzes („Customer Lifetime Value") unterstützen, gefolgt vom Gestaltungsziel eines vereinfachten Leistungszugangs für den schnellen Erwerb von Standardprodukten (siehe Abbildung 3).

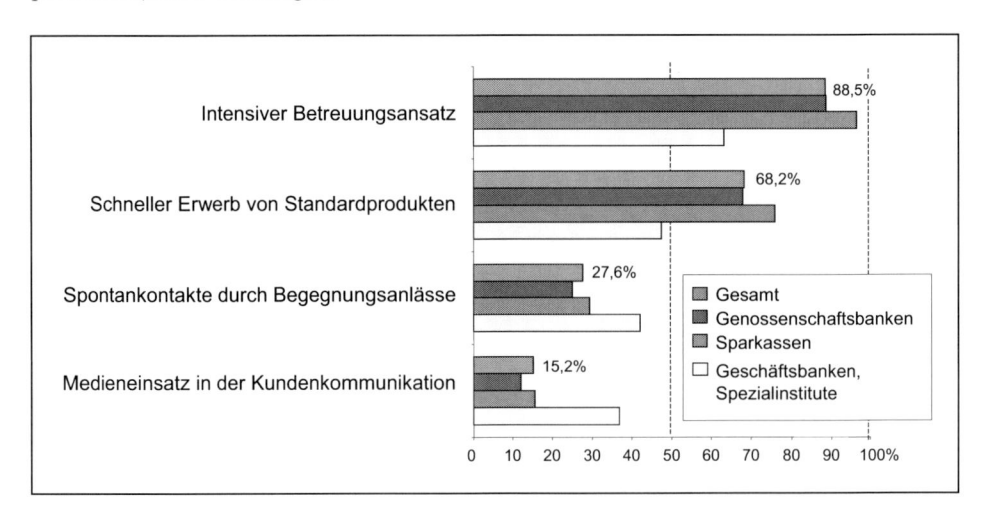

Quelle: Spath (Hrsg.)/ Engstler/Praeg/Vocke (2006), S. 20, Detailauswertung IAO
Abbildung 3: *Leitideen für die Weiterentwicklung von Filialen*

Die Filiale soll auch künftig das persönliche „Gesicht" einer Multikanalbank im Markt prägen. High-Tech-Service und persönliche Beratung, das ist der Spagat, den Banken zukünftig bewältigen müssen, um den steigenden Ansprüchen ihrer Kunden gerecht zu werden. Im Innovationsforum „Bank & Zukunft", einem Verbundforschungsprojekt am Fraunhofer IAO, in dem über 20 Unternehmen der Finanzbranche ihre Kompetenzen bündeln, wurden vor diesem Hintergrund aktuelle Filialkonzepte analysiert und unter Berücksichtigung der abschätzbaren Megatrends vier innovative Filialszenarien entwickelt. Leitgedanke für die innovativen Filialszenarien ist die Gestaltung eines wahrnehmbaren Mehrwerts eines Filialbesuchs für den Kunden und damit eines höheren Vertriebserfolgs für die Bank.

Ein Universalmodell für alle Filialstandorte kann und soll es dabei nicht geben. In den Filialszenarien wird die Interaktion von Bankkunde und Bankmitarbeiter in den Mittelpunkt des Gestaltungsansatzes gestellt. Darauf aufbauend werden innovative Interaktionsmodelle bezüglich der Prozessgestaltung und IT-Unterstützung definiert. Die Szenarien lassen sich dabei wie folgt charakterisieren:

2.1.1 „Life-Assistance-Banking" – Ambiente für individuelle Betreuung

Im „Life-Assistance-Banking" (siehe Abbildung 4) agieren die Berater als persönliche Begleiter des Kunden, der auch Problemstellungen im täglichen Leben zu lösen hilft, die über das Bankgeschäft hinausgehen. Das Leistungsspektrum reicht daher von der Beratung in finanziellen Angelegenheiten bis hin zur Unterstützung in der privaten Lebensplanung.

Ziel ist es, den Kunden vom alltäglichen Ballast zu befreien und den Komfort des Kunden zu steigern. Auf der Grundlage gegenseitigen Vertrauens erarbeitet der persönliche Finanzplaner auch Konzepte für Entscheidungen im persönlichen Bereich und fördert somit das Entstehen einer langfristigen Kundenbeziehung.

Das „Life-Assistance-Banking"-Filialkonzept ist nicht nur auf den Bereich der Privatkunden („Private Banking") fokussiert. Es lässt sich auch auf die Gestaltung der Betreuung im Geschäfts- und Unternehmenskundenbereich übertragen.

Quelle: Innovationsforum „Bank & Zukunft"
Abbildung 4: *Szenario „Life-Assistance-Banking"*

2.1.2 „Community-Banking" – spontane Begegnungen und Dienstleistungserlebnis

Die Inszenierung von spontanen Begegnungen und die Generierung eines wahrnehmbaren Mehrwerts für den Kunden sind Gestaltungsleitziele im „Community-Banking" (siehe Abbildung 5). Die Leistungsangebote richten sich dabei nach lokalen Marktpotenzialen und schließen unterschiedliche Kooperationspartner mit ein. Neben den Bankdienstleistungen können dem Kunden dabei weitere Leistungen bedarfsorientiert angeboten werden, das heißt banknahe Produkte von Verbund- oder Kooperationspartnern (zum Beispiel Versicherungs-, Immobilien-, Anlageprodukte), sogenannte bankferne Produkte und Dienstleistungen (zum Beispiel Bürgerbüro, Sozialversicherungen, Energieversorger) oder auch bankfremde Leistungen (zum Beispiel Café-Bar, Buchshop, Aktionsangebote bzw. Trendprodukte). Dabei werden Konsumtrends und Erlebnisse wie die „Freude am Kaufen" fokussiert. Zum Verweilen lädt ein Bank-Café ein, das für die Bank-Kunde-Interaktion als Ort der spontanen Begegnung mit dem Bankmitarbeiter und für entspannte Gespräche genutzt werden kann, zum Beispiel beim After-Work-Banking.

Quelle: Innovationsforum „Bank & Zukunft"
Abbildung 5: *Szenario „Community-Banking"*

Ziel ist es, durch die neuen Formen der Begegnung zur Wiederbelebung der Bank-Kunde-Kommunikation beizutragen. Die spontane Begegnung im Dienstleistungszentrum bietet dem Bankmitarbeiter wieder eine Chance, seinen Kunden anzusprechen und eventuellen Bedarf auf zwanglose Art und Weise zu ermitteln. Für den Kunden werden Zugangsbarrieren zum Bankmitarbeiter abgebaut; die Filiale als wichtiger Ort der Begegnung wird neu positioniert.

2.1.3 „Convenience-Banking" – Shopping von Finanzprodukten

In der „Convenience-Banking"-Filiale werden den Kunden lediglich stark standardisierte Produkte mit geringem Beratungsbedarf angeboten (siehe Abbildung 6). Das Leistungsprofil beschränkt sich auf typische Bankdienstleistungen, die nach dem „Shop-and-Go"-Prinzip vom Kunden eingekauft werden. Für beratungsintensive Produkte erfolgt eine Überleitung zum Beratungscenter, in dem eine Betreuung durch Spezialisten stattfindet. Das Angebot richtet sich vor allem an Spontanentscheider. Der Impuls für die Nachfrage einer Bankdienstleistung geht vom Kunden aus, der sich zuvor im Web, durch die Werbung oder Infobriefe über die Produkte informiert hat. Ergänzend erfolgen Aktionsansprachen seitens der Bank. Das Erscheinungsbild der Filiale ist geprägt durch den geringen Flächenbedarf, die einfache Ladenbauweise sowie Service-Points für den schnellen Beratungsbedarf. Zonierungen und individuell gestaltete Einrichtungselemente sind nicht vorhanden. Einkaufspassagen sowie Shopping-Malls mit großen Besucherströmen stellen geeignete Standorte für diesen Typ von Filiale dar. Der einzelne Kunde ist dem Berater nicht bekannt. Für Banken stellen diese Konzepte eine kostengünstige Option dar, um in der Fläche Präsenz zu zeigen. Sie eignen sich auch für den fokussierten Vertrieb ausgewählter Bankprodukte und sind bezüglich der Filialgestaltung und der Öffnungszeiten an die Produktanforderungen angepasst.

Quelle: Innovationsforum „Bank & Zukunft"
Abbildung 6: Szenario „Convenience-Banking"

2.1.4 „High-Tech-Banking" – Medien bringen Menschen zusammen

Die Bankmitarbeiter der „High-Tech-Banking"-Filiale begegnen den Kunden sowohl medial als auch im persönlichen Kontakt. Die Technik unterstützt die Interaktion und ist Bestandteil eines High-Tech-Erlebnisbanking (siehe Abbildung 7). Im Mittelpunkt steht die mediale Vernetzung von Bankmitarbeiter und Kunde in der Filiale sowie ergänzend über andere Kommunikationskanäle. Der Begriff der Kundennähe wird in diesem Filialtyp durch den Einsatz neuer Medien erweitert, nicht aber grundlegend neu definiert. Einer dieser ergänzenden Kommunikationskanäle bildet dabei die nächste Internetgeneration – etwa Dienste des Web 2.0 sowie das 3D-Internet. Bank und Kunden bilden dabei eine Community, die sich in der realen Filiale oder auch in der anmutungsgetreu gestalteten virtuellen Filiale begegnen und den jeweils geeigneten Kommunikationskanal gemeinsam bestimmen. Innovative Technologien fördern die Kommunikation zwischen Menschen und werden dabei selbst zum Bestandteil des Bankerlebnisses. Beispielhaft sei hier die Übertragung des Erfolgsmodells „Q110" der Deutschen Bank in die virtuelle Internetwelt von Second Life genannt.

Quelle: Innovationsforum »Bank & Zukunft«
Abbildung 7: *Szenario „High-Tech-Banking"*

Darüber hinaus sind Kommunikationsformen wie anmutungsgetreue Video-Kommunikation (zum Beispiel Tele Presence-Lösungen), die Kommunikation über mobile Endgeräte bankseitig noch zu erschließen. Entscheidend für den Erfolg des „High-Tech-Banking" wird sein, welchen Mehrwert die Nutzer durch den Einsatz innovativer Technologien erfahren.

3. Prozessoptimierung im Vertrieb durch intelligenten Technologieeinsatz

Im Verlauf der Planungen zur Konzeption des seit dem Frühjahr 2007 am Fraunhofer Office Innovation Center in Stuttgart erlebbaren Show Case „Bank & Zukunft" wurden im Expertenkreis des Innovationsforums „Bank & Zukunft" innovative Technologien der Partnerunternehmen zur Integration in die innovativen Filialszenarien „Community-Banking" und „Life-Assistance-Banking" erhoben. Diese wurden im Abgleich mit den Anforderungen der definierten innovativen Interaktionsschritte im Rahmen der Umsetzung integriert. In diesem Zusammenhang wurde ein ganzheitlicher Gestaltungsansatz definiert, der neben hard- und softwareseitigen Innovationen auch arbeitsplatzgestalterische Komponenten berücksichtigt.

3.1 Entwicklungstrends des IT-Einsatzes in Banken

In die Diskussion der Konzeptions- und Umsetzungsarbeiten des Show Case „Bank & Zukunft" gingen dabei auch die Ergebnisse der Trendstudienreihe „Bank & Zukunft" vom Fraunhofer IAO ein, welche Aufschluss über die von Banken geplanten Maßnahmen bezüglich des IT-Einsatzes im Finanzdienstleistungssektor geben. In diesem Zuge wurden neben den zentralen Herausforderungen im IT-Management die Themenfelder mit hoher Priorität bei der Investitionsplanung sowie der Gestaltung neuer Informations- und Kommunikationsinfrastrukturen an der Kundenschnittstelle erörtert.

3.1.1 Innovativer Technologieeinsatz an der Kundenschnittstelle

Zur Erreichung der Ziele einer Prozessoptimierung und der Steigerung der Vertriebsperformance spielt die Gestaltung innovativer Informations- und Kommunikationsstrukturen an der Kundenschnittstelle eine gewichtige Rolle. Die IT soll hierbei als wesentlicher Enabler wirken, indem sie Mobilität und Flexibilität in Bezug auf die effiziente Bereitstellung und Verarbeitung von Informationen gewährleistet. Die IT-Branche hat in den letzten Jahren durch technische Innovationen zu einer nachhaltigen Veränderung der Bankenbranche geführt. Darüber hinaus stehen zahlreiche innovative Technologien in den nächsten Jahren vor dem Sprung in die Marktreife und müssen vor dem Hintergrund der Wirtschaftlichkeit bezüglich ihrer Anwendung in Unternehmen überprüft werden. Allerdings sind die Potenziale bereits vorhandener innovativer Technologien im Finanzdienstleistungssektor noch als unzureichend ausgeschöpft anzusehen. Die Erhebungsergebnisse der Trendstudienreihe „Bank & Zukunft" vom Fraunhofer IAO zeigen, dass der Einsatz neuer Informations- und Kommunikationstechnologien an der Kundenschnittstelle überwiegend sehr zurückhaltend bewertet wird (Abbildung 8). Die betrifft auch den Einsatz technologischer Lösungen, welche in anderen Branchen bereits seit längerer Zeit standardmäßig genutzt werden.

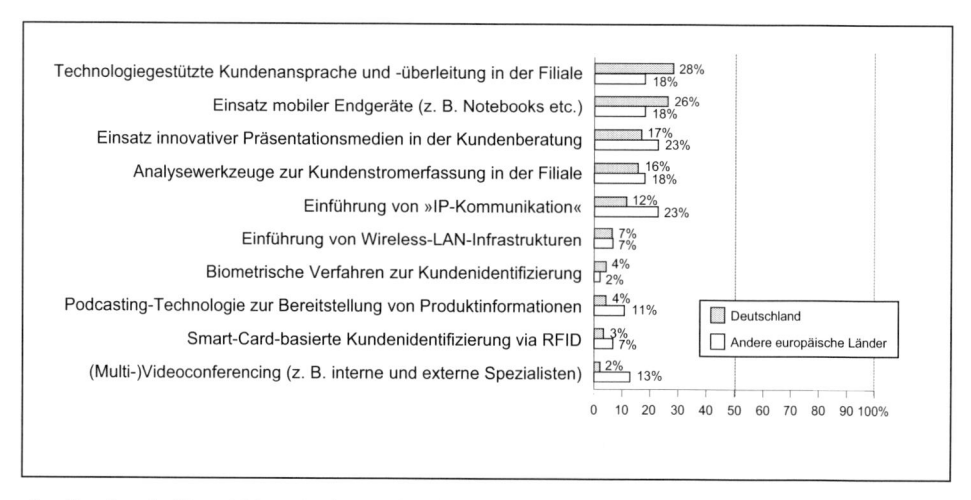

Technologie	Deutschland	Andere europäische Länder
Technologiegestützte Kundenansprache und -überleitung in der Filiale	28%	18%
Einsatz mobiler Endgeräte (z. B. Notebooks etc.)	26%	18%
Einsatz innovativer Präsentationsmedien in der Kundenberatung	17%	23%
Analysewerkzeuge zur Kundenstromerfassung in der Filiale	16%	18%
Einführung von »IP-Kommunikation«	12%	23%
Einführung von Wireless-LAN-Infrastrukturen	7%	7%
Biometrische Verfahren zur Kundenidentifizierung	4%	2%
Podcasting-Technologie zur Bereitstellung von Produktinformationen	4%	11%
Smart-Card-basierte Kundenidentifizierung via RFID	3%	7%
(Multi-)Videoconferencing (z. B. interne und externe Spezialisten)	2%	13%

Quelle: Spath (Hrsg.)/Engstler/Praeg/Vocke (2007) und europäische Vergleichsstudie
Abbildung 8: *IT-Investitionen an der Kundenschnittstelle*

3.1.2 Potenziale zielgerichteter IT-Investitionen

Nachfolgende Erkenntnisse lassen sich bezüglich des Einsatzes von Informations- und Kommunikationstechnologien im Finanzdienstleistungssektor festhalten:[1]

- Die deutschen Banken sehen die Senkung der IT-Kosten durch weitergehende Standardisierung als zentrale Herausforderung (insbesondere Nennungen der Vorstände). Geschäftsbanken, Spezialinstitute und Sparkassen sowie die europäische Vergleichsgruppe fokussieren weiterhin die Etablierung einer durchgängigen IT-Governance und Strategie als vordergründige Herausforderung.
- IT-Investitionen werden hauptsächlich zur Erfüllung gesetzlicher Auflagen getätigt.
- CRM ist als strategisches IT-Thema sowohl im Inland als auch im Ausland bei den Teilnehmern gesetzt und soll zur Verbesserung und Intensivierung der Kundenbeziehung beitragen.
- Die Maßnahmen zur Prozessoptimierung im Rahmen der Industrialisierung werden durch den Einsatz von Workflow Management Systemen unterstützt.
- Generell wird der Einsatz innovativer Technologien an der Kundenschnittstelle von vielen Banken noch abwartend betrachtet.

---

[1] Vgl. Spath (Hrsg.)/Engstler/Praeg/Vocke (2007), S. 44 ff.

3.2 Technologiegestützte Inszenierung von Interaktionsprozessen

Im Rahmen des am Fraunhofer IAO entwickelten Show Case „Bank & Zukunft" erfolgte eine Einbettung einer großen Anzahl zuvor beleuchteter Technologien in die interaktiven Prozessschritte der innovativen Filialszenarien „Community-Banking" und „Life-Assistance-Banking". Dem Grundgedanken des Show Case „Bank & Zukunft" als Experimentier- und Demonstrationsfeld folgend, sollen hierdurch innovative Wege der technologiegestützten Kundenansprache und -überleitung mittels intelligenter Informationsbereitstellung und -verarbeitung aufgezeigt werden. Die innovativen Filialszenarien stellen die künftigen Interaktionsprozesse, das heißt weiterentwickelte Ansätze der Begegnung von Kunde und Bankmitarbeiter in den Mittelpunkt und setzen zu deren Umsetzung unterschiedliche Gestaltungselemente und Technologien ein. Darauf aufbauend werden innovative Interaktionsmodelle bezüglich der Prozessgestaltung und IT-Unterstützung definiert. Die Aufarbeitung der Interaktionsprozesse in den innovativen Filialszenarien orientiert sich generisch an der Marketingformel „AIDA" (AIDA = Attention – Interest – Desire – Action), übertragen auf Interaktionsprozesse in Banken (Abbildung 9). Hierbei werden verschiedene Ausgangssituationen nach Kaufinteresse und Konkretisierungsgrad des Kundenbedarfs unterschieden, aus denen Interaktionsprozesse ableitbar sind.

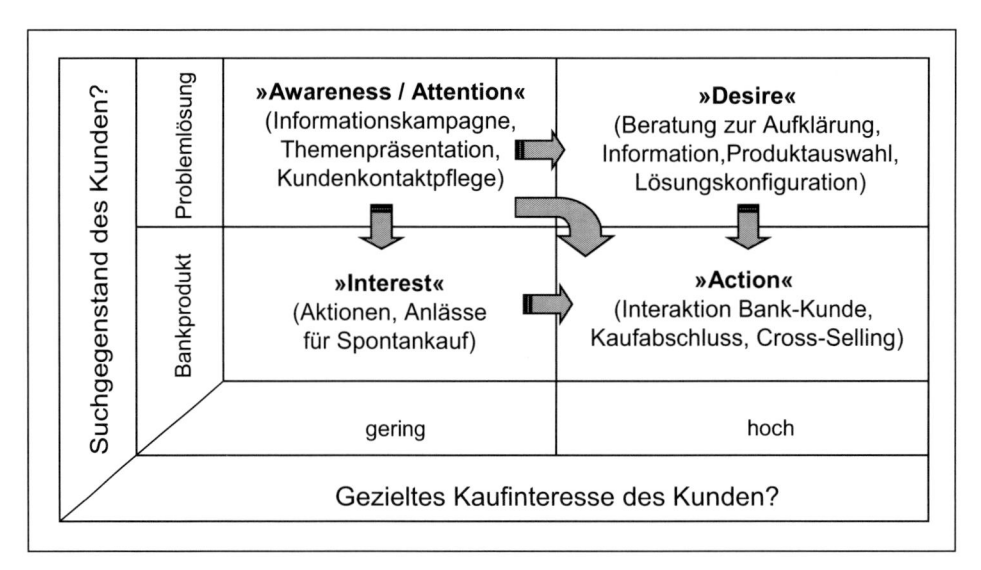

Abbildung 9: Übersicht über Interaktionsprozesse bis zum Kaufabschluss

Erlebniswelt Bankfiliale

3.3 Technologieintegration in innovativen Filialszenarien

Nachfolgend werden ausgewählte technologische Lösungen, welche in den innovativen Filialszenarien „Community-Banking" sowie „Life-Assistance-Banking" im Show Case „Bank & Zukunft" integriert wurden und nach einhelliger Meinung der Besucher als Highlights tituliert wurden, dargestellt.

Abbildung 10: *Show Case „Bank & Zukunft" am Fraunhofer IAO*

Mehr Transparenz und optimierter Kundenservice durch „Virtuelles Ticketing"

Der am SB-Terminal neu definierte und umgesetzte Prozessflow sowie die bezüglich der offerierten Funktionsdienste neu etablierten Dialogprozesse im Sinne innovativer SB-Service-Integration (SB-Monitoring) führen zu einem erheblichen Mehrwert in der Bank-

Kunde-Kommunikation. Neben einem optimierten Kundenservice (zum Beispiel durch die Vornahme einer Terminvereinbarung und dem sich anschließenden direkten Versand einer digitalen Terminbestätigung) sowie dem kundeninitiierten Produktinformationsbezug dient diese technologische Innovation zunehmender Transparenz hinsichtlich der SB-Nutzer. Somit fungiert diese als Interaktionsauslöser sowie -optimierer zwischen dem im Rahmen des Konzeptes des Filialszenarios „Community-Banking" neu definierten Rollenprofil des „Servicemitarbeiter" und den Bestands- wie auch Neukunden. Bei gegebener räumlicher Nähe des Servicemitarbeiterplatzes und hierdurch in der Folge gewährleisteten Sichtkontakt ebnet diese darüber hinaus den Weg für situative und personalisierte Kundenansprachen (Abbildung 11).

Abbildung 11: SB- und Service-Interaktionen im Szenario „Community-Banking"

Somit wird die im Rahmen der Trendstudie „Bank & Zukunft 2007" prognostizierte These, nach der sich SB-Geräte funktional deutlich erweitern werden und als universelle „Dienstleistungsroboter" für bankenübergreifende Finanzgeschäfte zum Einsatz kommen, gestützt. Dieser Aussage stimmten im Rahmen der Erhebung bereits über 60 Prozent der deutschen Teilnehmer zu und forderten neben den derzeit üblichen Standardfunktionalitäten (zum Beispiel Kontostandsübersicht, Kontoauszugsdruck) eine Erweiterung des Angebotes um zum Beispiel von der Bank in Kooperation mit weiteren Partnerunternehmen geschnürte Produktbündelangebote.

Stöbern erwünscht – „Greifbare" Produkte und „reales Ticketing" als Kundenmagnet

Die im Filialszenario „Community-Banking" integrierte Innovation des „Intelligent Shelf" stellt einen weiteren Kundenmagnet dar, welcher auf innovative Art und Weise das Interesse des Kunden auf die von der Bank offerierten Produkte richtet (Abbildung 12).

Abbildung 12: Interaktion am Intelligent Shelf im Szenario „Community-Banking"

Hierbei wird ein erheblicher Mehrwert dadurch geschaffen, indem der Kunde proaktiv und ungezwungen nach für ihn interessanten Produkten „stöbern" kann. Neben informativen und ansprechenden medialen Produktvideos wird ein zusätzlicher Mehrwert durch die bereitgestellten „greifbaren" Produkte zu den jeweiligen Aktionswochen generiert. Die Ausstattung mit RFID-Tags ermöglicht das automatisierte Abspielen der dazugehörigen Produktvideos auf dem integrierten Kiosksystem. Der zeitlich in definierten Abständen vollzogene Wechsel der Themenpakete und das in Verbindung damit stets neue Produktbündelangebot fördern darüber hinaus die Freude am Filialbesuch und somit die Kundenfrequenz.

Die im Sinne eines „realen Ticketings" für den Kunden nach Ausdruck bereitgestellte „Eintrittskarte" verkörpert für diesen zudem eine Wertschätzung durch die Bank und fungiert als „Reminder" zur Vornahme der Vereinbarung eines nachgelagerten Beratungstermins zum jeweiligen Produktinteresse. Der Servicemitarbeiter hat nach Einlesen des (personalisierten) Barcodes zudem die Möglichkeit des Bezuges und der Anzeige der kunden- sowie produktrelevanten Informationen zum Einstieg in die Beratung.

„Offene" Diskretion in der Beratungssituation kein Widerspruch

Neue Formen der Beratung lassen sich nach Ansicht der Besucher neben intelligenten technologischen Komponenten zudem durch intelligente Arbeitsplatzlösungen sowie raumgestalterische Elemente umsetzen. Verschiedene Arten einer „offenen" Diskretsituation – wie diese zum Beispiel am Servicemitarbeiterplatz bzw. in der Beratungssituation des Filialszenarios „Community-Banking" (zum Beispiel „Algue"-Vorhang als raumbildendes Element, das dennoch Blicke nach innen und außen zulässt, Abbildung 13) oder aber in Form der „Dialog Lounge" im Filialszenario „Life-Assistance-Banking" (siehe Abbildung 14) umgesetzt wurden, eröffnen der Bank moderne, differenzierte Variationsmöglichkeiten bei der Gestaltung des Beratungsgespräches. Diese reichen von „offenen" über „geschützte" bis hin zu „isoliert" gestalteten Beratungssituationen.

Abbildung 13: *Offene Diskretionszone im Szenario „Community-Banking"*

Von erheblicher Bedeutung ist in diesem Zusammenhang die Sichtbarkeit der Mitarbeiter einzustufen, welche zum Abbau von Hemmnissen der Ansprache durch den Kunden beitragen und die Gestaltungsfreiheit des Kunden im Beratungsdialog flexibilisieren soll.

Abbildung 14: Dialog Lounge im Szenario „Life-Assistance-Banking"

Erhöhte Beratungsqualität durch Integration rollenprofilorientierter Portallösungen

Die Etablierung neuer Rollenprofile von Bankmitarbeitern ist in der Folge innovativer, von der Bank offerierter Produktangebote und Servicedienstleistungen als unabdingbar zu betrachten. Zukünftig werden daher speziell ausgebildete und geschulte Mitarbeiter mit neuen Rollenprofilen die Kundenberatung in der Filiale durchführen, welche über unterschiedliche Qualifikationsniveaus verfügen. Damit konkrete Bankprozesse am Bankvertriebsarbeitsplatz zu einer Erhöhung von Kundenzufriedenheit, Vertriebserfolg und Effizienz des Filialvertriebs führen, ist der intelligente und rollenorientierte Einsatz von Beratungsanwendungen unabdingbar. Eine durchgängig etablierte und an die Bedarfe des jeweiligen Rollenprofils angepasste Beraterportallösung dient hierbei aus technologischer Sicht zur Erreichung der gesteckten Vertriebsziele. Mithilfe innovativer Arbeitsplatztechnologien, welche die für den Mitarbeiter relevanten Informationen und Funktionalitäten in einer rollenbasierten und benutzerfreundlichen Form bereitstellen, lässt sich somit die gewünschte Erhöhung der Beratungsqualität sicherstellen und eine optimale Basis für die Beratung und das Verkaufsgespräch im Sinne des Kunden und des Bankmitarbeiters schaffen.

„Paperless Branch" – Vertragsfixierung im Zeitalter der Digitalisierung

Die Nutzung mobiler Endgeräte (zum Beispiel Tablet PCs) bringt neben der Gewährleistung der Mobilität der Bankmitarbeiter weiterhin Vorteile in Bezug auf die Einbeziehung des Kunden in den Beratungsablauf bis hin zum Produktabschluss mit sich. Der Einsatz der elektronischen Signatur mindert in diesem Zusammenhang einerseits das Papieraufkommen in der Filiale. Zudem wird eine intelligente Lösung bereitgestellt, welche den Produktabschluss auf innovative Art und Weise im Sinne einer durchgängigen, technologiegestützten End-to-End-Betrachtung optimiert.

Kundenerfassung im Zeichen von Servicekomfort – Sicherheit – Wirtschaftlichkeit

Hinsichtlich der höchst relevanten Themenkomplexe Servicekomfort, Sicherheit und Wirtschaftlichkeit eignen sich integrierte Systeme zur Kundenerfassung und -identifzierung zur optimierten Bank-Kunde-Interaktion. So gewährleisten zum Beispiel integrierte smartcardbasierte bzw. biometrische Sicherheitslösungen ein hohes Maß an Sicherheit bei der automatisierten Kundenidentifizierung und ermöglichen dem „Navigator" als neu definierte Rolle die zeitnahe und kundengerechte Ansprache nach Filialeintritt (Abbildung 15).

Abbildung 15: *Automatisierte Kundenidentifikation im Szenario „Life-Assistance-Banking"*

Die Befürwortung derartiger Technologien wird zudem durch die These der Trendstudie „Bank & Zukunft 2007" bekräftigt, nach der biometrische Verfahren zukünftig als Sicherheitsstandard in Banken eingesetzt werden.[2] Als kritischer Punkt ist in diesem Zusammenhang die Frage nach den Rechten am Bild (Portraitfoto des Kunden) zu diskutieren, welche das Einverständnis des Kunden zur Speicherung voraussetzt. Als effizientes Werkzeug zur Produktivitätssteigerung im Hinblick auf den Bezug von kundenrelevanten Daten, den bankinternen Informationsaustausch sowie die Kundenüberleitung in das Beratungsgespräch ist eine effiziente CRM-Integration zuzüglich der eingebetteten Messaging-Funktionalität in die Beraterportallösung zu betrachten. Diese versetzt den Navigator in die Lage, den Kunden entsprechend der Verfügbarkeit des Finanzplaners zu „umsorgen" und gibt dem Berater zudem die Möglichkeit, die Gesprächsvorbereitung vorzunehmen.

Situationsspezifische Collaboration durch technologiegestützte Expertenintegration

Die Optimierung der Prozesse durch eine Verbesserung der Zusammenarbeit der Mitarbeiter untereinander stellt ein weiteres Optimierungsfeld dar. Je mehr Schnittstellen ein Prozess besitzt, das heißt je öfter die Weitergabe von Informationen in Form von Arbeitspaketen und Aufgaben an kooperierende Mitarbeiter erfolgt, desto wichtiger wird demzufolge eine effiziente Zusammenarbeit der Mitarbeiter unterschiedlicher Rollenprofile. Um diese Zusammenarbeit zu fördern, werden den Mitarbeitern innerhalb innovativer Filialszenarien die erforderlichen Informationen bedarfsgerecht angezeigt und deren Präsenzinformationen als Statusanzeige zur Verfügung gestellt. Diese Präsenzinformation beinhaltet neben der Erreichbarkeit für „Instant Messaging" ebenfalls die telefonische Erreichbarkeit mittels innovativer IP-Telefonie sowie weitere Leistungen, die die Kommunikation der Mitarbeiter unterstützen. Hierdurch ist der Bankmitarbeiter in der Lage, seine Tätigkeit nach Einholung der benötigten Informationen fallabschließend zu beenden, da neben dem zuständigen Produktspezialisten zur richtigen Zeit auch weitere Hilfsmittel wie Multi-Videoconferencing und Applikationssharing die Zusammenarbeit standortübergreifend unterstützen. Als erkannte Vorteile lassen sich diesbezüglich unter anderem die nahtlose Zusammenarbeit in Echtzeit im gesamten Unternehmensnetz, eine hohe Transparenz der Geschäftsprozesse, die Statusanzeige der Beraterverfügbarkeit sowie die Zeitersparnis durch Gewährleistung eines beschleunigten Workflows hervorheben.

Innovative Displaytechnologien zur medialen Produkt- und Informationspräsentation

Innovative Displaytechnologien lassen sich sowohl für die dem Filialeintritt vorgelagerte Themen- und Produktbewerbung als auch im Beratungsgespräch als unterstützende Präsenta-

---

2 Vgl. Spath (Hrsg.)/Engstler/Praeg/Vocke (2007), S. 54.

tions- und Kommunikationswerkzeuge integrieren. Diese Art und Weise der Informationsbereitstellung fördert den Erlebnischarakter und trägt zudem zur Transparenz und Übersichtlichkeit der Informationsübermittlung bei.

4. Zukunft gestalten – Innovationen erleben

Innerhalb innovativer Interaktionsprozesse einer Filiale wird die Technologie zum wichtigen Prozessbegleiter zwischen Bankberater und Kunde. Bereits heute sind innovative Technologien von morgen wie Biometrie, RFID, Social Web etc. für den Einsatz in Banken verfügbar. Allerdings sind die Potenziale dieser innovativen Technologien heute nur unzureichend erschlossen. Die Filiale der Zukunft wird innovative Wege der Kommunikation zwischen Menschen fördern ohne dabei den wirtschaftlichen Nutzen von automatisierten Prozessen aus dem Auge zu verlieren.

Folgende Aspekte versprechen in diesem Zusammenhang einen zukünftigen Mehrwert in der „Erlebniswelt Filiale":

Mit Innovation zur Filiale der Zukunft

Den Ausgangspunkt des Bankinnovationsprozesses bilden Innovationen an der Kundenschnittstelle. Die Banken beschäftigen sich daher intensiv mit der Gestaltung dieser Kundenschnittstelle. Dabei soll das strategische Ziel der „Kundennähe" in der Praxis umgesetzt und für die Kunden hautnah erlebbar werden. Die Banken reflektieren dabei auch, dass die Kunden im Umgang mit Bankgeschäften selbstständiger geworden sind und der Qualitätsanspruch an die Beratung steigt.

Investition in die Kundennähe und Begeisterungsmomente

„The Branch is back" – durch die Inszenierung neuer Formen der Begegnung wollen die Banken die Basis zur Vertriebsintensivierung schaffen. Aspekte der im Innovationsforum „Bank & Zukunft" entwickelten innovativen Filialszenarien wurden von den Teilnehmern aufgegriffen. Die Wettbewerbspreisträger haben die Filiale in erster Linie als Kommunikations- und Erlebnisraum interpretiert (Szenario „Community-Banking"). Hier bildet der Mehrwert eines Filialbesuchs für den Kunden die Basis für den Vertriebserfolg. Erfolgsfaktoren sind dabei „spontane Begegnungsanlässe", „Erleben von Kundennähe" sowie „einfacher Leistungszugang" und „Mehrwertangebote" (Abbildung 16).

Erlebniswelt Bankfiliale 43

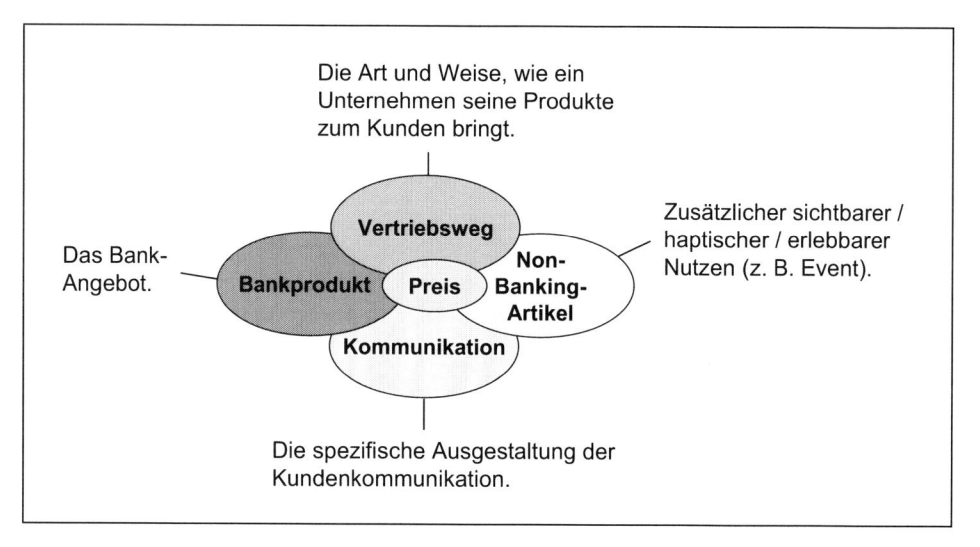

Abbildung 16: Innovationsfelder an der Kundenschnittstelle

Es gibt kein Universalmodell für den Erfolg

Ein Universalmodell für alle Filialstandorte kann und wird es auch in Zukunft nicht geben. Dennoch lassen sich ein paar wesentliche Aspekte zusammenfassen:

- Die „Filiale der Zukunft" fördert innovative Wege der Kommunikation zwischen Menschen, ohne den wirtschaftlichen Aspekt des Filialbetriebs aus dem Auge zu verlieren.
- Der Begriff der Kundennähe wird durch den Einsatz neuer Medien zwar erweitert, nicht aber grundlegend neu definiert.
- Es wird künftig eine stärkere Differenzierung von Filialen einer Bank geben.
- Innovative Interaktionsmodelle führen zu neuen Rollendefinitionen der Mitarbeiter und erfordern eine moderne IT-Unterstützung.
- Das neue Erlebnis „Bank" erfordert einen Lern- und Entwicklungsprozess, an dem Management, Mitarbeiter und auch die Kunden zu beteiligen sind.

Filialinnovation ist ein permanenter Prozess

Banken versuchen mit unterschiedlichen Gestaltungsschwerpunkten die Begegnung mit dem Kunden in der Filiale weiterzuentwickeln und auch zukünftig weiteres Innovationspotenzial zu heben. Dabei darf nicht außer acht gelassen werden, dass die Filiale nur „einen" Weg der Kundenbegegnung einer Multikanalbank darstellt. Reale Erfolgsmodelle sollen zukünftig auch virtuell erlebbar sein, wie die Übertragung der „Q110"-Zukunftsfiliale der Deutschen Bank in der virtuellen Welt von „Second Life" zeigt. Im Mittelpunkt des Innovationsprozesses muss stets die Kommunikation von Bank und Kunde als zentrales Element des Erlebens der Bank aus Sicht des Kunden stehen. Innovative Konzepte und Technologien können dabei „Begeisterungsmomente" beim Kunden erzeugen, die es jedoch auch vertriebsorientiert zu erschließen gilt.

Aktuelle Beispiele am Markt zeigen, dass die Banken wieder zunehmend den Mut gefunden haben, um mit Innovationen am Markt zu experimentieren. Hierbei gilt es insbesondere auch die Mitarbeiter der Bank für die neuen Geschäftsmodelle im Vertrieb zu gewinnen. Denn sie werden den Erfolg zukünftiger Bankstrategien letztendlich bestimmen.

Literatur

ADG (HRSG.)/MARX, A./ENGSTLER, M./PRAEG, C.-P. (2003): Leitfaden Innovationsmanagement in Genossenschaftsbanken, Schloss Montabaur: Akademie Deutscher Genossenschaften ADG 2003.

SPATH, D. (HRSG.)/ENGSTLER, M./PRAEG, C.-P./VOCKE, C. (2006): Trendstudie Bank und Zukunft 2006 – Wettbewerbsfähigkeit durch Innovation im Vertrieb und industrialisierte Prozesse, Stuttgart 2006.

SPATH, D. (HRSG.)/ENGSTLER, M./PRAEG, C.-P./VOCKE, C. (2007): Trendstudie Bank und Zukunft 2007 – Mit Prozessexzellenz und Vertriebsinnovationen die Bank der Zukunft gestalten, Stuttgart 2007.

SPATH, D. (HRSG.)/ENGSTLER, M./VOCKE, C. (2005): Trendstudie Bank und Zukunft 2005 – Trends und Entwicklungen im Front- und Backoffice-Bereich von Banken in Deutschland, Stuttgart 2005.

SPATH, D. (HRSG.)/ENGSTLER, M./DOLD, C. ET AL. (2003): Zukunft von Filialbanken – von Filialen zu Dienstleistungszentren, Stuttgart: Fraunhofer IRB 2003

Kann eine Bank von anderen Branchen lernen?

Michael Allen / Markus Wunder

1. Selektive Entwicklungen im Retailbanking

Über Jahre hinweg hatten die Genossenschaftsbanken und Sparkassen in Deutschland einen Marktanteil von zusammen über 80 Prozent im Privatkundengeschäft. Zwar sind die Marktanteile im Retailbanking noch mehrheitlich bei diesen beiden Bankengruppen, doch drängen immer mehr Wettbewerber in den Markt, um sich einen Teil des Kuchens abzuschneiden. Primär scheint der Preis das probate Mittel zu sein, um Marktanteile gewinnen zu wollen (und zu können). Aber auch die Präsenz am Markt ist entscheidend, sodass neben Internet und Telefon die Filialen wieder an Bedeutung gewinnen.

Noch *gestern* waren jedoch die Filialen vieler Banken mehr Hochsicherheitstrakte als weniger Orte, an denen sich Kunden (und Mitarbeiter) wohl fühlen konnten. Die Filialen hatten (und haben immer noch) verglaste Kassenboxen, ein Schaltersystem wie bei einer Behörde und Beratungszimmer, die in den meisten Fällen zugleich das Büro des Bankberaters waren. Aus Sicht der Kunden wurde die räumliche Nähe einer Bank (insbesondere Sparkasse oder Volksbank) zwar wahrgenommen, doch schon im Nachbarort oder der nächsten größeren Stadt sah eine Sparkasse oder Volksbank schon nicht mehr gleich aus. Die meisten Filialen waren (und sind immer noch) äußerst individuell gestaltet; bis auf ein einheitliches Logo an der Außenfassade und ähnlich aussehenden Automaten in der SB-Zone gab (gibt) es in der Regel keine gleichartig gestalteten Geschäfts- oder Zweigstellen. Sehr deutlich war zu sehen, welcher Architekt sich jeweils „verkünstelt" hatte und in welcher Dekade der Neu- bzw. Umbau erfolgte. Die Baumaßnahmen von Banken waren meist auf lange Sicht hin geplant und so auch realisiert; undenkbar war der Gedanke, alle fünf (oder drei) Jahre sämtliche Filialen umzubauen.

Zur Bank zu gehen war zudem für viele Kunden mehr ein „Muss", sodass es beinahe eine glückliche Fügung für den Kunden war, wenn dieser (nur) Geld am Geldausgabeautomat oder Kontoauszüge am Kontoauszugsdrucker (KAD) holen wollte. Damit musste kein Kunde die „Schalterhalle" betreten oder gar Angst haben, einen Bankmitarbeiter ansprechen zu müssen bzw. von diesem angesprochen zu werden. Es gab und gibt eben zahlreiche Kunden, die ein flaues Gefühl hatten (haben), wenn sie zu ihrer Bank gehen. Eine gewohnte Umgebung fand der Kunde meist nur dort, wo er regelmäßig bei „seiner" Bank (dem Filialleiter oder Kundenberater) war. Alles andere war doch eher fremd. Diese Be-/Entfremdung der Kunden förderte in den letzten Jahren sicherlich auch die rasante Entwicklung der alternativen Vertriebswege, die für viele Kunden ein willkommener Ersatz für einen Gang zur Bank sind. Die Bankgeschäfte via PC oder Telefon zu erledigen, ist nicht nur bequem, sondern auch einfach.

Das alte (klassische) Drei-Säulen-System (Genossenschaftsbanken/Groß- und Privatbanken/Sparkassen) ist *heute* im Wesentlichen ersetzt durch einen Mix aus Direkt- und Filialbanken sowie einer Vielzahl von Finanzberatern/-vertrieben. Speziell die freien Finanzberater und Strukturvertriebe mischen den Finanzmarkt auf, da sie *progressiv* auf die Kunden zugehen und diese meist umfassend beraten können, losgelöst von MaH, MaRisk oder anderen rechtlichen Fesseln, die für Banken und Sparkassen gelten. Die Direktbanken wiederum werben *aggressiv* mit Preisen für ihre Produkte, die einfach und unkompliziert via PC oder Telefon von den Kunden „gekauft" werden können. Gerade der Preis (bei Banken und Sparkassen synonym für Gebühren, Provisionen oder Zinsen) prägt die Werbebotschaften der Direktbanken. Nur wenige Filialbanken haben sich bisher entschieden, dort gegenzuhalten. Das Hauptargument gegen eine (einfache) Preisstrategie ist, dass sich Filialbanken dies angeblich nicht leisten können, wenn weiterhin ein flächendeckendes Filialsystem aufrechterhalten werden soll. Dieses Argument berücksichtigt allerdings in keinerlei Weise die heutigen Gewohnheiten vieler Kunden, die durch Preisbotschaften und gezielte Werbung gerade auch anderer Branchen geprägt sind. Die „Geiz ist geil"-Mentalität hat vor den Bankkunden keineswegs halt gemacht, sodass sich Banken und Sparkassen heute mehr denn je mit dem Preis in der Kommunikation bzw. Werbung beschäftigen müssen.

Dies gerade auch deswegen, weil die Masse der Bankkunden doch täglich in Fernsehsendungen oder Tageszeitungen den Sonderangeboten, Rabattmodellen oder speziellen Preisofferten anderer Dienstleistungsbranchen ausgesetzt sind. Insbesondere Bau-, Elektro- und Supermärkte haben es in den vergangenen Jahren verstanden, die Kunden diesbezüglich zu „erziehen" und die „Güte einer Leistung" (Qualität) klug mit dem „Wert einer Leistung" (Preis) zu verbinden. Aldi (Nord) „informiert" nicht umsonst Woche für Woche mit: „Qualität ganz oben – Preis ganz unten". Und dies ist nur eines von vielen Beispielen. Dass zugleich die Zahl der Bau-, Elektro- und Supermärkte rasant zunahm, zeigt auch, welches Wachstum am Markt gesehen wird bzw. im Markt vorhanden ist.

Doch wieder zu den Banken: Um sich als Filialbank von einer Direktbank abgrenzen zu können, ist es nicht damit getan, die Preisstrategien der Direktbanken zu ignorieren oder einfach nur zu kopieren. Es ist vielmehr notwendig, das Strategiemodell einer „Qualitätsstrategie (mit ganzheitlicher Beratung)" so zu modifizieren, dass im Rahmen einer sogenannten „Doppelstrategie" die Möglichkeiten und Vorteile einer intelligenten Preiswerbung (mit Produktverkauf) genutzt werden können.[1] Diesen mutigen Schritt vollziehen bisher jedoch nur wenige Banken und Sparkassen. Nun waren Banken und Sparkassen auch gestern nicht die

---

[1] Hinweis: Arbeiten von D. Effert/M. Wunder, GTM-mediale Welt, Hamm/Zürich.

innovativsten und sind heute ebenso wenig „up to date"; doch wissen wir aus Forschungsprojekten und Studien, dass sich Banken sehr wohl mit der Zukunft (also dem morgen) beschäftigen. Doch wie sieht die Zukunft aus bzw. wie kann die Bank von (über-)*morgen* aussehen?

Erste Modelle und deren Umsetzung gibt es bereits. So ist nicht umsonst die „Q110" der Deutschen Bank zur Geschäftsstelle des Jahres 2007 gekürt worden. Diese Filiale in Berlin ist „spürbar anders" für die Kunden; es gibt unterschiedlich gestaltete Beratungszimmer, wie auch die Möglichkeit, entspannt einen Kaffee zu trinken oder eine Kleinigkeit zu essen. Andere Banken und Sparkassen eifern nach bzw. entwickelten bereits eigene Konzeptionen, meist mit Elementen und Prinzipien, die andere Branchen erfolgreich umgesetzt haben. Eine gute Übersicht zu neuen und innovativen Filialgestaltungen von Banken und Sparkassen findet sich im Abschlussbericht zur dritten Forschungsphase von „Bank und Zukunft" (siehe Fraunhofer IAO, Stuttgart 2007). Dies bedeutet, dass hier andere Branchen als „Benchmark" dienen, oder erleben und sehen wir bei Lidl oder Mediamarkt deutschlandweit eine unterschiedliche Gebäudeausstattung/-gestaltung?

Doch damit nicht genug: Reale Welten sollen sich künftig mit den virtuellen Welten verbinden, gleichwohl ob dies im Secondlife oder Web 2.0/3.0 der Fall ist bzw. sein wird. Die Bank von (über-)morgen hat also die Chance, sich als realer und virtueller „Multi-Sales-Store" zu entwickeln, der nicht nur bekannte Bankprodukte verkauft, sondern auch weitere Produkte und Leistungen anbietet, die so bisher nicht zum Portfolio einer Bank gehörten. Beispiele aus der Praxis zeigen, wie dies aussehen kann. In den nachfolgenden Ausführungen (siehe Kapitel 3) wird auf ein Beispiel aus der Praxis verwiesen, bei dem eine Bank und ein externer Dienstleister unter einem Dach ihre Leistungen den Kunden anbieten. Der Blick hier ist allerdings mehr auf Hinweise für eine erfolgreiche Umsetzung gerichtet, weniger auf Einzelheiten der Konzeption oder der baulichen und werblichen Realisierung. Mehr zu der beschriebenen Filiale (und Bank) kann jedoch gern bei den Autoren abgefragt werden.

In diesem Beitrag soll jetzt der Blick dafür geöffnet werden, wie eine Bank oder Sparkasse aussehen kann, wenn Modellkomponenten anderer Branchen in ein Modell einer „Bank der Zukunft" einfließen bzw. eingebaut werden.

2. „What if..."-Szenarien

2.1 Eine Bank wie ein Apple Store?

Den Banken auf der ganzen Welt fehlen heute das Vertrauen und der Mut, sich den „echten" Herausforderungen des strukturellen Wandels zu stellen. Als eine Folge davon investieren viele Banken in rein stilistische Veränderungen, die jedoch die eigentlichen Kundeninteressen viel zu wenig berücksichtigen.

Stellen wir uns deswegen einmal vor, ein „Apple Store" wäre die Basis für eine Bankfiliale. Damit würden derzeitige Bankstellen plötzlich altmodisch und überholt wirken. Der „Apple Bank Store" würde das traditionelle Banking grundlegend in Frage stellen, weil damit der Kunde ins Zentrum des Handelns gestellt wird und rundum ein Markenerlebnis geboten bekommt.

Im Zuge dieses Bruchs mit traditionellen Konventionen liefert die „ABS" dem Kunden ein wahres Schauspiel für seine Sinneswahrnehmungen. Bildschirme und Werbeflächen, die vom Boden bis an die Decke reichen, stellen eine ständig wechselnde Kulisse für die Leistungen und Produkte der (Apple-) Bank dar.

Farbkodierte Produktbündel leiten den Kunden entsprechend seiner individuellen Lebenssituationen und speziellen Bedürfnisse durch das Leistungsportfolio der Bank; ichat and ipods ermöglichen es dem Kunden, ungestört und auf moderne Weise seine Transaktionen durchzuführen. Wahlweise zeigen Bildschirme im Kinoformat weitere Produktinformationen an, während man einen Mittagssnack oder einen Kaffee genießen kann.

Individuelle Kundenkarten gewährleisten eine elektronische Erkennung des Kunden und geben dem Kundenbetreuer sofort Auskunft über aktuelle Kundendaten und die Geschäftshistorie. Transaktionsterminals gewährleisten eine schnelle und effiziente Auftragsabwicklung, sodass der überwiegende Teil der Filialfläche zur individuellen Kundeninteraktion zur Verfügung steht.

Die innovativ gestalteten Verkaufsflächen ermutigen sowohl vorbeigehende und neugierige Kunden zu einem Besuch der neuen Filiale wie auch die bereits bestehende Kundschaft belohnt wird. Die Mitarbeiter agieren dabei mehr als Verkäufer wie in einem Einzelhandelsgeschäft denn als „klassische" Bankangestellte.

Diese unkonventionellen Elemente führen zu faszinierenden Ergebnissen, die zum Nachdenken anregen und einen unschätzbaren Einblick geben, wie sich Finanzdienstleistungen in einem zunehmend dynamischen Verkauf in der Zukunft entwickeln können.

Kann eine Bank von anderen Branchen lernen?

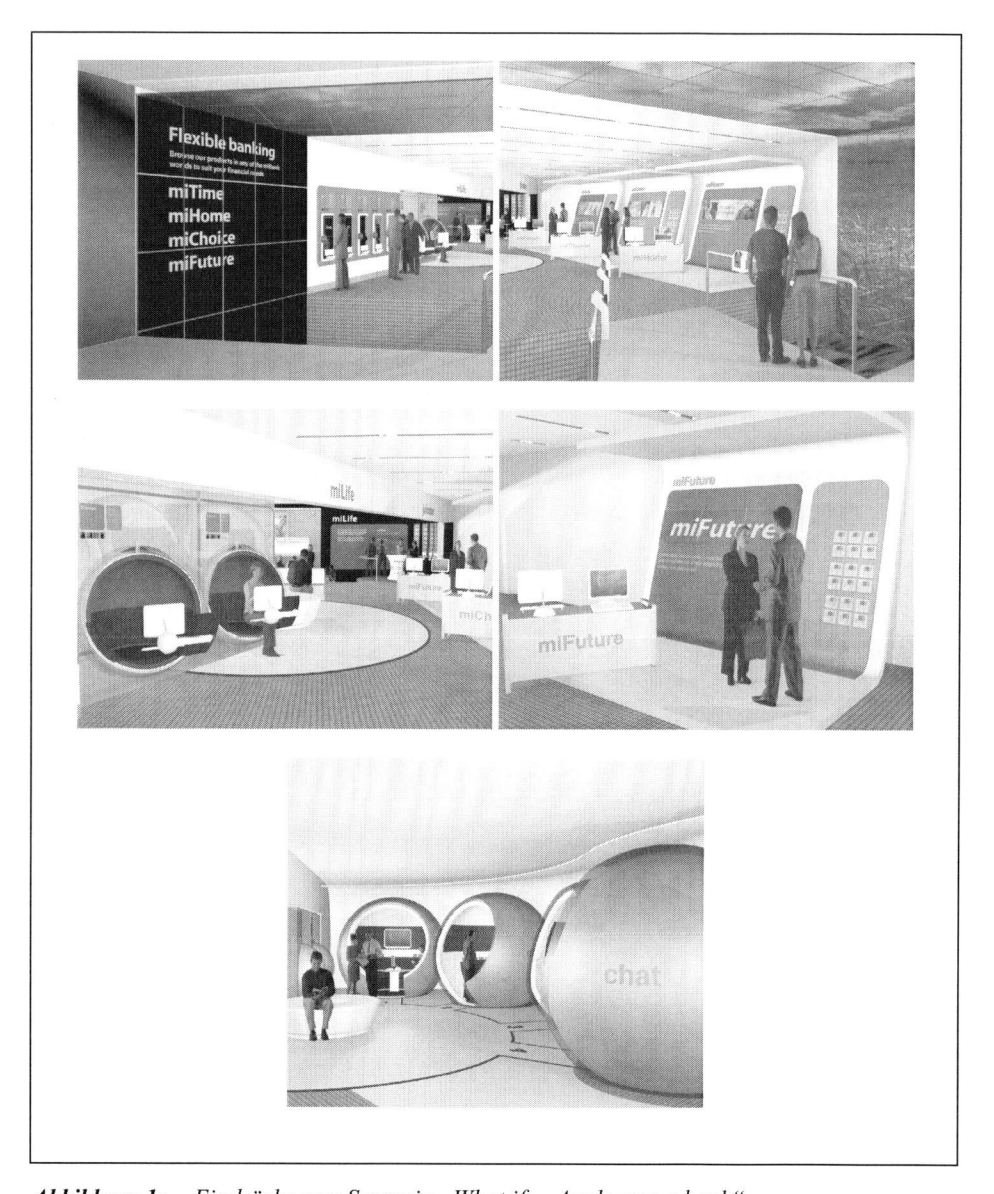

Abbildung 1: Eindrücke zum Szenario „What if... Apple was a bank"

2.2 Eine Bank wie ein Supermarkt?

Als weltweit führendes Unternehmen für das (Re-)Design von Bankfilialen (über 135 Referenzen weltweit) bündelt Allen International weiteres exklusives und innovatives Expertenwissen.

Daraus abgeleitet haben wir uns unter anderem gefragt:

a) Was wäre, wenn ein Supermarkt (wie zum Beispiel REAL oder REWE) das Muster für eine Bank sein würde?

b) Wie würden wir das finanzielle Netzwerk designen, sodass es auf den Kunden eine hohe Anziehungskraft ausübt und gleichzeitig für die Kunden zu einem unvergesslichen Einkaufserlebnis wird?

Die folgenden Designtrends im Bereich des Retailbankings haben wir alle in ein echtes innovatives Designmodell eingebaut – den „*BANCO*" Financial Hypermarket; dazu gehören:

1. die Marke (einzigartige „Persönlichkeit"/USP)
2. Segmentierung (Kunden individuell behandeln – Business/Premium/Retail)
3. Absatzförderung (durch mehrdimensionale Werbung)
4. Effizienz (einheitliche Markt- und Kostenstruktur im gesamten Netzwerk)
5. Vertrieb (Events, Franchise, Kiosk, Vermietung an Dritte etc)

Der „Hypermarket" ist dabei die Klammer für alle weiteren Bankstellen, das heißt, alle Geschäftsstellen (klein-mittel-groß) orientieren sich an den markanten Elementen des BANCO-Hypermarkets (Express-Metro-Hypermarket)

Sehen Sie selbst und tauchen Sie ein in eine neue Welt des „Bankings der Zukunft".

Kann eine Bank von anderen Branchen lernen? 51

Abbildung 2: Eindrücke zum Szenario „What if ... REAL or REWE was a Bank"

2.3 Eine Bank und Louis Vuitton?

Schauen wir auf Barclays Wealth, HSBC Premier und UBS Wealth Management, dann wird schnell deutlich, dass auch der „Louis Vuitton Finance Wealth" (LVFW)-Kunde unterschiedliche Bedürfnisse und Anforderungen hat, basierend auf seinen Interessen, Wünschen und Zielen.

Eine „*LVFW-Bank*" bietet ausgewählten Kunden eine Vielzahl exklusiver Produkte und Leistungen.

Nur mit „persönlicher Einladung" erhält ein Kunde seine exklusive Geldbörse mit dem Schlüssel (Key) zu seiner (privaten) LVFW-Filiale. Und diese Filiale ist anders, ganz anders als übliche Filialen.

Bereits am Eingang (Empfang) führt ein Mitarbeiter den Kunden zu seinem persönlichen Berater, der ihm bei allen Bankangelegenheiten zu Diensten steht.

In der ersten Etage befindet sich die exklusive Einkaufslounge mit einzigartigen Produkten, Mode- und Reiseangeboten, kulinarischen Feinheiten und Geld-/Vermögensanlagen, die nur LVFW-Kunden in Anspruch nehmen können.

Wenn ein Kunde im Internet „chatten" will oder sich einfach Zeit zum Entspannen nehmen möchte, dann bietet die Dachveranda für LVFW-Kunden eine Wealth-Oase, um dem Alltagsstress zu entfliehen.

Heute noch Vision, aber morgen schon Realität? Schauen Sie selbst.

Abbildung 3:   *Eindrücke vom Szenario „What if ... Louis Vuitton was a bank"*

3. Umsetzungshinweise aus der und für die Praxis

Nach diesen Ideen und Visionen zu möglichen (innovativen) Filialgestaltungen von Banken folgen zum Abschluss praktische Hinweise für die Umsetzung.

Der Umbau der jetzt beschriebenen Geschäftsstelle war Bestandteil der aktuellen Bau- und Investitionsplanung bei einer (Muster-)Bank. Durch freie Flächen im Kundencenter (EG) aufgrund einer zuvor durchgeführten Umstrukturierung (neues Vertriebskonzept) waren Räumlichkeiten nicht nur ungenutzt, sondern mussten auch erneuert werden (Heizung, Klima etc). Zudem war die Außenfassade nicht mehr zeitgemäß.

Die Konzeption einer „Multi-Sales-Filiale" war das Ergebnis einer vielschichtigen Zusammenarbeit, im Wesentlichen getragen von der Bau- und Marketingabteilung sowie dem Vorstand der Bank. Der generellen Einigkeit in der strategischen Zielsetzung ging eine Phase der Ideenfindung und des intensiven Meinungsaustausches voraus. Dabei wurde deutlich, welche Unterschiede im Denken und Handeln zum Beispiel zwischen Bau- und Marketingabteilung vorhanden sein können. Geprägt durch bisherige Baumaßnahmen orientierte sich der Baubereich an seinen architektonischen Grundprinzipien, baurechtlichen Rahmendaten und vermeintlicher Kostenkalküle. Der Marketingbereich wiederum war kommunikativ, verkäuferisch und umsetzungsorientiert geprägt. Im Vorstand gab es ein eindeutiges Bekenntnis für die Erneuerung des Geschäftsstellennetzes sowie für „mehr Verkauf (Sales) vor Ort" und die Erkenntnis, von anderen Branchen lernen zu wollen. Diese Eckdaten paarten sich mit der Geschäftsphilosophie von *Allen International*, weil dort strategische Designkonzeptionen und deren begleitende Umsetzung entwickelt werden.

Beim ersten Kontaktgespräch wurde schnell deutlich, dass die internationalen Maßstäbe an die Gestaltung einer Bank weitgehend den nationalen entsprechen. Dadurch war es unter anderem möglich, die internationale Expertise von *Allen International* in die Konzeptions- und Realisierungsphase einzubetten. Das (Umbau-)Projekt gliederte sich in drei Hauptphasen: die Ideenfindungsphase, die Konzeptionsphase und die Realisierungsphase. Die Ergebnisse jeder Vorphase wurden in die Folgephase integriert. Wesentliche Zielsetzung in der *Ideenfindungsphase* war es, die aktuelle Bankenwelt bewusst zu verlassen und einmal zu fragen: Was wäre, wenn...? Konkret: Was wäre, wenn Bankfilialen wie eine (Geld-)Tankstelle, wie McDonalds oder wie ein Fashion-Store gebaut und gestaltet wären?

Gleichzeitig wurden Projektexpertisen vorgestellt, die bereits (national und international) realisiert wurden. Dieser „Blick über den Tellerrand" erzeugte eine Ideenvielfalt, die im Rahmen erster Entwürfe zu einer „*VISION of a BANK*" führten.

In der nachfolgenden *Konzeptionsphase* wurde diese Basisversion/-vision verfeinert und mit dem Möglichen abgeglichen. Nicht jede Idee konnte deswegen berücksichtigt werden, jedoch war das Ergebnis in sich schlüssig und realisierungsreif. Wichtig in dieser Phase war eine hohe Durchgängigkeit für alle Geschäftsstellen, wobei ein „Multi-Sales-Store" für eine kleine

Geschäftsstelle nicht möglich war/ist. Deswegen sollten sich aber Grundelemente für die Außen-/Innengestaltung bei allen Geschäftsstellen wieder finden, und größere Geschäftsstellen um einzelne Systemkomponenten erweitert werden.

Für die *Realisierungsphase* bedeutete dies: Drei Basiselemente werden bei kleinen Geschäftsstellen ebenso berücksichtigt (Außenkennzeichnung, Dialogpoints und eine integrierte SB-Zone) wie in den nächsten größeren Filiale. Die neu entwickelte Filiale wiederum wurde ergänzt um externe Dienstleister (Bäckerei, Café, Lotto, Tchibo, Zeitschriften), sodass ein „Multi-Sales-Store" entstand. Die Lösung für eine Hauptstelle wiederum lässt nochmals weitere externe Anbieter zu und sieht bauliche Elemente vor, die sich in Logen von Sportstadien und Theatern oder Lounges von Flughäfen oder Hotels wieder finden. Dieses Baukastenprinzip („Kit of Parts") schafft eine hohe Wiedererkennung in allen Filialen der Bank (klein, mittel, groß) und erzeugt zudem eine Atmosphäre des Wohlfühlens für alle Kunden und Mitarbeiter. Gleichzeitig ist diese Gesamtkonzeption auch ein echter Innovationsbeitrag zur Steigerung des Unternehmenswertes der Bank.

Welche zentralen Eckpunkte sind bei einem solchen Projekt zu beachten?

In allen beschriebenen Phasen ist eine Transparenz des Tuns wichtig. Natürlich ist es nicht möglich und auch nicht gewollt, zu früh über „ungelegte Eier" zu sprechen. Jedoch ist nach der Ideenfindungsphase der Kreis der Personen sukzessive auszuweiten um diejenigen, die die „neue Welt" realisieren und mit Leben füllen sollen. Bau, Marketing und Vorstand fungierten im beschriebenen Projekt als innerer Zirkel (Entscheidungen, Informationspolitik, Strategie etc); die anderen Bereiche (Architekten, externe Dienstleister und Partner, Marktbereich, Organisation/IT, Personal etc.) bilden den äußeren Zirkel, der mit der Umsetzung vor Ort betraut ist. Regelmäßige Treffen und ein enger Austausch im Fortgang der Realisierungsphase sind unabdingbar.

Welche weiteren Erfahrungen liegen vor?

Ein wesentlicher Erfolgsfaktor ist der oben erwähnte Gleichklang der Hauptbeteiligten (Bau, Marketing, Vorstand). Dies kann jedoch nicht verordnet werden, ist aber eine „conditio sine qua non", das heißt unabdingbar für den Erfolg des Projektes. Das erfordert ein hohes Maß an Disziplin und auch ein entsprechendes Maß an Kompromissbereitschaft, sich mit seinen eigenen (persönlichen) Vorstellungen einem Hauptziel unterzuordnen. Weitere wichtige Stellschrauben sind: gute Beziehungen zu Ämtern und Baubehörden, kluge Presse- und Öffentlichkeitsarbeit, der (die) richtige(n) Kooperationspartner, ein Budgetrahmen und eine Investitionsrechnung sowie die fixierte Unternehmens- und Vertriebsstrategie bzw. Verkaufsphilosophie der Bank.

Des Weiteren sind die betroffenen Mitarbeiter vor Ort durch ein Coaching und Training zu begleiten. Bei den Mitarbeitern wird immer wieder deutlich, was es heißt, eine „alte" Welt zu verlassen und in eine „neue" Welt zu gehen. Deswegen sind für die Phase vor, während und nach dem Umbau spezielle Coaching- und Trainingsmaßnahmen durchzuführen. Grundbausteine dabei sind: Mitarbeiter und Kunden auf den Umbau vorbereiten, mit beengten Verhältnissen während der Baumaßnahmen umgehen können sowie die eigene Begeisterung und Identifikation mit der neuen Filiale seinen Kunden vermitteln.

Genauso wie die Mitarbeiter müssen sich aber auch erst die Kunden an die Neuerungen und Veränderungen gewöhnen. Letztlich sind alle Aktivitäten, Maßnahmen, Strategien und Visionen der Zufriedenheit der Kunden untergeordnet wie dem Aspekt, dass sich die Kunden (und Mitarbeiter) in der „Bank der Zukunft" (wieder) wohl fühlen sollen (wollen).

Die Bank der Zukunft – die intelligente Verknüpfung von realem und virtuellem Banking

Rainer Welsch

1. Die Kundenbeziehung zählt

Ein schärfer werdender Wettbewerb, wachsende regulatorische Anforderungen und nicht zuletzt anspruchsvollere Kunden machen den Vertrieb von Finanzdienstleistungen zunehmend zu einer Herausforderung. Die Studie „The Paradox of Banking 2015" des IBM Institute for Business Value bestätigt diese These: Danach nimmt die Vielfalt und Komplexität von Finanzprodukten zu, neue und spezialisierte Mitbewerber drängen auf den Markt. Das Wissen der Kunden in Finanzangelegenheiten wächst, ihre Erwartungshaltung gegenüber dem Finanzinstitut steigt.

Viele Institute können diese veränderten Anforderungen mit ihrem bestehenden Geschäfts- und Vertriebsmodell nicht mehr erfüllen. Es verwundert daher nicht, dass Kunden zunehmend unzufrieden mit Beratung und Service ihres Geldinstitutes sind. Diese beiden Aspekte schlagen sich in einer mageren Cross-Selling-Quote von 1,7 bis 2,4 Produkten je Kunde, wie auch einer im Durchschnitt geringen Kundenprofitabilität nieder.[1] Sie bescheinigen deutschen Retail-Banken im internationalen Vergleich erheblichen Nachholbedarf.

Hinzu kommt: Nachdem der Filialbetrieb noch vor wenigen Jahren aufgrund der wachsenden Akzeptanz von Online- und SB-Banking für viele Bankstrategen eher ein Auslaufmodell darstellte, hat seit einiger Zeit ein Umorientierungsprozess stattgefunden: Mit der Renaissance des Privatkundengeschäfts und der Erkenntnis, dass Kundennähe kein alter Hut ist, sondern auch real gelebt werden muss, suchen immer mehr Bankhäuser nach neuen, innovativen Ansätzen zur Verbesserung der Kundenbeziehung und der Vertriebsleistung im Privatkundengeschäft.

---

[1] Wittmann, G./Drexler, C./Breitschaft, M./Krabichler, T./Stahl, E.: Cross-Selling bei Banken und Sparkassen, ibi research, Oktober 2007.

2. Innovationspotenziale systematisch nutzen

Viele Finanzinstitute haben also den Handlungsbedarf erkannt und bereits Maßnahmen definiert, um die Zufriedenheit ihrer Kunden wie auch die Effektivität und Effizienz ihres Vertriebs zu steigern. Im Fokus stehen dabei die Intensivierung des Vertriebs, die Modernisierung der Vertriebskanäle sowie eine Reorganisation der Vertriebsorganisation. Der Umbau von Filialen unter Berücksichtigung neuer Filialkonzepte besitzt hier eine vergleichsweise hohe Priorität. Wie die aktuelle Studie „European Retail Banking Survey" zeigt, die IBM und das Fraunhofer Institut für Arbeitswirtschaft und Organisation in 15 europäischen Ländern gemeinsam durchgeführt haben, handelt es sich dabei um einen europaweit beobachtbaren Trend.[2]

Aus unserer Sicht gibt es drei zentrale Ansatzpunkte, um das Innovationspotenzial, das im Vertrieb steckt, systematisch zu nutzen:

1. Entwicklung innovativer, konsequent am Kunden ausgerichteter Filialkonzepte
2. Auf- und Ausbau neuer Vertriebswege, wie beispielsweise des virtuellen Banking
3. Integration aller – realer und virtueller – Vertriebswege in ein umfassendes, übergeordnetes Vertriebskonzept.

3. Die Bankfiliale der Zukunft – ein emotionales Erlebnis

Erfolgreiche Filialkonzepte animieren Kunden und Nichtkunden zum wiederholten Filialbesuch. Sie gewährleisten den effizienten Abverkauf von Finanzprodukten, die rasche Abwicklung von Strandardtransaktionen, eine strukturierte Durchführung komplexer Beratungen sowie die weitestgehende Ausschöpfung bestehender Cross-/Up-Selling-Potenziale bei gleichzeitiger Berücksichtigung der Bedürfnisse von Kunde und Bank. Kundenorientierung, ganzheitliche Beratungskonzepte, Prozess- und Produktstandardisierung, Integration und Automation sind daher typischerweise integrale Bestandteile solch moderner Konzepte.[3]

---

2   Engstler, M./Präg, C./Vocke, C./Welsch, R.: European Retail Banking Survey, November 2007.
3   Nessen, E./Welsch, R.: Renaissance des Filialvertriebs, in: Banken und Partner, Ausgabe 04/2006, S.22.

Neben diesen Aspekten leisten erfolgreiche Filialkonzepte jedoch noch wesentlich mehr: Sie berühren den Kunden emotional und schaffen durch ein modernes Erscheinungsbild, ausgefallene Arten der Produktpräsentation sowie eine kundenorientierte Inszenierung der Prozesse Erlebniswelten, die den Filialbesuch zu einem positiven Erlebnis für den Kunden machen.

Arbeiten ökonomische Modelle traditionell mit der Annahme, dass der Konsument seine Handlungen nach rein rationalen Kriterien ausrichtet (sogenannter „Homo Oeconomicus"), so ist in Wissenschaft und Praxis mittlerweile unbestritten, dass der menschliche Entscheidungsprozess – und damit auch der Kauf von Bankprodukten – in hohem Maße durch emotionale Faktoren, wie zum Beispiel Sympathie, Wohlbefinden etc., bestimmt wird.

Der Besuch einer Bank darf daher nicht länger an den Gang zum Amt erinnern. Die Filiale muss den Kunden neugierig machen, ohne aufdringlich zu sein, sie muss ihn willkommen heißen, ohne dass er sich belästigt fühlt und sie muss als Ort für zwanglosen Austausch und Begegnung wahrgenommen werden. Kurz: Der Kunde sollte in möglichst lockerer Atmosphäre ohne Schlangestehen am Schalter geradezu Lust drauf bekommen, sich zu informieren und sich unverbindlich oder auch sehr verbindlich – auf Augenhöhe – beraten zu lassen.

Erfolgreiche Filialkonzepte berücksichtigen daher bei der Inszenierung der Kunde-Bank-Interaktion, der Gestaltung von Produkten und Services, dem Design von Prozessen, der Entwicklung von Software wie auch bei der Gestaltung des Filialdesigns relevante Erkenntnisse aus Psychologie, Neurologie und Verhaltenswissenschaften. Die Konsumgüter- und Lifestyleindustrie beweisen eindrucksvoll, wie wichtig eine adäquate Berücksichtigung von Bedürfnissen, Werten, Einstellungen, Emotionen und Verhaltensmustern von Kunden für den (Vertriebs-)Erfolg ist.

3.1 Q110 – Das erlebbar andere Banking von morgen

Dieses Konzept hat die Deutsche Bank im historischen Stadtquartier in Berlins Mitte perfekt umgesetzt. Q110 bietet in moderner Aufmachung und lockerer Atmosphäre auf 1.260 Quadratmetern Grundfläche alles an einem Platz: Im Investment & FinanzCenter mit Lounge, Forum, Kids'Corner, Trendshop und der „Galerie der Wünsche" kann man heute schon erleben, wie das Banking von morgen aussehen könnte.[4] Ansprechendes Interieur, kundenfreundliche Öffnungszeiten sowie wechselnde, attraktive Angebote – etwa bankfremde Produkte oder Veranstaltungen – animieren zum Filialbesuch. Eine offene, flexible Raumgestaltung ohne Barrieren und Schalter lädt ein, die dort angebotenen Bank- und Nicht-Bank-Produkte zu entdecken. „Bankprodukte zum Anfassen" werden in Metallboxen auf Regalen präsentiert, Produktinformationen nicht länger in Flyern, sondern leicht verständlich als Videosequenz auf Flachbildschirmen dargeboten.

---

[4] Vgl. Klee, T.: Erlebbar anders: Q110 – das Banking von morgen. in: Banken und Partner, Special Bankvertrieb der Zukunft, April 2007, S. 22.

Doch nicht nur das äußere Erscheinungsbild hat sich gewandelt, auch in prozessualer und technologischer Hinsicht ist die Q110 ein Vorreiter: Beratungs- und Serviceprozesse sind einfach, transparent und durchgängig. Mitarbeiter beraten die Kunden flexibel mit drahtlosen Tablet-PCs am Tresen, in separaten Beratungszimmern oder in der Lounge. Ist „Verstärkung" vonnöten, wird ein Experte per Video Conference zugeschaltet. Eine neue Filialanwendung mit einheitlicher Bedienoberfläche bündelt alle Funktionalitäten für den Bankberater und erlaubt eine schnelle und bedarfsgerechte Beratung. Aufträge und Unterschriften werden mittels elektronischer Formulare, digitalem Stift oder Digital Pad direkt elektronisch erfasst. All dies erhöht die Qualität von Service und Beratung wie auch die Prozessqualität und -effizienz. Beim Kunden entsteht so nicht selten der Eindruck, Banking einer anderen Dimension zu erfahren.

3.2 Virtuelles Banking – neue Technologien als Basis neuer Geschäftsaktivitäten

Web 2.0 und das große Interesse an Online-Spielen und virtuellen Welten sind ein Beleg dafür, dass sich das Nutzerverhalten von Privatpersonen im Internet nachhaltig verändert. Dies gilt gegenwärtig vor allem für jüngere Zielgruppen, doch auch die Gruppe der sogenannten „Silver Surfer", das heißt Internetnutzer, die älter als 50 Jahre sind, findet zunehmend Gefallen am Internet.[5] Neue Entwicklungen bei Soft- und Hardware sowie eine zunehmende Verbreitung von Breitbandnetzen ermöglichen zudem den leichten und kostengünstigen Zugang zu diesen neuen Möglichkeiten.[6] All diese Faktoren setzen eine Entwicklung in Gang, an deren Ende das dreidimensionale Internet (3D-Internet) stehen wird.

Ein erster Schritt in diese Richtung ist Second Life, eine noch experimentelle dreidimensionale Plattform, die vollkommen neue Möglichkeiten der Interaktion, des Meinungsaustausches sowie der gemeinsamen Ausarbeitung von Ideen bietet. Second Life (SL), das interaktive virtuelle Universum der globalen Netzgemeinschaft, hat gegenwärtig etwa 11,9 Millionen Nutzer, die täglich rund eine Million reale Euro in SL ausgeben. Aber SL ist nur ein Anfang. Eine ganze Reihe weiterer virtueller Welten ist im Entstehen. Die Bandbreite reicht dabei von reinen Kunstwelten zur Unterhaltung bis hin zum masstabsgetreuen Nachbau unserer realen Welt zum Beispiel für Touristik oder zum Training. Mit wachsender Verbreitung und Qualität werden diese 3D-Plattformen zunehmend auch für den geschäftlichen Einsatz interessant. Die Verknüpfung dieser Welten untereinander und die Einbindung in das heutige Internet werden ein 3D-Internet entstehen lassen, das ganz neue Anwendungen ermöglichen wird.

---

5   http://www.br-online.de/brintern/medienforschung/ard_zdf_onlinestudie/startseite; abg. 20.12.2007.
6   Vgl. hierzu auch den Beitrag Fröhlich, S./Wasner, G.-M./Immenschuh, A.: „Web 2.0 bei Banken: Der Trend verstärkt sich" in diesem Buch.

Auch Banken müssen die Frage nach dem Potenzial dieser neuen Möglichkeiten für ihren geschäftlichen Erfolg beantworten.

Unumstritten ist, dass eine virtuelle Repräsentanz der Bank positive Effekte auf Image und Branding haben kann. Ebenso ist die interaktive Durchführung virtueller Meetings, Konferenzen, Veranstaltungen, Schulungen und Assessment Centers vorstellbar. Virtuelle Welten können weiterhin einen Beitrag zur Steigerung des Vertriebserfolges von Banken leisten. Vorstellbar ist hierbei zum einen die Gewinnung neuer Zielgruppen (zum Beispiel Young Generation, SL-Freaks, Silver Surfer etc.). Ebenso ist eine stärkere Bindung von Kunden an die Bank durch die Etablierung virtueller Banking Communities möglich. Virtuelle Welten eröffnen ferner neue Wege der Interaktion, des Vertriebs und der Kundenbetreuung: Die virtuelle Präsentation von Produkten und Services erleichtert Kunden aufgrund besserer Visualisierung sowie umfangreicher 3D-Simulationsmöglichkeiten das Verständnis von Finanzthemen. Besteht weiterhin die Möglichkeit, mit einem Bank-Avatar Fragen zu diskutieren, sich mit anderen Bankkunden auszutauschen oder gar themenbezogene Events oder Seminare zu besuchen, wird die Interaktion zwischen Kunde und Bank der realen Beratungssituation immer ähnlicher – was einen wesentlichen Mehrwert gegenüber dem traditionellen Vertrieb über das Internet darstellt.

Sollen virtuellen Welten indes Vertriebsfunktionen im engeren Sinne erfüllen, so muss eine Verknüpfung zwischen realen und virtuellen Vertriebswegen erfolgen. Informationsabfragen bzw. 3D-Visualisierungen der realen Wertpapier- und Depotbestände des Kunden, Produktabschlüsse und Transaktionen in der virtuellen Filiale, das Durchführen virtueller Transaktionen bei gleichzeitiger Belastung des realen Kontokorrentkontos oder gar virtuelle Beratungen durch einen Bank-Avatar – all dies sind Features, die die virtuellen Welten zu einem mehrwertstiftenden Vertriebskanal machen könnten.

Banken eröffnen sich somit neue Möglichkeiten im Hinblick auf das Eingehen neuer Geschäftsmodelle. Vorstellbar sind hierbei zum einen „In-world"-Aktivitäten wie beispielsweise das Angebot von Finanzdienstleistungen innerhalb virtueller Welten (zum Beispiel Kreditgewährung in einer virtuellen Währung). Ebenso wäre der Betrieb sogenannter „cross-world"-Geschäftsmodelle möglich, bei denen Banken über den Vertriebskanal „Virtuelle Welten" 24x7h grenzenlosen Zugang zu ihrer kompletten (realen) Leistungspalette an Bankdienstleistungen inklusive persönlicher Beratungen anbieten. Der Weg hin zum virtuellen Bankvertrieb ist jedoch steinig – zahlreiche offene Fragen im Zusammenhang mit Authentifizierung, Regulierung, Urheberrecht, Sicherheit, Datenschutz, technische Verlässlichkeit, Haftung, Steuern etc. müssen noch geklärt werden.

3.3 Q110 – die Schnittstelle zwischen realer und virtueller Welt

Die neuen Möglichkeiten vor Augen, haben die Deutsche Bank und IBM gemeinsam eine virtuelle Version von Q110 geschaffen, um neue Wege der Interaktion und Kommunikation mit den Kunden zu erproben.

Abbildung 1: *Q 110 – die Schnittstelle zwischen realer und virtueller Welt*

Die virtuelle Filiale von Q110 befindet sich auf der Insel des Böblinger Entwicklungszentrums der IBM. Internetnutzer können mit einem sogenannten Avatar (einer künstlichen Figur) die virtuelle Q110-Geschäftsstelle besuchen. Sie werden dort durch speziell geschulte Avatare der Bank begrüßt, die für Fragen oder Auskünfte zur Verfügung stehen. Der Zugang zur virtuellen Filiale ist aber auch während eines Besuches der realen Q110-Filiale in Berlin möglich. Dort aufgestellte SL-Terminals sollen Besucher animieren, die virtuelle Welt zu betreten – ein entsprechend geschulter Mitarbeiter der (realen) Q110 steht dabei hilfreich zur Seite.

Q110 fungiert damit gewissermaßen als Schnittstelle zwischen realer und virtueller Welt: Branding, Erscheinungsbild und Architektur von realer und virtueller Filiale ähneln sich, ohne aber die spezifischen Anforderungen „ihrer" jeweiligen Welt (zum Beispiel an Design & Architektur) zu vergessen. Im Trendshop können reale und virtuelle Second-Life-Produkte gekauft werden, Gutscheine lassen sich sowohl in der virtuellen als auch in der realen Q110-Filiale einlösen. Der Transfer zwischen virtueller und realer Welt geht sogar so weit, dass „virtuelle" Passbilder, die in der Q110-Photobox in Second Life gemacht werden, auch auf den realen Bankkarten benutzt werden können – der Kunde hat dann das Abbild seines Avatars auf seiner Kreditkarte.

Weiterhin haben die Besucher die Möglichkeit, mit ihren Avataren in der virtuellen Galerie der Wünsche verschiedene Lebenssituationen virtuell in 3D zu simulieren. Sie können beispielsweise die eigene Hochzeit planen, das erste eigene Häuschen bauen oder einen Lebenstraum im Ruhestand verwirklichen. Im Vergleich zum traditionellen Internet führt die dreidimensionale Simulation zu einer hohen emotionalen Involvierung des Kunden. Die Bank wird dabei vom Kunden regelmäßig als Partner für die Bewältigung der aus einem geplanten (positiven) Vorhaben resultierenden finanziellen Konsequenzen, weniger aber als reiner Produktverkäufer, wahrgenommen.

Vielleicht möchte der ein oder andere Besucher die virtuelle Erfahrung in die Tat umsetzen – mit den Bank-Avataren lässt sich ein Beratungstermin vereinbaren, der dann im „echten" Leben wahrgenommen wird.

4. Integration als Schlüssel zum Erfolg

Ein innovatives Filialformat oder eine emotional ansprechende virtuelle Erlebniswelt allein werden jedoch nicht genügen, um die Anforderungen vom Kunden wie auch von der Bank zu erfüllen. Gefragt ist vielmehr die Integration aller realen und virtuellen Vertriebsaktivitäten im Rahmen einer konsistenten, kanalübergreifenden Vertriebsstrategie. Diese muss in mehrere Richtungen gleichzeitig wirken:

1. Zielgruppenspezifität von Kundenansprache, -betreuung und Angebotsportfolio über alle Vertriebskanäle hinweg
2. Vertriebskanalübergreifende Emotionalisierung der Kunde-Bank-Interaktion durch Berücksichtigung von Bedürfnissen, Werten, Einstellungen, Emotionen und Verhaltensmustern der Kunden
3. Konsistenz aller Vertriebswege im Hinblick auf Kundenansprache, Informationen, Produkte, Kundenservice, Preise, Prozesse etc.

4. End-to-End Systemunterstützung der Vertriebsprozesse über verschiedene Vertriebskanäle, Produkte, Abteilungen, Personen und Unternehmen hinweg.

5. Integration der Vertriebskanäle im Sinne eines jederzeitigen, kontextsensitiven Zugriffs auf Daten, Informationen und Funktionalitäten unabhängig vom gewählten Vertriebskanal.

5. Ausblick

Auch in Zukunft wird die Bankfiliale für das Privatkundengeschäft von zentraler Bedeutung bleiben. Das virtuelle Banking mit all seinen Vorteilen – ständige Verfügbarkeit, globaler Zugang, niedrige Kosten, innovative Services – wird die reale Begegnung mit dem Kunden niemals ganz ersetzen können. Und sie soll es auch nicht. Doch das Ziel muss in jedem Fall sein, das Instrumentarium des virtuellen Banking als Teil eines strategischen Gesamtkonzeptes sinnvoll in die Vertriebsaktivitäten eines Bankhauses einzubeziehen. Sobald die derzeit noch bestehenden rechtlichen und sicherheitstechnischen Herausforderungen gelöst sein werden, steht einer zunehmenden Bedeutung dieses Vertriebskanals für den Geschäftserfolg von Banken nichts mehr im Wege.

Filialstrategie für Regionalbanken

Axel Gürntke / Horst Schreiber

1. Handlungsfelder für die Umsetzung einer Filialstrategie – das BVR-Verbundkonzept „Filiale der Zukunft"

Es ist unbestritten, dass das Filialgeschäft im Rahmen eines Vertriebswege-Mixes, und hier insbesondere im Zusammenhang mit einem zielgerichteten Beratungsgeschäft, wieder an Bedeutung gewinnt. Auch der genossenschaftliche Verbund, für den die räumliche Nähe zum Kunden ein zentrales strategisches Ziel darstellt, beschäftigt sich aktuell mit der Frage, wie der Vertrieb in den Verkaufsstellen optimal konzeptioniert werden kann. In diesem Zusammenhang werden neben der Gestaltung der Filiale auch die Aspekte Produktportfolio, Verkaufsprozess und Personalentwicklung intensiv beleuchtet. Die Ausführungen lehnen sich an das Konzept „Genossenschaftsbank 2010 „Filiale der Zukunft" Teil 1: Verkaufsstellenkonzeption" des BVR (Bundesverband der Deutschen Volksbanken und Raiffeisenbanken e. V.) an.

1.1 Veränderungstreiber

Die Kundenloyalität im Bereich der Finanzdienstleistungen nimmt seit Jahren kontinuierlich ab. Insbesondere technikaffine und jüngere Kunden lassen sich immer leichter durch attraktive Lockangebote anderer Marktteilnehmer abwerben. Um im Wettbewerb dauerhaft bestehen zu können, muss sich eine regional tätige Genossenschaftsbank konsequent auf einen qualitativ hochwertigen und ganzheitlichen Beratungsansatz konzentrieren. Hierüber wird die notwendige Kundenzufriedenheit generiert, die letztlich Voraussetzung für eine dauerhafte Kundenbindung ist. Für die Filialgestaltung bedeutet dies, dass diese auf den Kundenbedarf und die Kundenwünsche ausgerichtet werden müssen. Hierbei sind neben der Qualität der Prozesse und Mitarbeiter auch Produktstandards und Zielgruppenstrategien zu berücksichtigen.

Erfolgreicher Filialvertrieb setzt eine konsequente Entlastung von nicht wertschöpfenden Tätigkeiten und damit eine nachhaltige Erhöhung der Nettomarktzeit voraus. Eine industriell angelegte Marktfolge – ob bankintern, in Kooperation oder outgesourct – kann und sollte diese bearbeitenden Aktivitäten schneller, besser und günstiger durchführen. Zu beachten ist, dass die Entscheidung zur Einführung eines MarktServiceCenters und/oder KundenService-Centers auch die Gestaltung der Filiale beeinflusst.

Um nicht dem sogenannten „Nettomarktzeitparadoxon" zum Opfer zu fallen, bedarf es intelligenter Lösungen, damit sich die gewonnene Vertriebszeit auch in einer tatsächlich höheren Vertriebsleistung niederschlägt. Neben der Führung und Unterstützung der Vertriebsmitarbeiter ist es notwendig, Gesprächsanlässe gezielt in der Filialpräsentation zu platzieren.

Um nicht in allen Filialen das komplette Spektrum sämtlicher Bedienungs- und Beratungstätigkeiten verbunden mit der hieraus zwangsläufig resultierenden Komplexität anbieten zu müssen, kann über unterschiedliche Filialtypen, die das Dienstleistungsangebot vorstrukturieren, die Komplexität reduziert werden.

1.2 Regionale Besonderheiten und Markenbildung

Anders als die recht jungen Direktbanken blicken Genossenschaftsbanken auf eine lange Tradition verbunden mit einer starken regionalen Ausrichtung zurück. Bedingt durch die Vielzahl der Fusionen in den vergangenen Jahren sind Filialnetzwerke entstanden, die bei genauer Betrachtung nicht unbedingt als optimal zu bezeichnen sind. Häufig werden auch unrentable Standorte aus vielfältigen Gründen, wie zum Beispiel lokaler Gegebenheiten oder des Objektbesitzes, beibehalten. Die Frage ist, wie lange kann man sich diesen Luxus leisten?

Ohne die Eigenständigkeit vor Ort in Frage zu stellen, ist eine bundeseinheitliche Markenbildung auch für den Erfolg einer jeden Genossenschaftsbank wichtig. Eine einheitliche Marke führt zu einer erhöhten Prestige- und Qualitätswahrnehmung beim Kunden. Dafür ist eine einheitliche Bezeichnung von Filialtypen und Produktlinien zu etablieren. Erst hierdurch entsteht für den Kunden ein klares Profil seiner Genossenschaftsbank vor Ort. Darüber hinaus sind über die Bündelung der Marketingbudgets auch andere bzw. anders fokussierte Werbemaßnahmen möglich. Voraussetzung ist allerdings, dass eine klar strukturierte und überschaubares Produktpalette und nicht länger ein vielfach unspezifischer Bauchladen in den Filialen angeboten wird.

Um die Genossenschaftsbanken bei ihren Bemühungen gezielt zu unterstützen, wurde unter der Federführung des Bundesverbandes der Volksbanken und Raiffeisenbanken e. V. (BVR) ein Konzept entwickelt, in dem verschiedene Filialtypen beschrieben und den Genossenschaftsbanken konkrete Umsetzungshilfen an die Hand gegeben werden.

Dabei galt es, die Besonderheiten und die hieraus resultierende Vielfalt des genossenschaftlichen Verbundes in einem Konzept zu integrieren. Hierzu gehörten unter anderem:

- unterschiedlich ausgeprägte Marktpositionierung
- unterschiedliche Geschäftsstrategien
- uneinheitliche Kundengruppen
- unterschiedliche Märkte (Stadt versus ländlicher Raum)
- unterschiedliche Bankgrößen und Filialanzahl

Diesen Besonderheiten hat man mit einem differenzierten Konzept mit fünf Filialtypen Rechnung getragen.

1.3 Filialtypen

Bei der Entwicklung der Filialtypen wurden die folgenden vier Leitideen betrachtet:

1. *Markenidentität der Filiale:*
   Eine „Markenfiliale" hat den Vorteil, dass sie dem Kunden durch die Wiedererkennung Orientierung bietet. Dadurch, dass Filialen an unterschiedlichen Standorten gleich strukturiert sind, identifiziert sich der Kunde schneller und fasst somit auch leichter Vertrauen. Gleichzeitig hat der Kunde eine höhere Prestige- und Qualitätswahrnehmung. Die Marke wird gebildet von dem Innen- und Außenbild der Filiale, einem klaren Produktportfolio und einer gleichen Qualität der Mitarbeiter.

2. *Kundenverhaltensweisen:*
   Der Kunde wünscht unterschiedliche Kontaktwege zu seiner Bank – einmal das einfache und schnelle „Transaktionsbanking" und die intensive Berater-Beziehung, das „Beziehungsbanking".

3. *Produkt- und Prozesskomplexität:*
   Ein klares und transparentes Produktportfolio verringert neben der Produkt- auch die Prozesskomplexität.

4. *Stadt- und Landgegebenheiten:*
   Alle Filialtypen müssen den Anforderungen der jeweiligen Region gerecht werden können.

Die Filialtypen im Überblick (siehe Abbildung 1):[1]

- CashPoint/oder BargeldService
- CashPointPlus/BargeldServicePlus
- FinanzPoint/BankService
- FinanzShop/FinanzMarktplatz
- FinanzLounge/KompetenzZentrum

Quelle: BI 12/2007, S. 44
Abbildung 1: *Filialtypen im Überblick*

---

[1] Hinweis: Die Bezeichnungen der Filialmodelle sind lediglich Vorschläge.

2. Praxisbericht: Vertriebsintensivierung in den Geschäftsstellen der Volksbank Trier eG

Die Volksbank Trier eG hat in ihrem Unternehmenskonzept festgeschrieben, dass sie ein vertriebs- und ertragsstarker Finanzdienstleister in der Region sein will. Die hierfür notwendige Entwicklung zu einer eigenständigen Verkaufskultur erforderte neben strategischen und organisatorischen Weiter- bzw. Neuentwicklungen auch einen kompletten Wandel der bisherigen Unternehmenskultur.

Die Organisationsstruktur der Volksbank Trier eG teilt die Mitarbeiter in den Geschäftsstellen zwei Aufgabenbereichen zu:

1. *Kundenberater*
   Sie sind zuständig für den Geld- und Kontoservice, das heißt, sie bearbeiten alle Geschäftsvorfälle aus dem Standardzahlungsverkehr und in geringem Maße auch das Bringgeschäft.

2. *Finanz- und Vermögensberater*
   Sie beraten die ihnen jeweils zugeordneten Vertriebskunden und übernehmen die Bearbeitung der von den Kundenberatern übergeleiteten Kunden. Sie decken die Bedarfsfelder Zahlungsverkehr, Anlegen und Sparen, Risiken absichern sowie Anschaffungen finanzieren beim Kunden ab. Durch regelmäßig wechselnde Kampagnen hat der Finanz- und Vermögensberater immer ein „Produkt des Monats" im Angebot.

Im Standardmengengeschäft des Geschäftsstellenvertriebs müssen die Kundenzuordnung und die damit verbundene Kundenverschlüsselung im Rechenwerk anders als im Individualgeschäft erfolgen. Die Kunden sind der jeweiligen Geschäftsstelle, nicht dem einzelnen Mitarbeiter, zugeordnet. Das führt zu einer gemeinsamen Verantwortung für den Kunden im Team. Als Folge davon gibt es keine Einzelziele, sondern Teamziele für jede Geschäftsstelle.

Das führt in der Teamverantwortung für die Bearbeitung und Betreuung der Kunden dazu, dass die Zielvereinbarung in der Hauptverantwortung des Finanz- und Vermögensberaters liegt. Dieser berichtet der Führungskraft über die Vertriebserfolge und den notwendigen Unterstützungsbedarf.

2.1 Neugestaltung der Konzeption und Prozesse im Geschäftsstellenvertrieb

In Zusammenarbeit mit einem externen Beratungsunternehmen wurde zunächst das Standardgeschäft in den Geschäftsstellen in Angriff genommen. Hier konnten mengenmäßig bezogen auf Kunden und Mitarbeiter und damit in der Effizienz schnell die größten Erfolge erzielt werden.

Bisher existierende Multifunktionen mit meist unklaren Zuständigkeiten wurden konsequent zugunsten einer Fokussierung auf die jeweiligen Kernkompetenzen beseitigt. Gleichzeitig wurde die Anzahl der Produkte im Standardmengengeschäft deutlich reduziert. Spezialberatungen jeder Art wurden an die zuständigen Mitarbeiter übergeleitet.

Die standardisierten und stark technikunterstützten Arbeitsprozesse wurden so ausgerichtet, dass die Kundenberater sich jederzeit gegenseitig vertreten können und keine Zuarbeitungsaufgaben für die Finanz- und Vermögensberater übernehmen. Diese Arbeiten werden durch ein zentrales Kundenservicecenter (KSC) und davon getrenntes Marktservicecenter (MSC) übernommen. Durch diese Unterstützung wurden im ersten Schritt Freiräume zur Kundenberatung im Geschäftsstellenvertrieb von mindestens 20 Prozent geschaffen. Darüber hinaus wird permanent überprüft, welche Aufgaben zum Ausbau der Nettomarktzeit abgenommen werden können.

Für die Kundenberater der Geschäftsstellen wurden gemeinsame Kriterien zur Segmentierung der betroffenen Kunden vereinbart. Damit mögliche Potenzialkunden in den unteren Kundensegmenten erkannt werden konnten, mussten zunächst die Kundenlisten handverlesen anhand vorher definierter Kriterien durchgearbeitet werden. Anschließend erfolgte eine direkte Zuordnung zu den jeweiligen Mitarbeitergruppen. Erkannte Potenzialkunden wurden sukzessive persönlich angesprochen. Daneben wurden mit allen Servicekunden nach einem Gesprächsplan Intensivierungsgespräche zur Bankverbindung geführt. Alle Mitarbeiter werden durch die zentrale Vertriebssteuerung und ein Marketing mit einheitlichen Verkaufs- und Beratungshilfen versorgt. Wichtig war, dass alle Kunden den Qualitätsunterschied zu früher tatsächlich auch wahrnehmen.

Parallel zu den beschriebenen Veränderungen in den Geschäftsstellen wurden auch die Inhalte und Leistungen des Internetauftritts in einem gesonderten Projekt überarbeitet. Alle Geschäftsfelder der Bank sind im Netz so dargestellt, dass der Kunde sich wie in der Geschäftsstelle zurechtfindet. Wichtig war, dass der Weg zur Bank für den Kunden immer gleich und damit vertraut ist. Eine Differenzierung der Preise ist durchaus statthaft und auch vom Kunden gewünscht und akzeptiert. Dies bietet die Möglichkeit, dem Wettbewerb der Direktbanken zu trotzen, ohne die Besonderheit als Filialbank aufgeben zu müssen.

Die einzelnen Geschäftsstellen wurden mittels nachfolgender Beurteilungskriterien in verschiedene Typen unterteilt.

- Anzahl der dort zu beratenden Kunden
- Ergebnisse der erfolgten Kundensegmentierung
- Volumen der dort zu beratenden Kunden
- anfallende Kassenposten, soweit Kasse vorhanden bzw. GAA-Verfügungen während der Geschäftszeiten (Frequenzen)
- Deckungsbeitrag aus diesen Kundenverbindungen
- Nähe zu alternativen, eigenen Geschäftsstellen

Nach dieser Beurteilung wurde die notwendige Soll-Kapazität berechnet und die Stellen anschließend in die Typenmatrix aufgenommen. Daraus ergaben sich die konkreten Handlungserfordernisse und die Erstellung einer Investitions-/Deinvestitionsbudgetierung. Im Zuge dieser Maßnahmen konnten insgesamt zwölf von damals 36 Geschäftsstellen mit benachbarten zusammengelegt werden.

2.2 Vertriebssteuerung im Geschäftsstellenvertrieb

Die aktive Vertriebssteuerung erfolgt auf Basis der Daten aus der Marktpotenzialanalyse (MPA). Durch die Kombination von externen Marktdaten mit internen Bank- und Kundendaten werden den Finanz- und Vermögensberater vorhandene und ausgeschöpfte Potenziale aufgezeigt. Diese Informationen bilden die Grundlage für die Vertriebsplanung der Berater. Um möglichst viele Informationen des Kunden zu erfassen, bietet die Grund- und Beratungssegmentierung betriebswirtschaftliche und vertriebliche Vorteile.

Bei der Grundsegmentierung werden die Privatkunden aufgrund quantitativer Größen (Geldvermögen, Einkommen) in drei Gruppen unterteilt: Individualkunden, Betreuungskunden und Servicekunden. Die Servicekunden werden auf die Filiale verschlüsselt. Die „gehobenen" Kunden werden direkt den Finanz- und Vermögensberater zugeschlüsselt, die ausschließlich termingesteuert arbeiten.

Zusätzlich erfolgt eine Beratungssegmentierung auf drei Ebenen: Finanztyp, Risikoeinschätzung und Potenzialanalyse. Dies ermöglicht eine nach Bedürfnissen und Potenzialen differenzierte Kundenansprache. Zur Wahrung der Qualität sowie zur Sicherstellung einer einheitlichen Vorgehensweise wurden nachfolgende Beratungsstandards für Finanz- und Vermögensberater vereinbart:

- Einsatz von kunden- und vertriebsorientierten Verkaufshilfen
- feste Beratungsintervalle bei interessanten Potenzialkunden (zum Beispiel ein Mal pro Jahr)

- Strukturvorgaben und bedarfsgerechte Produktauswahl
- Nutzung von KSC für Termine und MSC für Abwicklungstätigkeiten
- Pflege des elektronischen Terminkalenders – später auch die elektronische Kundenakte
- Terminierung von Folgeterminen bei Grundsatzgesprächen

Die Einführung einer leistungs- und erfolgsorientierten Zusatzvergütung führte zu nachhaltigen Ertragsverbesserungen innerhalb der Volksbank Trier eG. Ein echter Leistungsanreiz besteht darin, dass die Gehälter nicht „gedeckelt" werden und über „Mehrerfolge" durch eine schon zu Beginn des Jahres definierte Erfolgsprämie Zusatzeinkommen erzielt werden können.

Die Finanz- und Vermögensberater arbeiten termingesteuert, das heißt, sie haben bis zu fünf Gespräche am Tag. Um die Organisation des Arbeitstages unter diesen Rahmenbedingungen gestalten zu können, haben wir ein Terminsteuerungskonzept vereinbart. Darin sind neben den Beratungszeiten nach Qualität und Dauer unterschieden auch die Rüstzeiten durch Vor- und Nachbereitung und ggf. Anfahrt zum Kunden eingerechnet. Die Aktivitäten werden durch den Vertriebsservice zusätzlich fremdgesteuert. Dabei werden Fälligkeiten und sonstige Signale aus dem Datenbestand berücksichtigt. Die Terminvereinbarung wird in großen Teilen durch das KSC übernommen und mit hohen Quoten erfolgreich durchgeführt.

Im Rahmen des Vertriebscontrollings muss allen Mitarbeitern und den Führungskräften die Möglichkeit gegeben werden, möglichst zeitnah die aktuellen Entwicklungen zu sehen und frühzeitig steuernd einzuwirken. Hierzu werden alle Aktivitäten und Vertriebserfolge direkt vom Berater in der Bankenanwendung erfasst. Die Führungskräfte lassen die monatlichen Auswertungen von den jeweils betroffenen Mitarbeiter kommentieren, um aufzulisten, was gut lief, wo nachgearbeitet werden muss, wo Unterstützung und Hilfe nachgefragt wird.

3. Fazit

Aus den vorangegangenen Ausführungen wird deutlich, dass eine einheitliche Linie in der Filialgestaltung aller Genossenschaftsbanken zu einer überregionalen Markenbildung beitragen kann. Hierüber kann die Wahrnehmung der Volksbanken und Raiffeisenbanken erhöht und eine klare Positionierung gegenüber den Mitbewerbern erreicht werden. Zudem stellen die vorgestellten Konzepte einen Weg dar, die Kundenströme zu kanalisieren und Vertriebsimpulse zu generieren.

Deutlich wurde auch, dass eine Neugestaltung von Filialräumlichkeiten gemäß einer überregionalen Markenstrategie noch nicht automatisch zu mehr Vertriebsleistung bei niedrigeren Kosten führt. Am Beispiel der Volksbank Trier eG wird ersichtlich, dass es darauf abgestimmter Vertriebsstrategien und Geschäftsprozesse bedarf.

Emotionalisierung im Vertrieb – Chance zur Differenzierung

Tobias Lukas

1. Veränderungen im Wettbewerbsumfeld und auf der Nachfragerseite

„Sell emotions" ist ein gern zitierter Marketingsatz, der jedoch insbesondere für die Vermarktung von Bank- und Finanzprodukten eine besondere Herausforderung darstellt. Dies liegt in der Natur der Sache: Finanzdienstleistungen gelten als austauschbar, sind meist immateriell und aufgrund ihrer komplexen Struktur oftmals schwer verständlich. Kein Wunder, dass der anspruchsvolle und gut informierte Kunde von heute damit nicht mehr zu begeistern ist. Angesichts des intensiven Wettbewerbs im Bankensektor sind jedoch gerade neue, mit Emotionen angereicherte Vertriebsansätze und eine adäquate strategische Ausrichtung, die die Produktions- und Distributionsexzellenz in den Mittelpunkt stellt, unabdingbar.

Der deutsche Finanzdienstleistungssektor befindet sich mitten in tiefgreifenden Veränderungen. In den vergangenen Jahren hat sich der intraindustrielle Wettbewerb stetig verschärft. Dies gilt insbesondere im Privatkundengeschäft: Retailbanking ist wieder „in" und erlebt als vergleichsweise stabile und verlässliche Ergebnisquelle eine Renaissance.

Neben der bereits skizzierten zunehmenden Wettbewerbsintensität und der damit einhergehenden Margenerosion ist außerdem eine Verschmelzung von Einzelhandel und Bankdienstleistungen zu beobachten. Zum einen dehnen etablierte Kreditinstitute ihre Vertriebskanäle über Kooperationen mit Einzelhandelsunternehmen aus. Zum anderen gründen Einzelhandelsunternehmen eigene Banken.[1] Davon sind regionale Kreditinstitute mangels nationaler und globaler Diversifizierungsmöglichkeiten besonders betroffen.

---

[1] Vgl. C&A Presseinformation vom 1. Juli 2007: C&A bereitet Bankgründung vor.

Darüber hinaus verändern verschiedene Mega-Trends nachhaltig das Wettbewerbsumfeld deutscher Kreditinstitute. Dies sind zum einen gesamtwirtschaftliche und gesellschaftliche Prozesse (Deregulierung, Globalisierung, demografische Entwicklung, Trend zur Individualisierung sowie Veränderung der sozialen Vorsorgesysteme) als auch ein verändertes Nachfrageverhalten, das unter anderem in veränderten finanziellen Bedürfnisstrukturen zum Ausdruck kommt.[2] Kundenbedürfnisse orientieren sich nicht mehr an traditionellen soziodemografischen Indikatoren (Einkommen oder Alter), sondern leiten sich zunehmend aufgrund einer fortschreitenden Individualisierung aus der jeweiligen Lebenssituation und individuellen Einstellungen zu Medien, Geld und Technik ab.[3] Beispielsweise wird durch die Justierungen und Erosionen traditioneller Vorsorgesysteme verstärkt die systematische private Vorsorgeentwicklung in den Vordergrund gerückt. Durch den demografischen Wandel gewinnen erfolgreiche Kundenbindungsstrategien an Bedeutung.

Aufgrund ihrer regionalen Nähe und der Entscheidungskompetenz vor Ort profitieren Genossenschaftsbanken und Sparkassen dabei von einer kundenseitig gewünschten stärkeren Beziehungsorientierung und Personalisierung. Gerade aufgrund der fortschreitenden Individualisierung von persönlichen Lebenssituationen wird kundenseitig Unterstützung bei der Analyse der individuellen Bedürfnisstruktur sowie bei der Erläuterung von komplexen Finanzprodukten nachgefragt. Dies gilt trotz oder gerade wegen einer zunehmend anonymisierten Leistungserstellung durch Online- und SB-Banking.

2. Strategische Voraussetzungen für einen emotionalisierten Vertriebsansatz

Wie können regional agierende Banken auf diesen Trend reagieren und mit welchen strategischen Maßnahmen können sie diesen in Markterfolg umwandeln?

Moderne Regionalbanken müssen die Bedürfnisse ihrer Kunden kennen und sie auch auf Massenmärkten differenziert ansprechen. Voraussetzung dafür ist ein modular aufgebautes Produkt- und Seviceangebot, das standardisiert erstellt, aber als maßgeschneidert wahrgenommen wird (Mass Customization). Die hybride Wettbewerbsstrategie der kundenindividuellen Massenproduktion ist dabei ein strategischer Ansatz, um sowohl Distributionseffizienz („nicht jeder Kunde auf jedem Weg jede Leistung zum selben Preis") als auch Prozesseffizienz („nicht alles und nicht alles selbst") zu erreichen.[4] Mass Customization bezeichnet „die Produktion von Gütern und Leistungen, welche die unterschiedlichen Bedürfnisse jedes ein-

---

2   Vgl. zum Beispiel Betsch/Thomas (2005), S. 5, 6; Winter (2002), S. 29 ff; Schierenbeck (2005), S. 785 f.
3   Vgl. Oehler (2004), S. 23.
4   Vgl. Oehler (2004), S. 2.

Emotionalisierung im Vertrieb – Chance zur Differenzierung

zelnen Nachfragers dieser Produkte treffen, mit der Effizienz einer vergleichbaren Massen- bzw. Serienproduktion."[5] Die Integration des Kunden in die Wertschöpfungskette bildet dabei die Grundlage einer individuellen Leistungserstellung in Interaktion zwischen Anbieter und Nachfrager. Für Genossenschaftsbanken bedeutet dies konkret eine erheblich verstärkte Nutzung der verbundeigenen Produkt-, System- und Prozesslieferanten zugunsten einer erheblich reduzierten Wertschöpfungstiefe. Dabei bedarf es klarer Prozessstrukturen und einer hohen Umsetzungseffizienz, um die damit verbundenen Skalen- und Verbundeffekte auch zu realisieren. Die regionale Entscheidungskompetenz vor Ort darf jedoch nicht tangiert werden.

Neben der produktbezogenen Differenzierung zum Wettbewerb ist eine service- und qualitätsgetriebene Abgrenzung von entscheidender Bedeutung. Dafür bedarf es einer kontinuierlichen, partnerschaftlichen Kunde-Berater-Beziehung auf Augenhöhe, die dann einen Mehrwert generiert, wenn die „emotional-motivationale Befindlichkeit der Kunden zum Beispiel hinsichtlich der Bequemlichkeit/Convenience, der Sicherheit/des Vertrauens oder der kognitiven Entlastung zu einem positiven Erlebnis führt."[6] Die Kommunikationsfähigkeit und Serviceorientierung des Beraters bietet dem Kunden die geforderte Selektionshilfe und Unterstützung bei der Produktauswahl. Sie sind somit determinierend für den Erfolg am Markt.

3. Emotionalisierung im Vertrieb in der Praxis – ein integrierter Ansatz

Um dies zu erreichen, fokussiert das Emotion Banking der Berliner Volksbank auf drei Kernaspekte: auf eine hohe Service- und Beratungsorientierung der Mitarbeiter, eine modularisierte und emotional angereicherte Produktpalette sowie regionales Engagement.

Der Aufbau derartiger partnerschaftlicher Kunde-Berater-Beziehungen wird durch spezialisierte und serviceorientierte Berater in Kooperation mit Produktspezialisten aus dem Verbund realisiert. Im Gegensatz zu vielen anderen Instituten steht jedem Kunden der Berliner Volksbank sein persönlicher Berater zur Verfügung. Dieser identifiziert im persönlichen Beratungsgespräch die zugrunde liegenden Bedürfnisse, analysiert Lösungspotenziale und erarbeitet die dann individuell zugeschnittenen Finanzdienstleistungen. Selbstverständlich findet dies in modern konzipierten Filialen statt, deren Öffnungszeiten an die Lebensrealität berufstätiger Kunden angepasst sind und die eine barrierefreie sowie angenehme Gesprächsatmosphäre ermöglichen.

---

5 Vgl. Piller (2006), S. 160 f.
6 Vgl. Oehler (2004), S. 27.

Neben exzellenter Beratung in einer ansprechenden Atmosphäre ist eine mit Emotionen verknüpfte Produktpalette das zweite zentrale Element der Vertriebsstrategie. Die Berliner Volksbank hat daher ihre Produktpalette entsprechend der Kundenbedürfnisse strukturiert und entlang von sechs Handlungsfeldern aufgestellt, die somit die persönliche Situation und Lebensplanung des Kunden berücksichtigen. Im Sinne eines langfristigen Customer Relationship Managements steht die Übernahme der Hausbankfunktion im Zentrum der Akquisitionsstrategie.

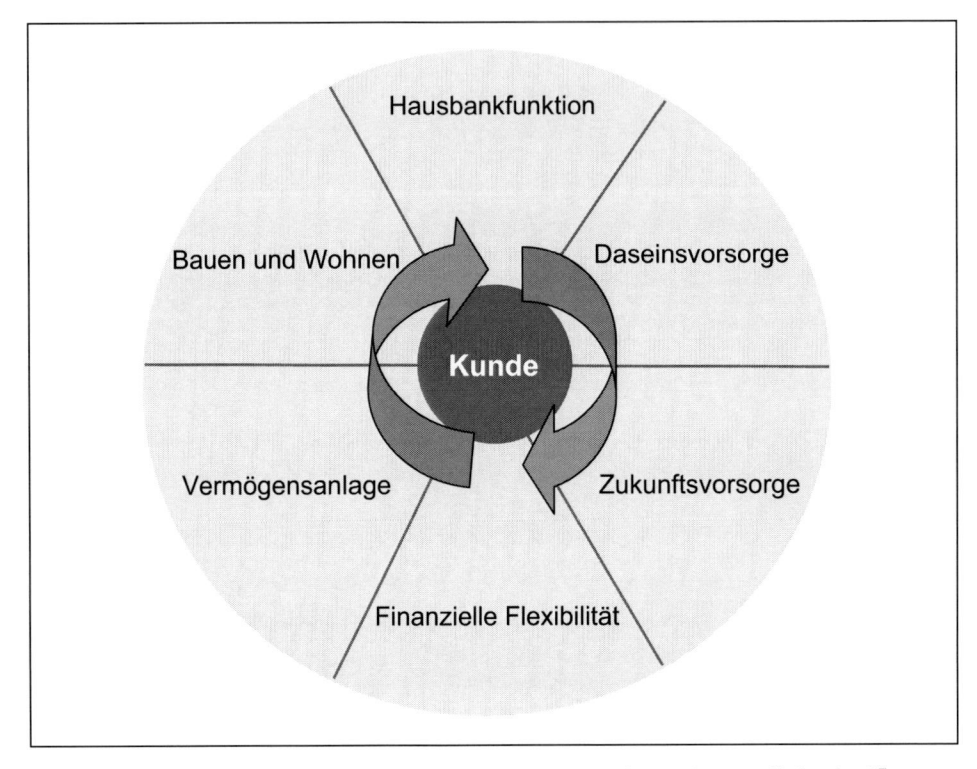

Abbildung 1: Handlungsfelder im Privatkundengeschäft der Berliner Volksbank eG[7]

Um aus Kundensicht eine wahrnehmbare Differenzierung zu realisieren, hat die Berliner Volksbank die rein funktionale Ausgestaltung verschiedener Produkte um emotionale Komponenten ergänzt. Seit 2002 wurde das Debit-Kartenangebot um ansprechende Motivkarten erweitert. Dieses umfasst Sportkarten mit dem Logo von Berliner Fußballclubs (Hertha BSC, Eisern Union) sowie einem Eishockeyclub (Eisbären Berlin) und Tiermotiven aus dem Zoologischen Garten Berlin (Eisbär Knut und andere). Gleichzeitig profitiert der Karteninhaber von umfangreichen Rabatt- und Vergünstigungsaktionen der Kooperations- und Merchandisingpartner.

---

7 Quelle: Berliner Volksbank eG (2007).

Im Kartengeschäft geht die Berliner Volksbank zukünftig einen Schritt weiter: Der Kunde soll seine EC-Karte komplett nach seinen Wünschen gestalten können. Egal ob ein Foto der Familie, der Kinder oder des Traumautos – die Debit-Karte soll ganz nach Kundenwünschen individualisierbar sein. Im Sinne einer Hard Customization wird der Kunde bereits in den Fertigungsprozess einbezogen, was ein Höchstmaß an Differenzierung und Individualisierung ermöglicht.

Ebenfalls fest etabliert ist die jährliche Aktion „Stars for free", bei der der Besuch eines Konzertes an die Eröffnung eines Girokontos gekoppelt wird. Gemeinsam mit anderen Partnern veranstaltet die Bank seit 1997 jährlich eines der größten kostenlosen Open-Air-Festivals in der Region. Zielgruppe des Produktbundles sind primär junge Kunden. Aber auch ältere Menschen können durch ihre Bank gefühlsmäßig angesprochen werden. Insbesondere das Vorsorge- und Absicherungsbedürfnis steht dabei im Vordergrund. Dazu hat die Bank eine sogenannte Enkelpolice entwickelt – einen an eine Rentenversicherung gekoppelten Sparplan von alt für jung. Versicherungsnehmer sind in diesem Fall beispielsweise die Großeltern, die für ihre Enkel einen finanziellen Grundstock durch monatliche Besparung anlegen und diesen später auch übertragen wollen.

Ein deutlich regional fokussiertes Engagement in den Kernfeldern Sport, Kultur, Bildung und Mittelstand rundet das emotionale Profil der Berliner Volksbank ab. Das Institut dokumentiert damit die Übernahme von Verantwortung für die Region und kommt seinem Förderauftrag nach. Der damit verbundene Imagetransfer wirkt positiv auf die Außenwahrnehmung der Berliner Volksbank.

4. Fazit

Insgesamt führen die dargestellten Komponenten des Emotion Banking zu einer hohen Kundenzufriedenheit von 97 Prozent, die sich wiederum in einer außerordentlich hohen Weiterempfehlungsbereitschaft der Bankkunden niederschlägt.[8] Bereits über 50 Prozent der Neukunden werden über Weiterempfehlungen aus dem Familien- oder Freundeskreis gewonnen.[9]

Beides, sowohl eine hohe Kundenzufriedenheit als auch deren Aktivierung in Form einer Weiterempfehlungsbereitschaft, ist angesichts der skizzierten Wettbewerbsbedingungen und im Zeitalter des Web 2.0 besonders wichtig. Privatpersonen tauschen ihre Meinungen und Erfahrungen nicht nur im Freundes- und Bekanntenkreis aus, sondern können diese über das

---

8 Repräsentative forsa-Studie aus 06/2006 im Auftrag der Berliner Volksbank zum Thema „Gesamtzufriedenheit mit der eigenen Hauptbank". Befragt wurden 1.600 Bankkunden in Berlin und Brandenburg. Von neun Geldinstituten war die Berliner Volksbank die Bank mit dem höchsten Anteil zufriedener Kunden.
9 Quelle: Berliner Volksbank eG 2007.

Internet unkompliziert über Blogs, Verbraucherportale oder Communities verbreiten. Da Privatkunden oftmals Meinungsäußerungen ihresgleichen mehr vertrauen als offiziellen Informationen der Unternehmen, ist das Image im Web 2.0 genauso im Auge zu behalten wie in der klassischen Medienlandschaft.[10] Daher bleibt die von einer hohen Serviceorientierung und regionalen Nähe zu den (emotionalen) Bedürfnissen der Kunden getragene Beratung in der Filiale auch im Zeitalter des Onlinebanking und des Web 2.0 von entscheidender Bedeutung.

Zusammenfassend kann festgestellt werden, dass rein funktional gestaltete Vertriebsansätze oftmals nicht mehr den Bedürfnissen vieler Kunden entsprechen. Es gilt Banking attraktiver und erlebbarer zu gestalten. Der Schlüssel dazu liegt sowohl in dem Aufbau einer langfristigen und vertrauensvollen Kundenbeziehung, in der Schaffung einer einladenden Beratungsatmosphäre als auch in individuell maßgeschneiderten und emotional aufgeladenen Produkte mit attraktiven Konditionen. Kurz: Der Kundenberater muss wissen, was die Herzen der Menschen bewegt und gleichzeitig positive Emotionen auslöst. Die Bank muss die notwendigen Rahmenbedingungen dafür schaffen und vor Ort sein. Dieser integrierte Ansatz eines Emotion Banking ermöglicht daher in Verbindung mit der beschriebenen Distributions- und Prozesseffizienz insbesondere den Regionalbanken die notwendige Differenzierung gegenüber dem Wettbewerb. Ein um Emotionen „angereichertes" Banking ist damit eine adäquate Gegenoffensive für den vorwiegend über die Preispolitik getragenen Angriff von Direktbanken und ausländischen Instituten.

Literatur

BETSCH, O./THOMAS, P. (2005): Industrialisierung der Kreditwirtschaft: Informationstechnologie und Managementkonzepte, Wiesbaden 2005.
HENG, S. (2007): Starten statt warten: Auswirkungen des Web 2.0 auf Finanzdienstleister, Deutsche Bank Research, E-conomics 63. Frankfurt am Main 2007.
OEHLER, A. (2004): Retail Banking – Status quo und Entwicklungsperspektiven, in BAFIFO – Bank- und Finanzwirtschaftliche Forschung, Nr. 27, Bamberg März 2004.
PILLER, F. T. (2006): Mass Customization: Ein wettbewerbsstrategisches Konzept im Informationszeitalter, 4. Ausgabe, Wiesbaden 2006.
SCHIERENBECK, H. (2005): Zukunft der Banken – Banken der Zukunft, in: Sokolovsky, Z./ Löschenkohl, S. (2005): Handbuch Industrialisierung der Finanzwirtschaft: Strategien, Management und Methoden für die Bank der Zukunft, Wiesbaden 2005, S. 785-807.
WINTER, R. (2002): Retail Banking im Informationszeitalter: Trends, Geschäftsarchitektur und erste Beispiele, in: Leist, S./Winter, R. (2002): Retail Banking im Informationszeitalter: integrierte Gestaltung der Geschäfts-, Prozess- und Applikationsebene, Berlin 2002, S. 29-50.
http://www.cunda.de/money/press/info.php
  Download: 18.12.2007

---

[10] Vgl. Heng (2007), S. 1.

Auf Augenhöhe: Kundenbindung über den Filialvertrieb

Markus Krüger / Michael Reif

1. Innovation für Kunden erlebbar machen

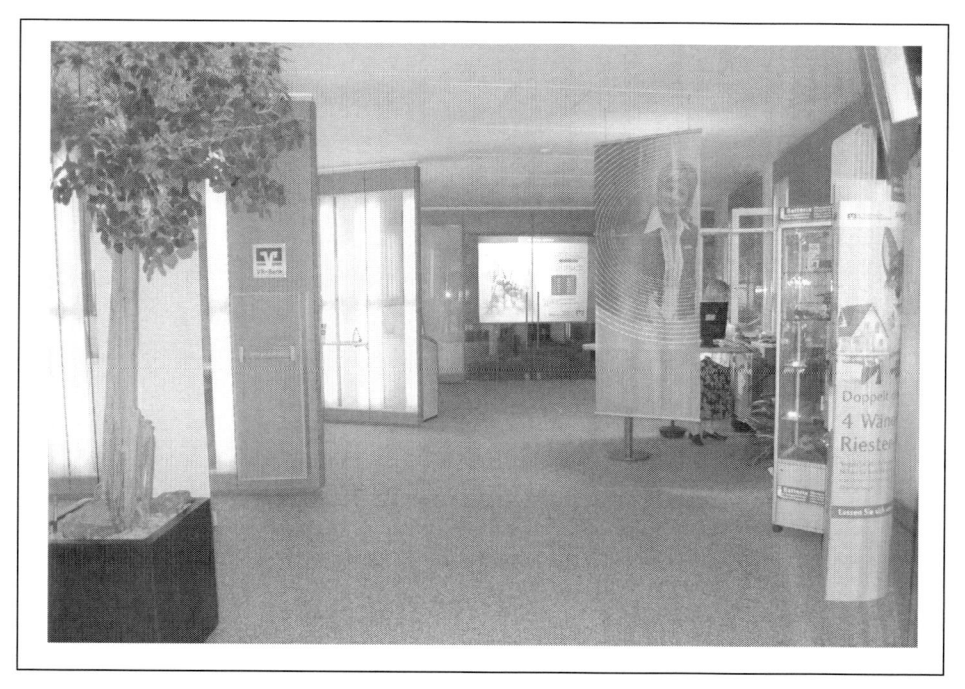

Abbildung 1: Integratives Filialdesign mit kurzen Wegen

Im Juli 2007 wurde das „VR-Dienstleistungscenter" in der Spörleinstraße in Bad Neustadt an der Saale eröffnet. Die neu gestaltete Filiale ist das Ergebnis einer intensiven Mitarbeit der Bank am Forschungsprojekt „Innovationsforum Bank & Zukunft" des Fraunhofer-Instituts für Arbeitswirtschaft und Organisation (Fraunhofer IAO). Der fortschrittliche Filialstil – angelehnt an das IAO-Modell „Community-Banking" – kommt bei den Kunden außerordentlich gut an. An der Fassade des älteren Gebäudes direkt am Zugang zur Altstadt des bayrischen Ortes prangt das Markenzeichen der Volksbanken und Raiffeisenbanken. Doch nachdem der Kunde den lang gezogenen Raum betritt, erwartet ihn nicht die unvermeidliche Banktechnik, sondern links ein Reisebüro, rechts eine Aktionsfläche von Partnern (und Kunden) der Bank. Erst nach einigen Metern wird die eigentliche Bankfiliale erreicht. Doch auf dem kurzen Weg in den Raum hinein existieren keine trennenden Elemente. Das ganze Interieur wirkt offen und einladend. Keine Frage, hier fühlt man sich wohl.

2. Integration als Gestaltungsprinzip

Abbildung 2: Integration der SB-Zone in den Servicebereich

„Wir wollten ganz bewusst weg von den Foyer-Lösungen, in denen sich der Kunde oft verloren vorkommt, weil er erst nach einem Ansprechpartner aus Fleisch und Blut suchen muss", erklärt Michael Reif, Vertriebsleiter bei der VR-Bank Rhön-Grabfeld. Die Integration der

Selbstbedienungszone in den Servicebereich ist ein wesentliches Merkmal dieser neuartigen Filialkonzeption. „Wir wollten wieder allen unseren Kunden begegnen und mit ihnen jederzeit in Kontakt treten können", bringt Reif es auf den Punkt. So können die Servicekräfte während der Öffnungszeiten der Filiale direkt und unmittelbar auf Fragen und Wünsche der Kunden eingehen. Niemand muss sich hier mehr allein gelassen fühlen.

Die Zielrichtung dieser Filialgestaltung liegt auf der Hand: „Mehr Kontakt – mehr Geschäft" lautet das einfache Motto bei der VR-Bank. Dem Kunden wird hier wieder auf Augenhöhe begegnet – und das wird äußerst positiv angenommen. „Zuerst waren und sind die Menschen erstaunt und überrascht", schildert Teamsprecherin und Kundenberaterin Martina Kober von ihren Erfahrungen in der neuen Umgebung. „Aber wir haben hier fast nur positive Reaktionen bekommen, die Leute kommen wirklich sehr gern hierher."

Durch ein Glasportal, das während der Öffnungszeiten niemals komplett geschlossen wird, geht es in den „Beraterpark". Der Begriff „Park" hat seine volle Berechtigung, da ein gelungener Mix aus Pflanzen und edlem Holz tatsächlich ein parkähnliches Gefühl aufkommen lässt. Das Eingangsportal dient im Übrigen nicht nur als Zugang in den „Beraterpark". Es kann mithilfe modernster Präsentationstechnik außerhalb der Öffnungszeiten der Zweigstelle wechselnde Informationen und Angebote der Bank und anderer Dienstleister anzeigen.

Abbildung 3: Beraterpark

Durch die Integration anderer Dienstleister in die Bankfiliale haben die Verantwortlichen des Instituts zwei Fliegen mit einer Klappe geschlagen. „Erstens erzeugen wir mehr Publikumsverkehr in der Filiale und zweitens steigern wir die Rentabilität durch zusätzliche Mieteinnahmen", erläutert Daniela Slansky, Bereichsleiterin Organisation/EDV. Wie viele andere Genossenschaftsbanken stand auch die VR-Bank Rhön-Grabfeld vor der Frage, wie die Filialstruktur des Hauses für die Zukunft fit gemacht werden könnte. Gerade für die bayerische VR-Bank (Gesamtkundenvolumen: circa 900 Millionen Euro, 150 Mitarbeiter) mit ihren 18 Filialen stand viel auf dem Spiel. Die Aufgabe selbst unrentabler Standorte wurde jedoch von Anfang an nicht diskutiert. „Beim Vorstand angefangen waren sich alle einig, dass Filialschließungen nicht die Lösung sein können", erinnert sich Michael Reif. Als regionaler Finanzdienstleister dürfe man sich nicht aus der Fläche verabschieden. Vielmehr sollte es darum gehen, die bestehenden Standorte stärker als in der Vergangenheit auf die Wünsche und Bedürfnisse der Kunden auszurichten und damit mehr Geschäfte zu generieren.

3. Die Filiale wird zum Dienstleistungszentrum

Ziel war eine kluge Kombination aus dem Bekenntnis zu allen Standorten, den betriebswirtschaftlichen Notwendigkeiten und dem Gebot der Erhöhung der Beratungs- und Vertriebszeiten. Für jede Filiale wurden Zukunftskonzepte entwickelt, die nicht immer in einem großen Umbau wie in der Spörleinstraße in Bad Neustadt mündeten. „Schon durch sehr simple Maßnahmen, wie etwa eine größere Flexibilität bei den Öffnungszeiten, konnten wir beachtliche Erfolge erzielen", berichtet Daniela Slansky. „Man muss nicht alles völlig anders machen und gleich mit dem Bagger anrollen", ergänzt Reif.

Der Bagger kam zwar auch nicht beim Umbau zum „VR-Dienstleistungscenter" zum Einsatz, aber die komplette Entkernung des Gebäudes und die vollständige Neuinstallation der Haustechnik illustrieren den Umfang des Projekts. Dabei musste die Filiale nur für zehn Tage geschlossen werden – eine baulogistische Meisterleistung. Aus den ehemals 400 Quadratmetern Bankfiliale wurden auf diese Weise 250 Quadratmeter „VR-Dienstleistungscenter". Raum für weitere Mieter ist im rückwärtigen Teil des Hauses noch vorhanden. Vorn empfängt ein Reisbüro von „sonnenklar TV" die Besucher. Schon daran ist zu erkennen, dass die Zeit des stationären Vertriebs neben Online- und TV-Shopping eben nicht vorbei ist. „sonnenklar TV" verkauft Reisen – zuerst nur per Fernseher und Telefon. Jetzt hat man sich für Filialen zur Unterstützung des eher unpersönlichen Fernvertriebs entschieden. Ohne Filialen geht es nicht – genau wie im Bankgeschäft.

Intelligent kommunizieren – emotional binden

Ulrich Prosch / Sabine Vogel

1. Einleitung

Es sind bewegte Zeiten für Kreditinstitute, der Wettbewerb wird härter. Im Kampf um Privatkunden setzt sich immer mehr die Erkenntnis durch, dass Kundenansprache und Beratungsqualität deutlich verbessert werden müssen – dass eine strategische Neuausrichtung der Vertriebswege erforderlich ist. In diesem Zusammenhang gewinnt die „gute alte" Bankfiliale wieder an Bedeutung. Sie soll künftig zum zentralen Ankerpunkt des Kunde-Bank-Dialogs werden und durch die Inszenierung spontaner Begegnungsanlässe den Aufbau einer emotionalen Beziehung zwischen Kunde und Bank aktiv gestalten.

Ziel ist es, einen interaktiven Kunde-Bank-Dialog zu gestalten, der sowohl auf die unterschiedlichen Begegnungszeitpunkte, die Orte und die individuellen Bedürfnisse des Kunden abgestimmt ist. Denn da sich im Rahmen eines solchen innovativen, interaktiven Kunde-Bank-Dialogs nicht jeder Kunde auf dieselbe Weise erreichen lässt, sind die individuelle, emotionale Kundenansprache und personalisierte Angebote der entscheidende Schlüssel zu Kundennähe und Vertriebserfolg.

Einen ersten Schritt dazu unternahm die Vereinigte Volksbank AG, Sindelfingen, in ihrer Hauptstelle in Calw: Im Zuge der Modernisierung der Filiale wurden Plakate, Aushänge und Thekenaufsteller komplett durch moderne Flatscreens ersetzt. Auf ihnen werden Werbespots gezeigt, Logos der Bank und der Verbundpartner, Bilder der Filialmitarbeiter, aktuelle Immobilien- und Produktangebote sowie aktuelle Veranstaltungstipps.

2. Die Idee

2.1 Vom Handel lernen

Den Kunden durch Emotionen zu Kaufentscheidungen führen, beeinflusst durch beispielsweise Dekorationen, Farben und Licht, beherrscht der Handel schon lang. Bewegte Bildmedien, starke Kontraste in Bild, Text und Ton sowie die stilvolle Produktpräsentation am POS vermitteln diese gefühlsbetonten Impulse auf ideale Art und Weise. Mit Werbespots werden Kunden in faszinierende Erlebniswelten entführt, Ideen vermittelt. Durch eine hohe Emotionalität wird der Kunde zu Impulskäufen motiviert.

Die Nutzung multimedialer Technologien am POS oder in der Filiale trägt den Erkenntnissen Rechnung, dass bei hoher emotionaler Anregung des Kunden eine Information länger gespeichert wird als bei niedriger Anregung. So erinnern wir uns an stark emotionale Werbebotschaften schneller und einfacher als an weniger emotionale. Diese Emotionalität lässt sich mit Hilfe bewegter Bilder deutlich besser erzielen als mit statischen Kommunikationsmitteln wie beispielsweise Plakate und Flyer.

2.2 Kernüberlegungen in der Projektphase

Im Rahmen des Projektes galt es, folgende Schwerpunktfragen zu beantworten:

- Welche Technik wird genutzt?
- Wo werden die Flatscreens installiert?
- Welche Inhalte sollen über die Screens gezeigt werden?
- Wer steuert und aktualisiert die Inhalte?

Bei der Frage nach der richtigen Technik orientierte sich die Vereinigte Volksbank AG klar am Handel und nutzte einen Anbieter, der bei renommierten Handelshäusern durch durchdachte digitale Informationssysteme überzeugte.

Bei der Positionierung der Flatscreens in der Filiale spielten verschiedene Überlegungen im Vorfeld eine Rolle: Wo kann ich Kunden durch diese neue Technik zu einem spontanen Besuch in der Filiale bewegen? An welchen Stellen in der Filiale kann ich am besten meine Produkte erlebbar machen? Wo gibt es Wartezonen, wo verweilen Kunden?

Intelligent kommunizieren – emotional binden

Letztendlich positionierte die Vereinigte Volksbank vier Flatscreens im Erdgeschoss der Filiale: einen direkt zwischen den Serviceterminals, einen im Schaufenster von außen sichtbar, einen weiteren genau im Rücken des zweiten, der gut von innen betrachtet werden kann. Der vierte Flatscreen wurde über dem Überweisungsbriefkasten und neben dem Internet-Terminal installiert.

Die ersten Erfahrungen haben gezeigt, dass der Flatscreen zwischen den Serviceterminals im Erdgeschoss die meiste Beachtung findet, insbesondere dann, wenn sehr viele Kunden in der Filiale sind und Wartezeit entsteht und so Zusatzinformationen „nebenbei" aufgenommen werden können.

Inhaltlich werden neben Werbespots und Logos von Bank und Verbundpartner vor allem aktuelle Produkt- und Immobilienangebote, Bilder der Filialmitarbeiter sowie aktuelle Veranstaltungstermine in Bank und Region gezeigt. Dabei finden die immer aktuellen Immobilienangebote und die Mitarbeiterbilder die meiste Beachtung. Durch die Bilder sehen die Kunden den Namen ihres Betreuers bewusst und versuchen, sich den Namen zu merken. Damit schwindet ein Stück Anonymität des Bankers und ein erster Schritt zu einer persönlicheren Beziehung ist gemacht.

Abbildung 1:   *Flatscreen in der Volksbank-Filiale in Calw*

Die Steuerung und Aktualisierung der Inhalte erfolgt durch einen zentralen Mitarbeiter der Volksbank. Der Erfahrungsbericht nach einigen Monaten ist durchaus positiv, auch wenn es einige Verbesserungspotenziale gibt: Informationen können noch nicht zeitlich gesteuert werden, sodass Start- und Enddatum definiert werden, die Dateien können nicht über das bankeigene PC-Programm erfolgen, es muss ein eher in der Agenturwelt verbreitetes MAC-Programm genutzt werden. Darüber hinaus können Filme nicht selbst eingespielt werden, dies muss über einen Dienstleister erfolgen, da auch hier ein bestimmtes Format erforderlich ist.

Folgendes Fazit können die Mitarbeiter der Calwer Filiale der Vereinigten Volksbank AG nach 18 Monaten des Einsatzes der modernen Technik ziehen: Kunden aller Altersgruppen sind von der neuen Technologie fasziniert und nutzen die angebotenen Informationen. Die Kundenansprache ist aktueller, breit gefächerter und emotionaler. Allerdings fehlt ihm noch die Interaktion.

Die Technik zur Unterstützung der Pflege und Steuerung der Inhalte muss in einigen Punkten verbessert werden, um auch dort eine sehr hohe Nutzerfreundlichkeit zu erzielen. Die derzeit umgesetzte Lösung stellt lediglich einen ersten Schritt zu einem späteren interaktiven Kunde-Bank-Dialog dar.

3. Mögliche Ausbaustufen

Im Rahmen des Forschungsprojektes „Bank und Zukunft" des Fraunhofer Institutes für Arbeitswirtschaft und Organisation wurden daher mit dem Projektpartner arvato services Möglichkeiten der Weiterentwicklung des bei der Vereinigten Volksbank umgesetzten Konzeptes diskutiert. Dabei stehen sowohl die Erweiterung der Screens um interaktive Elemente als auch der Aufbau einer medienneutralen Datenbank zur Verwaltung und Steuerung der Kommunikationsinhalte, auch der der Screens, als auch der Einsatz medialer Inhalte im Rahmen der Kundenansprache im Mittelpunkt.

Von der reinen Kunden-Information zum Kunde-Bank-Dialog

Eine mögliche Weiterentwicklung besteht in der Steuerung der interaktiven Screens sowie deren Informationsintensität auf Basis der Kundenfrequenz: Die auf dem Screen gezeigten Informationsinhalte lassen sich je nach Tageszeit, Zielgruppe, Saison und Kampagne/Aktion variieren.

Durch Berühren der Screens kann der Kunde mit der Bank in einen Austausch treten. Ergebnis: ein dynamischer, interaktiver Kunde-Bank-Dialog. Die Steuerung der Screens und damit auch die Steuerung der verschiedenen Inhalte erfolgt durch die Vereinigte Volksbank selbst aus einer zentralen Medien-Datenbank heraus.

Emotionalisiertes Warten

Im Wartebereich kann die Stimmung des Kunden mithilfe unterschiedlicher Medien positiv beeinflusst werden, etwa durch Musik, Multimedia-Terminals, TV und Zeitschriften. Die Inhalte dieser Medien sollten sich allerdings nicht auf bankspezifische Botschaften beschränken, sondern Wünsche und Träume (Konsum) beim Kunden entstehen lassen und indirekt Interesse an Finanzprodukten wecken.

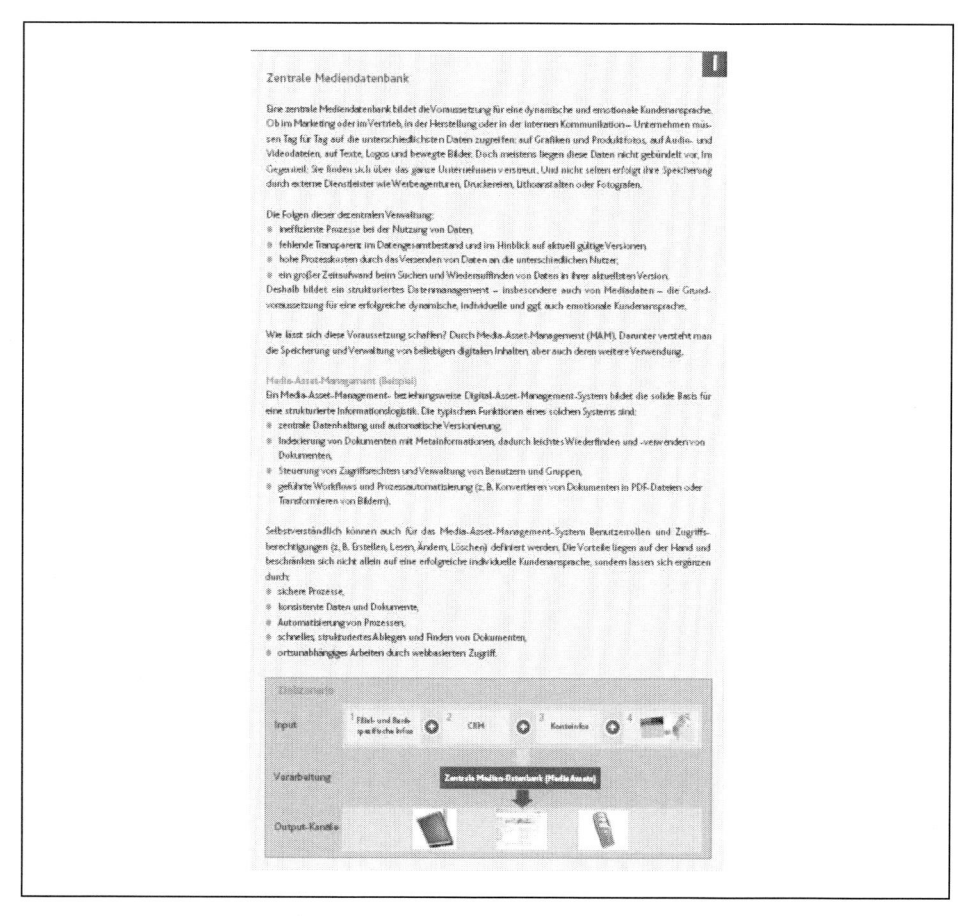

Abbildung 2:   *Zentrale Mediendatenbank*

Von der Mehrwertfiliale zum Community-Banking

Hermann Stengele

1. Vorbemerkung

Die Sparkasse Pfullendorf-Meßkirch hat sich bereits seit dem Jahr 2000 mit innovativen Ansätzen der Weiterentwicklung von Filialen zu erlebnisorientierten Dienstleistungsstandorten auseinandergesetzt. Die in diesem Zusammenhang entworfene Ideenskizze „Marktplatz in Kommunikation & Services zur Neuausrichtung der Vertriebsstrategie 2010" wurde im Rahmen des Wettbewerbs „Banken im Wandel 2001 – Arbeitswelt 2010 im Multi-Channel-Vertrieb" prämiert.

Mit dem Fraunhofer IAO fand die Sparkasse Pfullendorf-Meßkirch zusammen mit der Tineon AG im Jahr 2003 einen wichtigen Innovationspartner zur Weiterentwicklung des neuen Filialtyps einer „Mehrwertfiliale" und wurde damit Mitinitiator des Innovationsforums „Bank & Zukunft" am Fraunhofer IAO. Diese „Mehrwertfiliale" sollte prototypisch und ergebnisoffen am Beispiel einer bestehenden Filiale der Sparkasse entwickelt und durch die wissenschaftlichen Arbeiten von Fraunhofer IAO untermauert werden.

2. Ein neues Geschäftsmodell für einen Filialstandort wird gesucht

Im Oktober 1999 beschlossen die Gewährträgerversammlungen der Sparkassen Pfullendorf und Meßkirch die Fusion zur neuen Sparkasse Pfullendorf-Meßkirch. Diese sollte zum 1. Januar 2000 erfolgen. Vier Jahre vor diesem politisch brisanten Ereignis war ein historisches Gebäude am Marktplatz durch die Sparkasse Meßkirch mit enormem Aufwand restauriert worden. So entstand ein charmantes Bauwerk mit einer außergewöhnlich schönen Fassade, welches positive Resonanz sowohl bei Touristen als auch bei Anwohnern fand und zusätzlich durch die Architektenkammer gekürt wurde.

Abbildung 1: *Filiale der Sparkasse in Meßkirch im Jahr 2000*

Trotz dieses klaren Bekenntnisses der fusionierten Sparkasse zum Standort Meßkirch waren die Fusionsgegner nach wie vor skeptisch, denn Meßkirch wurde aus ihrer emotionalen Sicht „verkauft" und alles Wesentliche nach Pfullendorf verlagert. In dieser Stimmungslage war es nicht gerade populär, dass dieses Meßkircher Kleinod, die Stadtzweigstelle am „Marktbrückle", nun durch den „Pfullendorfer" Vorstand geschlossen wurde. Die neue Sparkasse Pfullendorf-Meßkirch stand im Kreuzfeuer der öffentlichen Kritik. Diese ging darüber hinaus mit einer ambivalenten Einstellung der Mitarbeiter vor Ort einher. Die allgemeine skeptische Betrachtungsweise resultierte aus der umfassenden Reorganisation, bei der in kürzester Zeit unterschiedliche Menschen und Kulturen sowie Strukturen und Prozesse zu einem Ganzen integriert werden sollten. Die große Herausforderung bestand nun darin, diese Emotionen so umzuwandeln, dass sie zu einem Katalysator für eine fruchtbare Integrationsarbeit genutzt werden konnten.

Die Geschäftsstellenschließung war nur ein Ventil für die Strukturprobleme in der Meßkircher Innenstadt. Der Unmut der Bürger über das schleichende „Ladensterben" und die damit wachsende Unterversorgung entlud sich bei diesem Ereignis und traf die Sparkasse. Die stets klare Botschaft der Sparkasse in der Presse und in den öffentlichen Diskussionen war, dass die Entscheidung zur Geschäftsstellenschließung zwar stand, aber gleichzeitig die Suche nach einer Lösung begann, die sich positiv auf die Stadtentwicklung auswirken sollte. Und die nicht weniger, sondern mehr als bisher bieten würde: „Bürger-King" statt „Sparkasse light". Die Idee für ein kommunikatives Dienstleistungscenter in der bisherigen Stadtzweigstelle war geboren, mit unterschiedlichen Angeboten mehrerer Partner. Ein Projektteam der Sparkasse erarbeitete das erste Grobkonzept. Stadt, Handel, Handwerk und Gewerbe wurden zu einer vom Vorstand moderierten Diskussionsrunde eingeladen und die Betroffenen zur Mitgestaltung einer Zukunftslösung aufgefordert. Nach ebenso notwendigen wie emotionalen Diskussionen war die heiße Luft erst einmal heraus und damit die Basis für eine sachliche und konstruktive Auseinandersetzung geschaffen. Die Veranstaltung schuf dann den Nährboden für die weiteren Phasen der Projektentwicklung.

Das interne Projektteam unter Leitung des Vorstandsvorsitzenden wurde durch die Tineon AG als Sparringspartner für die konzeptionelle Entwicklung und auch für die konkrete Umsetzung ergänzt. Die Piloterfahrungen des aus der Kommune heraus entstandenen Bürger-Dienstleistungszentrum „KOMM-IN" in Sternenfels wurden mitgenutzt. Kontakte und Verbindungen bestanden bereits aus den Partneraktivitäten für den ländlichen Raum im baden-württembergischen Landesmedienprojekt „BWmedi@" zwischen der Gemeinde Sternenfels und der Stadt Pfullendorf. Die Sparkasse Pfullendorf hatte für die Stadt Pfullendorf die Projektentwicklung seinerzeit finanziell und ideell im Rahmen der Wirtschaftsförderung aktiv unterstützt. Hier wurde die Idee für ein Bürger-Dienstleistungszentrum in Pfullendorf bereits 1996 geboren, und das war ein konzeptioneller Baustein für die Bewerbung der Stadt zum Ideenwettbewerb für das Landesmedienprogramm.

Die „KOMM-IN"-Ziele scheinen auf den ersten Blick faszinierend und für die Geschäftsstellenproblematik der Sparkassen-Finanzgruppe maßgeschneidert zu sein: Kosten der Fläche teilen sowie Dienstleistungen mehrerer Partner bündeln und damit Mehrwert für Anbieter und Konsumenten schaffen.

Die Umsetzung des Konzepts einer Mehrwertfiliale erfolgte phasenweise und wurde stets durch gewonnene Erfahrungen sowie innovative Konzeptideen weiterentwickelt.

2.1 Phase 1: Mehrwertfiliale mit Banking und Bürgerservices

Für die geplante Realisierung eines „KOMM-IN" Modells in Meßkirch mussten zunächst objektive Grundlagen geschaffen werden. Zur Entscheidungsfindung wurde das Pilotmodell in Sternenfels besichtigt und die dortigen Erfahrungen wurden berücksichtigt. Die KOMM-IN GmbH aus Sternenfels wurde zunächst mit einer Standortanalyse als Grundlage für eine eventuelle Realisierung einer „KOMM-IN"-Lösung in Meßkirch beauftragt, die im zweiten Schritt für alle weiteren Gewährträgerkommunen unterschiedlichster Größen erweitert wurde. Die Bürgermeister der Gewährträger wurden in diesen Prozess integriert, die Ergebnisse gemeinsam diskutiert. In den weiteren Analysephasen kristallisierte sich bald heraus, dass ein tragfähiges Geschäftsmodell nicht nur mehr kritische Masse, sondern vor allem mehr Business-Phantasie verlangte, als es das lupenreine „KOMM-IN Modell" bieten könnte.

„KOMM-IN", das sich im Kern auf die kommunale Grundversorgung fokussiert, wurde trotzdem als Baustein in das Gesamtkonzept integriert. Die Stadt Meßkirch wurde für die Installation des Bürgerbüros als wichtige Anlaufstelle und als Frequenzbringer in der Mehrwertfiliale gewonnen. Damit wurde vor allem auch der kommunalpolitische Durchbruch erreicht und eine positive Stimmung für das neue Dienstleistungszentrum in Meßkirch geschaffen. Die „Bankingfunktionen" hat die Sparkasse als Eigentümer der Immobilie zunächst selbst übernommen. Die vorhandenen Installationen der Selbstbedienungskomponenten Geldautomat, Kontoauszugsdrucker, Geldkartenladestation und Münzgeldautomat im Foyer des Gebäudes boten sich als SB-Center in der Mehrzweckfiliale an. Die bereits bestehende Kooperation zum Betrieb von Geldautomaten mit den regionalen Volksbanken zu bankinternen Verrechnungspreisen und die gemeinsame aktive Kundenwerbung unter dem Slogan „Starke Partner für die Region" fügten sich positiv ein. Ein selektives Portfolio mit einfachen Serviceprozessen sowie Standardprodukten der Sparkasse und der Verbundpartner ergänzten das Angebot des persönlichen Bankservices. Aus dem Ergebnis der Standortanalyse heraus wurden die Themenbereiche Energie und Abfall besetzt. Mit den Anbietern: EnBW und MB Plus konnten Präsenzverträge abgeschlossen werden. Das aus Erlössicht attraktive Toto-Lotto-Angebot wurde zurückgestellt, da dieses Geschäftsfeld ebenfalls bereits durch Kunden der Sparkasse besetzt war. Diese Problemstellung ist bei kleineren Gemeinden einerseits weniger anzutreffen, andererseits ist es dort schwieriger, eine kritische Masse aus der geringeren Frequenz zu generieren.

Der Weg von einer (Mehr)Zweckgemeinschaft zu einer „echten" Mehrwertfiliale war damit allerdings noch nicht vollendet. Denn die aus dem „KOMM-IN"-Modul resultierende Meßkircher Anbieterkonfiguration und das daraus abzuleitende Geschäftsmodell waren noch nicht so spannend, dass potenzielle Partnerkonstellationen animiert werden konnten, die Betreiberfunktion zu übernehmen. Der relativ lange Leerstand des nun fast seit zwei Jahren geschlossenen Stadtzweigstellengebäudes und die Öffentlichkeitswirkung drängten die Sparkasse quasi in die alleinige Betreiberrolle, zumindest für die Startphase. Damit war die Sparkasse Pfullendorf-Meßkirch nicht nur die erste Sparkasse (und auch Bank) in Baden-Württemberg, wenn nicht gar in Deutschland, die eine Mehrzweckfiliale mit unterschiedlichen Anbietern unternehmerisch betreiben sollte. Und dies war gegenüber einem reinen Flächenmanagement oder einer einfachen Präsenzvereinbarung als vertikaler Anbieter unter dem Dach eines fremden Betreibers eine wesentlich größere Herausforderung. Ein angepasstes Betriebsmodell für die Startphase musste entwickelt werden. Der Leitfaden des Sparkassenverbandes Baden-Württemberg gab dabei wertvolle organisatorische und rechtliche Hilfestellung. Entscheidendes Verhandlungsergebnis war die Zusage der Stadt Meßkirch, drei Mitarbeiter in die Mehrzweckfiliale mit einzubringen, die zwar die hoheitlichen kommunalen Kernaufgaben primär abdecken, aber dennoch für alle anderen Aufgaben in der Breite zur Verfügung stehen. Aus dem ursprünglichen Mitarbeiterpool der Stadtzweigstelle von sechs Personen wurden durch die Sparkasse ebenfalls zwei Halbtagskräfte für die Sparkassenfunktionen, aber auch für Serviceleistungen der weiteren Präsenzpartner in der Mehrzweckfiliale eingebracht. Damit waren die personellen Grundvoraussetzungen für repräsentative Öffnungszeiten und den partnerübergreifenden Service geschaffen. Die Gewichtung der Zeitanteile erfolgt über kalkulatorische Kosten in der Profitcenterrechnung der Mehrzweckfiliale, wenngleich die Mitarbeiter bei ihren „Müttern" auf der Gehaltsliste stehen. Mit der KOMM-IN GmbH wurde der System-Rahmenvertrag auf zunächst zwei Jahre geschlossen und gleichzeitig auch die beratende Unterstützung für die Vorbereitungs- und Einführungsphase vereinbart. Mit dem Vertragsabschluss war auch die Namensgebung der neuen Dienstleistungsplattform – obwohl durchaus kontrovers diskutiert – für die Startphase als akzeptanzförderndes Element verbunden. Das „KOMM-IN-Center Meßkirch" erhielt aufgrund der speziellen Ausgangssituation außerdem einen Pilotstatus unter den bestehenden KOMM-IN-Filialen. Parallel wurde deshalb gemeinsam mit der Tineon AG an der Konzeption eines erweiterten Mehrwertmodells weitergearbeitet. Bereits auf der CeBIT 2003 wurden die ersten Ansätze in der Sonderveranstaltung „Bank-Finanz-Systeme" unter der Headline „Multibusiness im Multichannel" präsentiert. Ein wesentliches Merkmal des Tineon-Mehrwertmodells ist der Multikanalansatz: Vermarktung am Point of Sale, online und offline, für alle Partnerkategorien. Eine weiterentwickelte Mehrwertfiliale als kommunikativer „Treffpunkt am Marktbrückle in Meßkirch" mit der Chance auf noch mehr Frequenz, vor allem aber auf ein betriebswirtschaftlich tragfähiges Geschäftsmodell lag im Fokus der Aktivitäten.

2.2 Phase 2: Mehrwert durch modulare und integrierte Präsenzangebote

Die konzeptionell erweiterte Grundidee war ohne lebendes Vorbild: Allein die Kostenreduktion durch die zwischen Sparkasse und Kommune geteilten Ressourcen war nicht ausreichend. Vielmehr galt es, Mehrwerte zu schaffen, für den diese Konstellation eine Absprungbasis darstellte: die Nutzung von Kundenfrequenz und Vertriebsoberfläche. Und gerade dafür erwies sich diese Immobilie aufgrund ihrer zentralen Lage als perfekt.

Über weitere Partnerschaften wurden immer wieder neue Ideen auf nachhaltige Bedürfnisse getestet: Ein Glück, dass neben dem Kulturerbe in Meßkirch auch prominente Bürgerinnen unserer Zeit zu Hause sind, etwa die „Geschwister Hofmann", mit der Krone der Volksmusik ausgezeichnet, eines der bekanntesten deutschen Volksmusikduos. Der Fanshop sollte künftig die Fangemeinde in die nunmehr entstehende Mehrwertfiliale locken und zu Spontankäufen animieren, und dies gerade auch bei den anderen Präsenzpartnern. Die ortsansässige Apotheke nutzt die Plattform mit einer realen und virtuellen Präsenz ebenfalls, um neue Absatzwege zu erschließen. Mit dem zwischenzeitlich weltgrößten, in Pfullendorf ansässigen Küchenproduzenten Alno AG wurde durch die Tineon AG, das reale und virtuelle „Produktschaufenster" geschaffen und ein erfolgsorientiertes Provisionsmodell vereinbart. Die Angebotskombination mit einem speziell beworbenen attraktiven Konsumentenkreditprogramm der Sparkasse, das themenspezifisch für die Konsumbereiche Küche, Bad und Möbel sowie für das „Traumauto" aufgelegt wurde, sollte zusätzliche Konsumanreize für die Region geben. Die Erfahrungen zeigen, dass dieser Ansatz vom intelligenten Partner-Mehrwertbundle durch eine Kombination von gegenseitigem Productplacement über ein integratives Marketing neue Wertschöpfungspotenziale nicht nur in Mehrzweck- oder Mehrwertfilialen bietet.

2.3 Phase 3: Starke Marken nutzen die Mehrwertfiliale

Durch Vermittlung der Tineon AG wurde eine interessante Kampagne zur stärkeren Internetdurchdringung mit einem überregionalen Partner gefahren. Gemeinsam mit T-Online wählte man Meßkirch für die Kampagne „Glück im Glück" gemeinsam mit der ARD Fernsehlotterie als einen der ersten Aktionsstandorte aus. Und auch nach Ablauf dieser Sonderaktion wurde die Präsenz in der Mehrwertfiliale Meßkirch über einen längeren Zeitpunkt aufrecht erhalten. Dabei zeigte sich, dass das Konzept der standardisierten und vorkonfektionierten PoS-Counter auf Basis eines hochwertigen USM-Haller-Mobiliars einen kostengünstigen Betrieb auf kleiner Verkaufsfläche erlaubte. Andererseits wurde dieses kleinste Mehrwertmodul durch seine Multifunktionalität mit beleuchteten Werbeflächen, Tablaren für Prospekte, einem Handlager und vor allem mit seiner technischen Ausstattung aus Notebook mit Farbscanner und -drucker auch komplexeren und erklärungsbedürftigeren Produkten und Dienstleistungen gerecht. Insbesondere die nahtlose Integration von Online- und Offline-Kommunikation erwies sich als entscheidender Vorteil.

2.4 Phase 4: Business wird ergänzt durch den „Wohlfühlfaktor"

Weitere Akquisitionserfolge bahnten sich an. Ein bahnbrechender Schritt gelang mit der Gewinnung eines im Sparkassen- und Bankenumfeld bislang unbekannten, ja eher skeptisch beäugten Akteurs: Tchibo. Schließlich konkurriert Tchibo ja auf mehreren Feldern mit Finanzdienstleistern klassischer Prägung durch den Vertrieb von Kredit- und Versicherungsprodukten. Andererseits bringt Tchibo einen entscheidenden Mehrwert ein: Ein interessantes Geschäftsmodell und perfekt durchdeklinierte Geschäftsprozesse bei Tchibo versetzten die Sparkasse als Betreiber ohne großen Vorbereitungsaufwand in die Lage, bereits drei Monate nach dem Start im Oktober 2003 mit einer öffentlichkeitswirksamen Aktion ein weiteres Highlight zu setzen und ein Tchibo-Depot zunächst für eine vereinbarte Pilotphase zu eröffnen. Die Sparkasse übernahm im Vorfeld gemeinsam mit der Tineon AG die Selektion der Tchibo-Produkte (Non-Food, Kaffee samt Ausschank, keine Finanzdienstleistungen), installierte die organisatorischen Voraussetzungen zur Abwicklung des Tchibo-Bestellservice als ergänzenden Umsatzträger und sorgte für eine intelligente Vor-Ort-Kooperation: Der Botendienst der Sparkasse besorgt nun auch die Lieferung bestellter Waren zunächst zur Hauptstelle nach Pfullendorf und in einem zweiten Schritt in alle Filialen, so dass für den Kunden die Versandkosten entfallen. Ein Argument, das nicht nur bei sparsamen Schwaben zieht!

Abbildung 2: Bündelung von Dienstleistungen unter einem Dach

Zwei weitere Vorteile der Kooperation mit Tchibo liegen zum einen im Kaffeeausschank, der klassischen Kernkompetenz dieses Unternehmens, der allein schon als Sympathieträger die Verweildauer der Kunden und damit die Kontaktqualität und Kommunikationsintensität auch für die anderen Partner spürbar erhöht. Darüber hinaus erhöhen die beeindruckende Qualität der perfekt dokumentierten Arbeitsabläufe, aber auch die des PoS-Mobiliars das Niveau der Marketing- und Vertriebskompetenz der Mitarbeiter und das der Professionalität der Mehrwertfiliale gleichermaßen.

Die Sparkasse hat damit eine starke Marke, einen echten Businesspartner mit einem interessanten Provisionsmodell gewonnen, dies versprachen zumindest die Anfangsumsätze. Für die Konsumenten liegt die Attraktivität in Aktualität, Qualität und im Preis-Leistungsverhältnis. Durch die Aufstellung als „ein neues Fachgeschäft jede Woche" entwickelt sich Tchibo seit Beginn der Geschäftstätigkeit in Meßkirch Mitte Oktober 2003 nicht nur zum Umsatzträger Nummer 1, sondern auch zum Frequenz- und Wiederholungstätermagneten, von dem alle anderen Partner ebenso profitieren. Die zusätzliche Frequenz der Tchibo-Community bietet ein enormes Cross-Selling- bzw. Cross-Buying-Potenzial für alle Partner in der Mehrwertfiliale. Von Tchibo können alle Retailer, auch wir Sparkassen und Banken lernen: Wir müssen nur die systemimmanenten Kontakte nutzen, ein bedürfnisorientiertes Produkt- und Dienstleistungsangebot konfigurieren, mit der Vertriebsoberfläche optimal verknüpfen und in Verkaufserfolge umsetzen.

2.5 Phase 5: Die Zukunft hatte gerade erst begonnen

Auf der CeBIT 2004 wurde in der Sonderveranstaltung Bank-Finanz-Systeme das atmende Modell der „Meßkircher Mehrwertfiliale mit neuen Elementen und Impulsen der Praxis präsentiert. Die Sparkasse Pfullendorf-Meßkirch und das Fraunhofer IAO waren gemeinsam als Innovationspartner auf dem Stand der Tineon AG vertreten und standen für den Dialog zum Thema „Neue Geschäftsmodelle für die Filiale – von Filialen zu Dienstleistungszentren" zur Verfügung. Primärziel war es, die Reaktion zu testen und aus der Feedbackschleife neue Erkenntnisse nach dem Motto „Im Widerspruch lebt die Innovation" zu gewinnen.

Zeitnah wurde die juristische Betreiberfunktion durch die Sparkasse auf die Tineon AG für die Meßkircher Mehrwertfiliale übertragen. Im Innenverhältnis wurde eine Profitcenterorganisation vereinbart. Gemeinsames Ziel der Sparkasse und der Tineon AG für die Ausbauphase bis Mitte 2005 war es, in jedem Quartal einen neuen Partner, ein neues Zusatzangebot zu präsentieren und dies nachfrageorientiert. Zum einen ging es nach wie vor darum, neue und wechselnde lokale und regionale Partner ins Boot zu holen. Denn schließlich wird der gesellschafts- und wirtschaftspolitische Auftrag der Sparkassen darin gesehen, die Wirtschaftskreisläufe in der Region zu stärken. Zum anderen kamen immer wieder neue renommierte „Markenartikler" ins Radar, die das Geschäftsmodell bereichern sollten. Die lokalen Bemühungen um den KOMM-IN-Rahmenvertragspartner „Post" waren nun über die Tineon AG erfolgreich. Somit kam ein weiterer Frequenzbringer in die Mehrwertfiliale, allerdings auch mit der Herausforderung der integrierten Postbankservices. Über eine nicht alltägliche Kooperationsregelung mit der Postbank bot die SB-Filiale der Sparkasse neben den Volksbankkunden nun auch für Postbankkunden den kostenlosen 24-Stunden-Bargeldservice.

2.6 Fazit: Wer zu kurz springt, den bestraft das Leben

Eines zeigte sich immer deutlicher, je länger die „Meßkircher Mehrwertfiliale" lebte: Nur die Kombination des gemeinsam mit der Tineon AG weiterentwickelten Modells aus Basis-, Wohlfühl- und Businesskomponenten bot in diesem „Dreisprung" die Chance für ein nachhaltig tragbares und stabiles Geschäftsmodell. Die Bündelung starker Marken führte nicht zu einer gefährlichen Verwässerung, sondern vielmehr zu einem orchestrierten Gesamterlebnis. Zwischenzeitlich wurde die „Meßkircher Mehrwertfiliale" so attraktiv, dass die bislang nicht vermietbaren und somit lediglich als Konferenz- und Sozialräume genutzten Flächen des ersten Obergeschosses vermietet werden konnten. Dass sich aus der Schließung einer Sparkassenfiliale nun sogar Effekte für die Wirtschaftsförderung durch Unternehmensansiedlungen ergeben würden, haben selbst die absoluten Optimisten nicht zu hoffen gewagt.

3. Der Wertewandel geht weiter: Mehrwert durch Community-Banking?

Die Erfolgspotenziale von Dienstleistungszentren im Vertrieb wurden durch das Fraunhofer IAO in Stuttgart bestätigt, das im Rahmen der Initiative „Innovative Finanzdienstleistungen" des Bundesministeriums für Bildung und Forschung (BMBF) hierzu bereits umfangreiche Forschungsarbeiten durchgeführt hat. In der Studie „Zukunft von Filialbanken – von Filialen zu Dienstleistungszentren" geben die Mitarbeiter des Fraunhofer IAO wertvolle fundierte Anreize für Filialen, mit dessen Hilfe Innovationspotenziale im Vertrieb aufgedeckt und damit auch letztendlich implementiert werden können. Aus dem vom Fraunhofer IAO entwickelten und beschriebenen Szenario wurde dann letztendlich das Meßkircher Modell abgeleitet. Aus dieser Zusammenarbeit haben wir wertvolle Impulse für die Praxis erhalten und sprechen an dieser Stelle unseren ausdrücklichen Dank an unseren Sparringspartner, Martin Engstler – Leiter des Zentrums Finanzdienstleister am Fraunhofer IAO, aus.

Die zahlreichen empirischen Studien von Fraunhofer IAO im Rahmen des Innovationsforums „Bank & Zukunft" zeigen unter anderem, dass die Filiale der Zukunft dem Kunden einen wahrnehmbaren Mehrwert bieten muss. Zur Weiterentwicklung der Geschäftsmodelle im Vertrieb sind im Rahmen der Innovationsprozesse auch neue Formen der Kooperation mit einzubeziehen. „Kooperationen sind ein wesentlicher Stellhebel zur Entwicklung und Umsetzung innovativer Geschäftsmodelle im Vertrieb", so Martin Engstler.

Ob stationär, mobil oder medial – das Zauberwort heißt gelebter Multikanal: Die Mehrwertfiliale als Weiterentwicklung und Innovation des stationären Vertriebskanals hat einen hohen Stellenwert. Allerdings ist die Angebotskonfiguration entsprechend der lokalen und regionalen Kontextgegebenheiten spezifisch anzupassen. Mobilität beginnt mit der geistigen Beweglichkeit der Vertriebe – der Kunde entscheidet letztendlich, welchen Kanal er als Interaktionsmedium nutzen möchte, um mit der Bank in Kontakt zu treten. Der mediale Vertrieb der traditionellen Finanzdienstleister führt immer noch ein Schattendasein und nutzt seine Möglichkeiten längst nicht aus. Dagegen können die Nischenanbieter und Direktbanken ihre Marktanteile derzeit kontinuierlich ausbauen. Neue Onlineplattformen mit einer hohen Reichweite stellen für Anbieter von Standard-Finanzdienstleistungsprodukten Affiliatekanäle mit hohem Absatzpotenzial dar. Allgemein müssen Vertriebskanäle differenziert betrachtet und miteinander in Relation gesetzt werden. Es müssen Kundensegmente auf analytische und differenzierte Weise aufgedeckt werden, welche dann unterschiedlichen Vertriebskanälen zurechenbar sind. Besonders relevant ist in diesem Zusammenhang das Web 2.0, denn Social- und Business-Community-Plattformen können maßgeblichen Einfluss auf den Vertriebserfolg in der Zukunft haben. Community-Banking heißt das Zauberwort. Für die Sparkasse Pfullendorf-Meßkirch und ihren Strategischen Kooperationspartner, die Tineon AG, wurde aus der 99er Vision und den Erfahrungen mit virtuellen Marktplätzen mit den zwischenzeitlich ausgereiften webbasierten Community-Plattformen eine Mission.

Heute wird aus „WWW" nun „CCC": Community – Content – Commerce. Erfolgreich umgesetzte Communities bis Ende 2008 sind: Vereine (www.s-verein.de), 18 Plus (www.club-18-plus.de), 55Plus (www.club-55-plus.de) und KMU (www.business-campus.de). Über die Vereinsplattform wurde mit dem DFB unter dem Whitelabel DFBnet Verein (www.dfbnet.de) eine strategische Partnerschaft geschlossen. Diese Plattform adressiert circa 26.000 Vereine mit einem Potenzial von 6,4 Millionen Mitgliedern. Entscheidend wird sein, wie die jeweiligen Community-Mitglieder mit animierendem, emotionalisierenden, wertschöpfendem Content in die Plattformen „gelockt" und damit aus dem Pushkanal Pulleffekte generiert werden können. Die Vernetzung mit etablierten und sich etablierenden Social-Community-Plattformen wird zum Erfolgsfaktor. Die weitere Entwicklung bleibt spannend und ist sicher von vielen Fragen begleitet: Wie wichtig wird Web 2.0 für die unterschiedlichen Kundensegmente? Haben virtuelle Filialen (zum Beispiel virtuelle Welt in „Second Life") eine Chance? Der Umgang mit diesen Fragen und möglichen Antworten muss antizipativ sein. Denn nur dann wird es möglich, Wettbewerbsvorteile zu generieren.

Literatur

STENGELE, H./ENGSTLER, M. (2004): Opas Filiale ist tot – es lebe die Mehrwertfiliale, in: Betriebswirtschaftliche Blätter, 53. Jg., 2004, 05, S. 239-242.

Die Bedeutung der SB-Bereiche zur Stärkung der Filialstruktur

Bernd Fitschen

1. Renaissance der Filiale

Im Rahmen des Verbundprojektes „Bank & Zukunft" ist über Trendstudien und die Beteiligung der Partner im Schwerpunkt „Innovationsdialog Filiale" klar zum Ausdruck gekommen, welch große Bedeutung der Filiale und damit dem persönlichen Kontakt zum Kunden wieder beigemessen wird. Deshalb sprechen wir auch von der „Renaissance der Filiale". Wie sind in diesem Zusammenhang die SB-Bereiche zu betrachten?

Was sollte man im Umgang mit SB-Bereichen **vermeiden**?	Wie kann der SB-Bereich **aktiv genutzt** werden?
• ihn nur als Kostenfaktor betrachten • ihn räumlich ausgrenzen • SB-Geräte an Filialstandorten abbauen	• ihn räumlich integrieren • die Attraktivität steigern • neue Erlösquellen generieren • Interaktionen initiieren

Abbildung 1: Handlungsoptionen im SB-Bereich

Die letzten 15 Jahre standen überwiegend im Zeichen von Rationalisierungsmaßnahmen zur Kostensenkung. Banken haben erhebliche Anstrengungen unternommen, um einfache Tätigkeiten vom Bankangestellten auf den Kunden zu übertragen. Dabei ging es in großen Teilen darum, Zahlungsverkehr im weitesten Sinne – also bare und unbare Transaktionen – vom Kunden selbstständig ausführen zu lassen.

Letztendlich führte dies auch zu den gewünschten Erfolgen, sowohl Personal als auch Standorte einsparen und damit Kosten senken zu können. Allerdings wird mehr und mehr klar, dass eine Strategie für langfristig profitables Bankgeschäft bei aller gebotenen Effizienz nicht nur in Kostensenkungen, sondern auch und vor allem darin liegt, Kunden und potenziellen Kunden attraktive Angebote unterbreiten zu können, mit denen die Bank Erträge erwirtschaftet. Aber führt diese Erkenntnis auch zu entsprechenden Initiativen und Aktivitäten seitens der Banken?

2. Status quo: Kundennähe

Betrachtet man die Entwicklung der Anzahl an Bankfilialen, so deutet sich in den Statistiken der Bundesbank an, dass sich der Trend Filialen abzubauen, zumindest verlangsamt hat, nicht zuletzt, weil die Kundennähe wieder an Bedeutung gewonnen hat. Wer auf lange Sicht erfolgreich im Wettbewerb bestehen will, benötigt den Mut, nachhaltig in den Kundenkontakt zu investieren. Dies gilt insbesondere für Genossenschaftsbanken und Sparkassen, da aufgrund ihrer Strukturen Skaleneffekte zur Kostensenkung schwerer zu erzielen sind, als dies für Geschäftsbanken der Fall ist. Auf der anderen Seite Bedarf es keines kostenintensiven Ausbaus des Filialen, da sie bereits regional in der Fläche mit einem breiten Filialnetz vertreten sind.

Der Begriff der Kundennähe lässt sich sowohl in räumlicher Art definieren, als auch darin, ein Angebotsportfolio zu unterhalten, das nah an den Bedürfnissen der Kunden orientiert ist. Gelingt es, beides zu kombinieren, erhält das Wort Kundenbindung eine nachhaltige Bedeutung. Denn Umfragen bei Bankkunden zeigen immer wieder, dass Kunden zwar preissensibel sind und heute mehr denn je Angebote vergleichen. Bei der Wahl der Bankverbindung spielen aber auch das Vertrauen in eine Bank und der gebotene bzw. wahrgenommene Service eine wichtige Rolle. In der Nähe zum Kunden liegt die Chance der großen Filialorganisationen. Diese Chance gilt es zu nutzen, um sich nachhaltig als Lebensbegleiter für alle Finanzfragen zu positionieren.

Allerdings ist die Kundenkontaktfrequenz in den Filialen nicht zuletzt durch den Einsatz von SB-Komponenten und Online-Banking erheblich gesunken. Berücksichtigt man, dass der Besuch eines Kunden in der Bank vorwiegend darin besteht, die SB-Geräte aufzusuchen, um Geld abzuheben, Kontoauszüge abzuholen, an SB-Terminals Überweisungen zu tätigen oder Daueraufträge zu ändern, liegt auf der Hand, dass diese Besuche durch die Bank intensiver auch vertrieblich genutzt werden müssen. Leider wird aber auch dieses SB-Netz mit mehr als 40.000 Geräten allein im genossenschaftlichen Verbund oft nur als Kostenfaktor angesehen und nicht als interaktionsfähige Kontaktstelle zum Kunden. Zusammen mit dem Sparkassennetz sind dies sogar mehr als 100.000 potenzielle Schnittstellen für einen Kundenkontakt, die weit mehr Handlungsoptionen besitzen als die Ausgabe von Geld oder Kontoauszügen, wie eine Vielzahl von Beispielen aus dem Ausland zeigt.

Die Bedeutung der SB-Bereiche zur Stärkung der Filialstruktur

3. Innovationen im SB-Bereich nutzen

Wie aber lassen sich diese Chancen aktiver als bisher nutzen? Wie ist der Kontakt zu Kunden noch zu halten, wenn wir an ein Szenario denken, bei dem über IPTV der Bankberater direkt auf dem Fernsehschirm im Wohnzimmer erscheint, wenn Überweisungen von Handy zu Handy laufen? Wie kann eine Bank die Potenziale ihres SB-Netzes intensiver als bisher ausschöpfen, auch im Sinne von Erlössteigerungen? Wie kann sie den Handelskonzernen Paroli bieten, die mehr und mehr Bankdienstleistungen selbst anbieten und damit Banken Marktanteile abnehmen? – Lidl vermittelt Kreditkarten, Spielzeuggeschäfte bieten Unfallversicherungen und bei Tchibo gibt es Kredite.

Mit diesen Fragen hat sich auch die GAD in den vergangenen Jahren intensiv auseinandergesetzt und neue SB-Geschäftsmodelle entwickelt. Die Überlegungen, auch bankfremde Leistungen über die SB-Automaten zuzulassen, führten zu einer der ersten großen branchenübergreifenden Kooperationen in diesem Sektor überhaupt. Die Kunden der rund 460 genossenschaftlichen Banken im Geschäftsgebiet der GAD können seit 2003 ihre Prepaid-Mobiltelefone via Cash & Go am Geldautomaten aufladen. Trotz aller zuvor vorgebrachter Bedenken: Die Kunden schätzen diesen Service und bestätigen damit die Erfahrungen aus dem Ausland. Sie nutzten ihn sogar schon, als manche Filialmitarbeiter noch nicht einmal davon wussten. Auf mehrere Millionen Euro belaufen sich inzwischen die Neuerlöse aus dieser Leistung für die Volks- und Raiffeisenbanken im GAD-Geschäftsgebiet pro Jahr.

Abbildung 2: SB-Bereich mit Mehrwertservices wie cash&go und Event-Ticketservice

Die gute Resonanz und die damit steigende Besucherfrequenz in den Filialen gaben den Ausschlag, das offensichtlich vorhandene Potenzial des bestehenden SB-Netzes noch weiter offensiv zu erschließen und damit das Tor zu ganz neuen Erlösfeldern aufzustoßen. Umfragen hatten zuvor bereits die Präferenzen der Kunden aufgedeckt. Tickets für Veranstaltungen aller Art – ob kultureller oder sportlicher Natur -, Verkehrstickets und Flugscheine standen bei den Kunden auf den ersten Plätzen der Wunschliste.

Diese Zusatzangebote zeigen auch einen Weg auf, wie sich Banken als Mittler zwischen den Anbietern von Leistungen und den Kunden als Verbraucher positionieren können. Auf der einen Seite tun sich für Banken damit völlig neue Ertragschancen im Provisionsbereich auf. Auf der anderen Seite werden dem Kunden vielleicht sogar überraschende Dienstleistungen angeboten, die seine Erwartungen übertreffen. Mit dem Ticketservice für Eventtickets und der Möglichkeit, Flüge an SB-Terminals der Bank zu buchen, bietet die GAD ihren Mitgliedsbanken weitere Optionen, die Dienstleistungspalette im SB-Bereich um attraktive Angebote zu erweitern.

Abbildung 3: *SB-Terminal mit dem Mehrwertservices Flugbuchung*

Außerdem bieten sich für die Institute Möglichkeiten, ihre Sponsoringaktivitäten und Image-Werbung mit Sportlern sowie Künstlern mit der Selbstbedienung zu verknüpfen. Die Vorfreude auf einen Konzertbesuch oder auch die Vorstellung einer Reise wecken positive Emotionen, die auf die Bank ausstrahlen. Allerdings zeigt sich, dass diese Angebote aktiv vermarktet werden müssen, um sie in das Bewusstsein der Kunden zu bringen. Dies ist in Deutschland aus strukturellen Gründen in der deutschen Bankenlandschaft und bei den SB-Netz-Betreibern schwieriger als beispielsweise in Spanien oder Portugal.

Ein gemeinsames Ziel von Sparkassen und Volksbanken könnte daher heißen, die Chancen von mehr als 100.000 Standorten systematisch auszuloten und zu ergreifen, denn die beiden großen Filialisten haben bereits eine sehr breite Kundenbasis. Hier wäre es ratsam, mehr Gemeinschaftsprojekte zu initiieren, damit die Menschen dort erreicht werden, wo sie wohnen und arbeiten. Gemeinsam wäre ein nachhaltiger Aufbau alternativer und tragfähiger Geschäftsmodelle zu den Hauptwettbewerbern – Handel und Direktbank – möglich und in Deutschland flächendeckend zu etablieren.

4. Strategische Ausrichtungen für die SB-Bereiche

Es geht um zwei strategische Ausrichtungen im SB-Bereich. Die eine geht sozusagen nach außen. Die ersten Angebote (Cash&Go und Ticketservice) zeigen die Attraktivität von Kooperationen auf, sodass zukünftige Geschäftsmodelle primär auf Erlöse ausgerichtet werden können. Diese Services zeigen, dass dieses SB-Netz kooperationsfähig ist und wie interessant es für mögliche weitere Kooperationspartner sein kann. Ziel ist es, künftig einfach und flexibel weitere Zusatzservices und Partner einbinden zu können. Gefordert sind nun Hardware-Hersteller, die Banken selbst, aber auch die Geschäftspartner und die Politik. Dringend erforderlich ist der Ausbau der grafikfähigen Systeme und Anwendungen, um optisch ansprechende und intuitiv bedienbare Angebote und Services präsentieren zu können. An den Unternehmen liegt es, neue Geschäftsmodelle zu entwickeln, die die Transaktionen im Internet mit der SB-Welt verbinden. Auf politischer Ebene gilt es, sich für mehr Freizügigkeit in der SB-, insbesondere der GAA-Nutzung einzusetzen und technische sowie regulative Barrieren abzubauen, wie sie in Deutschland im Gegensatz zu anderen europäischen Ländern bestehen.

Andererseits gibt es eine Ausrichtung nach innen, in der es darum geht, die Attraktivität der Standorte zu erhöhen, um die Kunden häufiger zum Besuch in der Bank zu animieren. Die SB-Geräte bieten sich für solche Zusatzservices besonders an. Denn während die Besucherfrequenz in den Filialen sinkt, ist die Zahl der Nutzung von SB-Geräten trotz Internet weiter steigend. Attraktive Mehrwertangebote auch an SB-Geräten schaffen neue Erfahrungsräume und einen Anlaufpunkt für Kunden und bieten den Banken so die Möglichkeit, insbesondere auch neue Kunden anzusprechen und mit ihren Leistungen zu überzeugen.

Neben diesen beiden Aspekten, also der Generierung neuer Provisionserträge und der Erhöhung der Kundenfrequenz, ist das Hauptargument für den inhaltlichen Ausbau der SB-Bereiche die Möglichkeit, mit dem Kunden in Interaktion treten zu können. Dafür gilt es, entsprechende Ansprachekonzepte in den Häusern zu entwickeln und die Kontakte auch in vertriebliche Erfolge im Kerngeschäft der Banken umzumünzen.

Zum einen ist es wichtig, bei der Gestaltung der Filialen darauf zu achten, SB-Geräte aus den Außenzonen der Bank verstärkt in die Filiale hereinzuholen, um einer Tendenz der Ausgrenzung von Kunden entgegenzuwirken und sie stattdessen wieder in den Filialbetrieb zu integrieren.

Zum anderen geht es um die konkreten Formen der Ansprache am SB-Gerät. Dabei spielt die Attraktivität des Angebotes, sowohl inhaltlich als auch in der Gestaltung der Ansprache, eine wichtige Rolle. Der Kunde kann auf aktuelle Kampagnen oder besser noch mittels entsprechender CRM-Unterstützung auf individuell zugeschnittene Angebote aufmerksam gemacht werden. Der entscheidende Faktor ist jedoch die organisatorische und personelle Ausgestaltung, um auf die Interaktion mit dem Kunden eingehen zu können und zum Dialog zu kommen. Die Interaktionsmöglichkeiten reichen vom Bekunden eines Interesses und dem Wunsch nach weiteren Informationen über mögliche Terminvereinbarungen bis hin zum direkten Ad-hoc-Beratungswunsch. Hierfür sind die erforderlichen Prozesse in der Bank zu entwickeln und zu etablieren.

5. Fazit

Wenn die Nutzung eines SB-Gerätes für die Kunden der wichtigste, zumindest aber der häufigste, wenn nicht sogar der einzige Grund ist, eine Bankfiliale aufzusuchen, wäre es fahrlässig, diese SB-Infrastruktur nicht intensiver vertrieblich zu nutzen. Darüber hinaus ist dies eine der wenigen Möglichkeiten, bisherige Nichtkunden anzusprechen und diesen direkten Kontakt zur Neukunden-Akquise einzusetzen. Es heißt daher, die Kreativität aufzuschöpfen, denn an Ideen und Möglichkeiten mangelt es sicher nicht.

Marke – Raum – Mensch

Gunter Lück / Toni Piskač

1. Rückschau

Keine Periode der jüngeren Industriegeschichte ist so stark vom Wandel und der Entwicklung der Kommunikations- und Informationstechnologien geprägt wie die letzten 20 Jahre. Moderne Kommunikationsmittel erleichtern nicht nur den Zugang zu und die Verbreitung von Informationen. Sie durchdringen alle Bereiche der Gesellschaft und haben direkte Auswirkungen darauf, wann, wo und auf welche Art und Weise Menschen miteinander interagieren.

Für die Welt der Geldinstitute boten die neuen Medien eine exzellente Gelegenheit, die sich aus der Produktionswelt ableitenden Aspekte der Rationalisierung durch Automation auf ihr nicht physisches Produkt der Dienstleistung zu übertragen. Bisher nur durch menschliche Tätigkeit Ermöglichtes sollte unabhängig von Raum und Zeit durch maschinelle Angebote ersetzt werden. Beginnend mit dem bargeldlosen Zahlungsverkehr, über die flächendeckende Einführung von Geldausgabeautomaten, die Bereitstellung von Selbstbedienungsterminals bis hin zum Online-Banking entstanden vordergründig Vorteile für Kunden und Geldinstitute. Das automatisierte Angebot von Basisdienstleistungen sichert den Kunden dauerhafte Verfügbarkeit. Die Geldinstitute senken die Kosten ihrer Geldbewirtschaftung. Im Ergebnis verlieren beide. Durch zunehmende Kundendistanz und Anonymität sinkt für die Bank der „Wert" des einzelnen Kunden. Umgekehrt geht dem Kunden die Wahrnehmung des gesamten Spektrums der möglichen Bankdienstleistungen verloren.

Der Markteintritt von Direktbanken, das Aufkommen von Finanzdienstleistern und die Erleichterungen im Fernabsatzgesetz verstärkten den Trend zu verwaisten Kundenhallen. Wer den rechtlichen Spielraum hatte, reagierte zumindest mit personellem Rückzug aus der Fläche. Damit einher geht die Preisgabe des wesentlichsten strategischen Vorteils eines Geldinstitutes – die lokale Präsenz vor Ort. Im Gleichschritt dieser Entwicklung wurde in Hauptstellen und/oder spezialisierte Kundenzentren investiert.

2. Gestaltungsspielräume

Bestimmten früher Sicherheitsaspekte und Betreuungsspitzen die Struktur und Aufteilung einer Kundenhalle, ermöglichte nun moderne Technik der Geldautomation barrierefreieres und transparenteres Planen. Architekten und Organisatoren gewannen nun völlig neue Freiräume für die Ausgestaltung von Geldinstituten. Die bauliche Realität dieser Zeit vermittelt jedoch ein anderes Bild. Anspruchsvolle, teilweise städtebaulich richtungweisende Entwürfe der Architekten zitieren im Innenraum überholte, von repräsentativem Statusdenken geprägte Raumdimensionen. Großvolumige Kundenhallen lassen Veränderungen in Organisation und Vertrieb gegenüber Althergebrachtem maximal durch den Verzicht auf raumhohe Verglasungen und unterbrochene Thekenstrukturen erkennen. Weiterhin bleibt das Schalterprinzip erhalten und wird wirkliche Transparenz nicht erreicht. Nachträgliche Integrationsversuche von medialer Information oder zusätzlicher externer Leistungsangebote wirken aufgesetzt und beigestellt. Es fehlt die Ausrichtung an den Bedürfnissen des Kunden.

Ursächlich innovativ gedachte Gebäudekonzepte werden im Innenbereich baugebunden und starr manifestiert. Die Chancen einer flexiblen Innenarchitektur, die Veränderungen zukünftigen Nutzungsverhaltens abbilden kann, werden nicht konsequent genutzt. Ein Übertrag der Ideen des Außenraumes findet im Inneren selten Fortsetzung. Heutige Organisations- und Vertriebskonzepte haben immer kürzere Halbwertzeiten. Der Druck zu permanenter Veränderung in organisatorischen und technischen Fragen führt in den häufig statischen Raumsituationen zu Improvisationen. Im Ergebnis können weder Erscheinungsbild noch Funktionsangebote auf der Fläche mit der rasanten Entwicklung im Werben um die Kunden Schritt halten.

Abbildung 1: *Aufwändig ausgeführte Kundenhalle mit festen Einbauten; was im Innenraum der Filiale geschieht, wird oft dem Nutzer überlassen (Beispiel)*

3. Chancen

Getrieben von der sinkenden Anzahl der qualifizierten, persönlichen Kundenkontakte suchen Geldinstitute Auswege aus diesem strategischen Dilemma auch in raumbezogenen Lösungsansätzen. Oft genug nach gleichen Schemen vorgehend, werden Moden mit kurzfristigem Erfolg übernommen und gilt der Handy-Shop oder die Backfiliale als Schlüssel für die Erhöhung der Besucherfrequenz. Aus Sicht des Einrichtungsspezialisten Vitra muss der Lösungsansatz am Wesensursprung der Finanzdienstleistung beginnen. Finanzdienstleistungen sind nicht auf seelenlose, grenzenlos mechanisierbare Transaktionen zu reduzieren. Gelddienstleistungen sind zutiefst mit der soziokulturellen Haltung des einzelnen Individuums verbunden. Dabei orientiert sich der Kunde an Erfahrungen aus eigenem Erleben sowie an weicheren Faktoren wie zum Beispiel Markenimage, Zugehörigkeitsgefühl, schnelle Erreichbarkeit und Empfehlungen. Werte wie Seriosität, Kompetenz und Flexibilität sind Botschaften, die in Werbung und Marketing als Leistungsversprechen effizient und einprägsam vermittelt werden. Allerdings sind Vertrauen und Sicherheitsgefühl Empfindungen des einzelnen Menschen. Für ihn sind sie ein Gradmesser dafür, in welchem Umfang die Erfüllung des Leistungsversprechens gelingt.

Die stille Botschaft der Räume kann die Glaubwürdigkeit von Markenbotschaften entscheidend unterstützen oder auch negieren. In diesem Zusammenhang erlebt die Entwicklung von Filialkonzepten eine echte Renaissance.

Abbildung 2: *Transparenz muss glaubhaft sein (Beispiel)*

Abbildung 3: *Glaubhafte Transparenz muss erlebbar sein*
(Beispiel Sparkasse Singen, Vitra)

Im Zeitalter globaler Trends ist Abgrenzung und ein klar erkennbares Erscheinungsbild, gerade in gehobenen Konsumsegmenten, überlebenswichtig. Die weltweit stattfindende Segmentierung der Märkte in Discount oder Premium ist ein Beispiel dafür. Hier lassen sich durchaus Parallelen zwischen Marken in der Handelswelt und verschiedenen Geldinstituten sowie Brandstores und Filialen ziehen.

Abbildung 4: *Einkaufen im Brandstore ist ein Erlebnis (Beispiel Hugo Boss, Vitrashop)*

Welche Schlüsse lassen sich aus den Erfolgen im Handel für die Geldinstitute ziehen? Hauptziel ist die Kundenansprache und -gewinnung. Zunächst geht es um die äußere Wirkung. Medien und Architektur generieren ein Erscheinungsbild – Wie soll die Marke auf Konsumenten wirken? Auf dieser Ebene werden emotionale Bezüge aufgebaut und Werte transportiert, wie zum Beispiel Vertrauen, Kompetenz und Sicherheit. Diese Erwartungen gilt es nun durchgängig im gesamten Geschäftsmodell zu erfüllen. Glaubhaftigkeit kann allerdings nur entstehen, wenn man diesen Gestaltungsprozess als ganzheitliche Aufgabe versteht und konsequent umsetzt.

4. Ziel: Kommunikationsraum

Zur Erreichung der Unternehmensziele greifen unterschiedliche Disziplinen innerhalb einer Organisation unmittelbar ineinander.

- strategische Ausrichtung des Unternehmens
- Aufbau eines innovativen, zukunftsorientierten Vertriebskonzeptes
- Kommunikation nach außen und nach innen
- permanente Entwicklung und Förderung der Mitarbeiter
- flexible und ansprechende Raumgestaltung
- moderne technische Ausstattung
- Pflege und kontinuierliche Weiterentwicklung des Konzeptes

Der Schlüssel zu diesem Erfolg sind die eigenen Mitarbeiter. Ihre professionelle Ansprache in der Akquisition und in der täglichen Kundenbetreuung ermöglichen den Aufbau einer langfristigen, persönlichen Beziehung („face-to-face"). Basierend auf der beruflichen Qualifikation kommt der Entwicklung der sozialen Kompetenz der Mitarbeiter eine besondere Bedeutung zu. Mitarbeiter müssen für diese anspruchsvolle und sensible Aufgabe gezielt gewonnen und qualifiziert werden. Wenn sich der Kunde professionell und freundlich empfangen fühlt, wird dies durch eine hohe Attraktivität der Raumgestaltung zusätzlich verstärkt. Die emotionale Bindung des Kunden wird über den persönlichen Kontakt hinaus entwickelt.

Der Raumgestaltung kommt in diesem Kontext eine besondere Bedeutung zu. Der Raum kann Kunden und Mitarbeiter in ihren Möglichkeiten beeinflussen. Beginnend mit der Außendarstellung in Form von Werbung und transparenter Fassadengestaltung wird der Gast eingeladen in einen interessant gestalteten Eingangsbereich. Der Raum ist lesbar und logisch gegliedert. Bewegung im Raum und Kommunikation werden durch die Architektur gelenkt. Der Kunde erwartet heute eine persönliche Ansprache, und Kommunikation ist Hauptaufgabe im Dienstleistungssektor. Hierfür muss es Kommunikationsangebote mit unterschiedlichem Anspruch auf Diskretion geben. Der Raum ist flexibel und muss sich unterschiedlichen Anforderungen anpassen. Zukunftsweisende Einrichtungskonzepte werden durch atmende Raumstrukturen, variable Möbel und veränderliche Beleuchtungsszenarien möglich. Kooperationen mit erfahrenen Fachleuten aus den Bereichen Einrichtung, Beleuchtung und Markenbildung sind notwendig. Vorteilhaft ist eine ganzheitliche Sicht auf sämtliche Gestaltungselemente.

Die moderne Kommunikationstechnik operiert im Hintergrund. Angebote zur Selbstbedienung und Bankautomation sind klar und offen zugänglich. Formen, Farben und Materialien unterstützen die Darstellung des Hausstils und schaffen Identifikation mit dem Dienstleister. Diese Gestaltungsmittel bilden eine Klammer für räumliche, organisatorische und technische Szenarien. Im Mittelpunkt aller Bemühungen steht der Anspruch, eine inspirierende Atmosphäre für Menschen zu schaffen – für Kunde und für Mitarbeiter. Das heißt, die Gestaltung einer Identität hört nicht im kundennahen Front Office auf, sondern fließt durch die gesamte Organisation und schließt die Prozesse im Back Office ein. Diese Einheit stärkt die Identifikation mit der Bank und schafft Transparenz. Intern wird Flexibilität, Kundennähe und Dienstleistungsorientierung erlebbar. All diese Maßnahmen bedeuten für die Mitarbeiter eine erhebliche Veränderung. Diese Veränderungsprozesse gilt es mit Maßnahmen zur Personalentwicklung und des Change Managements zu begleiten.

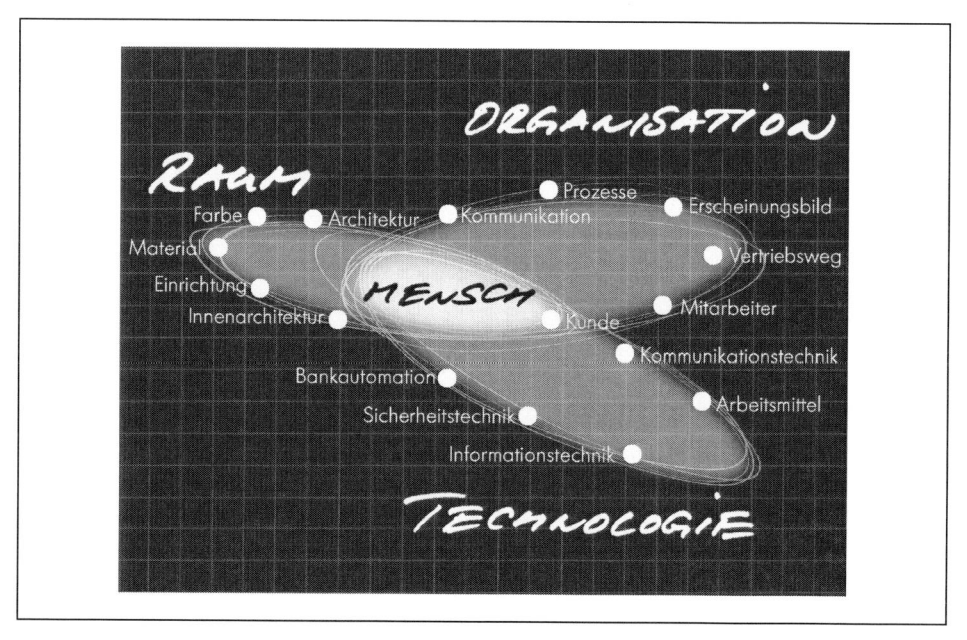

Abbildung 5: *Einflussfaktoren ganzheitlicher Gestaltung*

Fokussierung auf den Kunden zahlt sich durch die Steigerung der Qualität und Quantität der Kundenkontakte, Rationalisierungs- und Kosteneinsparungspotenziale sowie eine effiziente Flächennutzung aus. Es wird deutlich, dass der Aus- oder Neubau einer Filiale ein ganzheitlicher Prozess ist. Die Gestaltung einer Filialkonzeption ist ein Interagieren zwischen Vorstand, Architekt und Mitarbeitern der Bereiche Vertrieb, Personalentwicklung, Organisation, Marketing und Kommunikation. Die Herausforderung besteht in der Verzahnung von Markenidentität und regionalen Angeboten für Kunden.

Abbildung 6: Flexible Raumkonzepte und Einrichtungen ermöglichen Interaktion (Vitra)

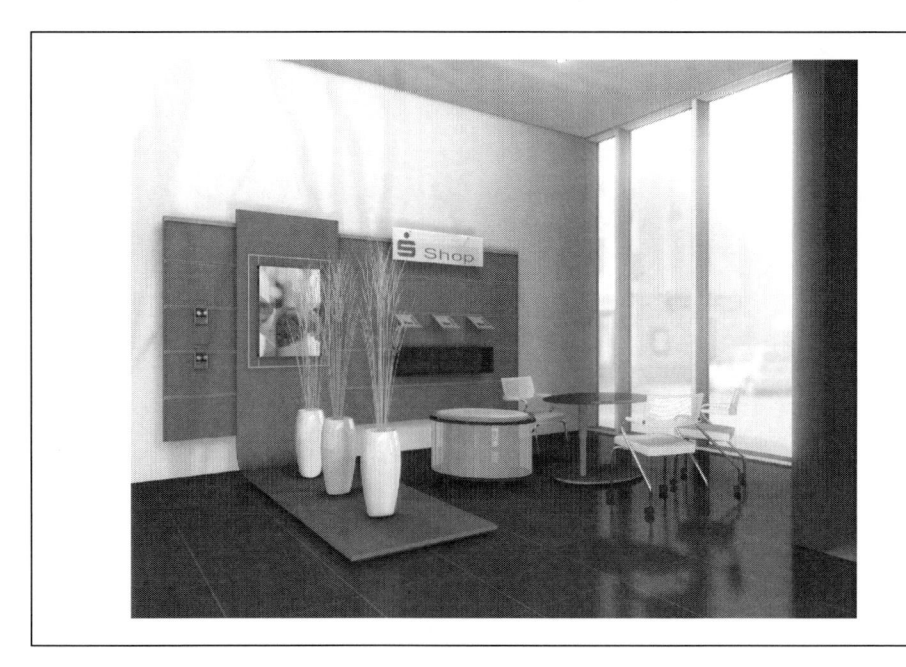

Abbildung 7: Kommunikationswände unterstützen Markenbotschaften und Dienstleistungsinhalte (Vitra)

Automation und Mehrwertservices im SB-Banking

Andra Dempzin / Michael Strümpfler

1. SB-Banking im Trend und Mehr

„Do-it-Yourself" ist als Schlagwort jeglicher Heimwerkersendungen, die in den letzten Jahren zunehmend das vorabendliche Fernsehprogramm bestimmen, bekannt. Peter Honebein und Roy Cammarano erforschten in den letzten Jahren die psychologische Seite des Phänomens und machen in ihrem Buch „Creating Do-it-Yourself Customers" deutlich, dass dieses Schlagwort viel mehr ist als die meisten von uns wahrhaben: nämlich der Lebensstil einer ganzen Generation.[1] In Eigeninitiative erledigen wir viele Dinge jeden Tag selbst – und sind damit glücklich. Dieser Lebensstil hat zur Folge, dass die Selbstbedienung einen triumphierenden Weg genommen hat und mittlerweile nur sehr wenige Branchen nicht von ihr erfasst sind.

1.1 Der Siegeszug der Geldautomaten

Dem Siegeszug konnte sich auch die globale Bankenbranche nicht entziehen und seit dem ersten Geldautomaten vor 40 Jahren hat sich das SB-System heute zum am häufigsten frequentierten und beliebten Kommunikationskanal zur Bank entwickelt. Laut einem White Paper der ATM Industrial Association existieren heute über 1,67 Millionen Geldautomaten, an denen jährlich 49 Milliarden Bargeldauszahlungen realisiert werden.[2]

---

[1] Hornebein, Peter C., Cammarano, Roy F., www.doityourselfcustomers.com, Buchautoren des Bestsellers: Creating Do-It-Yourself Customers: How Great Customer Experiences Build Great Companies, 2005.
[2] ATM Industry Association, Mike Lee, CEO, The Many Socio-Economic Benefits of ATMs, Juni 2007.

Weltweit kommt der SB-Zone in den Vertriebsstrategien der Banken damit eine bedeutende Rolle zu: Weg vom bloßen Rationalisierungsinstrument und Automat für Routinetätigkeiten sind kreative Konzepte für ein höheres Serviceangebot in der SB-Zone bei gleichzeitiger Einbindung in neue Filialkonzepte zur Belebung der Filiale auf der Tagesordnung von Business Development Managern. Entgegen vergangenen Befürchtungen steht das SB-Banking in keinerlei Widerspruch zu einem Mehr an Kundennähe in der Filiale. Im Gegenteil: SB-Zonen können heutzutage zum Frequenzbringer werden. Denn eigentlich fühlen sich Konsumenten beim Kauf von Finanzprodukten am besten bei einer persönlichen Beratung in ihrer Filiale aufgehoben, jedoch gehen sie den Weg dahin nicht mehr ohne Weiteres allein. Konsumenten wollen von ihrer Bank in der SB-Zone abgeholt werden, das Engagement sehen, dass man sich um sie bemüht.

Abbildung 1: Die SB-Zone revitalisiert den Kundendialog

Innovative Interaktionskonzepte fangen bereits bei der Raumgestaltung der Filiale an. So ziehen optisch ansprechende Schaufensterkonzepte, ähnlich trendiger Modeketten, mit offenen Foyers oder das Angebot integrierter Shops, wie zum Beispiel ein Café oder ein Handygeschäft, Kunden in die Filiale. Eine enge optische Anordnung der Selbstbedienung und des Servicebereiches bildet eine Brücke zum Kunden. Noch weiter geht das Konzept der schwebenden SB-Insel: Per innovativer Luftkissentechnologie kann die komplette SB-Technik schnell und problemlos überall in der Filiale platziert werden – tagsüber im Beratungsbereich ist die räumliche Nähe zu den Bankmitarbeitern hergestellt und abends im SB-Foyer ist der 24-Stunden-Service gewährleistet.

1.2 Kundenansprache beginnt im SB-Bereich

Kunden nehmen sich gern Zeit, wenn für sie interessante Themen dargestellt werden. Durch moderne Werbeformen, wie das sogenannte „Digital Signage", können in der SB-Zone Bankprodukte und -services als dynamische, visuell attraktive Inhalte über Hightech-Flachbildschirme präsentiert und den SB-Nutzern näher gebracht werden. Ein weiteres Interaktionsmodell basiert auf dem sogenannten Serviceberater. Dieser Bankmitarbeiter geht in einer unaufdringlichen Art und Weise auf den SB-Nutzer zu, offeriert Hilfe, informiert ihn über neue Angebote und navigiert den Kunden zu einem persönlichen Beratungsgespräch. Dieses Konzept kann abgewandelt auch über einen zentralen Empfang, Konsumenten bekannt aus der Hotellerie, erfolgen.

Die Erfolgsquote einer aktiven Begegnung über Serviceberater, Empfang oder ähnliche Maßnahmen ist höher als bei traditionellen Mailings. Eine absolute Voraussetzung ist jedoch die Umorientierung und Schulung der Bankmitarbeiter, die aus ihrem passiven Beratungsverhalten herauskommen müssen. Eine Hilfestellung dafür wäre die Möglichkeit, Kunden mit ihrem Namen und individuell zugeschnittenen Angeboten anzusprechen. Die dafür notwendige Identifikation des Bankkunden beim Betreten der Bank ist zum Beispiel über einen RFID (Radio Frequency Identification) Chip auf der Kundenkarte möglich. Mit dieser Information und einem gut gepflegtem CRM-System kann der Kundenberater sich schnell einen Überblick verschaffen und gezielt aktuelle Bedürfnisse des Bankkunden ansprechen.

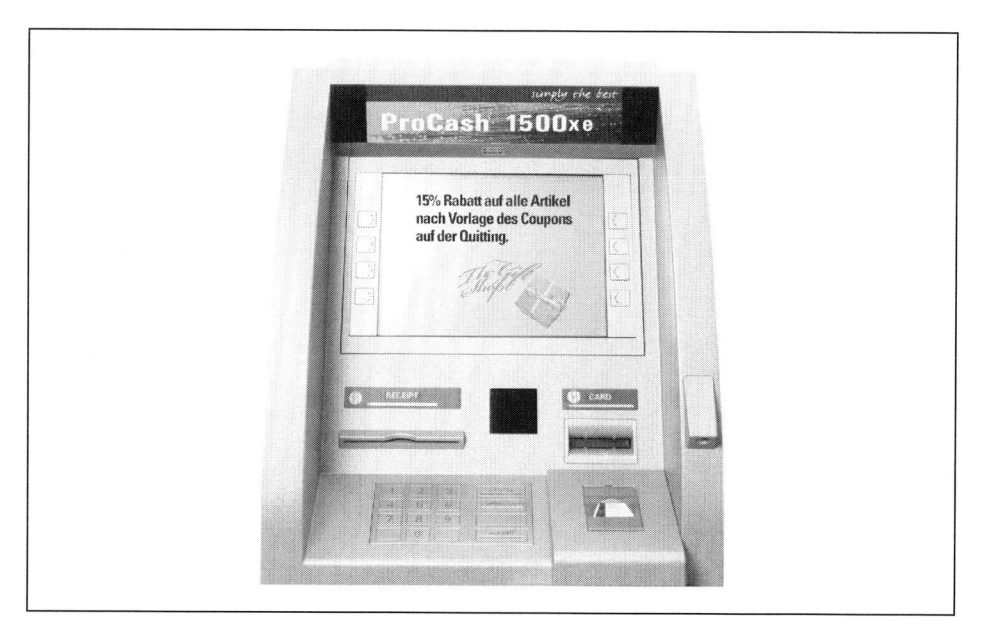

Abbildung 2: ProSales Marketing ermöglicht Direktmarketingkampagnen am SB-System

Die Kontaktaufnahme, der erste Schritt im Vertriebsprozess, kann auch über die SB-Systeme an sich erfolgen. Mittels 1:1-Marketinglösungen, wie beispielsweise ProSales von Wincor Nixdorf, können komplette Werbekampagnen schnell, effektiv und kostengünstig am Geldautomaten durchgeführt werden. Während der „Bitte Warten"-Maske erscheinen individualisierte Angebote zu Krediten, Aktien- und Investmentfonds, Versicherungen und anderen Bankprodukten. Kunden können bei dieser Kontaktaufnahme über den Geldautomaten selbst entscheiden, wie sie weiter verfahren. Möchten Sie einen Termin mit dem Kundenberater vereinbaren, ein erstes Angebot anfordern oder später erneut über das konkrete Angebot informiert werden – der Kundenkontakt ist hergestellt und die Response-Rate ist überzeugend. Viele Kunden werden durch die personalisierte Werbung zu einem Beratungsgespräch angeregt.

Über ProSales sind auch Werbekampagnen über Produkte anderer Unternehmen am Geldautomaten möglich. Hier sind amerikanische Banken der absolute Vorreiter und konnten für sich schon Millionenbeträge auf der Haben-Seite verbuchen. Denn was überzeugt einen Werbenden mehr als ein Netzwerk an Werbeträgern, die die uneingeschränkte Aufmerksamkeit der Konsumenten haben, eine immens hohe Kontaktrate aufweisen können, sowie sich nicht nur auf den Massenmarkt, sondern auch auf spezifische Zielgruppen, Gebiete und Zeiträume spezifizieren lassen? Eine größere Flexibilität und Kundenwahrnehmung kann heute kein anderes Massenmedium liefern.

2. Kunden überzeugen durch SB-Banking

Die große Bedeutung der Selbstbedienung in Bezug auf Vertriebsaktivitäten und der Wiederbelebung der Filiale steht außer Frage, doch gleichzeitig müssen auch die SB-Systeme auf dem neuesten Stand gehalten werden. Innovationen und Reaktionen auf Trends sind notwendig, ansonsten wiederholt sich die Geschichte der Filiale mit dem heute beliebtesten Kontaktpunkt. Aufgrund des hohen Wettbewerbes auf dem Finanzmarkt muss zudem die Profitabilität des SB-Netzwerkes im Auge behalten werden, denn was nützt ein erhöhter Umsatz bei zu hohen Kosten? Neben SB-Beratungskonzepten werden deshalb verstärkt zusätzliche Services in der SB-Zone angeboten. Besonders im Ausland hat sich das SB-System so vom Kosten- zum Ertragsfaktor gewandelt.

2.1 Mehrwertservices – Gewünscht und rentabel

Vor allem jüngere Bankkunden wünschen sich ein Mehr an Service in der SB-Zone. Im Alltag bereits durchgesetzt haben sich Angebote, die im Zusammenhang mit bankfachlichen Transaktionen stehen, wie der Druck von Kontoauszügen, das Ausführen von Überweisungen, das Bezahlen von Rechnungen oder auch die Bargeldeinzahlung. Bei den Bankkunden kommen zudem nutzerspezifische Einstellungen gut an. Dazu gehören die Änderung persönlicher Daten, das Bestellen von Schecks oder auch präferierte Überweisungsvorlagen.

Derzeit stehen jedoch immer mehr die sogenannten Mehrwertdienste im Fokus. Durch sie kommt es zu einer gesteigerten Nutzung der SB-Systeme und damit zu einer Erhöhung der Profitabilität des Vertriebskanals Selbstbedienung. Ein weiterer Vorteil dieser Services ist der Aufbau einer erhöhten Markenbekanntheit für die Banken und ihre Partner. Der weltweit beliebteste Mehrwertservice am Geldautomaten ist das Aufladen von Prepaid-Telefonkarten. So erreichte zum Beispiel der Selbstbedienungsservice „Cash & Go" der GAD eG im Jahr 2006 eine 20-prozentige Steigerung auf ein Auflade-Volumen von 63 Millionen Euro. Kunden von Volks- und Raiffeisenbanken in Deutschland tätigten bis zu sage und schreibe 19.000 Aufladungen pro Tag.[3] Dieser vertriebliche Erfolg kommt nicht nur den Prepaidkarten-Anbieter sondern auch den Volks- und Raiffeisenbanken innerhalb des GAD eG Gebietes durch Verkaufsbeteiligung zu Gute.

Auf der Wunschliste der Bankkunden steht auch der Verkauf von Veranstaltungstickets. Von Theaterkarten über Tickets für Sportveranstaltungen und Konzerte werden diese nach Identifizierung mit der Bankkarte am Geldautomaten bequem vom Konto abgebucht und gleichzeitig am SB-Terminal ausgedruckt. Der Verkauf in der SB-Zone steht den Konsumenten dabei rund um die Uhr zur Verfügung. Vorstellbar sind auch die Angebote Lotto zu spielen, Briefmarken und Fahrscheine zu erstehen, Bücher und CDs zu bestellen, Coupons und Gutscheine auszudrucken oder auch Flugtickets zu reservieren. Der Offerte an Zusatzdiensten sind theoretisch keine Grenzen gesetzt.

2.2 Mehr Wert durch innovative Geschäftsmodelle

Durch neue Technologien sind weitere innovative Geschäftsmodelle über die SB-Systeme entstanden bzw. in der Entwicklung. Gerade im Bereich der mobilen Kommunikation werden vielseitige Zusatzservices möglich. So kann das SB-System zum Herunterladen von Musik, kleinen Videos etc. auf Mobilfunktelefone genutzt werden. Eine andere Möglichkeit fällt in

---

[3] GAD, Pressemitteilung, GAD gibt Zahlen und Fakten aus dem Geschäftsjahr 2006 bekannt, 22. Januar 2007.

den Bereich der sogenannten Near Field Communication (NFC), die auf der RFID-Technologie basiert. Werden NFC-fähige Handys nahe an entsprechend technologisch ausgestattete SB-Systeme gehalten, ermöglicht die Kontaktlostechnologie eine Übertragung oder sogar einen Austausch zwischen Handy und SB-Gerät. Auf diese Weise können Mobilfunktelefone als Identifikations- und Autorisierungsinstrument am Geldautomaten bzw. als kontaktloses Bezahlinstrument an Kiosksystemen dienen. Die Bankkarte fällt damit weg, Tickets oder andere Inhalte werden zum Nachweis elektronisch auf das Handy übertragen. So wurden virtuelle Fahrscheine und Eintrittskarten bereits in einigen Pilotprojekten getestet. Bei einer so hohen Verbreitungsrate an Mobilfunkgeräten, in einigen Ländern über 100 Prozent, sollte es eine Frage der Zeit sein, wann diese Konzepte in unseren Alltag Einzug halten.

Abbildung 3: Near Field Communication – Autorisierung per Handy

Durch sogenannte „NFC-Tags" können Geldautomaten auch als eine Werbeform des „Smart Poster" genutzt werden. Halten Bankkunden ihre Handys an speziell markierte Bereiche ran, können sie spezielle Inhalte abrufen. Diese Inhalte können ein kostenloser Klingelton, eine Webseite oder auch ein Gutschein eines Unternehmens in der Nähe sein. Aufmerksam auf die Werbeaktion werden die Kunden über den Bildschirm oder einem Sticker. Die Kombination der hohen Anzahl an Mobilfunksystemen mit der häufigen Nutzung von Geldautomaten scheint gerade an Drittplatzstandorten, demnach in der Nähe von Gewerbetreibenden, ein attraktives Geschäftsmodell zu sein.

3. Ausblick

Die Vielfalt der Zusatzdienste und die damit verbundenen Möglichkeiten für Banken und ihre Partner zeigen das immense Potenzial der SB-Zone im Wettbewerb um Kunden. Mehrwertdienste und das hinter ihnen steckende Geschäftsmodell müssen geprüft und auf die Gegebenheiten des SB-Standortes angepasst werden. Die Aussicht auf Erfolg ist daraufhin enorm. Kunden möchten an SB-Systemen ein Mehr an Service und ein Mehr an Engagement. Durch die vielfältigen Möglichkeiten kann Banking in Zukunft somit zu einem Erlebnis für die Kunden werden.

Der Bankarbeitsplatz der Zukunft – Integration und rollenbasierte Konzepte als Schlüssel zum Erfolg

Rainer Welsch

1. Diskrepanz zwischen Wirklichkeit und Anspruch

Der Vertrieb von Finanzdienstleistungen an Privatkunden gestaltet sich zunehmend schwieriger: Die Vielfalt und Komplexität der Produkte nimmt zu, der Wettbewerbsdruck steigt, hoch spezialisierte Anbieter sind auf dem Vormarsch. Zudem wachsen Wissen und Kompetenz der Kunden in Finanzangelegenheiten, ihre Erwartungshaltung an Finanzinstitute steigt.

Einen spürbaren Mehrwert werden Banken daher ihren Kunden zukünftig nur über eine individuelle Problemlösungskompetenz und eine hohe Servicequalität bieten können. Im Mittelpunkt erfolgreicher Vertriebsstrategien müssen somit zukünftig ganzheitliche und bedarfsgerechte Beratungskonzepte stehen, ausschließlich verkaufsorientierte Ansätze führen nicht länger zum Erfolg.

Viele Finanzinstitute sind diesen veränderten Anforderungen jedoch kaum mehr gewachsen. Sie kennen die Bedürfnisse ihrer Kunden nicht oder reflektieren diese nur unzureichend in ihrem Leistungsangebot. Hinzu kommt: Immer noch verhindern siloartige Organisationsstrukturen, deren Mangelhaftigkeit längst erkannt ist, das Denken und Handeln in (Kunden-)Prozessen. Die Arbeitsteilung zwischen Front Office und Back Office ist oft suboptimal, die Standardisierung und Automatisierung der Geschäftsprozesse lassen zu wünschen übrig.

Effektivität und Effizienz des Vertriebs werden darüber hinaus oftmals durch eine unzureichende IT-Unterstützung beeinträchtigt. Monolithische Anwendungen existieren nebeneinander her statt zu interagieren. Kundenberater müssen häufig auch bei Standardgeschäftsvorfällen, wie zum Beispiel einer Kontoeröffnung, gleichzeitig in verschiedenen Systemen arbeiten. Letztere decken die funktionalen Anforderungen der Vertriebs- und Beratungsprozesse jedoch häufig nicht ab. Ebenso stehen Kunden- und Produktdaten nicht integriert und aktuell zur Verfügung. Kurzum – bankinterne Unzulänglichkeiten machen den Vertriebsmitarbeitern vielfach das Leben schwer.

2. Handlungsschwerpunkt Vertrieb

Auf diese unbefriedigende Situation, die eher Regel als Ausnahme ist, müssen die Banken reagieren – und die Bereitschaft dafür ist da: Immer mehr Banken erkennen, dass in der Modernisierung und Intensivierung der Vertriebsaktivitäten ein zentraler Schlüssel für den zukünftigen Geschäftserfolg liegt. Das belegt auch der aktuelle „European Retail Banking Survey 2007", den IBM und das Fraunhofer Institut für Arbeitswirtschaft und Organisation vorgelegt haben:[1] Danach liegt der größte Fokus wichtiger strategischer Projekte in der Umsetzung vertriebsorientierter Maßnahmen: Eine generelle Intensivierung des Vertriebs streben 85 Prozent der befragten Finanzinstitute an, die Modernisierung der Vertriebskanäle (40 Prozent) und die Reorganisation der Vertriebsorganisationen (39 Prozent) bilden ebenfalls strategische Schwerpunkte. Die stärkere Ausrichtung der Filialmitarbeiter auf Beratung und Verkauf, eine bessere Ausschöpfung von Cross- und Up-Selling-Potenzialen sowie die Intensivierung der Kundenbeziehung stellen weitere zentrale Handlungsfelder europäischer Finanzinstitute dar.

3. Der Bankarbeitsplatz der Zukunft – Rollenbasierung als Konzept

Um den gestiegenen Anforderungen an den Vertrieb besser gerecht werden zu können, müssen Finanzinstitute verstärkt in die IT-Ausstattung am Bankarbeitsplatz investieren. Im Vordergrund stehen hierbei die Schaffung einer umfassenden Sicht auf den Kunden (Single Customer View), die End-to-End-Automation sowie die Steuerung und Überwachung der Geschäftsprozesse. Aber auch die Etablierung einer leistungsfähigen Vertriebssteuerung, der Ausbau von Beratungstools sowie die Digitalisierung der Geschäftsprozesse genießen einen hohen Stellenwert.

---

[1] Quelle: Fraunhofer IAO/IBM Deutschland GmbH: European Retail Banking Survey 2007.

3.1 Der „Smart Advisory Workplace": intelligente Unterstützung am Arbeitsplatz

Ein innovativer Lösungsansatz zur Bewältigung dieser Herausforderungen ist das sogenannte „Smart Advisory Workplace"-Konzept der IBM – ein Modell, wie der Bankvertriebsarbeitsplatz der Zukunft in seiner Idealform zukünftig aussehen könnte. Im Mittelpunkt steht dabei die nachhaltige und wirksame Unterstützung der Vertriebs- und Serviceaktivitäten der Mitarbeiter durch den intelligenten – smarten – Einsatz modernster Informations- und Kommunikationstechnologien am Arbeitsplatz (Workplace). Ziel ist die Verbesserung der Qualität von Beratung und Service, die Steigerung von Vertriebseffizienz und -effektivität sowie eine höhere Motivation der Mitarbeiter.

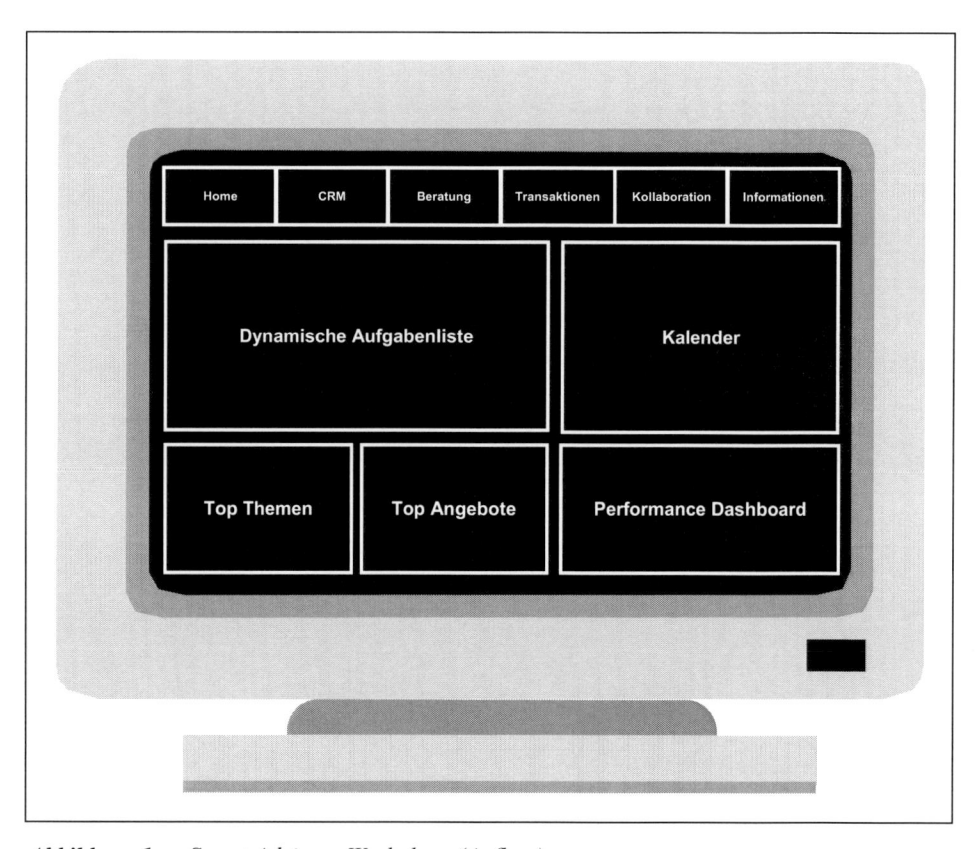

Abbildung 1: *Smart Advisory Workplace (Aufbau)*

3.2 Durchgängigkeit mit System: Die Funktionsweise des „Smart Advisory Workplace"

Der „Smart Advisory Workplace" ist ein integrierter, rollenbasierter Bankarbeitsplatz für Vertriebsmitarbeiter im Privatkundengeschäft.

Auf einer personalisierbaren Oberfläche – dem sogenannten Beraterportal – werden jedem Mitarbeiter die für seine Rolle(n) bzw. sein spezifisches Aufgabenprofil relevanten Informationen und Funktionalitäten übersichtlich und benutzerfreundlich bereitgestellt. Der Berater kann somit schnell und einfach auf alle für ihn wichtigen Informationen über Kunden, Produkte und Transaktionen wie auch auf leistungsfähige Tools zu wirksamen Unterstützung seiner Vertriebs- und Serviceaktivitäten zugreifen.

Mittels einer „dynamischen Aufgabenliste" wird der Mitarbeiter zu aktivem Vertriebsverhalten und effektivem Zeitmanagement angehalten. Die „Befüllung" der Liste erfolgt im Unterschied zu traditionellen „To-do-Listen" nicht ausschließlich durch den Berater, sondern zusätzlich durch systeminitiierte Hinweise (etwa aus CRM-Systemen), durch berechtigte Kollegen (wie beispielsweise dem Vorgesetzten) oder durch den Kunden selbst (zum Beispiel über das Internet).

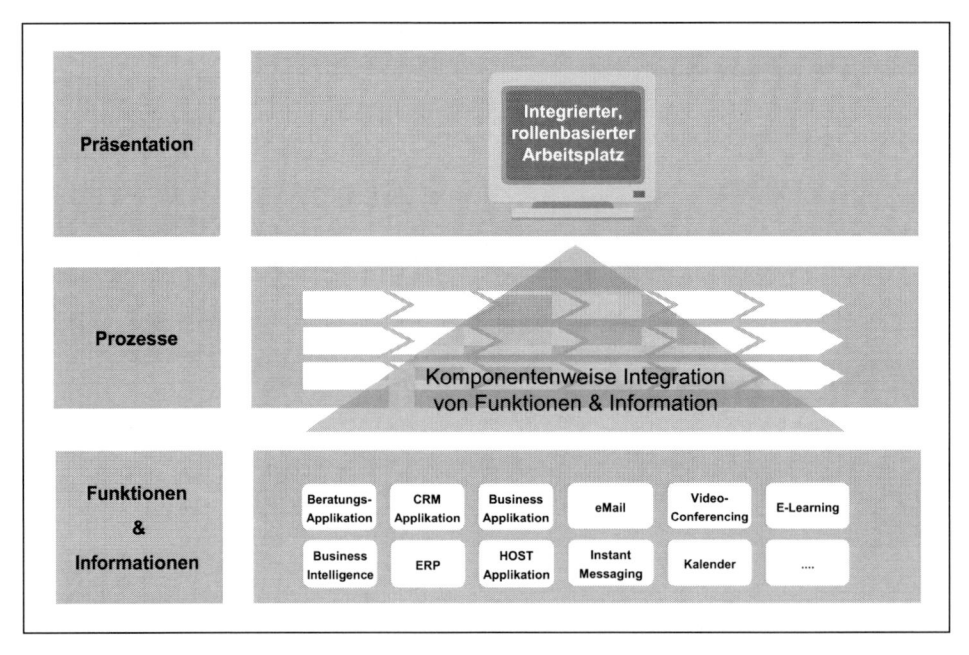

Quelle: IBM
Abbildung 2: *Funktionsweise des Smart Advisory Workplace*

Leistungsfähige Beratungsfunktionalitäten unterstützen den Mitarbeiter bei der strukturierten Ermittlung des Kundenbedarfes, ermitteln unter Berücksichtigung des aus Sicht der Bank in Frage kommenden Produktspektrums individuell auf die Bedürfnisse des Kunden abgestimmte Anlageempfehlungen und liefern dem Berater passende Cross- und Up-Selling-Hinweise. Der Berater wird somit befähigt, proaktiv, zielgenau und kundenindividuell zu beraten.

Mit einem Mausklick können zudem bei Bedarf im Rahmen einer Beratung Experten per Videokonferenz oder Instant Messaging ad hoc zugeschaltet werden. Qualität und Effizienz der Beratung werden hierdurch gleichermaßen gesteigert.

Der „Smart Advisory Workplace" basiert auf der komponentenweisen Integration verschiedener in- und externer Systeme. Diese erlaubt eine durchgängige Systemunterstützung der Beratungs- und Vertriebsprozesse über verschiedene Systeme, Bereiche, Personen, Vertriebskanäle und Unternehmen hinweg („End-to-End Processing"). Ein schneller, effizienter Abverkauf von Standardprodukten, die Durchführung komplexer Beratungen wie auch die stärkere Ausschöpfung von Cross- und Up-Selling-Potenzialen werden somit möglich, Medienbrüche und Doppeleingaben gehören der Vergangenheit an.

Gleichzeitig sieht der „Smart Advisory Workplace" eine weitestgehende Digitalisierung aller Geschäftsvorfälle vor. Kundenaufträge werden direkt elektronisch erfasst und auf einem „Tablet PC" oder einem „Signature Pad" unterschrieben. Alternativ sorgt ein „Digital Pen" für die digitale Verfügbarkeit selbst auf Papier erfasster Daten. Medienbrüche werden vermieden, das Papieraufkommen sinkt.

Die systemseitige Integration von Front-, Middle-und Back-Office ermöglicht eine automatisierte Übergabe von Daten während des gesamten Beratungs- und Vertriebsprozesses. Ergebnisse aus dem Beratungstool werden beispielsweise zeitnah in Transaktions-, Reporting- und CRM-Systeme übergeben. Die wesentlichen Inhalte einer Kundenberatung – etwa Beratungsthema, Finanzstatus, Analyse, Empfehlungen, geplante Folgeaktivitäten oder Abschlüsse – können somit per Knopfdruck dokumentiert und dem Kunden ein integriertes, personalisiertes Reporting sofort ausgehändigt werden.

Die Steuerung und Überwachung der Vertriebsaktivitäten erfolgt zudem zeitnah mittels geeigneter Messgrößen („Key Performance Indikatoren"). Jeder vertriebsrelevante Abschluss fließt in ein sogenanntes „Performance Dashboard" ein. Transparenz über den Zielerreichungsgrad im Vertrieb ist somit – bei Bedarf auch für die Führungskraft – jederzeit gegeben.

3.3 Flexibilität und offene Standards im Mittelpunkt

Der hier skizzierte Bankvertriebsarbeitsplatz basiert auf leistungsfähiger Middleware, Workflow- und Portaltechnologie. Monolithische Eigen- oder Herstelleranwendungen werden komponentenweise auf Basis einer offenen, Service-orientierten Architektur (SOA) in kleinere Softwarefunktionsmodule zerlegt. Letztere werden wiederum flexibel miteinander kombiniert und zu sogenannten „Services" zusammengefasst. Diese stehen dann unternehmensweit zur Unterstützung der Geschäftsprozesse zur Verfügung.

Der Smart Advisory Workplace sieht die Nutzung offener Standards (J2EE, Portlets, WebServices, XML etc.) und den Einsatz unabhängiger, standardisierter Informationstechnologie vor. Er bietet somit eine hohe, langfristige Investitionssicherheit und ermöglicht die flexible und reibungslose Integration zusätzlicher Komponenten und Anwendungen. Anpassungen an veränderte Markt- und Kundenanforderungen oder an Änderungen der Geschäftsstrategie sind somit problemlos möglich.

4. Fazit

Das Konzept eines „Smart Advisory Workplace" führt erfahrungsgemäß zu signifikanten Steigerungen der Service- und Beratungsqualität, einer besseren Ausschöpfung von Cross- und Up-Selling-Potenzialen sowie einer deutlichen Erhöhung der Kunden- und Mitarbeiterzufriedenheit. Ebenso lassen sich hiermit signifikante Reduktionen der Prozessdurchlaufzeiten von 25 bis 75 Prozent sowie eine deutlich höhere Prozessqualität erzielen.

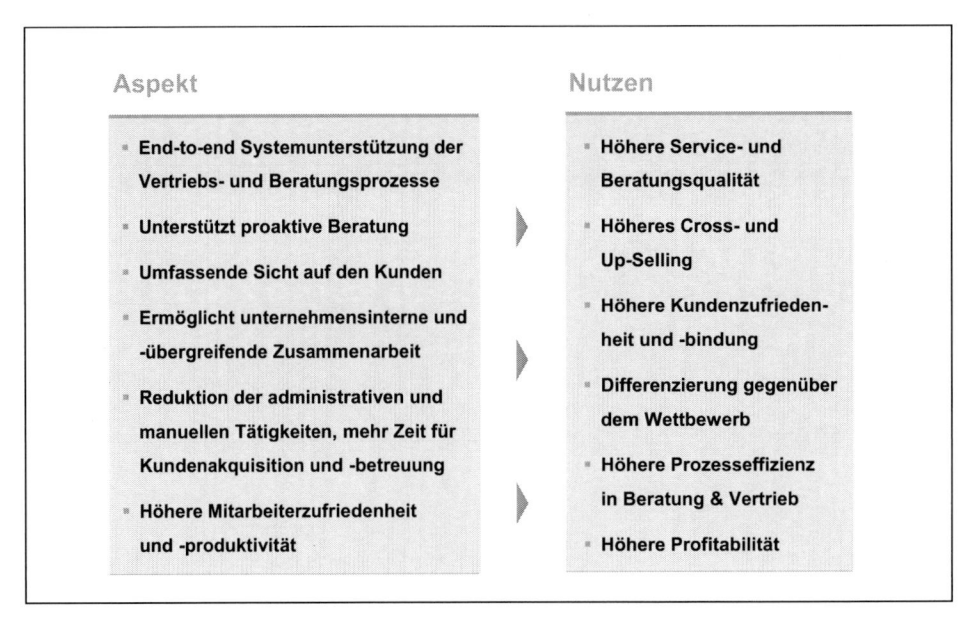

Aspekt	Nutzen
End-to-end Systemunterstützung der Vertriebs- und Beratungsprozesse	Höhere Service- und Beratungsqualität
Unterstützt proaktive Beratung	Höheres Cross- und Up-Selling
Umfassende Sicht auf den Kunden	
Ermöglicht unternehmensinterne und -übergreifende Zusammenarbeit	Höhere Kundenzufriedenheit und -bindung
Reduktion der administrativen und manuellen Tätigkeiten, mehr Zeit für Kundenakquisition und -betreuung	Differenzierung gegenüber dem Wettbewerb
Höhere Mitarbeiterzufriedenheit und -produktivität	Höhere Prozesseffizienz in Beratung & Vertrieb
	Höhere Profitabilität

Abbildung 3: Nutzen des Smart Advisory Workplace

In diesem Sinne stellt der „Smart Advisory Workplace", der in seiner Ausgestaltung immer auf die jeweils geschäftlichen Erfordernisse einer Bank flexibel ausgerichtet und individuell gestaltet werden kann, ein effektives Instrument zur nachhaltigen Verbesserung des (Vertriebs-)Erfolgs im Privatkundengeschäft dar.

Nutzen Sie Ihre Chance! Wenn nicht jetzt, wann dann?

Ines Kremer / Frank Koebsch

1. Collaboration – Effizienz in der Kommunikation und Kundenzufriedenheit

„Don't ask what your country can do for you but what you can do for your country." Wie ein Donnerhall war Anfang der Sechzigerjahre John F. Kennedys Forderung an die amerikanische Gesellschaft nach einem grundlegenden Paradigmenwechsel durch die Welt geklungen. Spätestens mit dem Aufkommen des Internets und vor allem aktueller Entwicklungen unter dem Stichwort Web 2.0 wird deutlich, dass auch der Finanzsektor vergleichbaren Veränderungen unterworfen ist.[1, 2]

Die Maxime „Fragen Sie nicht, was der Kunde für Sie tun kann, sondern, was Sie für den Kunden tun," gilt nicht nur für künftige Produkte, sondern sie bestimmt auch grundsätzlich, wie Banken in Zukunft in eine Geschäftsbeziehung mit ihren Kunden treten werden. Über die Ansätze wird seit langem intensiv diskutiert. Immer klarer wird dabei, wo die Optionen für zukünftige Lösungen liegen: in der Collaboration.

Unter diesem Begriff verstehen wir eine verbesserte interne Kommunikation, die eine zeitnahe und bedarfsgerechte Nutzung der eigenen Ressourcen ermöglicht. Sie gilt als ein Schlüsselelement,[3] mit dem Banken den Anforderungen nach einer völlig neuen Form der Kundenorientierung Rechnung tragen können. Zudem bietet sie ihnen gleichzeitig die Möglichkeit, ihre internen Prozesse zu optimieren und die Produktivität und Effizienz ihrer Mitarbeiter zu steigern. Und vor allem: die internen Kommunikationsprozesse so anzupassen, dass sie zu den – sich stetig verändernden Kundenwünschen passen. Und nicht umgekehrt.

---

1   Quelle: Web 2.0-Dienste bei Banken: Einsatzszenarien im Vertrieb, Thomas Bahlinger; http://www.die-bank.de/index.asp?issue=012008&channel=151010&art=591.
2   Quelle: Erfolgsfaktor Web 2.0, Martina Goehring; http://www.centrestage.de/2007/03/14/erfolgsfaktor-web-20/.
3   Whitepaper: Measuring the Pain: What is Fragmented Communication Costing Your Enterprise? Insignia Research hat im Auftrag von Siemens ausgerechnet, welche latenten Kosten durch den Verzicht von Unified Communications anfallen. http://www.enterprise-communications.siemens.com/deutschland/sitecore/content/Home/Internet/Deutschland/Misc/Press%20Releases/20071016%20Umfrage%20in%20Unternehmen.aspx.

2. Web 2.0 und die Folgen

Kommunikationslösungen haben unsere Welt stärker verändert, als wir uns dies mitunter gewahr werden. Jahrzehntelang waren wir es gewohnt, beim Wunsch nach einem komplexen Angebot einen Termin mit unserer Bank vor Ort zu vereinbaren, die entsprechenden Formulare und Unterlagen mit „seinem" Berater zu besprechen und nach Tagen oder Wochen von „seinem" Berater das entsprechende Vertragsangebot zu erhalten. Und heute?

Nicht erst mit dem Internet und Web 2.0 gehören Begriffe wie „Öffnungszeiten" oder „vor Ort" der Vergangenheit an. Kunden erwarten konstante Erreichbarkeit und eine quasi Reaktion in Echtzeit auf An- oder Nachfragen über die verschiedenen Medien.

Der Kunde, die Bank, die Geschwindigkeit

Raimund N., erfolgreicher Geschäftsführer eines mittelständischen Unternehmens, beschließt nach Jahren der Tätigkeit, sein Geschäft zu erweitern und einen neuen Geschäftszweig zu gründen. Deshalb vereinbart er einen Termin mit dem Firmenkundenberater seiner Hausbank, Bernhard L. Für den Termin selbst bereitet sich Raimund N. gewissenhaft vor und bringt alle notwendigen Unterlagen mit. Am Gespräch in der Bank nimmt zusätzlich zum zuständigen Berater ein Kollege aus der Kreditabteilung teil. Schnell wird in dem intensiven Beratungsgespräch deutlich, dass sich die anspruchsvollen Finanzierungswünsche von Raimund N. nicht mit den üblichen Standardprodukten der Bank erfüllen lassen. Bernhard L. sagt Raimund N. darum zu, binnen zehn Tagen ein individuelles Konzept auszuarbeiten.

Zunächst ist Raimund N. hoch zufrieden. Allerdings ist er als Geschäftsmann auch selbstbewusst genug, sich im Anschluss an den Termin über andere Kanäle zu informieren. Er telefoniert mit Freunden, fragt seinen Steuerberater und tauscht sich im Kollegenkreis aus. Der eine empfiehlt ihm seine eigene Hausbank, ein anderer rät, sich durch eine ausführliche Internetrecherche detailliert zu informieren. Zuhause angekommen, loggt sich Raimund N. in Xing (www.xing.com) ein. Er ist in diesem Portal hervorragend vernetzt und findet in einem Forum einen Hinweis auf eine Bank, die verspricht, binnen fünf Tagen ein entsprechendes Angebot auszuarbeiten. Darauf ruft er zunächst die Bank an, die ihm sein Freund empfohlen hatte. Überraschenderweise erhält er auch von dieser die Zusage, in wenigen Tagen ein Angebot zu erhalten.

Abbildung 1: Kontaktnetzwerk Xing

Beide Hinweise haben denselben Effekt: Raimund N. konfrontiert darauf den Berater seiner Bank mit den konkreten Aussagen der anderen Banken und gibt zu verstehen, dass ihm ein frühes Angebot wichtig ist. Der Wettbewerb beginnt.

Von Mensch zu Mensch?

Die Prozesse innerhalb einer Bank haben sich enorm verändert. Zum einen durch regulatorische Vorgaben, durch die Standardisierung der Abläufe und die Festlegung von Durchlaufzeiten sowie das Outsourcing von Prozessschritten an Dritte. Hinzu kommt, dass Tätigkeiten in der Bank zunehmend zentralisiert werden, zum Beispiel in Beratungszentren oder in Kreditfabriken. Die Folge ist – neben vielen positiven Effekten – eine Trennung zwischen dem Kundenbetreuer bzw. Front Office in der Bankfiliale und dem Back Office, die jeweils verschiedene Organisationsformen und unterschiedliche Entscheidungsstrukturen aufweisen können. Mit der Konsequenz, dass die Zusammenarbeit zwischen den Mitarbeitern immer stärker reguliert wird und vor allem: dass sich die früher vorhandenen, erkennbaren und leicht nachvollziehbaren Teamstrukturen auflösen.

Zurück zu unserem Beispiel. In der Bank hat der Firmenkundenberater Bernhard L. nun ein Problem. Sein Kollege aus der Kreditabteilung ist im Urlaub. Zwar ist seine Vertretung telefonisch erreichbar, aber der Kollege muss sich erst einarbeiten, die Unterlagen prüfen und das Angebot bearbeiten, bevor er sich dazu äußern kann. Für Bernhard L. bedeutet dies, dass er den vorgesehenen Prozessablauf seiner Bank beschleunigen muss, um den Kunden nicht zu verlieren, denn der Zeitverzug verringert seine Wettbewerbschancen.

Ihre Chance: Alle(s) zusammen!

Über die Antwort auf die Frage, wie Banken – wie grundsätzlich Unternehmen –, bei denen mehrere Mitarbeiter parallel an verteilten Standorten Kundenwünsche bearbeiten und ihre Kommunikationsprozesse optimieren können, herrscht inzwischen Einigkeit: Collaboration.

Moderne Applikationen wie Unified Communication/Collaboration Software sind hier die optimale Lösung und bieten die Möglichkeit zur intermedialen Vernetzung. So können alle Mitarbeiter trotz räumlicher Trennung im Team zusammen arbeiten, als wären sie in einem Raum. Und sie haben wieder den Überblick:

- Ist der Kollege sofort erreichbar?
- Wann ist der Kollege erreichbar?
- Welcher Spezialist steht eventuell für Rückfragen zur Verfügung?
- Wie ist der Kollege erreichbar (Festnetztelefon, Handy)?
- Wäre der Kollege auch über eine Video- oder Webkonferenz erreichbar?
- Wie kann das Team gemeinsam die gleichen Dokumente einsehen und bearbeiten?

Dies bedeutet, dass alle Beteiligten denselben Vorgang praktisch zeitgleich einsehen und schnellen Kontakt bzw. Zugang zu weiteren Mitarbeitern haben, die im Bedarfsfall auf Knopfdruck dazu kommen, richtiger: geschaltet werden könnten, um eine zeitnahe, sachlich-korrekte und kundenorientierte Serviceleistung zu erbringen.

Abbildung 1: Der Wettlauf mit der Zeit. Wie erreiche ich wen, wann?

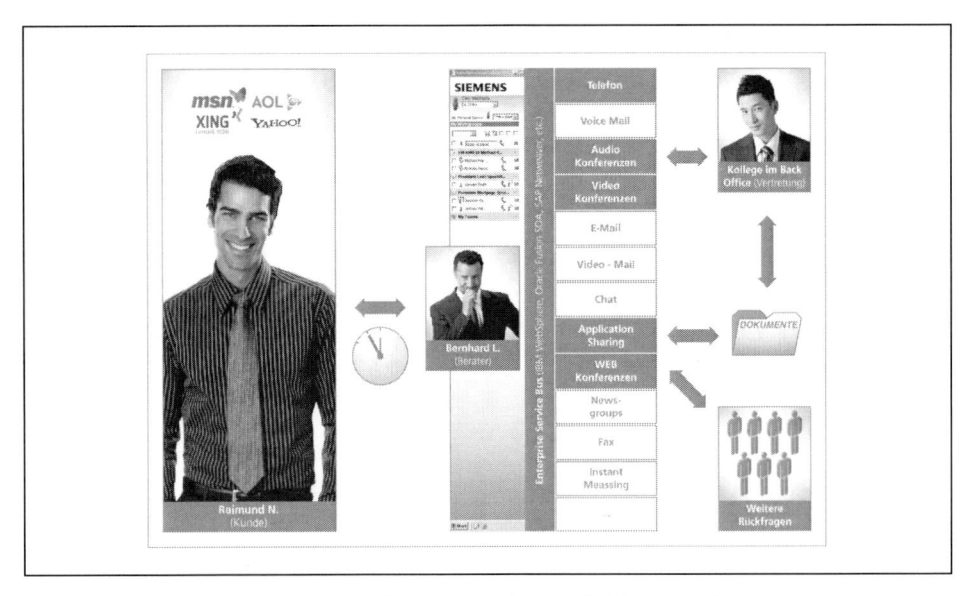

Abbildung 2: Collaboration Software zeigt die Möglichkeiten auf.

Am Beispiel unseres Kunden Raimund N. bedeutet dies, dass durch die effektive Zusammenarbeit von Berater Bernhard L. mit dem Kollegen in der Kreditabteilung die Angebotselemente bankintern schneller und damit effizienter abgestimmt und die Bearbeitungszeit verkürzt werden können. Mit dem aus Kundensicht wichtigsten Effekt, dass dem Kundenwunsch entsprochen und Entscheidungen schneller getroffen werden können.

3. Collaboration als Wegbereiter künftiger Web 2.0-Lösungen

„Persönliche Kommunikations- und Business-Funktionen ändern sich kontinuierlich. Der Verbraucher verlangt einfach nach Web 2.0-Lösungen und Services, die den Austausch von Wissen über alle Grenzen hinweg möglich machen, und bildet kurzfristig sich ebenso regelmäßig neu zusammensetzende Ad-hoc-Communities. Gleichzeitig sehen sich Unternehmen konfrontiert mit Trends, wie der Globalisierung und einer zunehmenden Mobilität, die ihr Kerngeschäft förmlich revolutionieren. Genauso wie die starren Insellösungen fragmentierter Kommunikation und hohe IT-Kosten die Unternehmen vor die Herausforderung stellen, wettbewerbsfähig zu bleiben und den Wandel zu bewerkstelligen", so Thomas Zimmermann, COO der Siemens Enterprise Communications GmbH & Co. KG. Denn so können Collaboration-Lösungen genutzt werden, um die Kommunikation mit dem Kunden direkt und effektiver zu gestalten. Sie sind der erste der drei Erfolgsfaktoren im Web 2.0:

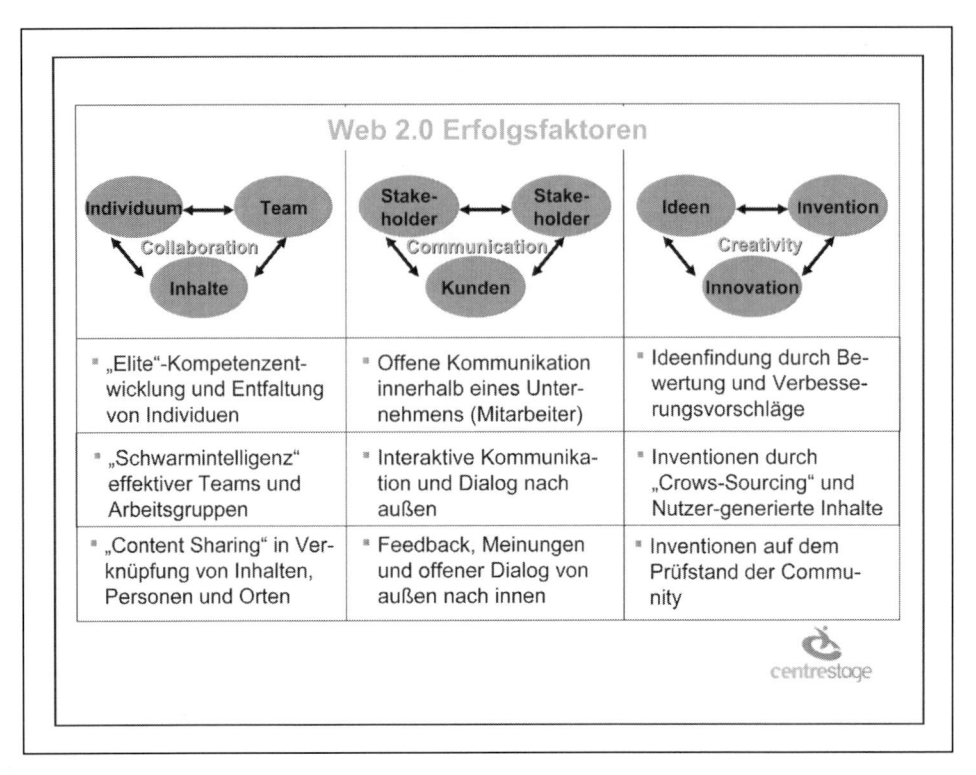

Web 2.0 Erfolgsfaktoren		
Individuum ↔ Team Collaboration Inhalte	Stakeholder ↔ Stakeholder Communication Kunden	Ideen ↔ Invention Creativity Innovation
• „Elite"-Kompetenzentwicklung und Entfaltung von Individuen	• Offene Kommunikation innerhalb eines Unternehmens (Mitarbeiter)	• Ideenfindung durch Bewertung und Verbesserungsvorschläge
• „Schwarmintelligenz" effektiver Teams und Arbeitsgruppen	• Interaktive Kommunikation und Dialog nach außen	• Inventionen durch „Crows-Sourcing" und Nutzer-generierte Inhalte
• „Content Sharing" in Verknüpfung von Inhalten, Personen und Orten	• Feedback, Meinungen und offener Dialog von außen nach innen	• Inventionen auf dem Prüfstand der Community

Abbildung 3:   *WEB 2.0 Erfolgsfaktoren*[4]

Reduktion von Komplexität = Maximierung von Effektivität!

Ein weiterer, großer Vorteil für den Firmenkundenberater ist, dass er für die Angebotserarbeitung die Termine für interne Absprachen zu den Vereinbarungen nicht mühsam und langwierig zeitlich planen muss, sondern ihm in den Collaboration-Anwendungen Lösungen angezeigt werden. In unserem Beispiel etwa, welche Ansprechpartner zu welchem Zeitpunkt über welches Kommunikationsmedium gerade erreicht werden können. Die Konsequenz: Der Berater der Bank hat mehr Zeit und mehr Freiräume, um die in der Trendstudie „Bank & Zukunft 2007"[5] genannten zentralen Herausforderungen im Vertriebsmanagement zu meistern.

---

4   Quelle: Erfolgsfaktor Web 2.0, Martina Goehring; http://www.centrestage.de/2007/03/14/erfolgsfaktor-web-20/.

5   Innovationsforum „Bank & Zukunft": Trendstudie »Bank & Zukunft 2007« Martin Engstler, Claus-Peter Praeg, Christian Vocke.

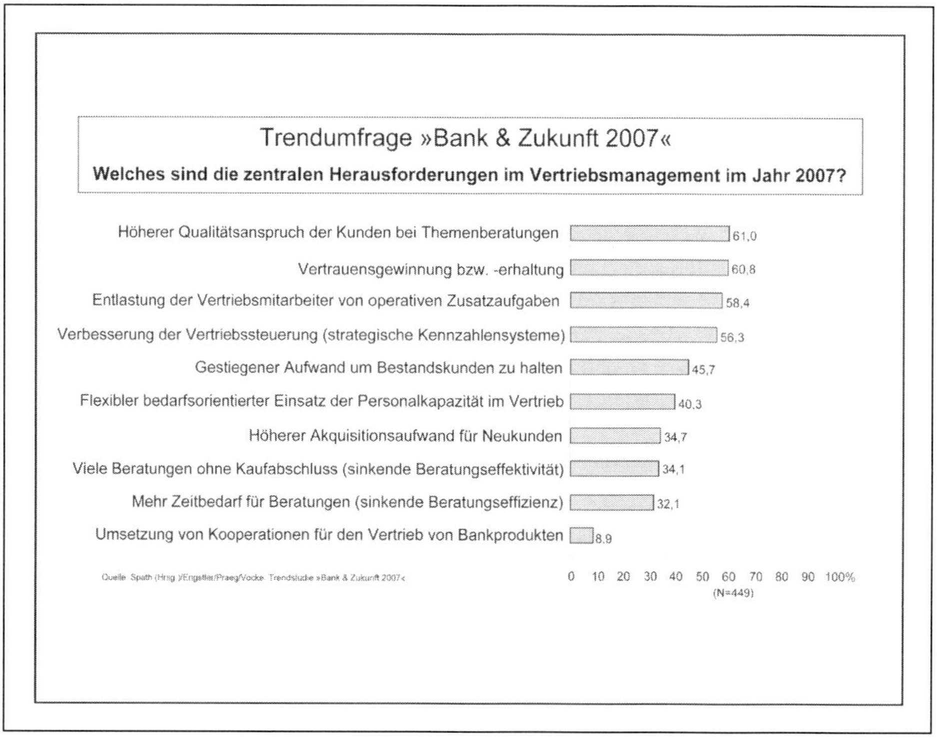

Trendumfrage »Bank & Zukunft 2007«
Welches sind die zentralen Herausforderungen im Vertriebsmanagement im Jahr 2007?

- Höherer Qualitätsanspruch der Kunden bei Themenberatungen: 61,0
- Vertrauensgewinnung bzw. -erhaltung: 60,8
- Entlastung der Vertriebsmitarbeiter von operativen Zusatzaufgaben: 58,4
- Verbesserung der Vertriebssteuerung (strategische Kennzahlensysteme): 56,3
- Gestiegener Aufwand um Bestandskunden zu halten: 45,7
- Flexibler bedarfsorientierter Einsatz der Personalkapazität im Vertrieb: 40,3
- Höherer Akquisitionsaufwand für Neukunden: 34,7
- Viele Beratungen ohne Kaufabschluss (sinkende Beratungseffektivität): 34,1
- Mehr Zeitbedarf für Beratungen (sinkende Beratungseffizienz): 32,1
- Umsetzung von Kooperationen für den Vertrieb von Bankprodukten: 8,9

(N=449)

Quelle: Spath (Hrsg.)/Engstler/Praeg/Vocke: Trendstudie »Bank & Zukunft 2007«

Quelle: Spath (Hrsg./Engstler/Praeg/Vocke (2007): Trendstudie „Bank & Zukunft 2007"
Abbildung 4: Zentrale Herausforderungen im Vertriebsmanagement

4. Quintessenz: Effizienz!

Collaboration-Lösungen müssen den Anforderungen und den Belangen der Kunden nach Vertrauen, Verlässlichkeit und Schnelligkeit gerecht werden. Dabei liegt der Vorteil von Collaboration nicht allein in der gelieferten Software. Vielmehr liegt der Wert im Gewinn der daraus resultierenden Möglichkeiten für den Anwender: Entsprechend dem Ablauf des Prozesses werden in der Applikation tätigkeitsbezogen in dem Prozess beteiligte Personen und Experten angezeigt sowie die Varianten angeboten und zur Verfügung gestellt, wie diese schnell und effizient zur Verfügung gestellt.

„Um im Informationszeitalter erfolgreich agieren zu können, muss die Kommunikation von Unternehmen intern wie extern reibungslos funktionieren. Lösungen wie OpenScape ermöglichen Kopfwerkern mit Hilfe schnellster und bequemster Mittel die wertvollste Ressource eines Unternehmens anzuzapfen, seine Mitarbeiter." Jonathan B. Spira, CEO und Chefanalyst von Basex, einem Forschungsunternehmen für die Wissensgesellschaft.

Nichts überzeugt mehr als Know-how und Erfahrungen. Vor allem, wenn sie sich belegen lassen.

- Siemens Enterprise Communications GmbH & Co KG bietet eine Unified Communications Software-Suite namens OpenScape an, die geschäftliche Prozesse in den Unternehmen beschleunigt.[6]
- OpenScape steigert die Geschwindigkeit, mit der Unternehmen Entscheidungen treffen und auf Kunden sowie auf die Marktdynamik reagieren.
- OpenScape reduziert die Kommunikationskosten und steigert die Produktivität der einzelnen Mitarbeiter, der Teams und des gesamten Unternehmens.
- Communications Embedded Business Applications (CEBP) erlauben die Integration in andere Software-Applikationen, wie zum Beispiel IBM WebSphere, Oracle Fusion SOA, SAP Netweaver, MNS, AOL, Yahoo.
- Die Leistungen unserer Unified Communications Software-Suite sind über SIP und SOA verfügbar.

OpenScape: die Zukunft des Managings der Kommunikation im Unternehmen

„Im Gegensatz zu OpenSOA ist der Ansatz von Siemens viel umfangreicher. Weil dieser auf offenen Standards basiert, profitieren Siemens-Kunden zusätzlich durch die aus dem SOA-Gedanken resultierenden Vorteile, da dieser durch seine Informationsaufbereitung und die Schnittstellen zu zahlreichen Anwendungen Möglichkeiten zu einheitlichen Kommunikationslösungen bietet." Blair Pleasant, Gründer von COMMfusion Consulting und Principal Analyst, Unified Communication Strategies, Inc.

---

[6] OpenScape Enterprise, Beschleunigen von Geschäftsprozessen durch einheitliche Kommunikation; http://enterprise.siemens.com/open/de/docdownloads/broschure/unbeschrankt.pdf.

Fit for Future

Der Mehrwert von Collaboration und insbesondere der Siemens Lösung OpenScape liegt also nicht nur in der Funktionalität der Software, sondern im Mehrwert selbst und im immensen Zuwachs der Möglichkeiten, heutige und zukünftige Prozesse im Unternehmen effizienter zu gestalten. Gemeinsam mit Ihnen erarbeiten wir ein maßgeschneidertes Konzept, das sich an allem orientiert, was wichtig ist und wichtig werden könnte. Ob Groß- oder Genossenschaftsbank mit mehreren hundert Filialen, ob Sparkasse, Geschäftsbank oder Spezialinstitut: Fragen Sie unsere Experten und nutzen Sie unsere Erfahrung und unser Know-how im Bankenbereich mit Projekten der unterschiedlichsten Größenordnungen. Wie die Erfahrung zeigt, liegen die Perspektiven der Zukunft nicht nur darin, Chancen zu erkennen, sondern sie zu nutzen. Nutzen Sie also Ihre Chancen, die Ihnen durch Collaboration entstehen. Oder noch besser: Nutzen Sie die Erfahrungen der Ansprechpartner von Siemens aus einer Vielzahl von Kundenprojekten.

Kundenbindung durch Videosysteme und Web 2.0

Uwe Müller

1. Einleitung

Die Finanzbranche ist mit am stärksten von den Auswirkungen der Globalisierung betroffen. Sie muss ihre Kostenstruktur auf ein internationales Niveau bringen, um wettbewerbsfähig zu bleiben. Gleichzeitig baut sie individualisierte Vertriebsaktivitäten aus und definiert die Rolle der Filialen neu. Dieser Spagat kann nur auf Basis einer umfassenden, flexiblen und speziell für die Branchenbedürfnisse der Finanzinstitute entwickelten IT-Struktur gelingen.

Die Basis bildet ein umfassendes, konvergentes Netzwerk, das mit Hilfe des Internet-Protokolls (IP) Daten, Sprache und Video integriert. Dies ermöglicht gleichzeitig Telefonie, Datentransfer, drahtlose Mobilität, Customer Care, Selbstbedienung der Kunden, Echtzeit-Marketing, Compliance Management und umfassende Sicherheit.

Verschiedene Finanzinstitute setzen bereits auf eine entsprechend maßgeschneiderte IP-Kommunikation, zum Beispiel die Frankfurter Sparkasse. Die intelligente Infrastruktur realisiert Sprach- und Datenkommunikation in der Zentrale sowie im Filialverbund und integriert eine umfassende Sicherheitslösung. Dadurch werden interne Abläufe verbessert, Kommunikationskosten gesenkt und das Zusammenspiel aller Vertriebskanäle optimiert. So erreicht die Sparkasse eine bessere Kundenorientierung sowie kosteneffizientere Prozesse.

Neue Entwicklungen wie moderne Videokonferenzsysteme ergänzen diesen Ansatz. Sie bieten höchste Bildqualität im HD-Format mit synchroner Sprachübertragung in Echtzeit. Damit lassen sich nicht nur Meetings innerhalb des Unternehmens durchführen, sondern auch die Kommunikation mit Partnern sowie Kundenpräsentationen. Individuelle Kundenbetreuung ermöglichen auch Web 2.0-Technologien, die eine noch stärkere Interaktivität mit dem Kunden bieten.

2. Herausforderungen in der Kundenbindung

2.1 Das magische Dreieck

Bankkunden gehen immer seltener persönlich in eine Filiale und nutzen immer häufiger Online- oder Telefon-Banking. So sank etwa bei der SSK Bank in Köln der Kundenbesuch in der Filiale von 4.204 Kunden im Jahr 1998 auf 2.709 im Jahr 2002. Dies spart der Bank zwar Kosten, gleichzeitig aber gehen Akquisitionschancen verloren. Diese müssen nun im Selbstbedienungsbereich und im Direktgeschäft stärker genutzt werden.

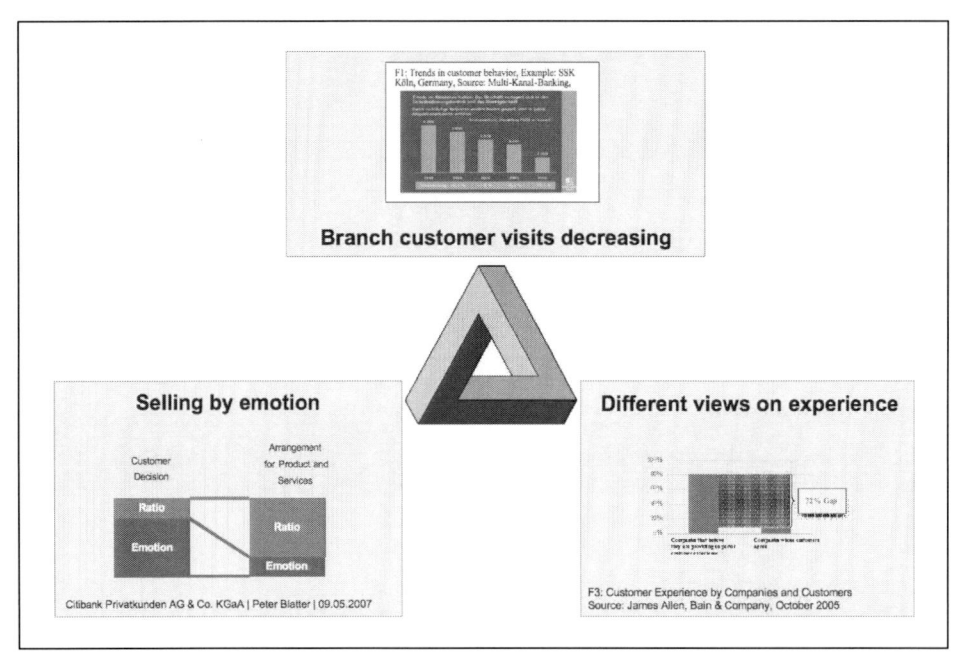

Quelle: Müller, Uwe: Mobilization of Finance Sales Solutions – Chances for Retail Banks, Customer and Supplier. Europa-Universität Viadrina, Frankfurt Oder 2006/2007
Abbildung 1: *Das magische Dreieck der Kundenbindung von Banken*

Bei den meisten Kunden steigen die Verkaufschancen durch die Ansprache von Emotionen. So ermittelte die Citibank, dass Kunden ihre Kaufentscheidung zu drei Viertel über ihre Gefühle steuern und rationale Entscheidungen nur ein Viertel beisteuern. Die meisten Banken präsentieren ihre Angebote jedoch mit dem genau umgekehrten Verhältnis. Sie sprechen zu drei Viertel den Verstand an und zu einem Viertel die Emotionen.

Entsprechend unterschiedlich ist die Einschätzung der Customer Experience. Nach einer Studie von James Allen, Bain & Company glauben 80 Prozent der Unternehmen, dass sie eine hervorragende Kundenansprache besitzen. Doch nur bei acht Prozent der Unternehmen teilen die Kunden diese Sicht. Entsprechend müssen die meisten Unternehmen ihre Kundenansprache deutlich ändern, um ihre Klientel auch zu erreichen.

2.2 Die Sicht der Kunden

Kunden möchten nicht nur emotional angesprochen werden, sie erwarten auch einfache, übersichtliche Erklärungen und Entscheidungswege zum richtigen Produkt. Schließlich haben sie in der Regel wenig Zeit oder möchten die „unangenehmen Finanzentscheidungen" möglichst schnell hinter sich bringen. Da die wenigsten Kunden Finanzexperten sind, müssen die Vorteile, aber auch Nachteile und Risiken transparent und leicht verständlich dargestellt sein. Eine emotionale, direkte Ansprache führt dabei am ehesten zum Ziel. Wichtig sind jedoch auch Feedbackmöglichkeiten für Rückfragen und Bewertungen.

Dies alles ist nicht neu, denn es entspricht dem „täglichen Brot" im Filialgeschäft. Der persönliche Kontakt und die direkte, mündliche Ansprache durch den Berater erfüllen in der Regel alle Anforderungen. Es ist aber nicht so einfach, dies in das Direktgeschäft und den Selbstbedienungsbereich zu übertragen. Am Telefon sieht der Berater nicht das Minenspiel des Kunden und die Selbstbedienung ist in der Regel schriftbasiert.

Trotzdem können Banken individuelle Ansprache und Feedbackmöglichkeiten im Selbstbedienungsbereich nutzen – bei einer entsprechend modernen Infrastruktur. Als Lösung bieten sich serviceorientierte Architekturen an. Dabei sind die Angebote für den Kunden zu Hause und in der Bank zu berücksichtigen, auf physikalischer und logischer Ebene. Die physikalische Ebene entspricht weitgehend dem klassischen Bankgeschäft mit dem Außendienst, der den Kunden zu Hause besucht, und der Bankfiliale. Die logische Ebene entspricht den neuen Technologielösungen. Der Kunde will zu Hause über Mobile Banking seine Konten prüfen und Überweisungen tätigen. Seine Zahlungen erledigt er über Kreditkarte oder Handy. Die neuen Web 2.0-Möglichkeiten erweitern die Funktionen mit umfangreicherer Informationsauswahl, Feedback-Funktionen, Diskussionsforen, RSS, Blogs, Podcasts oder individuellen Anpassungen. In der Bank kann zum Beispiel ein Videokonferenzsystem zwei oder mehr Teilnehmer an verschiedenen Orten per simultaner Audio- und Videoübertragung miteinander verbinden.

Customer

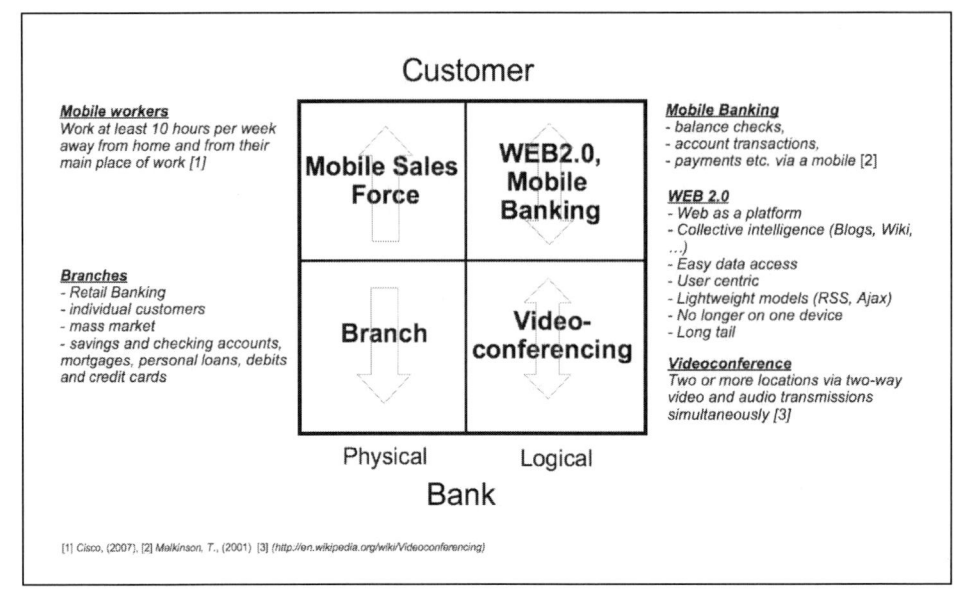

Mobile workers
Work at least 10 hours per week away from home and from their main place of work [1]

Branches
- Retail Banking
- individual customers
- mass market
- savings and checking accounts, mortgages, personal loans, debits and credit cards

Mobile Sales Force	WEB2.0, Mobile Banking
Branch	Video-conferencing

Physical | Logical

Bank

Mobile Banking
- balance checks,
- account transactions,
- payments etc. via a mobile [2]

WEB 2.0
- Web as a platform
- Collective intelligence (Blogs, Wiki, ...)
- Easy data access
- User centric
- Lightweight models (RSS, Ajax)
- No longer on one device
- Long tail

Videoconference
Two or more locations via two-way video and audio transmissions simultaneously [3]

[1] Cisco, (2007), [2] Malkinson, T., (2001) [3] (http://en.wikipedia.org/wiki/Videoconferencing)

Quelle: Müller, Uwe: Mobilization of Finance Sales Solutions – Chances for Retail Banks, Customer and Supplier. Europa-Universität Viadrina, Frankfurt Oder 2006/2007.

Abbildung 2: *Das Quadrat für kundenrelevante Applikationen in der Bank (Physical) und über IT (Logical)*

Den Erfolg der neuen Angebote zeigt eine kleine Umfrage des Autors bei Personen aus vier Altersgruppen. So nutzen 34 Prozent die neuen Bank-Angebote, 18 Prozent Web 2.0-Tools und 79 Prozent das Internet. 44 Prozent der Befragten sprechen mit anderen über die neuen Banking-Produkte und 43 Prozent würden Videokonferenzsysteme als neuen Kanal nutzen.

3. Lösungen

3.1 Videosysteme

3.1.1 TelePresence

Ein Beispiel für eine aktuelle Videokonferenzlösung ist Cisco TelePresence. Damit lassen sich virtuelle Meetings so abhalten, als ob alle Teilnehmer persönlich anwesend wären, denn sie kombiniert bei kaum wahrnehmbaren Latenzzeiten hochqualitative Videoübertragung in Lebensgröße mit Wideband Spatial Audio. Diverse Tools verbessern die Kommunikation während eines Meetings. So wird es für Teilnehmer deutlich einfacher, Textdokumente, Tabellen und Bilder gemeinsam anzusehen. Die Kameras erfordern keine Bedienung durch den Teilnehmer. Das Sound-System unterstützt simultane Konversation, wie sie im direkten Kontakt üblich ist. Interferenzen werden von speziell entwickelten Mikrofonen unterdrückt.

3.1.2 Nutzungsmöglichkeiten

Videokonferenzsysteme lassen sich als neue Möglichkeit des Kundenkontakts in der Filiale einsetzen. Einerseits können sie standardmäßig ein Portal anzeigen, auf dem der Kunde interessante Angebote per TouchScreen oder Tastatur auswählt. Die Informationen werden schriftlich angezeigt und eventuell mit Musik oder gesprochenen Zusatzinformationen unterlegt. Andererseits kann das Videokonferenzsystem standardmäßig kurze Informationsfilme ausstrahlen, die der Kunde individuell auswählen kann. In beiden Fällen lässt sich der Kunde bei Rückfragen über eine Kontaktfunktion per Videokonferenz mit einem spezialisierten Ansprechpartner verbinden.

Moderne Systeme ermöglichen aber nicht nur Einzel-, sondern auch Multipoint-Konferenzen. Technisch gibt es bereits die Möglichkeit, 32 verschiedene Videokonferenzstationen zusammenzuschalten. Multipoint-Konferenzen eignen sich besonders für Mitarbeiter- oder Geschäfts-Meetings. Denn sie ersparen unnötige Flugreisen und Autofahrten, wenn sich die Teilnehmer an verschiedenen Orten befinden. Sie lassen sich aber auch für Kundengespräche nutzen, mit dem Bankfachpersonal als Hilfesteller. Denn das System lässt sich einfach nutzen und benötigt daher keinen Spezialisten.

Quelle: Cisco Systems
Abbildung 3: *TelePresence als Lösung für größere Meetings.*

3.1.3 TelePresence in der Praxis

Cisco setzt TelePresence intensiv im Unternehmen ein. Bereits im ersten Halbjahr der Nutzung wurden fast 2.000 TelePresence-Meetings durchgeführt. Die Bedienung ist unkompliziert und die Lösung läuft weitgehend stabil. So wurden nur zwei Meetings aufgrund von Netzwerkviren abgebrochen und etwa 70 durch Konflikte bei der Termineinteilung. Der sichtbarste Vorteil liegt in der Vermeidung von Reisekosten. Nach einer internen Studie wurden bei Cisco 295 TelePresence-Meetings angesetzt, um Reisekosten zu vermeiden. Dadurch wurden jeweils etwa 1.000 US-Dollar, also insgesamt fast 300.000 US-Dollar an Reisekosten eingespart.

Bei der Nutzung von TelePresence überwiegen jedoch die Kunden-Demos mit 53 Prozent vor internen Meetings mit 21 Prozent und Meetings von Vorstandsmitgliedern mit Kunden mit 13 Prozent. Entsprechend liegt bei den Geschäftszielen die Demonstration von Produkten für Kunden deutlich in Führung. In einer Woche wurden allein deswegen 83 Meetings anberaumt, nur 20 zur Vermeidung von Reisen. Diese Erkenntnisse sollten Banken motivieren, ebenfalls Videokonferenzen für Produktdemonstrationen zu verwenden.

3.2 Web 2.0

Interaktiven Kundenkontakt bieten auch Web 2.0-Technologien. Bei einer Umfrage der Economist Intelligence Unit im Januar 2007 gaben 54 Prozent der befragten Unternehmen an, dass deren größter Nutzen im Bereich Marketing und Sales liegt, gefolgt vom Kundenservice mit 47 Prozent. Im McKinsey Survey on Internet Technologies 2007 gaben 70 Prozent der Befragten an, dass sie Web 2.0-Technologien für den Kundenkontakt nutzen. Davon wiederum setzen sie 47 Prozent für die Gewinnung neuer Kunden und die Eroberung neuer Märkte ein, 34 Prozent für Kunden-Services und 19 Prozent für Kunden-Feedback. Mit 63 Prozent investiert die Mehrheit der Unternehmen in Web Services, 28 Prozent in Peer-to-Peer-Netzwerke und 21 Prozent in gemeinsame Informationsnutzung. Erst danach folgen soziale Netzwerke, Podcasts, Blogs, RSS und Wikis.

Diese Zahlen zeigen, dass die neuen Technologien vorwiegend noch in eine Richtung genutzt werden, als Information vom Unternehmen an den Kunden. Damit sollen in erster Linie junge, wohlhabende, technikliebende Menschen erreicht werden, die nicht auf klassische Marketingtechniken ansprechen. Feedback-Funktionen spielen dagegen noch eine geringe Rolle, vermutlich weil dies eine gewisse Gefahr darstellt. Denn Blogger und Online-Communities nehmen auch Finanzinstitute kritisch unter die Lupe. Fällt deren Meinung für die Bank negativ aus, kann sie kaum dagegen vorgehen, ohne als „beleidigter Spielverderber" dazustehen. Daher sehen viele Unternehmen vorsichtshalber keine öffentliche Feedback-Funktion vor. Andererseits vergeben sie damit auch Chancen, Kritikpunkte zu erfahren und ihr Angebot anzupassen. Denn wer Nutzer einbindet, schafft Vertrauen, wird respektiert und entsprechend häufig auch wohlwollender bewertet. Und: Aktive Nutzer veröffentlichen ihre Meinung auch in anderen Foren und Blogs, die von der Bank nicht kontrolliert werden können.

Einige Finanzdienstleister setzen Web 2.0 jedoch schon auf der nächsten Stufe ein. Beispiele dafür sind innovative Bezahlsysteme wie PayPal, Click&Buy oder Giropay sowie Online P2P-Kreditplattformen. Diese bringen Privatleute zusammen, die einen Kredit brauchen bzw. Geld dafür einsetzen möchten. Sie vermeiden dadurch den klassischen Mittler, die Bank, um günstigere Konditionen anzubieten. In Deutschland wird dies zum Beispiel von Smava angeboten. Die meisten Web 2.0-Innovationen füllen neue Marktnischen aus, revolutionieren jedoch nicht das gesamte Finanzgeschäft.

4. Fazit

Durch die neuen Technologien können Banken neue Ideen entwickeln. Sie ermöglichen ein stark kundenzentriertes Geschäftsmodell, Innovationen und damit einen Vorsprung im Wettbewerb. Und sie bieten neue geschäftsrelevante Kanäle, um Kunden anzusprechen. Dies wird auch immer stärker von den Kunden erwartet. Dadurch entwickelt sich die Bank zunehmend zum Service-Center sowie in Richtung Shopping- und Unterhaltungsanbieter. Doch bei alledem darf eines nicht vergessen werden: Die Web 2.0-Angebote eines Finanzinstituts sollten immer authentisch bleiben sowie der bisherigen Marken- und Unternehmenskultur entsprechen. Denn Anbiederung wird vom Web 2.0-Nutzer selten honoriert.

Literatur

MÜLLER, UWE: Mobilization of Finance Sales Solutions – Chances for Retail Banks, Customer and Supplier. Europa-Universität Viadrina, Frankfurt Oder 2006/2007

Biometrische Anwendungsgebiete im Bankenumfeld

Christoph Hampe

Ausgangssituation

Die Anforderungen an die Absicherung von Bankfilialen sind in den vergangenen Jahren höher und gleichzeitig vielfältiger geworden. Die früher übliche „Standardfiliale" mit einigen Beratungsplätzen war durch standardisierte Sicherheitslösungen, zum Beispiel durch Panzerglas gesicherte Kassenbereiche und durch Geldautomaten in der Außenwand gekennzeichnet. Heute erfordert jedoch die Heterogenität der Filiallandschaften zunehmend individuelle Sicherheitsmaßnahmen. Voraussetzung hierbei ist die Integration dieser in ein unternehmensweites Konzept.

Trotz des strukturellen Wandels und der veränderten Bedrohungslage verbinden selbst Insider mit dem Begriff „Sicherheit" nach wie vor primär Überwachungskameras, Alarmanlagen und Tresore. Doch der Trend zur Konzentration der Beratungsleistungen in einigen großen Filialen und zur Abwicklung von Geschäftsvorfällen in automatisierten Selbstbedienungsfilialen erfordert eine wesentlich breitere Sicht auf dieses Kernthema eines jeden Instituts. Insbesondere bei der Sicherung von Hintergrundbeständen – die bei Überfällen immer häufiger erbeutet werden – sowie der Überwachung von Selbstbedienungsfilialen gewinnen intelligente Zutrittskontrollsysteme an Bedeutung. Auch der zunehmenden Anzahl atypischer Überfälle können Banken mit konventioneller Technik nur wenig entgegensetzen. Solche atypischen Überfälle, bei denen der Täter einen oder mehrere Mitarbeiter bei Arbeitsbeginn oder nach Arbeitsende abfängt, machen je nach Region bereits bis zu 15 Prozent aller Raubüberfälle aus. Hinzu kommt die Notwendigkeit, die eigenen Systeme besser mit denen der Einsatzkräfte zu vernetzen. So ermöglicht beispielsweise eine Live-Übertragung von Videobildern in die Alarmempfangsstellen der Polizei eine wesentlich schnellere und auch präzisere Lagebeurteilung, sodass unverzüglich gezielte Maßnahmen eingeleitet werden können.

Abbildung 1: *Sicherheitslösungen in Bankfilialen*

Bereits im Jahr 1996 befasste sich die „Arbeitsgruppe 6" des Teletrust interdisziplinär mit der gesamten Bandbreite biometrischer Verfahren und ihrer Einsatzbedingungen. Zu Beginn der Forschungsarbeiten war allen Beteiligten nicht bewusst wo – wie und ob sich biometrische Verfahren einsetzen lassen. Nur elf Jahre später vergeht kaum ein Tag, an dem nicht eine Pressemitteilung zum Thema Biometrie veröffentlich wird.

1. Biometrische Anwendungsgebiete

Wo ergeben sich sinnvolle, wirtschaftlich komfortable Ansatzpunkte im Bankenumfeld für den Einsatz solcher biometrischer Verfahren?

Soviel vorab: Die Anwendungsgebiete beziehen sich nicht nur auf das Thema Sicherheit. Vielmehr stehen heute vernetzte Systeme im Mittelpunkt der Filialen. Wenn heute über die Filiale der Zukunft gesprochen wird, gehen unweigerlich Begriffe wie „Prozessverschlankung", „prozessoptimierende Lösungen", „Community Banking" und „Retailansätze" in die Diskussion mit ein.

Biometrische Verfahren haben in all diesen Bereichen sinnvolle Einsatzmöglichkeiten. Die Tatsache, dass es ab 2009 den elektronischen Personalausweis geben wird, eröffnet wiederum neue Anwendungsbereiche für das Thema Biometrie im Bankenumfeld.

Spätestens im Jahre 2007 ist die jahrelange Diskussion über die Zuverlässigkeit biometrischer Systeme der Diskussion über sinnvolle Einsatzszenarien gewichen.

1.1 Neue Anforderungen an Sicherheitsstandards

Sicherheit in der heutigen Bankenlandschaft ist unerlässlicher Bestandteil jeglicher Filialplanung. Dabei beschränkt sich die Sicherheit nicht mehr nur auf eine rein physische Sicherheit von Wertgegenständen in Gebäuden und Räumen. Im Fokus steht heute die IT-Sicherheit. Denn war früher nur der in einem umgrenzten Raum befindliche Wert bedroht, so sind es heute auch zunehmend die Datenbestände, die den Werte eines Unternehmens ausmachen.

Zunächst aber zur physischen Sicherheit: Physische Sicherheit wird durch Verschlusssysteme erstellt. Zugang erlangt man heute durch elektronische Karten oder Schlüssel. Kein elektronisches System überprüft jedoch die Identität desjenigen, der mit der Karte Zutritt verlangt. Allein durch biometrische Verfahren kann sichergestellt werden, dass nur derjenige Zutritt erlangt, dem auch die Karte ausgehändigt worden ist. Das gilt sowohl für Serverräume, Lagerräume, Tresore als auch für unbewachte Eingangstüren und Zugänge zu Parkhäusern.

Die Sicherheit in Filialen beschränkt sich aber nicht auf physische Zugänge. Jeder Mitarbeiter in einer Filiale merkt sich diverse PINs und Kennworte. Sei es für den PC-Zugang oder für das Ausgeben bestimmter Geldsummen. Auch hier können die PINs – Ersatz und Ergänzungs-PINs ausgespäht, unberechtigt weitergegeben oder gestohlen werden. Unveränderliche persönliche biometrische Daten sind nicht zu verlieren.

Abbildung 2: *Biometrische Identifikationsmerkmale*

1.2 Wirtschaftlichkeit

Kein System wird eingeführt, wenn es nicht auch einen wirtschaftlichen Vorteil bringt. Daher ist zu beachten, in welchen Bereichen durch den Einsatz biometrischer Verfahren Kosten eingespart werden können.

Allein die zentrale Verwaltung der Pass- und Kennwörter birgt für ein Unternehmen hohe Kosten. Heute kann die zentrale Passwortverwaltung und Passwortrücksetzung automatisiert werden. Letzteres wird bereits in einigen Unternehmen durch Spracherkennungssysteme umgesetzt. Bis zu 25 Prozent aller Help-Desk-Anrufe haben als Grund das Zurücksetzen von Passwörtern. Die Bearbeitungskosten eines solchen Anrufs liegen zwischen 10 und 20 Euro. Die Kosten, die durch Nutzung von Spracherkennungssystemen gespart werden können, sind also beachtlich.

Eine Schweizer Privatbank mit 1.500 Mitarbeitern hat bei der Zutrittskontrolle gleich ganz auf ein Kartensystem verzichtet und benutzt nur noch biometrische Erkennungssysteme. Zutritte zu bestimmten Räumen, Sicherheitsbereichen, Rechenzentren und Tresorräumen werden über solche Systeme geregelt. Damit macht die Nutzung von biometrischen Merkmalen die Mitarbeiter selbst zum Schlüssel und zum Träger der Zutrittsberechtigungen. Auch bei dieser Anwendung standen wirtschaftliche Gesichtspunkte im Mittelpunkt der Investition. Das mit solch einem System gleichzeitig Sicherheits- und Komfortanforderungen integriert werden, liegt auf der Hand.

1.3 CRM

Die Banken haben in den letzten Jahren den „verlorenen" Privatkunden für sich entdeckt und damit den Filialen wieder eine Daseinsberechtigung geschaffen. Der anscheinend unaufhaltsame Filialabbau, welcher in den letzten Jahren stattfand, kann somit eingedämmt werden. Der Kunde steht wieder im Mittelpunkt des Interesses.

Auch die unterschiedlichen Nationalitäten bilden heute neben der klassischen Alterssegmentierung, die vom Jugendlichen über die sogenannten „Best Ager" bis hin zu Senioren reicht, ein neues Kundensegmentierungskriterium. Websites, Werbeanzeigen sowie Beratungsgespräche sind durch die jeweilige Sprachwahl an eine bestimmte Nationalität angepasst.

Aber wie erkennt der Mitarbeiter in der Filiale „seinen" Kunden? Anonyme Behandlung in den Finanzinstituten gab es über Jahre hinweg. Wie würde wohl ein Herr Mustermann als Bankkunde reagieren, wenn ihn bereits eine Kamera im Foyer als Kunde Mustermann erkennt und parallel dazu ein CRM System seine derzeitige Lebenslage analysiert? Grundlegende Lebensveränderungen wie zum Beispiel die Abbezahlung seines Hauses, die vor kurzem abgeschlossene Ausbildung der Kinder oder die bald fällige Lebensversicherung, werden dadurch erfasst. Ein intelligenter Bankberater hätte Herrn Mustermann früher wahrscheinlich noch persönlich gekannt, eventuell hätte er auch noch mit einem schnellen Blick auf das Konto die „geänderte Lage" erkennen und daraus eine spezifische Beratung ableiten können. Heute erkennt tatsächlich eine Kamera Herrn Mustermann. Es wäre kein Problem, ein analytisches CRM-System zu starten, welches innerhalb von Sekundenbruchteilen in der Lage ist, festzustellen, was aus Sicht der Bank zu tun ist. Auch Cross-Selling-Potenziale werden dadurch transparent. Durch die Kombination der Erkennungsmerkmale mit dem Wissen über Herrn Mustermanns Kontobewegungen können beispielsweise spezifische Produktangebote erstellt werden. Da Herr Mustermann durch das CRM System nun keinen anonymen Kunden mehr darstellt, ist eine gezielte bedarfsgerechte Ansprache und Beratung möglich.

Aus jeglichen Sicherheitsbereichen und in den Bereichen der Benutzung von Kartensystemen lassen sich weitere Anwendungsfelder ableiten. So ist die Benutzersicherheit heutiger EC- und Kreditkartensysteme in Frage zu stellen. Denn EC-Automaten überprüfen zum Beispiel nicht, ob die EC-Karten-PIN von dem legitimierten Karteninhaber eingegeben wird. Lediglich die Stimmigkeit der PIN an sich wird überprüft. Die zukünftigen Lösungsansätze für eine Erkennung der tatsächlich legitimierten Person bei einer automatischen Geldausgabe könnten im Finger-Scan via Sensor oder aber auch in einem Eye-Scan via Kamera liegen.

2. Ausblick

Letztlich werden sich in den nächsten fünf Jahren biometrische Systeme auch im Filialumfeld stark verbreiten und zur Erhöhung der Sicherheit, zu mehr Komfort und letztlich zum wirtschaftlichen Betrieb der Filialen beitragen. Immerhin haben in der vom Fraunhofer Institut durchgeführten Trendumfrage 62,6 Prozent der Befragten geantwortet, dass im Jahr 2015 Biometrie ein Sicherheitsstandard in Bankfilialen sein wird. Allerdings ergab die Gesamtbewertung der Trendumfrage aber auch, dass in den aktuellen Investitionsplanungen Themen mit hoher Zukunftsrelevanz (zum Beispiel Einsatz von Biometrie als Standard) heute eher einen nachrangigen Stellenwert einnehmen. Es werden daher erwartete Veränderungen wenig aktiv angegangen.

Web 2.0 bei Banken:
Der Trend verstärkt sich

Susanne Fröhlich / Georg-Martin Wasner / Andrea Immenschuh

1. Ausgangssituation

Die Experten sind sich einig: Web 2.0 und die dazu gehörenden Technologien verändern den Umgang mit dem Internet. Chancen oder Risiken durch die Verwendung von neuen technischen Möglichkeiten des Web 2.0 werden momentan in Bankkreisen sehr kontrovers diskutiert. Allerdings ist das Internet inzwischen ein etablierter, wichtiger und an Bedeutung zunehmender Vertriebskanal für Banken. Damit ist automatisch jede Weiterentwicklung im Internet auch für die Finanzinstitute von hoher Relevanz.

Mit dem durch den Verleger Tim O'Reilly geprägten Begriff Web 2.0[1] wird allgemein die evolutionäre Weiterentwicklung des Internets auf einen Nenner gebracht. Web 2.0 wird mittlerweile synonym verwendet, sowohl für verschiedene Technologien, neue interaktive Konzepte und eine neue Generation von damit realisierten Anwendungen als auch für Firmen und deren teilweise neue Geschäftsmodelle, heute als Enterprise 2.0 bezeichnet.

Auch die Begriffe Social Computing bzw. Social Media werden in diesem Zusammenhang häufiger genutzt, da mit den damit verbundenen neu entstandenen Konzepten die Technologie des Web 2.0 unmittelbar verknüpft ist. Denn ein Wesensmerkmal von Web 2.0 ist die weiterentwickelte Interaktions- und Kommunikationsmöglichkeit im Internet, bei der die Nutzer die Inhalte von Webseiten maßgeblich selbst erstellen und bearbeiten.

Jüngste Umfragen belegen, dass es einen sehr belastbaren Trend im Hinblick auf die Nutzung dieser neuen Technologien gibt. Über die Hälfte aller befragten Entscheider äußerten sich in einer McKinsey Umfrage[2] aus dem Jahr 2007 zudem hoch zufrieden in Bezug auf ihre Investitionen in Internettechnologien über die letzten fünf Jahre. Nahezu 75 Prozent sagten außerdem, dass sie ihre Investitionen in Web 2.0 beibehalten oder erhöhen wollen.

---

1 Quelle: http://de.wikipedia.org/wiki/Web_2.0; abgerufen am 31.01.2008.
2 Quelle: http://www.finextra.com/fullfeature.asp?id=879, abgerufen am 31.01.2008.

Diese Trends gelten für alle Branchen, also auch für den Bereich Finanzdienstleistungen. Die TowerGroup begründet das so: „Das Potenzial von Web 2.0 liegt vor allem in den Bereichen Wissensmanagement und Kollaboration. Wikis und Blogging-Tools könnten die Qualität und Aktualität innerhalb der Unternehmenskommunikation optimieren und die Kundenzufriedenheit verbessern".[3]

2. Einsatz der Web 2.0-Konzepte

Als Haupteinsatzgebiete von Web 2.0-Konzepten bei Banken werden sowohl die Kommunikation mit Kunden und Geschäftspartnern sowie die interne Zusammenarbeit genannt.

Folgende Kategorien spielen dabei mit Blick auf die Finanzindustrie eine wichtige Rolle:

In persönlichen Webseiten, sogenannten Weblogs oder kurz *Blogs*, geben die jeweiligen Nutzer zu Erfahrungen des alltäglichen Lebens oder zu bestimmten Themen Auskunft. Durch die Qualität ihrer Beiträge erreichen manche Autoren damit eine zunehmend breitere Leserschaft. Diese wachsende Popularität von Blogs machen sich Unternehmen als neue Form der Kommunikation zunutze. Beispiele für Corporate-Blogs sind Knowledge-Blogs, Service-Blogs, Kampagnen-Blogs, Projekt-Blogs, Krisen-Blogs, Produkt-Blogs und Marketing-Blogs. Banken können die verschiedensten Formen nutzen. Mit Verlinkungen in etablierten Blogs kann auf eigene Blogs geführt werden, die zum Beispiel über wichtige Ereignisse der Bank berichten. Auch im Wertpapiersektor werden Experten-Blogs bereits eingesetzt.

In *Wikis,* die immer häufiger an die Stelle von Content-Management-Systemen treten, werden Inhalte in der Benutzergemeinschaft erfasst, bewertet und fortgeschrieben. Banken können Wikis zum Beispiel im Wissensmanagement einsetzen. In externen Wikis ist es zudem möglich, für Kunden Produkt- und Begriffserläuterungen zu hinterlegen und diese gemeinsam mit ihnen zu gestalten.

Podcasts (setzt sich aus Apples iPod und Broadcasting zusammen) sind internetbasierte Audio- und Videoaufzeichnungen, die jedoch nicht zu einem bestimmten Zeitpunkt angehört bzw. angeschaut werden müssen, sondern zum Download bereitgestellt werden.

Videocasts können – in öffentlichen Portalen wie YouTube.com – die TV-Werbung auch von Banken wirkungsvoll ergänzen. Damit steigt die Anzahl der erreichten Nutzer und folglich auch der Bekanntheitsgrad der Bank. Diese Videocasts erfreuen sich immer größerer Beliebtheit. So schauen sich 86 Prozent der unter 19-Jährigen Internet-Videos an und selbst bei der Altersgruppe bis 39 Jahre liegt der Anteil noch bei fast 50 Prozent, laut einer aktuellen Studie der IBM in Zusammenarbeit mit der Universität Bonn.[4]

---

[3] Quelle: http://www.b2b-marketing-blog.de/50226711/lohnt_sich_web_20_far_banken.php; abgerufen am 31.01.2008.
[4] Quelle: http://www.ibm.com/services/de/media-study; abgerufen am 31.01.2008

Über Abonnement-Dienste wie *RSS* können Webinhalte wie Podcasts und Videocasts auf andere Webseiten und interessierte Benutzer (Abonnenten) verteilt werden. Der Aufwand hierfür ist gering und die Informationsbereitstellung effektiver als mit einem Newsletter. Mit Podcasts und RSS stellen beispielsweise UBS und DrKW ihren Kunden ihre Research-Ergebnisse zur Verfügung.

Durch gemeinschaftliches, öffentliches Indizieren (engl. Social Tagging, *Content Tagging*) werden Webinhalte wie Webseiten, Blogs, einzelne Bilder usw. von einzelnen Benutzern mit Schlagwörtern versehen. Denn zu wissen, wie andere bestimmte Dinge beurteilen oder was andere lesen, findet zunehmend Interesse bei den Internet-Nutzern. Auf Basis einer dadurch entstehenden *Folksonomy* (zusammengesetzt aus den engl. Wörtern folk and taxonomy) können Inhalte im Web dann auch (wieder-)gefunden werden. Man kann dieses öffentliche Indizieren durchaus mit Mundpropaganda vergleichen. In sogenannten *TagClouds* kann die Relevanz einer Webpage zu indizierten Themen allen interessierten Nutzern zudem verdeutlicht werden.

Über *Social Networks* tauschen Mitglieder persönliche Informationen aus und unterstützen so die Kontaktaufnahme zur anschließenden Verfolgung gemeinsamer Interessen (zum Beispiel Xing.com).

In diesen virtuellen Welten mit einer immens wachsenden Mitgliederzahl sind inzwischen ernstzunehmende Engagements von Banken oder Interessengruppen mit einem Bezug zu Banken zu registrieren. Beispiele sind ABN AMRO, Rabobank und Bank of America mit eigenen Communities oder das Engagement einiger Sparkassen und der Deutschen Bank in der virtuellen, dreidimensionalen Internet-Community Second Life.[5]

Deren Bedeutung wird in den nächsten Jahren zunehmen, da viele Menschen sich an den Umgang mit ihnen gewöhnen und die Anzahl der Nutzer rapide steigen wird. Das Potenzial in den Bereichen Werbung, Beratung und Transaktionen sollte auch von Banken nicht unterschätzt werden. Wurden in der Vergangenheit in erster Linie Meinungen und Erfahrungen im Freundes- und Bekanntenkreis über Bankprodukte ausgetauscht, so werden zukünftig verstärkt Blogs, Content Tagging und Social Networks zur Bewertung von Bankprodukten in der Community genutzt. Sich dieser Herausforderung im Bankvertrieb zu stellen, wird unvermeidbar.

Als mögliche Alternative zu Finanzinstituten etablieren sich derzeit Internetplattformen zur Vermittlung von *Peer-to-Peer-Krediten* wie „zopa" in Großbritannien 2005 und „prosper" in den USA 2006. Anfang 2007 ging die Kreditbörse „smava.de" in Deutschland ins Internet, die mit Partnern wie der Bank für Investments und Wertpapiere AG (BIW), SCHUFA und Intrum Justitia zusammenarbeiten. Dabei geht es vorrangig um die Vermittlung zwischen privaten Kreditgebern und -nehmern.[6] Eine besondere Art der Peer-to-Peer-Kreditvergabe sind die Kleinkredite oder Mikrokredite an Unternehmer in der Dritten Welt. Da die Idee der Wohltätigkeit hierfür oft die wichtigste Motivation ist, wird sie häufig auch als *Social Lending* bezeichnet.

---

5 Vgl. Beitrag „Die Bank der Zukunft im Spannungsfeld zwischen realer und virtuellen Welten".
6 Quelle: http://www.best-practice-business.de/blog/?p=2093; abgerufen am 31.01.2008.

Mit *Mashup* hat man alles im Blick. Über offene Standards ist es möglich, Inhalte und Funktion verschiedener Internetquellen zu einem neuen Service, dem sogenannten Mashup, zu verbinden (engl. „to mash" für vermischen). Viele private Nutzer reichern heute bereits ihre eigenen Webseiten mit Services von Google (GoogleMaps) oder DHL (Sendungsverfolgung) an. Will eine Bank an dieser Entwicklung teilhaben, so genügt es nicht mehr, den Kunden ein Internetportal anzubieten, sondern sie muss leicht integrierbare Funktionsbausteine (Produktrechner, Portfolioanalyse, Zahlungsverkehr usw.) zur Verfügung stellen. Denn immer mehr Kunden binden sich nicht mehr nur an eine Hausbank, sondern sind Kunde bei verschiedenen Instituten. Daher wäre es wünschenswert, alle relevanten Informationen, Services und Leistungen für Bankgeschäfte über die unterschiedlichen Finanzdienstleister hinweg zentral im Blick zu haben. Mit standardisierten Schnittstellen wie etwa zu den Services Internetbanking/Brokerage könnten sich Bankkunden in einem Mashup diese Informationen selbst zusammenstellen und wären so in der Lage, die verschiedenen Bankkonten zentral zu verwalten. Die Banken wären damit nicht mehr allein für den zur Verfügung stehenden Funktionsumfang verantwortlich. Ein wesentliches Akzeptanzkriterium ist aber auch hier ein durchgängiger Sicherheitsstandard.

Ein Beleg dafür, dass die Idee dieses Konzepts angenommen wird, ist auch der Wettbewerb „Bank der Zukunft", der Ende 2007 von der FTD, der Deutschen Bank und dem Fraunhofer IAO durchgeführt wurde. Den Wettbewerb hat das Konzept „Mybankplace" gewonnen. Der Grundgedanke bei Mybankplace ist, dass sich der Kunde seine Internetseite als Kommunikationsbasis mit der Bank selbst definiert und Anwendungen für den Zahlungsverkehr und die Kontoverwaltung mit Web 2.0-Funktionen wie Blogs, Chats und RSS-Feeds auch selbst zusammenstellt.[7] Wir gehen davon aus, dass die Verfügbarkeit solcher Mashup-Services für viele Bankkunden zukünftig ein entscheidendes Argument für die Auswahl und die nachhaltige Bindung an eine Bank sein wird.

3. Web 2.0 im Bankvertrieb

Ohne Frage stellt die Fortschreibung des Internets durch Web 2.0 die Finanzinstitute vor neue Herausforderungen auch in Bezug auf Sicherheit, Informationsmanagement und Angebotsgestaltung. Gleichzeitig müssen die neuen Möglichkeiten durch Web 2.0 einer Machbarkeitsprüfung im Hinblick auf deren Einsatz insbesondere im Vertrieb unterworfen werden.

---

[7] Quelle: http://www.ftd.de/boersen_maerkte/geldanlage/:Bank%20Zukunft%20Bastelset%20Online%20 Bank%20Wunsch/286896.html?eid=280709; abgerufen am 31.01.2008.

War für die evolutionäre Entwicklung von Web 2.0 vor allem der technische Aspekt eine grundlegende Voraussetzung, so ist für die erfolgreiche Anwendung der kulturelle Aspekt entscheidend, da dieser „die Beziehungen zwischen Anbietern und Abnehmern, Banken und Kunden dauerhaft verändern"[8] kann. Denn mit der durch die Wissensgesellschaft geprägten Web 2.0-Kultur wird das Internet zum partizipativen Medium und damit zur Plattform der gemeinsamen Wissensgenerierung, -nutzung und -bewertung.

In Deutschland nutzen laut Onlinestudie von ARD und ZDF[9] bereits 62,7 Prozent aller Deutschen das Internet. Für immer mehr Internetnutzer sind die Webgemeinden genauso wichtig wie ihre realen Geschäftsbeziehungen oder ihre persönlichen Kontakte. Auch hier liefert die Studie der IBM in Zusammenarbeit mit der Universität Bonn Zahlen: Bereits für die Hälfte der unter 25-Jährigen ist das Internet das wichtigste Medium überhaupt. Und wenn es um tatsächliche Kaufentscheidungen geht – und nichts anderes ist die Wahl eines Bankprodukts – dann ist das Internet über alle Altersgruppen hinweg bei 63 Prozent der Deutschen erste Wahl für die Recherche.[10]

Damit ist auch klar: Besonders die mit dem Internet groß gewordene Generation wird hauptsächlich über den Vertriebskanal Internet erreicht. Das gilt auch für Banken. Ein virtueller Vertriebskanal ergänzt das Vertriebsangebot und ermöglicht dem Kunden, sich umfassend zu informieren und als informierter Kunde Bankgeschäfte zu tätigen. Dabei können die Banken selbst bestimmen, wie gut sie ihre Kunden über ihre eigenen Produkte und Angebote informieren. Die Wahrscheinlichkeit, dass eine Beratung über das Internet zu einem Abschluss führt, wächst, wenn der Kunde die Möglichkeit hat, sich fundiert und verbindlich zu informieren und sich außerdem in der Lage sieht, eine Transaktion transparent und Schritt für Schritt selbst durchzuführen.

Die ARD/ZDF-Onlinestudie 2007[11] führt zudem aus, dass 38 Prozent der Internetbenutzer – vor allem die Nutzer zwischen 30 und 49 Jahren – sich im Internet bereits beraten lassen. Dazu müssen Informationen sofort, zu jeder Zeit, an jedem Ort und nach Möglichkeit von einer großen Gemeinschaft Gleichgesinnter bewertet zur Verfügung stehen, wobei die Art ihrer Präsentation bei der Bewertung eine zunehmend entscheidende Rolle spielt.

Als Reaktion auf die fortschreitenden demografischen Veränderungen der Gesellschaft haben zahlreiche Finanzdienstleister zudem die Generation 50 plus („Best Ager") aufgrund ihrer überdurchschnittlichen hohen Kaufkraft als eine weitere Topzielgruppe erkannt. Laut ARD/ZDF-Onlinestudie [12] nutzen bereits 11,2 Millionen dieser sogenannten „Silver Surfer" das Internet. Bei den 50- bis 59-Jährigen sind dies 64,2 Prozent, bei den Über-60-Jährigen

---

8   Quelle: http://www.die-bank.de/index.asp?issue=012008&channel=151010&art=591, abgerufen am 31.01.2008.
9   Quelle: http://www.br-online.de/br-intern/medienforschung/ard_zdf_onlinestudie/startseite; abgerufen am 31.01.2008.
10 Quelle: http://www.ibm.com/services/de/media-study; abgerufen am 31.01.2008
11 Quelle. http://www.br-online.de/br-intern/medienforschung/ard_zdf_onlinestudie/startseite; abgerufen am 31.01.2008.
12 Quelle. http://www.br-online.de/br-intern/medienforschung/ard_zdf_onlinestudie/startseite; abgerufen am 31.01.2008

25,1 Prozent – Tendenz steigend. In absoluten Zahlen waren mit 5,1 Millionen Über-60-Jährigen in Jahr 2007 erstmals mehr „Silver Surfer" im Netz als 14- bis 19-Jährige (4,9 Millionen; 97,3 Prozent). Vor einer Kaufentscheidung verschaffen sich in der Altersgruppe der 50- bis 59-Jährigen bereits mehr als die Hälfte (57 Prozent) Informationen aus dem Internet, so die Studie von IBM und Universität Bonn.[13] Umso wichtiger wird es für die Finanzdienstleister deshalb, durch benutzerfreundliche Bereitstellung zielgruppengerechter Informationen und Serviceleistungen auch über das Medium Internet diese „Best Ager" für sich zu gewinnen.

Web 2.0 bietet hierfür – wie ausgeführt – mittlerweile die passende Technologie. Banken sollten bei der Gestaltung der Navigation und dem Aufbau ihrer Webseiten deshalb die Web 2.0-Kommunikationsformen stärker berücksichtigen und Wissensdatenbanken in Form von Wikis direkt in die Suche einbinden. Darüber hinaus benötigen die Kunden Kommunikationskanäle zur Bank wie Recall-Funktionen bzw. für die direkte Zusatzberatung, Chats oder Webkonferenzen. Auch die Einbindung fremder Dienste erhöht die Attraktivität nicht nur für bestehende Kunden, sondern auch für potenzielle Interessenten. Sie können über diese Dienste Informationen der Bank erhalten, auf bankeigene Seiten aufmerksam gemacht und so zu potenziellen Kunden werden.

Ein modernes Filialkonzept sollte zum Beispiel berücksichtigen, den Einsatz von Web 2.0-Technologien bei der Beratung aktiv einzusetzen. So könnte ein Berater mit Hilfe von Web 2.0 den passenden Experten auswählen, sich mit ihm über einen Chat in Verbindung setzen und umgehend spezielle Fragen des Kunden direkt im Beratungsgespräch beantworten. Ein anderes Szenario wäre der Einsatz von Videokonferenztechnik, um in kleineren Filialen ein spezialisiertes Beratungsgespräch führen zu können, obwohl der Experte in einem weit entfernten Beratungszentrum sitzt. Der Berater kann so mit dem Kunden in gewohnter Umgebung eine Expertenberatung durchführen, da er den Experten direkt per Videokonferenz in das Gespräch einbeziehen kann.[14]

Auch andere Industrien arbeiten bereits intern erfolgreich, vorrangig im Bereich Wissensmanagement mit derartigen Technologien. So hat IBM zum Beispiel seit einigen Jahren Web 2.0-Technologien schrittweise im eigenen Unternehmen vorrangig im Bereich Wissensmanagement eingeführt.[15]

Diese Vorgehensweise, die Nutzung der Technologien erst innerhalb des eigenen Unternehmens einzusetzen, ist absolut ratsam. Erst damit wird ihr Einsatz „authentisch" und kann umso erfolgreicher in der externen Interaktion und Kommunikation mit Kunden und Interessenten genutzt werden.

---

13 Quelle: http://www.ibm.com/services/de/media-study; abgerufen am 31.01.2008
14 Vgl. Beitrag „Der Beraterarbeitsplatz der Zukunft – rollenbasierte Konzepte als Schlüssel zum Erfolg"
15 Quelle: http://www.ibm.com/software/de/web20

4. Fazit

Die Kommunikationskultur mit Web 2.0 bewirkt eine Veränderung der Art und Weise, wie Unternehmen erfolgreich intern und extern interagieren. Dem können sich Banken nicht verschließen. Die Technologien und Konzepte von Web 2.0 weisen heute einen Reifegrad auf, der es zulässt, dass sie auch bei Banken für die Kommunikation mit Kunden und Geschäftspartnern zuverlässig und sicher eingesetzt werden können.

Ihr Einsatz sollte jedoch in Etappen erfolgen: Nachdem durch den internen Gebrauch von Web 2.0 zunächst die technischen und unternehmenskulturellen Voraussetzungen schrittweise geschaffen wurden, können anschließend die Konzepte für die externe Kommunikation entwickelt, umgesetzt und fortgeschrieben werden. Denn ihr Potenzial ist beträchtlich: Dank der neuen Möglichkeiten von Web 2.0 wird die Kundenbindung gestärkt und der Vertriebskanal Internet erfolgreich belebt. So entwickelt sich die Bank zur Bank 2.0.

Banken und Kommunikation 2.0

Martina Göhring

1. Ausgangssituation

Web 2.0 ist längst nicht mehr nur ein geflügeltes Wort, sondern hat im Internet bereits Gestalt angenommen: Blogs und Wikis haben sich etabliert, Blogautoren haben ihr Publikum, die Stimme des Nutzers wird gehört. Die Aktivitäten in sozialen Netzwerken und Medienportalen lassen bereits ahnen, welche Effekte nutzergenerierte Inhalte und Word-of-Mouth-Kommunikation haben können. Communities von Interessensgemeinschaften bilden inzwischen eine Marktmacht, die Kaufentscheidungen beeinflussen und Marken erschüttern können. Fotos, Videos, Audios bzw. Podcasts werden zum etablierten Werkzeug der Massen, um damit zu kommunizieren, sich auszutauschen, aufzudecken oder einfach nur Wünsche zum Ausdruck zu bringen.

Durch RSS und Tagging stehen den Unternehmen Werkzeuge zur Verfügung, um Inhalte aktuell und schnell zu verbreiten, besser zu finden und semantisch zu vernetzen. Ein Nutzer muss heute keine Website mehr besuchen, um deren aktuelle Informationen zu erhalten. Die Zeit der statischen Websites und elektronischen Broschüre mit blitzartig hoch „poppenden" animierten Botschaften gehören der Vergangenheit an.

Unternehmen müssen sich auf eine breite gesellschaftliche Veränderung im Kommunikationsverhalten der Menschen einstellen. Das Unternehmen von morgen hat seinen virtuellen Kommunikationsraum im Internet und muss sich dabei direkt und unmittelbar mit seinen Mitarbeitern, seinen Kunden und Besuchern auseinandersetzen. Das Unternehmen bewegt sich in denselben sozialen Netzwerken, in denen sich auch die Kunden bewegen, und pflegt dort die Kommunikationsbeziehungen. Die Grenzen zwischen Intranet, Internet und Extranet werden fließend und verschwinden teilweise, weil die Kommunikation zwischen Menschen, die sich gleichzeitig in mehreren Netzwerken bewegen, stattfindet.

2. Ziele

Entscheidend für die Unternehmen wird sein, aus diesen neuen Kommunikationsmechanismen ein effektives Instrument für die Mitarbeiter- und Kundenkommunikation zu schaffen. Die Stärken der Kommunikation 2.0, bezogen auf die drei zentralen Innovationsbereiche von „Bank & Zukunft", sind zwar vielfältig, können hier daher nur beispielhaft und in verkürzter Form vorgestellt werden.

Ziele von Kommunikation 2.0 müssen sein,

- die menschlichen Prozesse in einer Organisation so zu unterstützen, dass sie Hand in Hand mit der Industrialisierung und Prozessautomation ablaufen können,
- den Innovationsdialog im Finanzvertrieb zu ermöglichen und
- die Performance am Bankarbeitsplatz zu verbessern.

Ziel dieses Beitrages ist es, aufzuzeigen, wie die Prozesse im Unternehmen durch soziale Technologien unterstützte Kommunikation verbessert und optimiert werden könnten. Die Länge des Beitrages erfordert die Reduktion der Darstellung auf die wesentlichen Gestaltungsansätze neuer Kommunikationsmodelle und ihrer technischen Elemente, vorrangig aus dem Bereich der Enterprise 2.0-Technologien.

3. Prozessoptimierung durch Kommunikation 2.0

Kommunikation 2.0 in einer Bank bedeutet zum einen, die Kommunikationsprozesse zwischen der Bank und ihren Mitarbeitern und zwischen der Bank und ihren Kunden zu professionalisieren und mit dem Einsatz von Web 2.0 und „Social Software" neue Möglichkeiten für Kooperation, Innovation, Vertrieb und Marketing zu beschreiben.

Abbildung 1 dient dabei als Leitfaden. Sie zeigt die Bereiche, in denen Kommunikation 2.0 eine neue Rolle im Unternehmen spielen wird. Man unterscheidet dabei im Wesentlichen zwei strategische Richtungen: zum einen Kommunikation, die zur Effizienzsteigerung und zum anderen Kommunikation, die schwerpunktmäßig zur Effektivität von Prozessen beiträgt.

Banken und Kommunikation 2.0

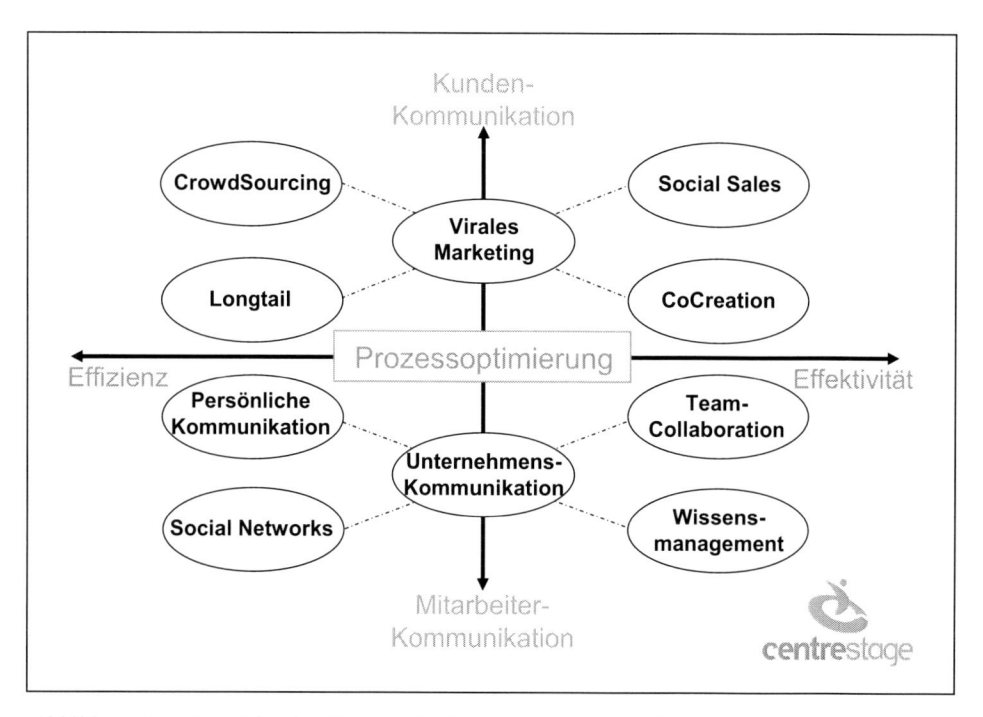

Abbildung 1: Bereiche der Kommunikation zur Prozessoptimierung

Mitarbeiterkommunikation und Prozessoptimierung

Neben der Automation von Transaktionsprozessen und Standardisierungsbemühungen, die für hochstandardisierbare Produkte und Prozesse möglich und sinnvoll sind, um die Geschäftsprozesse zu optimieren, gibt es aber auch Workflows, in denen die Zusammenarbeit zwischen den Menschen entscheidend die Qualität, Effizienz und vor allem Effektivität bestimmt. Wo ist Zusammenarbeit notwendig? Bei der Erstellung von Angeboten, die verschiedene Finanzprodukte bündeln, bei ganzheitlichen Projekten, in denen ein Zusammenspiel unterschiedlicher Qualifikationen erforderlich ist. So ist im Institutional Banking beispielsweise Vermögensverwaltung und Investment Banking, also Übernahmen, Fusionen und Börsengänge für ein und denselben Firmenkunden keine Seltenheit.

Da Banken in der Regel mit vielen Branchen zu tun haben, müssen sie darüber hinaus auch noch über die verschiedensten Branchenkenntnisse verfügen. Analytische und strategische Projekte über mehrere Monate sind ebenfalls keine Seltenheit.

Im Private Banking gilt es, neben der Vermögensverwaltung auch eine Stiftung zu gründen. Im Immobilienbereich müssen Objektbewertung, Expose, Verkauf und Kreditfinanzierung in einem für den Kunden durchgängigen Prozess behandelt werden.

Die vielfältigen Kompetenzen von Mitarbeitern, die auch oftmals von unterschiedlichen Orten aus zusammenspielen müssen, benötigen entsprechende Kommunikationsplattformen zur Unterstützung ihrer Zusammenarbeit, zur Einholung und Zusammentragen von Expertisen und Inhalten oder zum Finden von Experten. Der effiziente Austausch und das Teilen von Inhalten und Wissen liefern die Basis gemeinsamer Entwicklungsprozesse und Problemlösungen. Die kommunikative Nutzbarmachung dieser gruppendynamischen Effekte einer „Schwarmintelligenz" fördert effektive und effiziente Prozesse. Diese Kommunikation innerhalb der Organisation findet dabei statt

- auf der persönlichen Ebene der Mitarbeiter: Der Mitarbeiter erstellt Inhalte, die er entsprechend verschlagwortet (Tagging) und in Bookmarksystemen organisiert. Er hält sich mittels RSS-Feeds auf dem Laufenden und kommuniziert sein Tun mittels Microblogging. Der Mitarbeiter 2.0 kennt keine Berührungsängste mit der neuen Kommunikation.

- in sozialen Netzwerken der Mitarbeiter. Ein Mitarbeiter ist meist in zahlreichen privaten Communities organisiert, in denen er mit anderen Menschen Kontakt hält, seine Medien und Inhalte erstellt, ablegt und mit anderen teilt. Diese Plattformen lassen sich auch in Unternehmen nutzen bzw. es lassen sich für die Mitarbeiter unternehmensbezogene Bereiche einrichten. Der Vorteil besteht darin, dass sich der Mitarbeiter privat und geschäftlich in derselben Welt bewegt, seine Inhalte dann auch mit Kollegen teilen und mal schnell externen Rat und wertvolle Informationen einholen kann.

- in der Kooperation in und zwischen Teams oder Projekten: Die Kommunikationsprozesse zwischen den beteiligten Personen sind in aller Regel für das Ergebnis erfolgskritisch. Collaborationsplattformen sind heute nicht mehr wegzudenken. Die Entwicklung geht dahin, dass zunehmend vor allem Wikis für die eher formale Kommunikation und das Wissensmanagement, aber auch Blogs für die eher informelle Kommunikation integriert werden.

- zur Realisierung eines unternehmensweiten Wissensmanagements: Nicht nur zum Zwecke einer optimalen Zusammenarbeit in der Leistungserstellung spielt der Austausch von Wissen im Unternehmen eine Rolle. Zunehmend wichtig werden auch die Weitergabe des Wissens von erfahrenen Mitarbeitern und das Wissen der Mitarbeiter, die ausscheiden. Die ersten Erfahrungen mit dem Einsatz von Wikis zeigen, vermutlich aufgrund ihrer Einfachheit in der Nutzung, erstaunlich positive Erfolge bei der Einführung im Rahmen des Wissensmanagements.

- auf der Unternehmensebene zwischen Führung und Belegschaft: Eine entscheidende Komponente für die Mitarbeiterzufriedenheit und das Commitment zum Unternehmen ist die ausreichende Informationspolitik von Seiten der Führung. Die Korrelation zwischen dem Wissen der Mitarbeiter über Unternehmensstrategien und geschäftlichen Vorhaben, ihrer Zufriedenheit und dem Unternehmenserfolg ist hinlänglich bekannt und nachgewiesen. Daher „trauen" sich nun immer mehr Unternehmensleiter vor allem großer Unternehmen, einen CEO-Blog einzuführen, in dem sie zeitnah und mit der Möglichkeit des Feedbacks über ihre Aktivitäten berichten.

Kundenkommunikation und Prozessoptimierung

Der Aufwand, Bestandskunden zu halten, steigt weiter, da die Kunden heute schneller bereit sind, ihre Bank zu wechseln, und man Bestandskunden immer mehr kostenlose Services bieten muss. Gleichzeitig sinken die Kosten für Neukundenakquisition im Internet, weil die Kunden zunehmend ihre Informationen dort einholen und daraufhin ihre Entscheidungen treffen. Die Konkurrenz ist dabei nur einen Mausklick entfernt.

Für eine Bank bieten sich neue Chancen, ihre Beziehungen nach außen, zu Kunden, potenziellen Kunden und Shareholders zu verbessern, neue Services anbieten zu können, neue Geschäftsmodelle zu erproben, die Öffentlichkeit im Internet zum „Botschafter" zu machen. Kundenkommunikation findet statt:

- im viralen Marketing: Marketingkampagnen, die dazu dienen, dass die Kunden die Informationen des Unternehmens selbstständig durch „Word-of-Mouth" sozusagen virusgleich im Internet weitergeben. Banken sollten diese Möglichkeit nutzen, um positive Nachrichten schnellstmöglich zu verbreiten und gute Produkte bekannt zu machen.

- im „CrowdSourcing": Nutzung der kollektiven Kommunikation einer Gruppe oder Kundencommunity für gezielte Produktentwicklungen und Prozessinnovationen. Der Kunde wird sozusagen zum Mitarbeiter gemacht. Darunter versteht man die Kundenintegration in die Leistungs- und Vermarktungsprozesse eines Unternehmens. Der Dialog mit dem Kunden liefert Ideen, Tipps und Bewertungen für Design, Produktentwicklung und trägt zu Innovationen bei.

- im „Longtail"-Geschäft: Durch Analysen und Auswertungen von Kundenempfehlungen, Warenkörben, Verkäufen und Nutzerprofilen werden neue oder weitere Verkäufe und auch „Cross-Selling" initiiert. Effekt hierbei ist, dass auch weniger bekannte Produkte und Nischenprodukte ihren Weg zum Kunden finden.

- im „Social Sales": Hier geht es um neue Geschäftsmodelle im Online Direktvertrieb. Die Bank kommt zum Kunden zum Beispiel in Communities oder auf Kundenwebsites. Die Bank ermöglicht Kunden-zu-Kunden-Geschäfte zum Beispiel im Kreditbereich und liefert selbst nur die sicherheitsrelevanten Transaktionsprozesse. Die Bank nutzt gezielt Kundenfeedback, Erfahrungen, Nutzerkommentare, Bewertungen oder Empfehlungen für den Onlinevertrieb, für Aktionsprogramme, in der Werbung oder um die Kunden gezielt in die Filiale zu holen.

- in der „CoCreation": Bei der Schaffung komplexer bankübergreifender Angebote und gemeinsamer Servicekonfigurationen müssen Kunden-Lieferanten-Beziehungen mit dem Ziel der Supply-Chain-Optimierung aufgebaut werden. Ebenso wie bei der internen Kooperationen ist auch bei bankübergreifender Kooperation der Einsatz von Wikis und anderer Instrumente zum Austausch und Teilen von Informationen und Wissen erfolgsentscheidend.

Die im Rahmen der Mitarbeiter- und Kundenkommunikation einsetzbaren bekannteren Web 2.0 Technologien für nutzergenerierte Inhalte werden zusammenfassend in Abbildung 2 dargestellt. Die Möglichkeiten, die Second Life und andere virtuelle Plattformen zur Kommunikation bieten, sind hier bewusst nicht berücksichtigt worden. Des Weiteren wurden Rich-Internet-Anwendungen, die vor allem der Benutzungsfreundlichkeit in der Kommunikation auf Portalen und Websites dienen, nicht explizit aufgeführt.

	Kommunikation 2.0	Web 2.0 Technologien
Mitarbeiter-Kommunikation	Persönliche Kommunikation	RSS, Tagging, Bookmarking, Microblogging
	Social Networks	Content Generation und Sharing Tools
	Team-Collaboration	Wiki
	Wissensmanagement	Wiki
	Unternehmens-kommunikation	Blogging
Kunden-Kommunikation	Virales Marketing	Blogs, Sharing Tools, Social Media Sites, Embedded Code, Trackbacks, Tagclouds, SEO, SMO
	CrowdSourcing	Voting (Nutzergetrieben)
	Longtail	Rating (automatisiert)
	Social Sales	Voting, Rating, Mashups
	CoCreation	Wiki

Abbildung 2: *Schwerpunkte bekannter Web 2.0-Technologien zur Mitarbeiter- und Kundenkommunikation*

4. Erfahrungen und Ausblick

Vorreiter für innovative Kommunikationskonzepte 2.0 bei Banken und Finanzdienstleistern sind bei Wells Fargo, ING Bank, Lloyds, Fortis, Bank of America, Bank of Montreal, BankSA Australien, ANZ, OFI, Finextra oder FTD zu finden. Alle betreiben inzwischen Blogs und eine Reihe weiterer Web 2.0-Services im Internet, um den Kunden über das Produktangebot hinaus weitere Kommunikationskanäle zu bieten.

Darüber hinaus gibt es unabhängige Finanzexperten, die sich in Netzwerken (Communities) zusammenschließen und das Prinzip der „Wisdom of Crowd" nutzen, um gemeinsam zur Entscheidungsfindung bei den Kunden beizutragen, wie beispielsweise fintag, zecco, motley fool caps, valuewiki.

Zunehmend ist die Entwicklung zu beobachten, dass Anbieter aus dem Nichtbankensektor, aber mit Kenntnissen in E-Commerce, Marketing und Communityentwicklung neue Finanzdienstleistungsgeschäfte erschließen, wie beispielsweise auf den Kreditmarktplätzen auf Basis von Web 2.0-Technologien zopa, prosper, wesabe oder smava oder auf den Immobilienmarktplätzen housingmaps und zillow.

Teil III

Industrialisierung im Bankensektor

Facetten der Bankenindustrialisierung

Claus-Peter Praeg

1. Einleitung

In den europäischen und weltweiten Bankenmärkten hat sich die Dynamik und Geschwindigkeit der Veränderungen spürbar erhöht. Dabei ist die Fähigkeit zur Anpassung der Bankleistungen an sich verändernde Kundenanforderungen zum zentralen Erfolgsfaktor erwachsen. Um in der Lage zu sein, auf diese Entwicklungen angemessen reagieren zu können, wurden in den vergangenen Jahren in Wissenschaft und Praxis zahlreiche Ansätze und Konzepte im Bereich der Bankenindustrialisierung diskutiert und entwickelt.

Zielsetzung dieses Beitrages ist es, die verschiedenen Facetten der Bankenindustrialisierung darzustellen. Dabei werden unterschiedliche bestehende Ansätze, Konzepte und Bereiche der Bankenindustrialisierung vorgestellt sowie der Status und mögliche Entwicklungen in diesen Bereichen skizziert, um die große Bandbreite aufzuzeigen, in der sich das Thema Industrialisierung im Kontext der Banken bewegt.

Zu Beginn der Auseinandersetzung mit der Industrialisierung im Bankensektor wurde eine sehr fokussierte Sichtweise eingenommen. Im Mittelpunkt stand die Übertragung von Verfahren und Methoden aus der Fertigungsindustrie, insbesondere Ansätze der Geschäftsprozessorientierung. Dagegen hat sich das moderne Verständnis bezüglich der Bankenindustrialisierung in der Form weiterentwickelt, als dass sich jegliche Aktionen an konkreten, unternehmerischen Zielen orientieren, die zumeist in einer konsequenten Kunden – oder Dienstleistungsorientierung manifestiert werden. Damit stellt die Industrialisierung keinen Selbstzweck mehr dar, sondern ist vielmehr integraler Bestandteil der mannigfaltigen strategischen und operativen Planungs-, Steuerungs – und Controllingprozesse innerhalb der Banken.

Die nachfolgenden Beiträge dieses Buches geben dabei einen Einblick in die zahlreichen Facetten, welche heute im Rahmen der Bankenindustrialisierung betrachtet werden. Dabei werden Ansätze und Konzepte vorgestellt, die sich mit der Neugestaltung verschiedener Bereiche, sowohl innerhalb der Banken als auch in Bezug auf Kooperationen mit externen Partnern, auseinandersetzen. Es wird versucht, eine möglichst ganzheitliche Sichtweise in Bezug auf das Themengebiet der Industrialisierung bei Banken einzunehmen. Die vorgestellten Ansätze und Lösungen beziehen sich auf organisatorische, personelle und technische

Aspekte im Rahmen der Bankenindustrialisierung. Diese Konzepte und Lösungen sind Bestandteil einer Entwicklung, die einen nachhaltigen Strukturwandel sowohl innerhalb der Banken als auch bezüglich des gesamten Bankenmarktes in Zukunft betreffen.

Um die Orientierung in der Vielfalt der vorherrschenden Begrifflichkeiten der Bankenindustrialisierung zu erleichtern, wird im Rahmen dieses einleitenden Kapitels eine Übersicht bezüglich ausgewählter Definitionen der Bankenindustrialisierung vorgenommen.

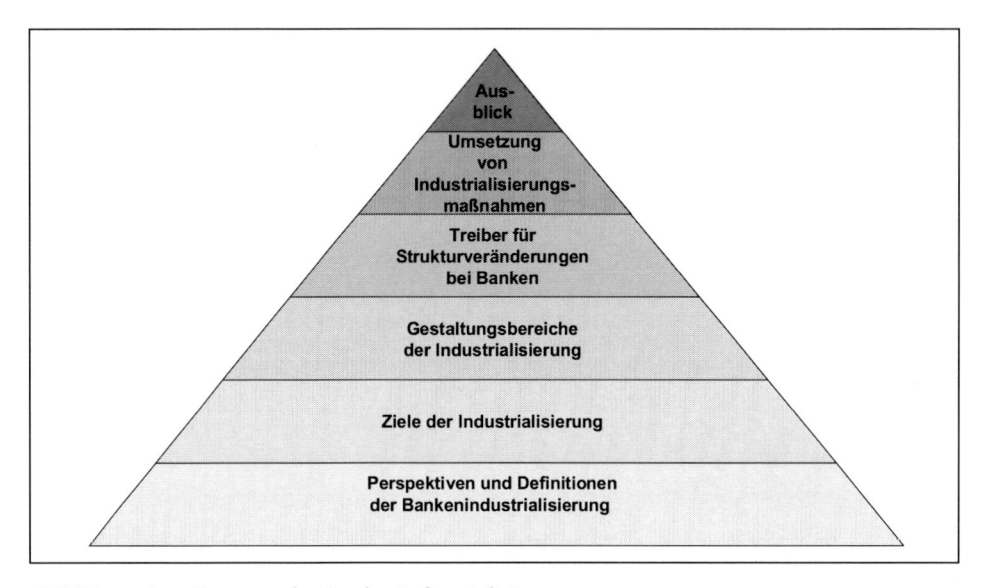

Abbildung 1: Facetten der Bankenindustrialisierung

Darauf aufbauend werden grundlegende Ziele illustriert, die mittels Industrialisierung erreicht werden sollen. Ergänzend dazu werden im darauf folgenden Abschnitt unterschiedliche Facetten der Industrialisierung vorgestellt. Im anschließenden Abschnitt werden verschiedene Bereiche aus dem industriellen Umfeld aufgeführt, die für einen zukünftigen Strukturwandel der Banken aufgrund von Industrialisierungsmaßnahmen bedeutsam sein können. Ein Überblick und eine Einordnung der nachfolgenden Buchbeiträge als auch ein Ausblick über mögliche zukünftige Entwicklungen der Bankenindustrialisierung beschließen diesen Beitrag.

2. Perspektiven und Definitionen der Bankenindustrialisierung

Der Begriff der Bankenindustrialisierung ist seit Jahren Gegenstand intensiver Diskussionen in Wissenschaft und Praxis. Unter dem Stichwort der „Industrialisierung" sind in den vergangenen Jahren zahlreiche wissenschaftliche und praxisorientierte Publikationen erschienen. Dieses Kapitel gibt einen Überblick über ausgewählte Ansätze und Beschreibungen zum Thema Bankenindustrialisierung. Es zeigt, dass sich bisher vielfältige Sichtweisen und unterschiedliche Perspektiven in Bezug auf die Industrialisierung der Banken etabliert haben.

Nach Bullinger et al. (2005) bezeichnet Industrialisierung von Dienstleistungsunternehmen generell „… die technisch-wirtschaftliche Entwicklung von Produktionsprozessen und die institutionelle Verfasstheit von Arbeit. Zentrale Elemente sind dabei der Wandel von der Hand – zur Maschinenarbeit, die Massenproduktion mit den dazugehörigen Organisationsformen, in erster Linie Fabriksysteme mit vertikal integrierter, hierarchisch organisierter und arbeitsteiliger Produktionsorganisation und spezifischen Arbeitszeitregimen […], die Ausbreitung hoch produktiver Methoden der Fertigung und Leistungserstellung, der zunehmende Technologieeinsatz." Diese Entwicklungen führten zu erheblichen sozialen Auswirkungen, welche die Arbeits – und Lebensbedingungen, die Sozialstrukturen sowie die Normen und Wertgefüge von industriellen Gesellschaften prägen (Bullinger et al., 2005).

Nach Betsch/Thomas (2005) beschreibt Industrialisierung den Übergang von der handwerklichen Herstellung von Gegenständen des Bedarfs zur Maschinenarbeit. Dadurch verlagerte sich die Produktionsstätte, die sich als handwerklicher Betrieb in der Familie befand, in die Fabrik. Durch diese Änderung der Produktionsverhältnisse entstand ein neues Verhältnis zur Arbeit: Während im alten Handwerksbetrieb jeder Beteiligte die Entstehung eines Produktes verfolgen konnte, hatte er nun in der Fabrik, an der Maschine, nur wenige Handgriffe zu verrichten und sah oft das fertig gestellte Produkt gar nicht mehr (Entfremdung).

Eine eng gefasste Definition der Industrialisierung besteht dabei lediglich aus einer Prozessorientierung. In diesem Sinne versteht man unter Industrialisierung den Schritt weg von der handwerklichen Tätigkeit, die einen gesamten Produktionsprozess umfasst, hin zu einer arbeitsteiligen Wertschöpfung, die durch eine Standardisierung und Automatisierung ermöglicht wird (Bartmann, 2005).

Nach Bartmann (2005) umfasst die Industrialisierung den Marktauftritt, die Organisation der internen Leistungsprozesse mit Fertigungscharakter nach den Prinzipien des Industriebetriebes, die Übernahme von Industrie-Managementkonzepten, die Internalisierung von marktlichen Mechanismen in die Wertschöpfungsketten, die Architektur sowie die Rolle der IT.

König (2002) beschreibt die Industrialisierung anhand einer Neubewertung und Reorganisation der gesamten Wertschöpfungskette. Entwicklungen im Bereich der IuK-Systeme werden genutzt, um Wertschöpfungsketten zu reorganisieren, sodass eine schlanke Produktion und eine Konzentration auf Kernkompetenzen erfolgt. Es bedarf einer Industrialisierung, sodass standardisierte Produkte schneller und kostengünstiger hergestellt werden können (Engstler et al., 2005).

Unter Industrialisierung einer Bank kann nach Sokolovsky (2005) eine konsequente, beharrliche und umsetzungsstarke Anwendung von industriellen Prinzipien, Managementdisziplinen sowie Methoden verstanden werden.

Bezogen auf den Bankensektor wurden zu Beginn der Industrialisierungsaktivitäten diese als umfassende Lösung für fast alle organisatorischen und technischen Probleme und Defizite der Banken angesehen. Die Diskussionen bezüglich Industrialisierung waren hauptsächlich mit dem Aspekt der Kosteneinsparung verbunden. Mögliche Effizienzsteigerungen in den Banken sollten vor allem über die Kostenseite erreicht werden. Die Erfahrungen zeigten jedoch, dass dieser Ansatz viel zu einseitig und kurzfristig ausgelegt war. Durch eine reine Kostenorientierung lassen sich keine nachhaltigen Erfolge am Markt erzielen.

Nach Betsch/Thomas (2005) wird unter Industrialisierung im heutigen Verständnis nicht mehr nur die Ausrichtung auf eine arbeitsteilige, maschinengestützte Produktion für den Massenmarkt verstanden. Der erhöhte Wettbewerbsdruck und sich verändernde Kundenwünsche erfordern die Kombination von standardisierter Massenproduktion und individuellen Kundenwünschen („mass-customization").

In der jüngeren Vergangenheit wurde dieser Mangel erkannt und verstärkt nach gestalterischen Möglichkeiten gesucht, um mittels neuer Wege der Industrialisierung auch auf die Ertragsseite der Banken aktiv Einfluss nehmen zu können.

Im Innovationsforum „Bank & Zukunft" wurde daher ein weit gefasstes Verständnis der Industrialisierung entwickelt. Demnach kann unter Industrialisierung die Optimierung der gesamten Wertschöpfungskette verstanden werden. Mit einer Optimierung geht auch die Möglichkeit des Aufbrechens und der Neugestaltung der Wertschöpfungskette einher, was die Fokussierung auf Kernkompetenzen fördert. Ob im Rahmen der Optimierung und des Aufbrechens der Wertschöpfungskette und der Konzentration auf Kernkompetenzen eine veränderte interne Arbeitsteilung oder eine veränderte externe Arbeitsteilung in Form von vertikalen oder horizontalen Wertschöpfungskooperationen erfolgen, muss bankindividuell entschieden werden. Erforderlich ist eine ganzheitliche Betrachtung des Bankinstituts und dessen Interaktionspartnern. Durch die Fokussierung auf das Management der Geschäftsprozesse und der Wertschöpfungskooperationen sowie das unterstützende Personal-, IT- und Innovationsmanagement und deren Interdependenzen kann die Industrialisierung auf allen Ebenen eines Bankinstituts ermöglicht werden. Basierend auf diesen Prämissen wurde folgende Definition der Industrialisierung erarbeitet (Engstler et al., 2005):

Industrialisierung ist optimierte Wertschöpfung durch Gestaltung ...

- der gesamten Wertschöpfungskette („Value Chain") und Hinterfragen der Arbeitsteilung (kooperativer Ansatz, Insourcing/Outsourcing ist dabei eine Option),
- der Serien-/Massenprozesse (Skaleneffekte, Lernkurveneffekte, Komplexitätseffekte/-management),
- der Arbeitsorganisation (Aufgaben-Kompetenz-Verantwortung im Einklang),

- der Systemunterstützung (IT-Einsatz, Standards, Schnittstellen),
- der Personalwirtschaft (Qualifikation und Entlohnung (Modelle, Eingruppierung, Lohnniveau), flexible Arbeitszeit, verschiedene Personalkonzepte für die Mitarbeitergruppen je nach Qualifikations- und Anforderungsprofil) sowie
- des Produktes (Kundenorientierung) und des Preises (Verursachungsprinzip, risikoorientierte Preiskalkulation, erklärbare Regeln).

Die gezeigten Ansätze und Definitionen aus dem Bereich der Industrialisierung zeigen, dass es unterschiedliche Auffassungen gibt, was unter Industrialisierung zu verstehen ist und beschreiben unterschiedliche Sichtweisen bezüglich der Industrialisierung von Banken. Allen Ansätzen gemein ist jedoch eine Fokussierung auf die Neugestaltung der Bankorganisation hinsichtlich aufbau- und ablauforganisatorischer Gegebenheiten. Sie betonen die Bedeutung der Übertragung von industriellen Ansätzen auf die Situation der Banken. Die Herausforderungen für die Banken sind nun, diese Übertragung von verschiedenen Ansätzen aus den unterschiedlichen Bereichen der industriellen Produktionsplanung, -steuerung und Überwachung erfolgreich umzusetzen. Diese Umsetzung muss sich an konkreten Zielen orientieren. Aus diesem Grund ist es ratsam, einen Blick auf die verschiedenen Zielsetzungen zu richten, welche mit der Industrialisierung der Banken erreicht werden sollen.

3. Ziele der Industrialisierung

Die Zielsetzungen im Bereich der Bankenindustrialisierung sind vielschichtig und erstrecken sich über verschiedene Dimensionen. Im Rahmen dieses Beitrages werden vier Dimensionen dargestellt, anhand derer die verschiedenen Zielbereiche und Ziele eingeordnet werden.

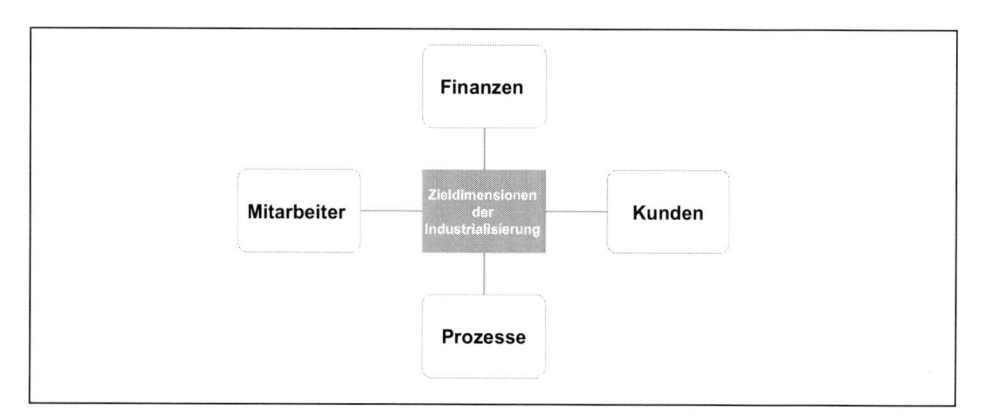

Abbildung 2: Ausgewählte Zieldimensionen der Industrialisierung

Die Zieldimensionen beziehen sich auf die Bereiche der Finanzen, Prozesse, Mitarbeiter und Kunden. Dabei zeigt sich, dass die ersten drei Bereiche vorwiegend auf organisationsinterne Gegebenheiten abzielen. Die Kundenperspektive verdeutlicht das erweiterte Industrialisierungsverständnis und fokussiert Bereiche, die sich auf organisationsexterne Gegebenheiten beziehen.

Die ursprüngliche Intention und das primäre Ziel jeglicher Maßnahmen im Bereich der Industrialisierung beziehen sich hauptsächlich auf die finanziellen Ziele. Dabei wurde vor allem auf die Verbesserung der Effizienz bei den Banken und somit auch in der Optimierung bei der Nutzung der vorhandenen Ressourcen innerhalb der Banken fokussiert. Im Bereich der Effizienzsteigerung stehen den Banken somit Optionen bezüglich einer Reduzierung der eingesetzten Faktoren (= Kostenreduzierung) oder einer Steigerung auf der Ergebnisseite zur Verfügung. Während der vergangenen Jahre wurde besonders auf eine Reduzierung der Kosten, insbesondere der Personalkosten, abgezielt. Es wäre jedoch viel zu kurz gegriffen, würde man die Industrialisierungsaktivitäten lediglich nach Kosteneinsparungen beurteilen. Vielmehr werden in jüngster Vergangenheit vermehrt Anstrengungen unternommen, auch die Ertragsseite stärker zu berücksichtigen.

Neben einer Effizienzorientierung ist auch eine Verbesserung der Effektivität zu berücksichtigen. Die kontinuierliche Hinterfragung der strategischen Ausrichtung und der bestehenden Geschäftsfelder, sowie die damit verbundenen etablierten Geschäftsprozesse stellen wichtige Aspekte dar, die es hinsichtlich der Effektivität kontinuierlich zu überprüfen gilt. Wichtige Aspekte dabei sind eine schnelle Reaktionsfähigkeit auf sich verändernde Rahmenbedingungen sowie die organisatorischen Fähigkeiten zu einer schnellen Anpassung der Organisation und auch des Leistungsspektrums. All dies setzt ein funktionierendes und professionelles Geschäftsprozessmanagement voraus.

Eine weitere Zieldimension bezieht sich auf die vorhandenen Geschäftsprozesse in den Banken. Die Studien von Fraunhofer IAO zeigen, dass sich die Zielsetzungen der Industrialisierungsmaßnahmen in den vergangenen Jahren wenig verändert haben (Spath et al., 2006, 2007). Im Bereich der Geschäftsprozesse ist die Effizienzsteigerung als prioritärstes Ziel für die Banken fixiert. Ergänzend dazu werden mit der Industrialisierung auch eine Verbesserung der Qualität der Geschäftsprozesse sowie eine zunehmende Transparenz der Abläufe verbunden. Der Qualitätsaspekt bezieht sich unter anderem auf die Zuverlässigkeit, Fehlerfreiheit und Sicherheit der Prozesse. Diese sind wiederum die Voraussetzung für eine verkürzte „time-to-market" für die Entwicklung und Einführung neuer Produkte und Dienstleistungen von Banken.

Die Zieldimension der Mitarbeiter ist eng mit dem Bereich der Prozesse verbunden. Aufgrund der veränderten Prozesse haben die Banken die Steigerung der Mitarbeiterproduktivität als ein wichtiges Ziel etabliert. Durch Maßnahmen der Industrialisierung werden darüber hinaus ein besseres Rollen – und Aufgabenverständnis sowie eine Verbesserung der Aufgabentransparenz angestrebt. Darüber hinaus werden aufgrund von Industrialisierungsmaßnahmen die Kompetenzen sowie der Verantwortungsspielraum der Mitarbeiter besser definierbar. Damit werden Möglichkeiten geschaffen, die zu einer gezielten Weiterentwicklung ihrer Fähigkeiten genutzt werden können.

Die bisher genannten Zieldimensionen und Ziele beziehen sich hauptsächlich auf die internen Gegebenheiten der Banken. Die Zieldimension der Kundenperspektive erweitert die Industrialisierung in der Weise, dass damit auch die Auswirkungen der internen Bankenindustrialisierung auf den Markt und die Kunden bzw. die Kundenbeziehungen berücksichtigt werden. Im Bereich der Kundenperspektive sind Ziele wie die Steigerung der Kundenzufriedenheit, eine schnelle Reaktion auf veränderte Kundenbedürfnisse sowie eine hohe Kundenbindung angesiedelt. Darüber hinaus sind in diesem Kontext die Ziele einer hohen Dienstleistungs – und Betreuungsqualität verankert.

Es zeigt sich, dass diese Ziele in enger Dependenz mit den zuvor aufgeführten Zielen der anderen Dimensionen stehen. So wird beispielsweise eine hohe Servicequalität am Kunden durch eine hohe interner Geschäftsprozessqualität unterstützt. Eine schnelle Reaktion auf sich ändernde Kundenbedürfnisse kann durch die Etablierung eines professionellen Prozess – und Innovationsmanagements erreicht werden. Damit stehen die genannten Ziele in enger gegenseitiger Abhängigkeit. Das Management (im Sinne von Planung, Steuerung und Kontrolle) dieser verschiedenen Zielerreichungen wird sich zukünftig zu einem bedeutenden Erfolgsfaktor der Industrialisierung herauskristallisieren.

Die vorangegangenen Abschnitte haben gezeigt, dass das Zielspektrum der Industrialisierung sehr weit gefasst ist und sich die Beschreibung der Ziele als sehr umfangreich gestaltet. Die Intention dieses Abschnittes war, einen Überblick über die Vielfalt der Ziele und deren gegenseitige Beeinflussung aufzuzeigen. Die Gewichtung dieser Ziele muss jedoch aufgrund der spezifischen Marktsituation, der organisatorischen Fähigkeiten und Reife sowie des Industrialisierungsverständnisses der Entscheidungsträger für jede Bank individuell ausfallen.

Im folgenden Abschnitt werden mögliche Gestaltungsbereiche der Industrialisierung aufgeführt. Dabei steht die Entwicklung der organisatorischen Reife der Banken bezüglich Industrialisierung im Fokus der Ausführungen.

4. Gestaltungsbereiche der Industrialisierung

Wie bereits gezeigt, sind mit der Industrialisierung vielfältige Zielsetzungen verbunden, die zahlreiche Bereiche einer Bank und deren Positionierung am Markt betreffen. Wurde in der Vergangenheit Industrialisierung jedoch hauptsächlich auf Maßnahmen zur Kostenreduktion, Verschlankung und Vereinheitlichung der Bankorganisationen begrenzt, ist diesbezüglich heute ein wesentlich differenzierteres Bild entstanden. Das Potenzial, das sich durch die Industrialisierung bei Banken aller Größenklassen erschließen lässt, ist jedoch weitaus vielfältiger und umfangreicher, als dies zu Beginn der Diskussion bezüglich der Industrialisierung vermutet wurde.

Dabei zielt die erweiterte Sichtweise der Industrialisierung sowohl auf die Veränderung der Strukturen innerhalb der Banken als auch auf die Veränderung, Erweiterung und Flexibilisierung der gesamten Wertschöpfungsprozesse der Banken ab. Dieser Sichtweise folgend ergibt sich die Notwendigkeit, dass Banken ihre internen Strukturen und Prozesse zielorientiert anpassen müssen, um für diese Herausforderungen gerüstet zu sein. Es bedarf daher einer grundlegenden organisatorischen und prozessualen Reife, damit die Banken die Herausforderungen annehmen können. Für die Bewertung der organisatorischen und prozessualen Reifegrade sind vor allem im wissenschaftlichen Umfeld zahlreiche Ansätze und Methoden entwickelt worden (de Bruin, 2007; de Bruin/Rosemann, 2006; Hammer, 2007; Praeg, 2006a, 2007), um Organisationen geeignete Hilfsmittel hierfür zur Verfügung zu stellen.

Die bisherigen Ausführungen zeigen, dass für eine erfolgreiche Umsetzung von Industrialisierungsmaßnahmen ein funktionierendes und professionelles Geschäftsprozessmanagement zwingend notwendig ist. Dabei sind in diesem Bereich vor allem die folgenden Aspekte für die Gestaltung einer Industrialisierten Bank von besonderer Bedeutung:

- konsequente Prozessorientierung
- Standardisierung von Geschäftsprozessen
- Modularisierung von Geschäftsprozessen
- Automation von Geschäftsprozessen

Die Umsetzung einer konsequenten Prozessorientierung innerhalb der Banken ist eine der aktuellen Aufgaben innerhalb des Bankensektors, der große Aufmerksamkeit geschenkt wird. Gleichzeitig zeigen Studien, dass aufgrund des großen Aufwands bei der Erfassung, Modellierung und Gestaltung der Geschäftsprozesse dieser Punkt gleichzeitig eine der größten Herausforderungen für die Banken darstellt (Spath et al., 2007).

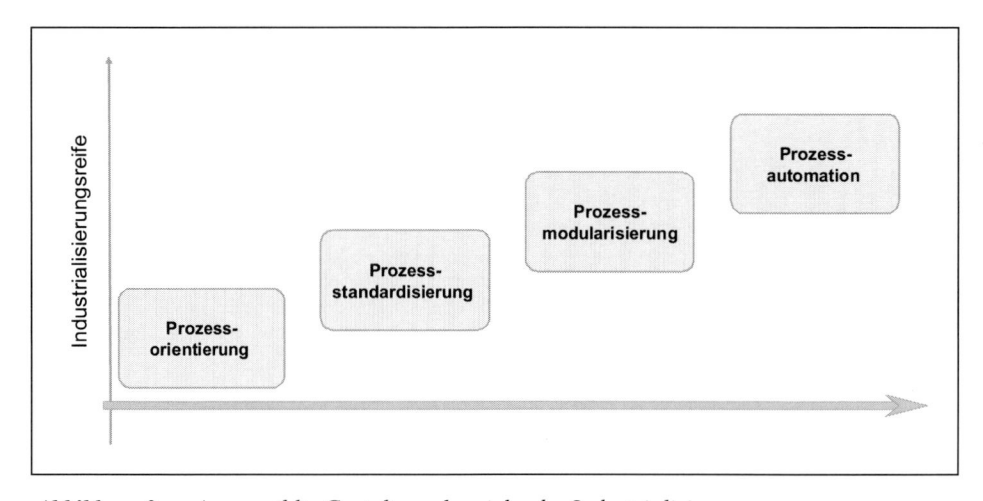

Abbildung 3: *Ausgewählte Gestaltungsbereiche der Industrialisierung*

Aufbauend auf einem etablierten Geschäftsprozessmanagement erfolgt die Standardisierung von Prozessen bzw. von Teilprozessen. Die Standardisierung von Prozessen ist dabei ein bedeutender Faktor für die Veränderung der Geschäftsprozesse der Banken (Walter et al., 2007). Für die Ausgestaltung der standardisierten Prozesse sind Referenzmodelle von immenser Bedeutung. Im Rahmen dieser Referenzmodelle werden nicht nur allgemein akzeptierte und verabschiedete Prozessmodelle aufgeführt, sondern auch entsprechende Schnittstellen zwischen den Prozessen definiert. Dies stellt die Basis für eine schnelle Implementierung und Verbreitung der standardisierten Prozesse bereit. Dabei erfolgt die Implementierung und Integration der standardisierten Prozesse sowohl innerhalb der Bank als auch organisationsübergreifend zu externen Wertschöpfungspartnern. Mit dieser Entwicklung wird die Dekomposition der Wertschöpfungskette unterstützt und gefördert.

Aufgrund der dezentralen Wertschöpfung wird durch die Standardisierung in einem folgenden Entwicklungsschritt auch die Modularisierung von Geschäftsprozessen unterstützt. Dabei beschreibt die Modularität die Eigenschaft eines Prozesses, aufgrund einer losen Kopplung von Prozessbausteinen, die durch eine hohe Kohärenz zwischen den jeweiligen Teilprozessen gekennzeichnet ist (Böhmann, 2004). Dies setzt dementsprechend die Möglichkeit zur Zerlegung eines Produktes oder einer Dienstleistung voraus. Eine solche Zerlegung wird als modular bezeichnet, wenn die Module untereinander lose gekoppelt sind (Baldwin/Clark, 2000; Burr, 2002). Ziel der Modularisierung ist es, eine Quasi-Unabhängigkeit der einzelnen Module zu erreichen, indem die Einwirkungen und Eingriffsmöglichkeiten von außen auf die jeweiligen Prozessmodule weitestgehend reduziert werden (Böhmann, 2004).

Die Modularisierung von Finanzdienstleistungsprozessen stellt ein vielversprechendes Prinzip zur Gestaltung variantenreicher Dienstleistungen dar. Durch die modularen Strukturen werden beispielsweise die Wiederverwendung von Modulen und deren Standardisierung ermöglicht. Die Anpassung auf die spezifischen Anforderungen beim Kunden wird durch eine Rekombination verschiedener Module erreicht. Der Unterschied zu weitgehend standardisierten Leistungen besteht somit in einer erhöhten kombinatorischen Flexibilität (Böhmann, 2004).

Aufgrund der Modularisierung der Prozesse und der damit entstehenden Vielzahl von einzelnen Prozessmodulen ist ein professionelles Serviceportfoliomanagement zu etablieren (Praeg, 2007). Hierbei sind sowohl interne als auch externe Aspekte zu berücksichtigen. Bankintern müssen die richtigen und geeigneten Module bereitgehalten werden, um die vorhandenen Geschäftsprozesse bestmöglich zu unterstützen und effizient abwickeln zu können. Es bedarf daher einer laufenden Bewertung der vorhandenen Module hinsichtlich des strategischen und operativen Alignments. Aus externer Sicht hat das Portfoliomanagement das Ziel, eine für Kunden optimale Zusammensetzung verschiedener Finanzdienstleistungsmodule bereitzustellen. Dieses Portfolio an Leistungsmodulen muss im Laufe der Zeit an die sich veränderten Kundenbedürfnisse und Umweltveränderungen angepasst werden (Praeg, 2007). Die einzelnen Servicepakete durchlaufen somit einen Lebenszyklus, vergleichbar mit denen physischer Produkte.

Als weiterer Teil der Industrialisierung baut die Automation der Geschäftsprozesse auf die zuvor genannten Punkte auf. Aufgrund der Standardisierung von Prozessen bzw. von Prozessmodulen können diese in definierte und IT-unterstützte Workflows überführt werden. Im Idealfall ließen sich durch die Kombination verschiedener Prozessmodule auf einfache Art und Weise neue, automatisierte Geschäftsprozesse schnell in der Bank etablieren. Dadurch wäre eine Bank in der Lage, schnell auf veränderte Rahmenbedingungen reagieren zu können.

Durch Industrialisierungsmaßnahmen entstehen jedoch ebenso neue bzw. veränderte Auswirkungen an der Kundenschnittstelle der Banken. Es genügt für die Banken nicht nur, die internen Strukturen zu verändern. Vielmehr müssen sich die Unernehmenskultur und die strategische Ausrichtung in der Form modifizieren, dass sich die Kunden- bzw. Stakeholderbedürfnisse im Zentrum jeglicher Zieldiskussion befinden.

Basierend auf den oben gezeigten internen Veränderungen in der Bankenstruktur erstrecken sich deren Konsequenzen auch auf den Gegenstand der Leistungen sowie das Leistungsspektrum der Banken. Durch die intensivere Kundenorientierung werden klassische Bankprodukte zukünftig durch kundenorientierte Finanzdienstleistungen abgelöst. Diese Dienstleistungen beinhalten verschiedene Bausteine (Dienstleistungsmodule und ergänzend auch Bankprodukte), welche kundenindividuell zusammengestellt werden. Somit steht eine auf die Kundenbedürfnisse abgestimmte Dienstleistung der Bank im Vordergrund und nicht mehr das klassische Produkt. Aufgrund der oben genannten Gestaltungsbereiche können konsequent integrierte End-to-End-Prozesse innerhalb der Banken und zwischen deren Kooperationspartnern gestaltet und implementiert werden. Die Abkehr von standardisierten Bankprodukten in Richtung kundenindividueller Dienstleistungen bietet zahlreiche Möglichkeiten für Banken, sich am Markt zu differenzieren und somit für ihre Kunden wieder einzigartig zu werden. Daher muss das Industrialisierungsverständnis in der Form erweitert werden, dass sowohl eine konsequente Dienstleistungsorientierung hin zum Kunden etabliert wird als auch ein funktionierendes Qualitätsmanagement bezüglich der offerierten Dienstleistungen sichergestellt wird (Praeg, 2006b).

Des Weiteren vereinfacht diese konsequente Prozess- und Dienstleistungsorientierung die Übertragung von industrialisierten Methoden und Instrumenten aus den Produktions- und Fertigungsbereichen der industriellen Wirtschaftssektoren, da diese überwiegend anhand von Prozessen umgesetzt werden.

5. Industrialisierung als Treiber für Strukturveränderungen bei Banken

Im Rahmen der Diskussion bezüglich der Industrialisierung wird häufig die Übertragung industrieller Methoden und Werkzeuge für den Bankensektor postuliert. In diesem Kontext wird oftmals die Übernahme von Ansätzen insbesondere aus der Automobilindustrie genannt und andere Industriezweige in den Hintergrund gerückt. Für die Banken heißt dies, dass sie nicht dieselben Fehler machen dürfen, die zu Beginn der industriellen Entwicklung gemacht wurden, sondern von den vielfältigen Erfahrungen des industriellen Wirtschaftssektors profitieren müssen.

In diesem Abschnitt werden einige ausgewählte Ansätze aus dem industriellen Umfeld illustriert und Ansätze für die Übertragung auf den Bankensektor aufgezeigt. Dazu werden Ansatzpunkte skizziert, in denen der Transfer von industriellen Produktions- und Fertigungsmethoden möglich und sinnvoll erscheint. Die Struktur der aufgeführten Industrialisierungsbereiche orientiert sich dabei an der Gestaltung von industriellen Fertigungsprozessen und an einem idealtypischen Lebenszyklus physischer Produkte. Wie in Abbildung 4 dargestellt, werden dazu die Bereiche Design und Entwicklung, Fabrikplanung, Produktionsplanung und -steuerung, Fertigung sowie Beschaffungs- und Vertriebslogistik berücksichtigt (siehe Abbildung 4).

Design und Entwicklung	Bedarfsgerechte Gestaltung (Massenindividualisierung), frühzeitige Einbeziehung von Kunden in den Entwicklungsprozess, Etablierung einer Innovationskultur
Fabrikplanung	Kundenwegeplanung, Simulation von Kundenverhalten, Etablierung von Lernstätten (Experimentierfiliale, Prozesslabor), Arbeitsplatzgestaltung in Front- und Back-Office
Produktionsplanung und -steuerung	Banksteuerung (Kapazitätsmanagement, Prozessmonitoring), Flexibilisierung des Ressourceneinsatzes (z. B. Arbeitszeitmodelle), Prozessdesign, -orchestrierung und -simulation
Fertigung	Management der kooperativen Leistungserstellung in Wertschöpfungsverbünden, Realtime Ressourcensteuerung, Qualitätsmanagementprogramme
Beschaffungs- und Vertriebslogistik	Partner- und Kooperationsmanagement, Sourcing-Strategien, Gestaltung Bankübergreifender Geschäftsprozesse, Vertriebslogistik (Multikanal- / Multivendormanagement)

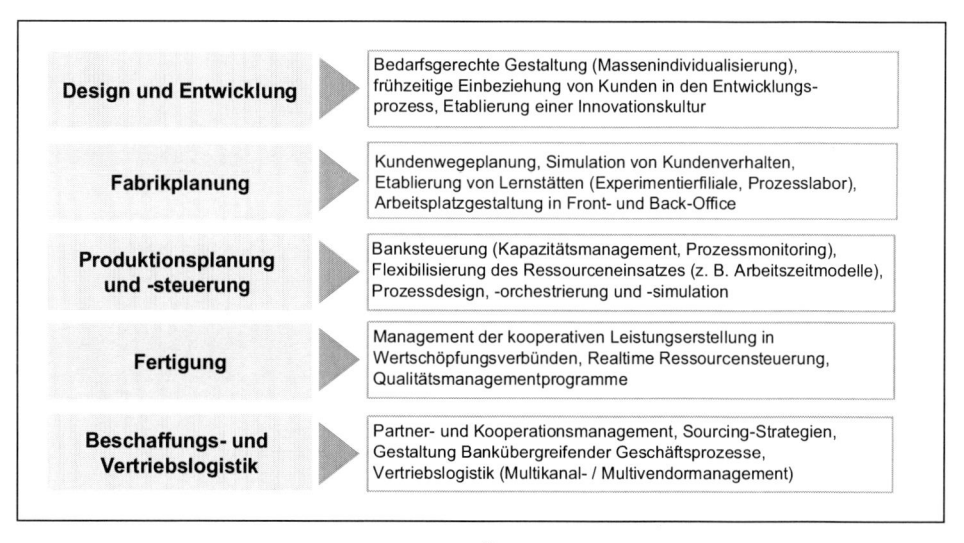

Abbildung 4: *Ausgewählte Bereiche für die Übertragung industrieller Ansätze für Banken*

Im Bereich der Entwicklung und des Designs zeigt sich beispielsweise, dass in der Entwicklung von physischen Produkten die späteren Kunden bereits in der ersten Phase des Produktlebenszyklus mit einbezogen werden. Im Bankensektor findet dies nicht mit letzter Konsequenz statt. Dabei ist für eine bedarfsgerechte Gestaltung von Dienstleistungen und Bankservices eine frühzeitige Beteiligung von Kunden sinnvoll, um mögliche Fehlentwicklungen vorzubeugen. Bankkunden werden oftmals erst mit dem Endprodukt konfrontiert. Eine Einbeziehung in die Entwicklung findet derzeit zumeist nicht statt. Ergänzend ist in diesem Bereich die Etablierung eines funktionierenden Innovationsmanagements zur Generierung neuer Produkt – und Dienstleistungsideen hilfreich.

Neben der Gestaltung von Produkten und Dienstleistungen lassen sich aus dem Bereich der Fabrikplanung vorhandene Erfahrungen und Konzepte für die Banken nutzen. So können beispielsweise anhand von Arbeitswegen und Produktionsschritten in einer Fabrik mit Hilfe von Wegeplanung und Simulationen verschiedene Organisationsalternativen entwickelt und damit optimale räumliche und ergonomische Arbeitsbedingungen und Arbeitsplatzgestaltungen geschaffen werden. Für Banken würde dies beispielsweise bedeuten, dass durch die Nutzung von Experiementierfilialen neue Wege der Bankengestaltung und Kundeninteraktionen gestaltet und unter Realbedingungen getestet werden können.

Des Weiteren ergeben sich im Bereich der Fertigung zusätzliche Möglichkeiten, um von den Erkenntnissen des industriellen Sektors zu profitieren. Vergleichbar mit der Produktion von physischen Produkten wird die Leistungserstellung im Bankenbereich zukünftig anhand von Fertigungsprozessen erfolgen, in denen zahlreiche Kooperationspartner integriert sein werden. In Anlehnung an die „Just-in-time-" und „Just-in-sequence"-Konzepte, müssen die Leistungen verschiedener Wertschöpfungspartner entsprechend des Kundenbedarfs zum richtigen Zeitpunkt, an der richtigen Kundenschnittstelle, in einer vereinbarten Qualität bereitgestellt werden. Entsprechend der industriellen Fertigung sind dabei zahlreiche Varianten vorstellbar, die im Rahmen einer „Bankfertigung" berücksichtigt werden müssen. Für die Banken werden dabei die Koordination der zahlreichen unterschiedlichen Kooperationspartner sowie die Einhaltung und Sicherstellung einer vereinbarten Dienstleistungsqualität zu den zentralen Herausforderungen im Wertschöpfungsmanagement. Dabei ist nicht nur die Koordination vorhandener Partner wichtig. Vielmehr wird es von entscheidender Bedeutung sein, geeignete neue Kooperationspartner zu suchen und zu finden, um damit eine kooperative Wertschöpfung realisieren zu können. Zentraler Aspekt dabei ist die Bewertung dieser potenziellen Dienstleistungspartner in Bezug auf die Qualität und die wirtschaftlichen Fähigkeiten, bevor ein langfristiger Kooperationsvertrag abgeschlossen wird. Hierbei kann auf Lösungen anderer Wirtschaftszweige aufgebaut werden (Bauer et al., 2006).

Für die Übertragung von Ansätzen aus der Fertigungsindustrie ist auch die Nutzung geeigneter Konzepte und Lösungen aus der Produktionsplanung und -steuerung zu berücksichtigen. Diese unterstützen die Optimierung der Ressourcennutzung innerhalb der Organisation. Bezogen auf den Aspekt der Steuerung ist dabei die Einführung und Nutzung eines Kapazitätsmanagements und Prozessmonitorings für Banken interessant. Des Weiteren können Lösungen aus den Bereichen des Prozessdesigns, der Prozessorchestrierung sowie von Prozesssimulationen an die Bedürfnisse von Banken angepasst werden. Ergänzend dazu stellt die Flexibilisierung des Ressourceneinsatzes aufgrund von Markt- oder Nachfrageänderungen einen wichtigen Faktor bei der Industrialisierung dar.

Neben der reinen Produktionsorientierung ist auch die Adaption von Lösungen aus dem Bereich der Logistik für Banken interessant. Hierbei können Erfahrungen aus dem Bereich der Beschaffungs- und Vertriebslogistik interessant sein. Insbesondere bei der Gestaltung von bankübergreifenden Geschäftsprozessen, im Multi Channel Management sowie im Multi Vendor Management ergeben sich Ansatzpunkte zur Übertragung von Ideen und Lösungen aus der Logistik. Praxiserprobte und bewährte Lösungen der Logistik physischer Güter müssen dabei auf die spezifischen Gegebenheiten von Dienstleistern übertragen werden.

Die Erfahrungen aus der Praxis zeigen, dass Ansätze aus dem industriellen Sektor nicht eins zu eins auf Banken übertragen werden können, sondern dafür teilweise erhebliche Anstrengungen unternommen werden müssen. Für Banken ist es daher nicht notwendig, die gleichen Fehler des industriellen Sektors zu wiederholen (wie zum Beispiel die reine tayloristische Arbeitsorganisation in der Fertigung zu Beginn der Industrialisierung). Vielmehr müssen sich Banken die Erfahrungen und die im Kontext einer zeitgemäßen Umweltentwicklung entstandenen Lösungen zunutze machen. Banken können und müssen jedoch auf den vielfältigen Erfahrungen der Industriesektoren aufbauen und sorgfältig prüfen, inwieweit bestehende Konzepte angepasst werden können und müssen, um damit dauerhafte wirtschaftliche Erfolge erzielen zu können. Dabei sind nicht nur die technischen Gegebenheiten der Industrialisierungsmethoden und Konzepte zu berücksichtigen. Vielmehr spielt die begleitende Berücksichtigung von Erfahrungen aus der Arbeitswissenschaft eine wichtige Rolle und die Beschäftigung mit den humanorientierten Ansätzen der Arbeits – und Organisationspsychologie stellen weitere Erfolgsfaktoren und Herausforderungen für die Bankenindustrialisierung bereit.

Die Industrie hat allerdings inzwischen auch erkannt, dass mit der reinen effizienten Produktion von physischen Produkten kein dauerhafter Wettbewerbsvorteil mehr zu erreichen ist. Aus diesem Grund versuchen die industriellen Wirtschaftszweige die Produkte in Kombination mit ergänzenden Dienstleistungen (zum Beispiel Wartung und Service) auszustatten, um damit die Möglichkeit zu besitzen die daraus entstehenden Produkt-Dienstleistungs-Kombinationen als einzigartige Leistungen am Markt zu platzieren. Damit entwickeln sich sowohl der Dienstleistungssektor als auch der produzierende Sektor aufeinander zu und nähern sich an. Bezogen auf die Banken bedeutet diese Entwicklung, dass neben einer effizienten Gestaltung von internen Prozessen die Fähigkeit zu einer kundenorientierten Bereitstellung von individuellen und bedarfsgerechten Dienstleistungen eine der zentralen Herausforderungen darstellt, die im Rahmen der Bankenindustrialisierung gelöst werden kann.

Die Übertragung von industriellen Konzepten und Lösungen ist nicht mehr nur reine Theorie. Viele Banken in Deutschland und Europa beschäftigen sich schon länger mit dem Thema Industrialisierung und konnten damit bisher auch wirtschaftliche Erfolge erzielen (Spath et al., 2007). Der Schlüssel zum Erfolg wird in der Anpassung vorhandener Konzepte und Lösungen auf die Gegebenheiten von Dienstleistern im Allgemeinen und Banken im Speziellen zu finden sein. Die folgenden Beiträge in diesem Buch geben hierfür einen ersten Einblick, wie diese Übertragung und Anpassung stattfinden kann.

6. Umsetzung von Industrialisierungsmaßnahmen

In den vorangegangenen Abschnitten wurden verschiedene Zieldimensionen, Treiber und Ansätze in Bezug auf die Industrialisierung skizziert. Die vielfältigen Facetten und Zieldimensionen der Bankenindustrialisierung bedürfen ebenfalls vielfältiger Modelle, Methoden und Instrumente, welche Banken bei der Umsetzung der Industrialisierungsmaßnahmen unterstützend einsetzen können. Im Rahmen der nachfolgenden Beiträge sollen dabei verschiedene Aspekte der Industrialisierung unter einem praktischen Blickwinkel illustriert werden und somit als konkretes Hilfsmittel dienen, welche Banken bei der Umsetzung von Industrialisierungsvorhaben unterstützen können. Somit werden unterschiedliche Perspektiven der Industrialisierung vertieft dargestellt und eine konkrete Unterstützung für zahlreiche Handlungsfelder aufgeführt.

Dabei werden Erfahrungen und Lösungen vorgestellt, die sowohl die Ebene des strategischen Managements, der aufbau- und ablauforganisatorischen Gestaltung industrialisierter Banken als auch geeignete IT-basierte Lösungen berücksichtigen.

Auf der strategischen Ebene werden einerseits Modelle für industrialisierte Banken aufgezeigt. Andererseits wird das Thema von Industrialisierung und Emotionalisierung detaillierter beleuchtet und damit ein Bereich illustriert, der bisher nicht unmittelbar im Kontext der Industrialisierung diskutiert worden ist.

Im Anschluss daran werden mit dem Industrialisierungs-Quick-Check und einer Methode zum Assessment der Serviceorientierung methodische Ansätze und praxiserprobte Lösungen vorgestellt, die Banken bei der organisatorischen Umsetzung von Industrialisierungsvorhaben gezielt unterstützen können.

Eine große Anzahl der nachfolgenden Beiträge befasst sich mit der Unterstützung und dem zielorientierten Einsatz von IT-Lösungen im Rahmen der Industrialisierung. Dabei werden praktische Ansätze und Entwicklungen aufgezeigt, wie ein gezielter Einsatz von verschiedenen IT-Lösungen den Prozess der Bankenindustrialisierung unterstützen kann. Es werden sowohl strategische Aspekte des IT-Einsatzes als auch konkrete Lösungen zur Unterstützung des Geschäftsprozessmanagements, der Industrialisierung konkreter Prozesse und Aufgaben innerhalb einer Bank erörtert und dargestellt.

Der nachfolgende Abschnitt fasst nochmals die wesentlichen Aspekte der Industrialisierung zusammen und gibt einen Ausblick über zu erwartende Entwicklungen in diesem dynamischen Bereich des Bankmanagements.

7. Fazit und Ausblick

Die Ausführungen in diesem Beitrag haben gezeigt, wie zahlreich sich die unterschiedlichen Facetten der Industrialisierung darstellen. Eine Reduzierung dieses Themas auf ein reines „Lean Banking" ist weder zeitgemäß, noch aufgrund der vielfältigen Ziele und Möglichkeiten, welche die Industrialisierung bietet, angemessen. Die Industrialisierung von Finanzdienstleistern stellt insbesondere Banken vor neue Herausforderungen, da diese die gewohnten Aufgaben und Tätigkeiten in vielen Bereichen der Institute zum Teil grundlegend verändern wird.

Für eine nachhaltig erfolgreiche Umsetzung von Industrialisierungsmaßnahmen werden sich jedoch nicht nur die vorhandenen Geschäftsprozesse und die Aufgaben der Mitarbeiter ändern. Vielmehr muss die Veränderung in den Instituten auf mehreren Ebenen stattfinden. Diese Änderungen betreffen sowohl die Aspekte der Unternehmenskultur und der strategischen Ausrichtung als auch die Implementierung und Anpassung geeigneter Managementprozesse sowie eine langfristig ausgerichtete und zielorientierte Weiterentwicklung der Mitarbeiterkompetenzen. Erfolgreiche Industrialisierung setzt eine Kultur von weitsichtiger unternehmerischer Führung und strategischer Entscheidungen statt kurzfristiger Aktionen voraus. Dies umfasst das gesamte Spektrum innerhalb der Banken: Die aktive (Neu-)Gestaltung von Aufbau- und Ablauforganisationen, die Professionalisierung des Geschäftsprozessmanagements, ein zielorientiertes und förderndes Management der Mitarbeiter sowie einen gezielten Einsatz geeigneter Technologien zur Unterstützung der Geschäftstätigkeiten.

Mittel- bis langfristig müssen sich die Industrialisierungsaktivitäten von einer reinen internen Reorganisation der Banken auf einen externen Kundennutzen konzentrieren. Dies wird sich einerseits in der Entwicklung neuer Geschäftsmodelle niederschlagen, welche erst aufgrund der neuen organisatorischen Fähigkeiten von industrialisierten Banken realisiert werden können. Andererseits werden die Kundenbedürfnisse und schnelle Reaktionsfähigkeit auf Veränderungen als bedeutende Erfolgsfaktoren für einen dauerhaften Markterfolg stärker in den Fokus des Managements gerückt.

Für Banken stellen einerseits die guten, dauerhaften und vertrauensvollen Beziehungen zu ihren Kunden und andererseits die Motivation und Kompetenzen ihrer Mitarbeiter die wichtigsten Vermögenswerte dar. Aus diesem Grund müssen sich auch die Aktivitäten im Bereich der Bankenindustrialisierung auf die Förderung und die Weiterentwicklung dieser Assets konzentrieren. Es gilt mittels geeigneter Industrialisierungsmaßnahmen den Mitarbeitern Freiräume und Möglichkeiten zu schaffen, damit diese sich auf ihre zentralen, wertschöpfenden Tätigkeiten konzentrieren können und auf die Bedürfnisse ihrer Kunden entsprechend reagieren können. Zur Gestaltung und Schaffung dieses Idealbildes können Erfahrungen aus anderen Wirtschaftssektoren durchaus hilfreiche Anreize, Beispiele und Handlungsempfehlungen geben.

Die Praxis zeigt auch, dass aufgrund der Industrialisierung von Banken die Komplexität des Managements steigen wird. Die Herausforderung für das Bankmanagement der Zukunft wird darin bestehen, diese Komplexität mittels bewährter Methoden und Konzepte beherrschbar zu machen und somit von den zahlreichen Potenzialen zu profitieren, die aufgrund von Industrialisierungsaktivitäten ermöglicht werden. Zusammenfassend lässt sich festhalten, dass die wahren und dauerhaften Industrialisierungspotenziale nicht nur auf der Kostenseite vorhanden sind, sondern neue Wege eröffnen können und müssen, um neue Erträge für die Banken zu erschließen.

Literatur

BALDWIN, C. Y. / CLARK, K. B. (2000): Design Rules: The Power of Modularity. Cambridge (MA), London: MIT Press.

BARTMANN, D. (2005): Industrialisierung der Retail Bank – Grundlagen. In: Bartmann, D./ Penzel, H. G. / Petzel, E. (Hrsg.), Die Industrialisierung des Bankbetriebs, S. 13-38, Weinheim 2005.

BAUER, W. / ENGSTLER, M. / PRAEG, C.-P. / & VOCKE, C. (2006): Der Weg zur Banken-Industrialisierung: Industrialisierungs-Quick-Check (White Paper). Stuttgart: Fraunhofer Institut für Arbeitswirtschaft und Organisation (IAO).

BETSCH, O. / THOMAS, P. (2005): Industrialisierung der Kreditwirtschaft, Informationstechnologie und Managementkonzepte. Wiesbaden 2005.

BÖHMANN, T. (2004): Modularisierung von IT-Dienstleistungen. Wiesbaden 2004.

BULLINGER, H.-J. / GANZ, W. / THOMBEIL, A.-S. (2005): Jenseits traditioneller Industrialisierungskonzepte – Effizienz und Effektivität durch Dienstleistungsinnovationen. In: Sokolovsky, Z. / Löschenkohl, S. (Hrsg.), Handbuch Industrialisierung der Finanzwirtschaft Strategien, Management und Methoden für die Bank der Zukunft, S. 21-32, Wiesbaden 2005.

BURR, W. (2002): Service Engineering bei technischen Dienstleistungen: eine ökonomische Analyse der Modularisierung, Leistungstiefengestaltung und Systembündelung. Wiesbaden 2002.

DE BRUIN, T. (2007): Insights into the Evolution of BPM in Organisations. Paper presented at the Australasian Conference on Information System (ACIS 2007), Toowoomba, Queensland, Australien.

DE BRUIN, T. / ROSEMANN, M. (2006): BPM Maturity. In: Jeston, J. / Nelis, J. (Hrsg.), Business Process Management, pp. 299-315.

ENGSTLER, M. / MAKRAM, L. / VOCKE, C. (2005): Industrialisierung der Finanzbranche (Whitepaper des Fraunhofer IAO). Stuttgart 2005.

HAMMER, M. (2007): The Process Audit. Harvard Business Review (April 2007), pp. 111-123.

KÖNIG, W. (2002): Industrialisierung des Bankgeschäfts, S. Wirtschaftsinformatik, 44(6), S. 517-518.

PRAEG, C.-P. (2006A): Handbuch Industrialisierungs-Quick-Check (White Paper): Fraunhofer IAO.
PRAEG, C.-P. (2006B): User requirements and success criteria for electronic banking services. Retrieved April, 2007, from
www.innobankproject.org/innobank/general_information.jsp
PRAEG, C.-P. (2007): An Assessment Tool for Bank Industrialisation – Challenges and Opportunities for Business Process Management. Paper presented at the Australasian Conference on Information System (ACIS 2007), Toowoomba, Queensland, Australien.
SOKOLOVSKY, Z. (2005): Industrialisierung der Banken. In: Sokolovsky, Z. / Löschenkohl, S. (Hrsg.), Handbuch Industrialisierung der Finanzwirtschaft Strategien, Management und Methoden für die Bank der Zukunft, S. 21-32, Wiesbaden 2005.
SPATH, D. / ENGSTLER, M. / PRAEG, C.-P. / VOCKE, C. (2006): Trendstudie Bank und Zukunft 2006 – Wettbewerbsfähigkeit durch Innovation im Vertrieb und industrialisierte Prozesse. Stuttgart 2006.
SPATH, D. / ENGSTLER, M. / PRAEG, C.-P. / VOCKE, C. (2007): Trendstudie Bank und Zukunft 2007 – Mit Prozessexzellenz und Vertriebsinnovationen die Bank der Zukunft gestalten. Stuttgart 2007.
WALTER, S. M. / BÖHMANN, T. / KRCMAR, H. (2007): Industrialisierung der IT – Grundlagen, Merkmale und Ausprägungen eines Trends. In: Fröschle, H.-P. / Strahringer, S. (Hrsg.), IT-Industrialisierung; HMD – Praxis der Wirtschaftsinformatik. Heidelberg 2007.

Emotionalisierung sichert langfristigen Erfolg

Peter Blatter

1. Neuroökonomie

Acht Uhr abends, lange Schlangen an der Supermarktkasse. Ein junger Mann geht schnellen Schrittes vorbei an voll beladenen Einkaufswagen zum Kühlregal. Dort greift gerade eine junge Frau zielstrebig nach der letzten Packung Milch. Enttäuscht und verärgert schaut er die Einkäuferin an. Doch als sich ihre Blicke treffen, lächelt ihm die junge Frau freundlich zu. Er lächelt zurück...

Dieser kurze Augenblick war ausreichend. Beide haben in den wenigen Sekundenbruchteilen bereits darüber entschieden, ob ihnen ihr Gegenüber sympathisch ist. Eine rein emotionale Entscheidung, Rationalität ist dabei nicht im Spiel.

Das gilt nicht nur für Entscheidungen über Sympathie. Menschen unterschätzen generell den Einfluss der Emotionen auf unser vermeintlich rationales Denken. Dabei beeinflusst unser emotionales Empfinden unsere Denk- und Entscheidungsfähigkeit in hohem Maße. Jeder kennt den Effekt der rosaroten Brille, durch den Verliebte rationale Klarheit aushebeln. Auch in anderen Situationen wie Kaufentscheidungen oder Geschäftsverhandlungen beeinflussen emotionale Faktoren stark das Ergebnis – selbst wenn wir versuchen, ganz rational zu bleiben. Dies hat die Neurologie in den vergangenen Jahren empirisch belegt.

Die Neurologie kann somit wesentlich dazu beitragen, Kundenentscheidungen besser zu verstehen. In Kombination mit den Wirtschaftswissenschaften kann sie Unternehmen sogar dabei helfen, ihre Produkte erfolgreicher zu gestalten und zu vermarkten: Diese interdisziplinäre Verknüpfung bezeichnet man als *Neuroökonomie*.

Aber setzt die Wirtschaft dieses Wissen für sich ein? Nutzt sie es durch die „richtige" emotionale Kaufumgebung? Die Antwort für die Konsumgüter- und Lifestyleindustrie lautet eindeutig: ja! Aber was ist mit der Finanzwirtschaft? Hier lautet die Antwort: eher nein.

Die Kundenansprache und die Prozesse im Bankwesen sind vorwiegend rational ausgestaltet. Banker denken nun mal traditionell eher technokratisch, befassen sich mit Konditionen und Renditen. Manche Filiale gleicht einer verstaubten Amtsstube. Dies alles steht im Widerspruch zur neurologischen Forschung, den die Bank der Zukunft auflösen muss.

2. Neue Differenzierungsstrategien

Bislang war in der Kreditwirtschaft auf dem Weg in die Zukunft vieles auf die Industrialisierung der Prozesse ausgerichtet. Das ist gut und wichtig, denn es verschlankt die Administration und verschafft den Beratern mehr Zeit für ihre Kunden. Aber Zeit allein reicht nicht für erfolgreiche Kundenbindung. Im ständig wachsenden Konkurrenzdruck kommt es darauf an, sich vom Markt abzuheben, sich bewusst und nachhaltig von den Wettbewerbern zu differenzieren. Dabei ist eines ganz deutlich: Differenzierung allein über Produkte und Preise funktioniert schon jetzt nicht mehr. Sie sind untereinander weitgehend austauschbar geworden. Preisdifferenzierung allein ist keine nachhaltige Strategie, Produktinnovationen werden schnell kopiert.

Die Herausforderung für die Zukunft wird daher sein, neurologische Erkenntnisse in viele Bereiche des Kreditwesens einzubringen – in Beratungskonzepte, Serviceangebote, Mitarbeiterqualifizierung sowie in die Filialarchitektur – und das weit tiefgreifender als durch reine Wohlfühlelemente wie eine Kaffeebar. Denn am Anfang einer nachhaltigen Kundenbeziehung steht das Vertrauensverhältnis zwischen Kunde und Bank. Und Vertrauen ist eindeutig eine emotionale Angelegenheit.

2.1 Schlanke Strukturen als Grundvoraussetzung und Wachstumsmotor

Der Wettbewerb im Retailbanking hat sich in den vergangenen Jahren enorm verschärft, nachdem der Privatkunde von vielen Banken wiederentdeckt wurde. Das Ergebnis ist ein intensiver Konditionenwettbewerb und ein immer größerer Margendruck. Wer hier bestehen und wachsen will, muss zunächst einmal effiziente Strukturen aufweisen, die dabei helfen, Kosten einzusparen. Nur so kann in Service und Beratung investiert werden, ohne die Kosten signifikant zu steigern.

Diese Investitionen in Service und Beratung sind jedoch notwendig, denn die Anforderungen an Dienstleister insgesamt und insbesondere an Finanzdienstleister steigen. Die Kunden erwarten zu Recht Schnelligkeit, Flexibilität, ein attraktives Produktangebot mit günstigen Konditionen und vor allem eine individuelle und ausführliche Beratung.

Die Citibank hat dafür die organisatorischen Voraussetzungen geschaffen, indem sie industrialisierte Strukturen implementiert hat. Konkret heißt das: Wir haben in einem ersten Schritt unsere administrativen Aufgaben aus den Filialen ausgelagert und an einem Standort gebündelt – im Dienstleistungscenter Duisburg. Dadurch steigt nicht nur die Effizienz. Vor allem gewinnen die Berater in den Filialen vor Ort mehr Zeit für ihre Kunden. Das Ergebnis: Unsere Berater verbringen bis zu 70 Prozent ihrer Zeit in der Kundenberatung. Der Branchenschnitt liegt deutlich darunter.

In einem zweiten Schritt haben wir ein System des Prozess- und Kapazitätsmanagements eingeführt. Dabei haben wir Abläufe und Systeme implementiert, mit denen die technischen und personellen Ressourcen stets optimal genutzt werden. Das Ergebnis: Unser Aufwand-Ertrags-Verhältnis liegt kontinuierlich unter 50 Prozent. So vereinfacht die Citibank ihre Prozesse, schafft schlanke Strukturen, senkt die Kosten – und schafft Arbeitsplätze. Die Mitarbeiterzahl im Dienstleistungscenter konnte seit dem Start im Jahr 1999 auf über 2.000 Mitarbeiter verdoppelt werden.

Die durch die effizienten Strukturen eingesparten Mittel können in den Ausbau des Vertriebsnetzes, die Einstellung neuer Mitarbeiter und die Erweiterung der Produktpalette investiert werden. Insbesondere sind effiziente Strukturen eine notwendige Voraussetzung, um in Service und Beratung investieren zu können, ohne dass die Kosten signifikant steigen. Die sogenannte „Industrialisierung" ist also kein Sparprogramm, sondern ein Fitnessgarant, der für Wachstum steht. Sie ist die zentrale Voraussetzung, um Service und Beratung für die Kunden deutlich auszubauen: Der Weg zu höherer Effizienz, zu Wachstum und nicht zuletzt höherer Kundenzufriedenheit.

2.2 Emotionale Faktoren als Schlüssel zum Erfolg

Profitable und schlanke Geschäftsprozesse allein reichen aber nicht. „Nur" mehr Zeit für Beratung ebenfalls nicht. Das ist zu kurz gedacht. Entscheidend ist, die gewonnene Zeit richtig zu nutzen. Dabei kommt es auf sogenannte weiche Faktoren an. Hier kann die Finanzbranche wieder – wie schon bei der Industrialisierung – von anderen Branchen lernen. Beispielsweise von der Lifestyleindustrie. Wie können Banken ähnlich starke Markenerlebnisse schaffen wie die Konsumgüterindustrie? Ein schönes Beispiel für ein positives Markenerlebnis ist Coca-Cola: Im Jahr 2003 unternahm ein Wissenschaftler vom Baylor College of Medicine in Houston einen Versuch mit Coca-Cola- und Pepsi-Trinkern. Als den Probanden während des Experiments gesagt wurde, welches Getränk sie zu sich nahmen, zeigten die Coca-

Cola-Trinker deutlich stärkere emotionale Reaktionen als die Pepsi-Trinker. Im Blindtest äußerten jedoch beide Versuchsgruppen, dass ihnen Pepsi deutlich besser schmeckt. Der Test verdeutlich: Wer Marken stärker positiv emotionalisiert, ist erfolgreicher.

Mittlerweile ist wissenschaftlich erwiesen, dass der menschliche Entscheidungsprozess primär emotional verläuft. Das gilt auch für Kaufentscheidungen. Ebenso für die Entscheidung, Kunde eines Unternehmen zu bleiben – oder zu wechseln. Gerade die Finanzbranche kann diese Erkenntnisse vorteilhaft für sich nutzen. Denn Banken haben sehr viel mit Emotionen zu tun. Die Berater werden täglich konfrontiert mit den Vorsorge- oder Zukunftsängsten ihrer Kunden. Das sind starke Triebkräfte. Doch die emotionale Vernachlässigung, die bislang bei den Instituten herrscht, haben sich die Banken zum Teil sogar selbst auferlegt. Zu wenige von ihnen versuchen, Themen etwas emotionaler und spannender zu gestalten oder Produkte und Services entsprechend auszurichten.

2.3 Rationalität in der Produktgestaltung: Weniger ist mehr

Während die Produkt- und Servicegestaltung im Finanzsektor somit primär auf rationale Faktoren wie beispielsweise Zinsen und Gebühren ausgelegt ist, zeigt sich bei den Kundenentscheidungen ein ganz anderes Bild: Emotionen spielen dort die entscheidende Rolle, und der Ratio kommt nur ein kleiner Anteil zu. Kundenentscheidung und Produktgestaltung sind somit genau spiegelbildlich zueinander angelegt. Unternehmen bearbeiten mit viel Aufwand den kleinen rationalen Teil in der Entscheidungsfindung. Das bedeutet letztendlich, dass der entscheidende Faktor in der Kaufentscheidung des Kunden dem Zufall überlassen wird. Die Möglichkeit, Kunden emotional anzusprechen, wird außer Acht gelassen.

Das gängige Bild des „Homo Oeconomicus", der seine Handlungen rein nach rationalen Kriterien ausrichtet und seine Entscheidungen allein nach dem ökonomischen Prinzip zur Maximierung seines persönlichen Nutzens trifft, gerät damit ins Wanken.

Es ist neurologisch belegt, dass die Zufriedenheit eines Kunden gleich bleibt, solange sich Veränderungen in der Kundenansprache innerhalb der sogenannten Zone der marginalen Wahrnehmung abspielen. Kleine Verbesserungen haben somit keinerlei Auswirkungen auf die Kundenzufriedenheit. Diese steigt erst, wenn die Zone der marginalen Wahrnehmung übertroffen wird. Sobald dies jedoch geschieht, entsteht für den Kunden ein „Wow-Erlebnis", das sich nachhaltig auf seine Zufriedenheit auswirkt.

Die Citibank nutzt dieses neurologische Verständnis von Kundenzufriedenheit und emotionaler Produkt- und Servicegestaltung für die Pflege der Kundenbeziehung – beispielsweise mit Serviceversprechen. Wenn ein Citigold-Kunde bei uns einen Termin in der Filiale hat, versprechen wir ihm, dass er nicht länger als fünf Minuten warten muss. Passiert das dennoch, entschuldigen wir uns mit einem Geschenk – etwa mit einer Flasche Sekt. Pünktlichkeit ist eine unserer Selbstverpflichtungen, denn Pünktlichkeit ist eine Form der Höflichkeit, des Anstandes und des Respekts.

Die „Online-Sicherheits-Garantie" beim Online Banking zählt ebenfalls zu unseren Serviceversprechen. Wir haben damit konkret auf die Wünsche unserer Kunden reagiert. Ein Kunde erwartet von seiner Bank, dass sie ihn vor den Gefahren des Internets schützt. Auch noch so aufwendige Sicherheitstechnologie kann das nicht immer leisten – von Einbußen bei der Nutzerfreundlichkeit ganz abgesehen. Die Citibank geht auf die Ängste der Kunden anders ein: Sollte einem Citibank-Kunden aufgrund von Online-Betrug durch Dritte ein finanzieller Schaden entstehen, erstatten wir ihm den verlorenen Betrag. Ein Versprechen, das dem Kunden Sicherheit vermittelt und Vertrauen schafft. Das Wichtigste für uns ist dabei, dem Kunden das Gefühl zu geben, dass er in einer schwierigen Situation nicht allein gelassen wird.

2.4 Filialarchitektur: Balance zwischen Transparenz und Intimität

Ein weiteres Beispiel: Der Kunde betritt einen Raum und fühlt sich wohl. Dieses „Wohlfühlen" ist keine rationale Handlung. Es ist eine Summe aus Eindrücken, aus Gerüchen, aus Farben, aus Stimmen, aus Tönen. Und wenn er sich in einer Bankfiliale wohl fühlt, ist die Wahrscheinlichkeit auch wesentlich höher, dass er eine Entscheidung für eine Finanztransaktion trifft.

Ein Kunde geht zu seiner Bank, weil er ein konkretes Anliegen hat. Er kommt nicht in die Filiale, um sich, wie bei einem Schaufensterbummel am Samstagnachmittag, nach neuen Angeboten umzuschauen. Er ist stattdessen stark anlassgetrieben. Daher ist es sehr wichtig, dass eine Bank ein Wohlfühlumfeld bereitstellt, indem sie zum Beispiel die Privat- oder Intimsphäre schon durch die Filialarchitektur schützt. In der Filiale sagen Kunden Dinge, die nicht für die Öffentlichkeit bestimmt sind. Wenn der Kunde das Gefühl hat, dass ihm jemand über die Schulter schaut oder vom Nachbartisch aus zuhört, ist das ähnlich unangenehm, als wenn der Kunde sich beim Arzt hinter einer Glastür ausziehen muss.

Eine Bankfiliale sollte offene Gestaltung und akustische Abschirmung gleichermaßen gewährleisten. Denn Lärm verbreitet Hektik, und bei Finanzgeschäften stört Hektik enorm. Eine komplette Abtrennung des Schalterbereichs jedoch würde dem Transparenzgedanken widersprechen. Außerdem sollte visuell ein Raum definiert sein, in dem die Beratung stattfindet. Dies setzt die Citibank gerade in ihren neuen Filialen architektonisch um: Emotionalisierung erfolgt in den neuen Raumkonzepten auch durch neue Farb- und Lichtwelten.

Ein anderes Beispiel ist der Bildschirm: Er kann abgrenzen – der Berater kann sich dahinter verstecken. Oder er kann wie bei der Citibank den Kunden integrieren, wenn er sich schwenken lässt, so dass der Kunde sieht, was der Berater gerade eingibt. Zudem haben wir ein Finanzberatungssystem, das in Dialogform geführt wird. Kunde und Berater verstehen wir als Team. Das drückt auch die Beratungssituation aus. Symbolisiert wird dieser „Teamgeist" zudem durch einen farbig markierten Teppichkreis um den runden Tisch. Das Ziel: Den Menschen stärker in den Mittelpunkt stellen, ihn emotional ansprechen. Wir schaffen Vertraulichkeit und Transparenz auch durch die räumliche Gestaltung.

2.5   Berater sind das Gesicht der Bank

Auch bei der Auswahl der Mitarbeiter berücksichtigen wir die „weiche", emotionale Dimension. Der Berater ist Botschafter und Repräsentant des gesamten Unternehmens. Wenn ein Berater unsensibel oder grob ist, wird der Kunde dies immer auf das Gesamtunternehmen übertragen: Auch das ist eine emotionale, keine rationale Entscheidung. Jeder unserer Mitarbeiter repräsentiert die gesamte Citibank und trägt deshalb Verantwortung. Wenn ein Berater diese Anforderungen versteht, wird dies auch positive Auswirkungen auf sein Verhalten haben. Bei einem Kunden, der ein Finanzproblem hat oder den Vorsorgeängste drücken, nimmt der Berater gestalterischen Einfluss auf das Leben des Kunden. Dem muss der Berater gerecht werden: mit seiner Ausstrahlung, Kompetenz und Empathie.

Banker sind es gewohnt, eher technokratisch tätig zu sein. Emotionen dagegen sind ein „weiches" Thema. Dafür werden unsere Mitarbeiter auch in Trainingskursen geschult. Wir stellen zudem bewusst branchenfremde Mitarbeiter ein, wie zum Beispiel aus der Konsumgüter- und Lifestyleindustrie. Sie geben in punkto Emotionalisierung neue Einblicke und Impulse.

3.   Bank der Zukunft

Die Bankbranche steht vor einer Weggabelung. Die Industrialisierung hat dazu geführt, dass das Bankgeschäft zwar deutlich effizienter, aber auch unpersönlicher wird. Langfristige Kundenbindung lässt sich auf diesem Weg kaum erreichen. Erst in Kombination mit der Emotionalisierung des Bankwesens führt dieser Weg langfristig zum Erfolg. Die Emotionalisierung wird daher das Differenzierungsmerkmal der Zukunft sein.

Doch was genau bedeutet dies für die Bank der Zukunft? Welche Konsequenzen müssen Finanzinstitute aus diesen Erkenntnissen ziehen?

Rückbesinnung auf den Kunden

Der Kerngedanke sollte zunächst sein, den Kunden wirklich in den Mittelpunkt des Handelns zu stellen und (Finanz-)Dienstleistung als konsequente Ausrichtung auf den Kunden zu verstehen. Der Fokus liegt dabei auf einer nachhaltigen, vertrauensvollen Kundenbeziehung. Zukunftsorientierte Banken werden ihre verschiedenen Kanäle zur Kundenbetreuung intelligenter nutzen und stärker auf den Kundenwunsch abstimmen.

Technologie im Dienste des Kunden

Dazu gehört auch, Technologie nicht um ihrer selbst willen anzuwenden, sondern sie an die Bedürfnisse des Menschen anzupassen. Niemals umgekehrt. Telefon- und Online-Banking werden sich auf reine Transaktionen begrenzen. Dabei wird die Datensicherheit eine große Herausforderung darstellen. Es gilt, dem Kunden einfache und vor allem sichere Lösungen anzubieten. Zugleich kann Technologie aber auch den Zugang zu Expertenwissen weltweit ermöglichen. Das Ziel hierbei lautet, die Beratungsleistung durch Technologieeinsatz zu optimieren. Technologie kann Beratung jedoch niemals ersetzen.

Stärkung des persönlichen Bankings

Der persönliche Kontakt zwischen Kunde und Berater wird wieder wichtiger. Das betrifft auch die Filialen, die ein Revival erleben werden. Denn die Filiale als Ort der persönlichen Betreuung ist ein zentraler Punkt in der Emotionalisierung von Finanzdienstleistungen. Vor dem Hintergrund, dass die Komplexitätsgrade immer weiter steigen, kommt der Simplizität von Produkten zudem ein neues Gewicht zu. Der Weg führt hier weg vom bloßen Produktverkauf, hin zu einer ganzheitlichen, individuellen Beratung, die dem Kunden die Finanzwelt vereinfacht. Die individuelle Beratung der Kunden wird dabei zur zentralen Dienstleistung der Bank.

Fazit

Die Bank der Zukunft ist somit eine Bank, die auf „artgerechtes Banking" setzt, indem sie die Beziehung zum altbekannten Kunden neu entdeckt und ihn mit dem Unternehmen emotional verbindet. Denn mit der „emotionalen Brille" erscheint vieles in neuem Licht. Dies lässt sich nicht nur bei alltäglichen Dingen beobachten, wie etwa beim Milchkauf im Supermarkt, sondern auch bei vermeintlich rationalen Angelegenheiten wie Finanzgeschäften. Es lohnt sich jedenfalls, einmal genauer darauf zu achten.

4. Exkurs: Der menschliche Entscheidungsprozess

Die meisten Entscheidungen, die wir treffen, sind von unserem Gehirn schon entschieden, bevor wir anfangen, bewusst über eine Entscheidung nachzudenken. Der Entscheidungsfindungsprozess wird von einem weit reichenden Netzwerk von Arealen in unserem Gehirn gesteuert, auf die wir keinen bewussten Einfluss ausüben können. Das Gehirn arbeitet autonom. Unsere Entscheidungen sind von bereits gemachten Erfahrungen oder emotionalen Empfindungen abhängig. Unser Gehirn entscheidet dabei unbewusst, welche Erfahrungen es abruft und welche Informationen es als wichtig und unwichtig einstuft. Areale des Gehirns, die für den Entscheidungsfindungsprozess wichtig sind, sind das limbische System und der frontale Cortex. Das limbische System im Gehirn ist der Hort der Emotionen – jede menschliche Entscheidung beginnt und endet dort. Man kann sagen, dass bei der Hälfte der 2.000 Entscheidungen, die wir am Tag im Durchschnitt treffen, unser „Ich" überhaupt nicht beteiligt ist. Das heißt, wir treffen diese Entscheidungen impulsiv. Die Entscheidungen, die wir bewusst zu treffen glauben, sind ebenfalls durch Emotionen gesteuert. Der Cortex, unser Verstand, ist nur bei der Detailausarbeitung involviert. Die Entscheidung ist bis dahin schon längst gefallen.

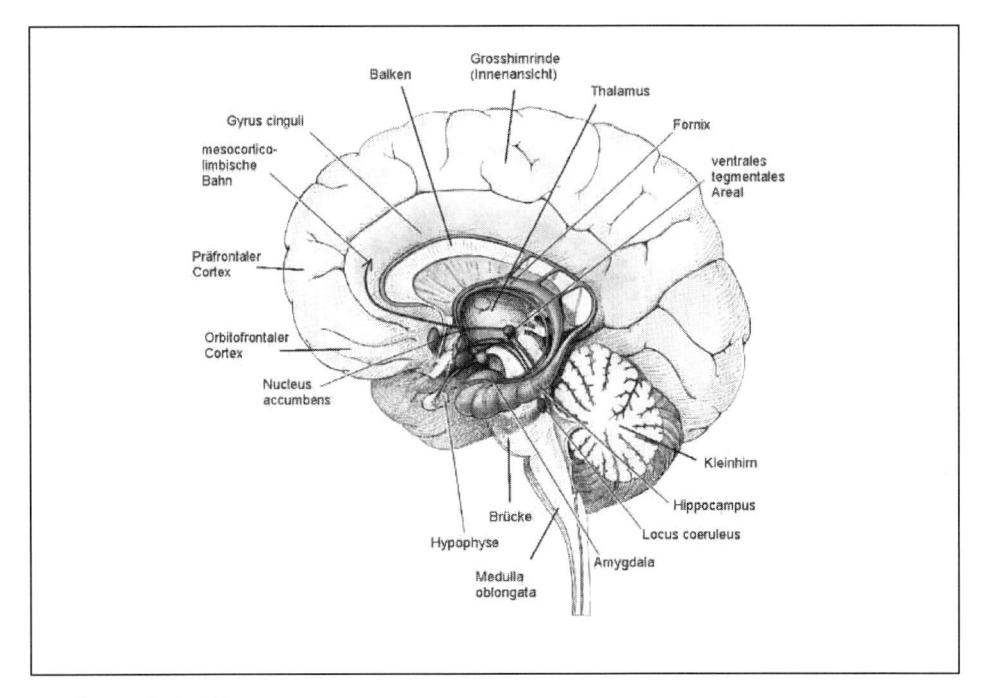

Quelle: Roth, 2001)
Abbildung 1: *Der Entscheidungsapparat*

Dies hat die Hirnforschung in den vergangenen Jahren durch empirische Verfahren belegt. Auch unsere Vorentscheidungen zum Kauf eines Produktes werden schon einige Sekundenbruchteile vor unserer bewussten Entscheidung emotional im limbischen System gelenkt. Mit anderen Worten bedeutet dies, dass man vor einer rationalen Überzeugung zuerst das Herz bzw. die Sympathie der Zielgruppe erreichen muss.

Literatur

ROTH, G. (2001): Fühlen, Denken, Handeln. Wie das Gehirn unser Verhalten steuert, 2001.
LIEBERT. R. M. / SPIEGLER, M. D. (1997): Personality. Strategies and Issues, 1997.

Die Zerlegung der Wertschöpfungskette als Treiber für den Umbau der Bankenbranche

Johann Rudolf Flesch

1. Was kennzeichnet die Branche 2008?

Betrachtet man die Ergebnisentwicklung der deutschen Kreditinstitute in den letzten Jahren, so zeigt die aktuelle Übersicht der Bundesbank[1] nach dem Besorgnis erregenden Rückgang auf nahezu Null im Jahre 2003 eine deutliche Verbesserung sowohl der Jahresüberschüsse als auch der Eigenkapitalrentabilität.

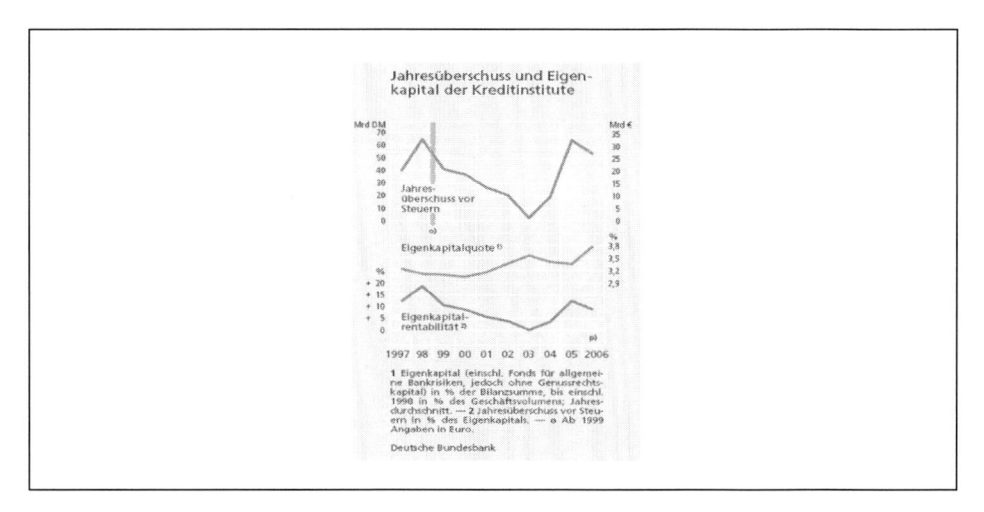

Quelle: Deutsche Bundesbank
Abbildung 1: *Jahresüberschuss und Eigenkapital der Kreditinstitute*

---

1 Quelle: Deutsche Bundesbank, Monatsbericht September 2007, S. 15 ff.

Durch hohe Wertberichtigungen in den Kreditportfolios war nach 2000 eine fast existenzielle Ertragsbelastung entstanden, der man kurzfristig nur mit massiven Kosteneinsparungen zu begegnen wusste. Diese Cost-Cutting-Programme sowie die Bemühungen zur Reduzierung des Kreditrisikos – teils durch Zurückhaltung im Kreditneugeschäft, teils durch verbesserte Verfahrensweisen bei der risikoorientierten Bepreisung und beim Portfoliomanagement – verhinderten aber offensichtlich in ihrer Konzentration auf das Lösen der aktuellen Ertragsprobleme eine Beschäftigung mit den immer drängenderen Fragen der nachhaltigen Ertragssicherung. Kaum dass sich die Bankergebnisse bis 2006 wieder erholten, werden die Gewinn- und Verlustrechnungen der Kreditinstitute mit neuen Belastungen konfrontiert. Die sogenannte „Kreditkrise" hat zwar nicht die Breite der deutschen Kreditinstitute getroffen, jedoch einzelne Institute so schwer, dass hiervon erhebliche Gefahren für die gesamte Finanzmarktstabilität ausgehen.

Mittlerweile drangen neue Wettbewerber in die Branche ein und etablierten sich mit zum Teil erheblichen Marktanteilen. Finanzvertriebe konzentrieren sich erfolgreich nur auf den Vertrieb, ohne selbst Bankleistungen zu produzieren oder im eigenen Bestand zu halten. Direktbanken bedrohen weniger durch den modernen medialen Vertriebsweg als durch den Angriff auf die Passivseite, die gerade für das deutsche Bankensystem einen erheblichen, darüber hinaus auch noch bisher weitgehend stabilen Ergebnisbeitrag lieferte. In der in Deutschland vorherrschenden „mittelständischen Kreditwirtschaft" durch Sparkassen und Volksbanken mit ihrem hohen Marktanteil wird die Vorstellung zum Geschäftsmodell noch von dem alten Leitbild dominiert, in dem die Universalbank als traditionelles Erfolgsmodell verstanden wird. Außerdem genießt das sogenannte „Drei-Säulen-Modell" mit seinem Gruppenwettbewerb zwischen Privatbanken, öffentlich-rechtlichen Banken sowie Volks- und Raiffeisenbanken als stabilisierender Faktor der deutschen Wirtschaftsordnung politischen Rückhalt. Nachstehende Überlegungen sollen zeigen, dass die Bankenbranche in Deutschland unabhängig von den in den letzten Jahren mit größerer Volatilität zu beobachtenden Ergebnisschwankungen vor der Notwendigkeit des Umbaus der Geschäftsmodelle steht.

2. Paradigmenwechsel im Geschäftsmodell

In allen Bankengruppen wird das Zukunftsmodell überwiegend in horizontalen und vertikalen Fusionen gesehen. In den Verbünden sollen die horizontalen Fusionen zur „Regions-Sparkasse bzw. -Volksbank" oberhalb der kritischen Betriebsgröße führen; im Sparkassen-Verbund wird über vertikale Fusionen die Lösung für die weiterhin ohne eigenes Geschäftsmodell agierenden Landesbanken gesehen; auch im Privatbankensektor taucht immer wieder die Vision des durch Fusionen gebildeten „Nationalen Champions" auf.

Die Strategien der Banken haben durch ihre Ausrichtung auf die jeweils gleichen Inhalte das wesentliche Element des Wettbewerbs, nämlich die Differenzierung, vernachlässigt und daher in den letzten Jahren keine wirklich nachhaltig ertragreichen Geschäftsmodelle entwickelt. Die bisherigen Aktivitäten lassen sich vereinfacht zusammenfassen als Verfolgung des alten Paradigmas: Die Universalbank soll effizienter, vertriebsstärker und rentabler gemacht werden, und die „Drei-Säulen-Struktur" der Kreditwirtschaft soll als Wettbewerbsmodell auch in der Zukunft Bestand haben. Die Argumente hierfür führen insbesondere die Bewährung dieses Geschäftsmodells und der Struktur in der Vergangenheit an. Es gibt aber wenig Substanzielles, wie unter den neuen Bedingungen der Märkte und des veränderten Kundenverhaltens dringend notwendige, nachhaltige Erträge erwirtschaftet werden sollen.

Als Mitte der Neunzigerjahre erstmals die Grundzüge eines neuen Wettbewerbsmodells für die deutsche Kreditwirtschaft vorgestellt wurden,[2] hatten die Überlegungen zu einem nachhaltig erfolgreichen Geschäftsmodell für Kreditinstitute noch überwiegend akademischen Charakter. Die damals formulierten alternativen Grundüberlegungen folgten im Gegensatz zur Orientierung an Größe und Sortimentsbreite der Universalbank mit ihrer ausgeprägten Wertschöpfungstiefe der These, dass es zu einer funktionalen Arbeitsteilung aufgrund des Zwangs zur Konzentration auf Kernkompetenzen kommen wird.

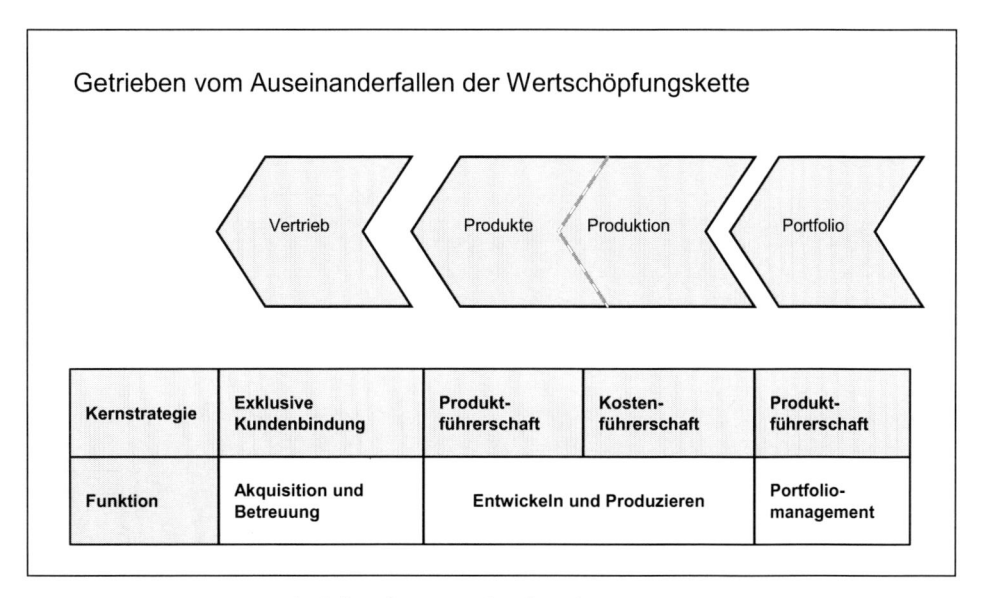

Abbildung 2: *Auseinanderfallen der Wertschöpfungskette*

Getrieben wird dies durch ein Auseinanderfallen der Wertschöpfungskette bei der Erstellung von Bankleistungen, ein Prozess, der in der Industrie bereits stattgefunden hat. So konstatiert das Fraunhofer-Institut für Arbeitswirtschaft und Organisation in seiner Trendstudie „Bank &

---

2 Vgl. Flesch (1995), S. 18 ff.

Zukunft 2007"[3]: „Dabei zielt die Industrialisierung sowohl auf die Veränderung der internen Strukturen innerhalb der Banken als auch auf die Veränderung der Wertschöpfungsprozesse ab".

3. Neue Geschäftsmodelle bringen neue Banktypen hervor

Auch wenn derzeit in den Banken noch überwiegend systemimmanente Verbesserungen gesucht werden, wird es zur Herausbildung von Prototypen von Banken kommen. Diese werden je nach Kernkompetenz Bereiche dieser funktionalen Arbeitsteilung abdecken, wie dies in Abbildung 3 veranschaulicht ist.

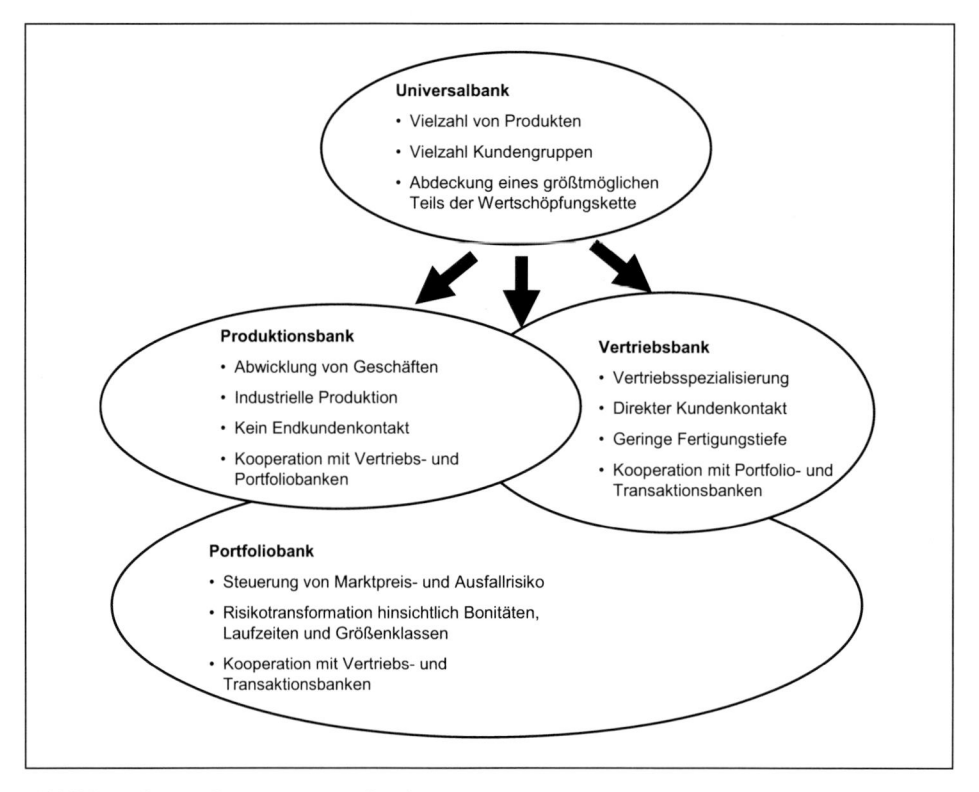

Abbildung 3: Prototypen von Banken

---

3 Vgl. Spath (Hrsg.)/Engstler/Praeg/Vocke (2007), S. 32.

Abbildung 3 zeigt die Schwerpunkte der Tätigkeiten der sich aus der Universalbank entwickelnden Prototypen, die sich als Vertriebs-, Produktion- und Portfoliobank beschreiben lassen. Vertriebsbanken konzentrieren sich auf eine klare Kunden- und Verkaufsorientierung, das heißt, sie verfolgen in ihrer Kernstrategie eine exklusive Kundenbindung. Ihre Funktionen bestehen in der Akquisition und Betreuung der Kunden. Ihre Spezialisierung ermöglicht ihnen auch, vor dem Hintergrund immer weiterer Individualisierung der Nachfrage ein wirklich kundenbedarfsorientiertes Angebot zu bieten, was die Kundenbindung weiter stärkt. So ausgerichtete Institute werden ihre Fertigungstiefe dramatisch verringern und Produkte sowie die Abwicklung der Geschäfte bei Produktionsbanken einkaufen. Die mit den Kundengeschäften verbundenen Marktpreis- und Adressausfallrisiken werden von den Portfoliobanken mit entsprechenden Risikoprämien aufgenommen.

Die Produktionsbanken verfolgen dagegen als Kernstrategie die Kosten- bzw. Produktführerschaft und ihre Funktion ist auf Produzieren und Entwickeln konzentriert. Dabei finden in diesem Typ immer mehr die industriellen Standards zur technischen Abwicklung von Geschäftsprozessen Anwendung und durch die Bündelung großer Mengen gleichartiger Geschäftsvorfälle werden erhebliche Kostendegressionseffekte erreicht. Diese Institute sind vergleichbar mit den Zulieferbranchen in anderen Industrien, die auf dem Weg der Verringerung der Fertigungstiefe schon weiter fortgeschritten sind. Sie haben keine Geschäftsverbindung zu dem Endkunden, sondern ihre Kunden sind die Vertriebs- und Portfoliobanken sowie andere Institutionen in den internationalen Geld- und Kapitalmärkten.

Die Portfoliobanken schließlich verfolgen als Kernstrategie die Produktführerschaft und konzentrieren sich auf ihre Funktion als Portfoliomanager. Dabei nutzen sie die sich ergebenden Diversifizierungseffekte durch die Bündelung großer Mengen von marktpreis- und ausfallrisikotragenden Geschäften und nehmen je nach angestrebter Risiko-/Ertragsrelation am Handel mit Marktpreis- und Adressausfallrisiken an den internationalen Geld- und Kapitalmärkten teil. War früher insbesondere eine strategische Positionierung als Portfoliobank schwer vorstellbar, da das tradierte Managementverständnis für das Kreditgeschäft nicht von der Entwicklung eines fungiblen Kreditmarktes ausging, gibt es heute zahlreiche Möglichkeiten für den Adressrisikotransfer, sodass eine Entwicklung absehbar ist, die mit dem längst nahezu vollkommen entwickelten Markt für Marktpreisrisiken vergleichbar ist.

4. Die Branche vor dem Umbruch

Der strategische Umbau einer Bank unter diesen Überschriften bedeutet weit mehr als die beginnenden Outsourcingaktivitäten, mit denen verschiedene Abwicklungsleistungen an größere und spezialisierte Dienstleister ausgelagert werden. Entscheidende Veränderungen werden erst ausgelöst durch die Ausrichtung an einer neuen Kernstrategie und die Konzentration auf die dahinter stehende Funktion (Abbildung 4).

Nur bei konsequentem Umbau erfolgreich

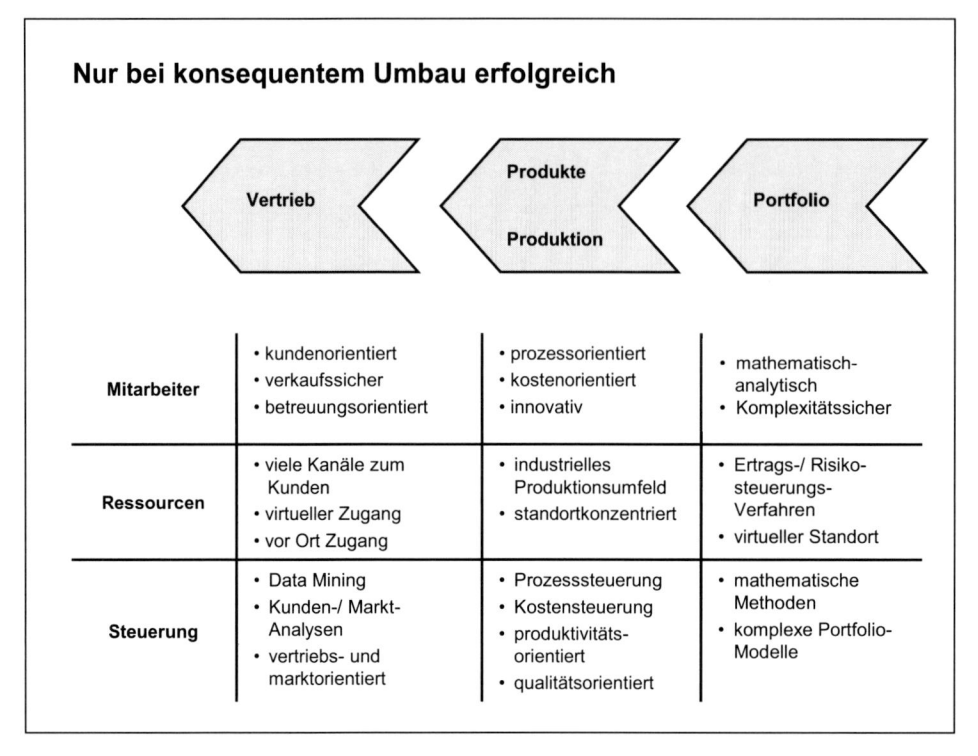

	Vertrieb	Produkte / Produktion	Portfolio
Mitarbeiter	• kundenorientiert • verkaufssicher • betreuungsorientiert	• prozessorientiert • kostenorientiert • innovativ	• mathematisch-analytisch • Komplexitätssicher
Ressourcen	• viele Kanäle zum Kunden • virtueller Zugang • vor Ort Zugang	• industrielles Produktionsumfeld • standortkonzentriert	• Ertrags-/ Risikosteuerungs-Verfahren • virtueller Standort
Steuerung	• Data Mining • Kunden-/ Markt-Analysen • vertriebs- und marktorientiert	• Prozesssteuerung • Kostensteuerung • produktivitätsorientiert • qualitätsorientiert	• mathematische Methoden • komplexe Portfolio-Modelle

Abbildung 4: Nur bei konsequentem Umbau erfolgreich

Die dramatischen Auswirkungen seien kurz am Beispiel einer Vertriebsbank geschildert: Die Kernstrategie einer exklusiven Kundenbindung bedeutet, dass diese Bank eine ganz eindeutige Kunden- und Verkaufsorientierung hat, was sich in Leitbild und Mission niederschlägt. Die Mitarbeiter sind kunden- und verkaufs- und nicht bank- und fachwissenorientiert. Die Organisationsstruktur ist gemäß dieser Orientierung kunden- und verkaufsausgerichtet, hat im Vergleich zu heute vernachlässigbare Back-Office- und Stabsbereiche und verfügt über ein vertriebserfolgsabhängiges Vergütungssystem. Die Mitarbeiter der Back-Office-Bereiche einer solchen Bank beherrschen insbesondere das Outsourcing-Management, das heißt das Preis- und Vertragsmanagement für den Einkauf von Produkten und Abwicklungsleistungen. Die Mitarbeiter der Vertriebseinheiten besitzen insbesondere die Fähigkeiten, aus standardisierten Produktmodulen kundenindividuelle Angebote zusammenzustellen, sodass Kundenbedürfnis und qualitäts- und preisattraktives Angebot zusammentreffen. Neben dem reduzierten Ressourcenbedarf für Abwicklungsleistungen können die Bereiche für die eigene Geld- und Kapitaldisposition deutlich reduziert werden, da das Management von Marktpreis- und Adressausfallrisiken praktisch entfällt. Der stark reduzierte Bedarf an Steuerung interner Prozesse verringert die Komplexität der Gesamtbanksteuerung in erheblichem Ausmaß, was wiederum kaum zu überschätzende Effekte auf den Personaleinsatz, aber auch Sachmitteleinsatz in Form von teuren Steuerungssystemen hat. Darüber hinaus ist kaum anzunehmen, dass die heutigen Kreditinstitute in der Lage sein werden, ein vollständiges Gesamtbanksteuerungssystem, das auch den aufsichtsrechtlichen Anforderungen an das Betreiben aller Bankgeschäfte in einer deutschen Universalbank gerecht wird, sowohl hinsichtlich des erforderlichen Know-hows als auch der damit verbundenen finanziellen Lasten zu implementieren.

Banken, die ihre Stärke also in der exklusiven Kundenbindung sehen, würden durch die konsequente Verfolgung der Strategie einer Vertriebsbank zum einen die tatsächliche Konzentration ihrer Ressourcen auf ihre wirkliche Stärke ermöglichen, ihre Kostenseite erheblich entlasten und durch die Reduzierung der Komplexität ihres Geschäfts sowohl Kosten einsparen als auch die operativen Risiken der Produktion sowie die Marktpreis- und Adressausfallrisiken deutlich reduzieren.

Gleiche Effekte lassen sich bei den beiden anderen Prototypen hinsichtlich klarer Mission und damit erlösfokussierter Geschäftsstrategie, Mitarbeiterqualifikation, Kosten- und Risikoreduzierung sowie Komplexitätsrückführung aufzeigen.

5. Das Drei-Banken-Modell wird die Drei-Säulen-Struktur ablösen

Auch wenn bisher wenige Banken einen konsequenten Strategiewechsel in Richtung der drei Prototypen vollzogen haben und der tatsächliche Umbau ohnehin seine Zeit brauchen wird, so ist in den letzten Jahren doch eine beschleunigte Entwicklung zumindest auf dem Feld der Produktionsbanken oder auch der Transaktionsinstitute zu beobachten. Es entstanden Institute mit eindeutiger strategischer Zielsetzung der effizienten Erbringung von Produktionsleistungen im Wertpapier-, Zahlungsverkehrs- und sogar dem Kreditgeschäft. Für die Banken insgesamt konstatiert die Trendstudie „Bank & Zukunft 2007": „Es zeigt sich, dass die Banken vorrangig die vorhandenen Strukturen verbessern und optimieren möchten, die Neugestaltung hingegen eine eher geringe Priorität erhält. Es wird also tendenziell eher bestehendes bewahrt und verbessert als etwas Neues gewagt."[4]

Die Zerlegung der Wertschöpfungskette bei der Erstellung der Bankleistungen wird sowohl unter dem Gesichtspunkt der Zerlegung in horizontaler Sicht (Vertrieb – Produktion – Portfolio) als auch in ihrer vertikalen Ausprägung in den sogenannten Verbünden der Kreditwirtschaft (primäres Institut – subsidiäres Institut wie Landesbank/Zentralbank) dazu führen, dass sich die Drei-Säulen-Struktur des deutschen Bankensektors auflösen wird.

---

[4] Vgl. Spath (Hrsg.)/Engstler/Praeg/Vocke (2007), S. 39.

Es ist nur eine Frage der Zeit, bis sich zum Beispiel bei den Anbietern für Wertpapiertransaktionsleistungen über die gerade stattfindende Konsolidierung und Konzentration zwei bis drei große Unternehmen herausgebildet haben, sodass ohne einen Rückgriff auf deren kostengünstige Leistungen ein Wertpapiertransaktionsgeschäft nicht mehr zu wettbewerbsfähigen Preisen angeboten werden kann. Ein gleiches wird insbesondere auf dem Feld der Portfoliobanken geschehen, bei denen eine Konsolidierung wegen der hohen Spezialisierung in Know-how, Systemkomplexität und Geld- und Kapitalmarktfähigkeit rasch eintreten wird. Auch hier sind die Verbund- oder Verbandsgrenzen schnell überschritten, wenn die spezialisierten Anbieter Prämien für die Marktpreis- und Ausfallrisikoabsicherung sowie Kosten für eine effiziente und qualitätsgesicherte Portfolioführung bieten, die Wettbewerber mit marginalen Tätigkeiten auf diesem Feld nicht darstellen können. Beispielhaft zeigt Abbildung 5 die schon heute deutlich geänderten Rahmenbedingungen vertikaler Wertschöpfungsketten in den Verbünden.

	Refinanzierungen Anlagen	Kredite	Wertpapiergeschäft Zahlungsverkehr	IT
Probleme Früher	• Keine Geldmarkt-fähigkeit • hohe Informationskosten • Laufzeitprobleme	• Größenklassen-probleme • Laufzeitprobleme	• Know-how-Defizite • hohe Fixkosten	• Know-how-Defizite • hohe Fixkosten
Lösung durch subsidiäre Unternehmen	• Liquiditätsverbund • Refinanzierungsrahmen	• Metakredite • Weiterleitungs-kredite	• Zahlungsverkehrs-, Auslandsgeschäfs-, WP-Abwicklung	• Entwicklungs- und Produktions-Rechenzentralen
Zustand heute	• Voll entwickelter Euro-Geldmarkt • Niedrige Informations- und Transaktionskosten • Finanzinnovationen lösen alle Laufzeitprobleme	• Risikotransfer möglich • Verkauf von Forderungen • Weitergabe von Adress- und Marktpreisrisiken	• mandantenfähige Abwickler	• modulare Anwendungen • Standardsoftware • Fremdanbieter

Abbildung 5:   *Zerfall der vertikalen Wertschöpfungsketten in Verbünden*

Die Zerlegung der Wertschöpfungskette im oben genannten Sinne wird der wahre Treiber der Veränderung in der deutschen Bankwirtschaft sein, nicht der Aufkauf von deutschen Banken durch ausländische Investoren oder Groß- oder Kleinfusionen.

6. Ausblick

Ein Vergleich mit den erstmals 1995 angestellten Überlegungen zum Umbau der Bankenbranche zeigt, dass tatsächlich einige Entwicklungen in Richtung einer stärkeren funktionalen Arbeitsteilung seitdem eingetreten sind. Wiederum in Auswertung seiner Trendstudie »Bank & Zukunft 2007« schreibt das Fraunhofer IAO: „Die Industrialisierung des Bankensektors ist eine langfristige Entwicklung mit der sich die Banken in Zukunft auseinander setzen werden ... Gleichzeitig werden durch die fortschreitende Industrialisierung der Banken sowie der Bankenlandschaft insgesamt bedeutende Veränderungen stattfinden. Die konkreten Ausprägungen dieser Veränderungen lassen sich im Moment noch nicht mit Bestimmtheit vorhersagen. Es wird jedoch tendenziell eine zunehmende Spezialisierung einzelner Banken stattfinden."[5]

Literatur

FLESCH, J. R. (1995): Visionen zur Bank der Zukunft, in: Bank und Markt, Jahrgang 1995, Heft 10, S. 18 ff.

SPATH, D. (HRSG.)/ENGSTLER, M.; PRAEG, C.-P.; VOCKE, C. (2007): Trendstudie Bank und Zukunft 2007 – Mit Prozessexzellenz und Vertriebsinnovationen die Bank der Zukunft gestalten. Stuttgart 2007.

---

[5] Vgl. Spath (Hrsg.)/Engstler/Praeg/Vocke (2007), S. 32.

Die Europäisierung des Zahlungsverkehrs – Herausforderungen und Chancen für regionale Banken

Benjamin Syrbe / Ulrich Prosch

1. Einleitung

Die Weltwirtschaft wächst und gedeiht – trotz der heraufziehenden Krise in den USA – insgesamt seit einigen Jahren sehr zufrieden stellend, Europa hinkt jedoch hinterher. Um den traditionellen Wachstumsrückstand Europas aufzuholen, haben die Staats- und Regierungschefs Europas auf einem Sondergipfel im Jahr 2000 die sogenannte Lissabon-Agenda verabschiedet. Deren Ziel ist es:

> *„... die Union (Europäische Union) zum wettbewerbsfähigsten und dynamischsten wissensbasierten Wirtschaftsraum der Welt zu machen – zu einem Wirtschaftsraum, der fähig ist, ein dauerhaftes Wirtschaftswachstum mit mehr und besseren Arbeitsplätzen und einem größeren sozialen Zusammenhalt zu erzielen."*

In allen Bereichen der Europäischen Wirtschaft sind enorme Anstrengungen notwendig, um dieses Ziel zu erreichen. Davon ist auch der Zahlungsverkehrsmarkt in Europa betroffen. Nach der Einführung einer einzigen physischen Währung, dem Euro, soll nun auch elektronisch ein Euro-Währungsraum entstehen. Das Ziel ist die Schaffung eines einheitlichen europäischen Zahlungsverkehrsmarktes mit gleichen Rahmenbedingungen, Regeln und Zahlungsverkehrsformaten – der Single Euro Payments Area (SEPA).

2. Europa in Zahlen

Lohnt es eigentlich, sich mit Europa als Wirtschaftsraum und Zahlungsverkehrsmarkt zu beschäftigen? Ein paar Fakten über den europäischen Zahlungsverkehrsmarkt (Eurozone) schaffen Klarheit:

- 15 Euro-Länder
- 320 Millionen Menschen
- 17 Millionen Unternehmen
- 8,5 Billionen Euro BIP
- 6.200 Banken mit 200.000 Standorten
- 52,2 Milliarden Zahlungsverkehrstransaktionen pro Jahr
- 470 Millionen Kredit-, Debit- und Prepaid-Karten
- 5,4 Millionen POS-Terminals
- 262.340 Geldautomaten
- 7,2 Milliarden Bargeldabhebungen pro Jahr

Die Eurozone ist heute der zweitgrößte Wirtschaftsraum der Welt. Mit der möglicherweise zukünftigen Erweiterung der Euro-Zone auf bis zu 29 Länder würde dieser Wirtschaftsraum nochmals um ca. 50 Prozent wachsen.

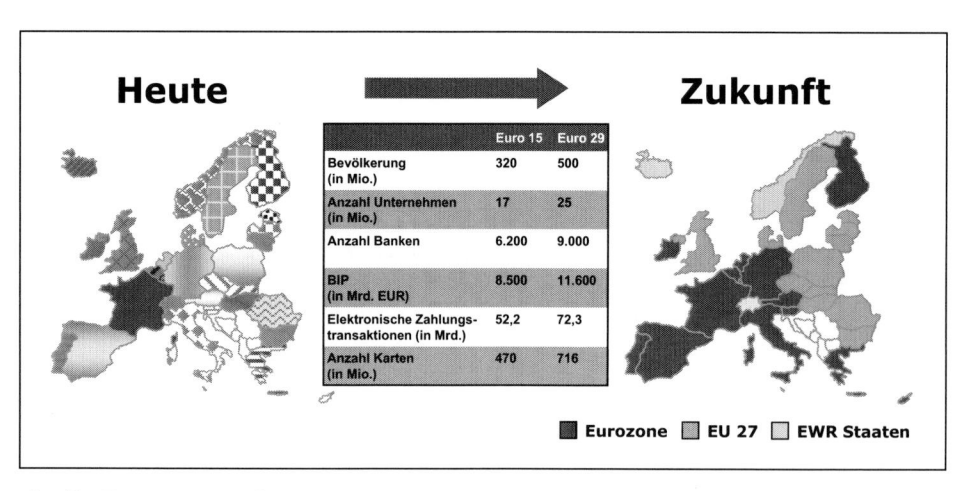

	Euro 15	Euro 29
Bevölkerung (in Mio.)	320	500
Anzahl Unternehmen (in Mio.)	17	25
Anzahl Banken	6.200	9.000
BIP (in Mrd. EUR)	8.500	11.600
Elektronische Zahlungstransaktionen (in Mrd.)	52,2	72,3
Anzahl Karten (in Mio.)	470	716

Quelle: Equens Research
Abbildung 1: Entwicklung der Eurozone

3. Die Single Euro Payments Area (SEPA)

3.1 Vision und Ziele

Die EU Kommission hat vor einigen Jahren mit der Verordnung über grenzüberschreitende Zahlungen in Euro (EU Direktive 2560/2001) den Grundstein für die SEPA gelegt. Grenzüberschreitende elektronische Zahlungen in Euro, welche IBAN und BIC enthalten, dürfen nach dieser Verordnung nicht mehr kosten als vergleichbare inländische Zahlungen. Mit der Schaffung der SEPA verfolgt die EU Kommission mit Unterstützung der EZB, der Nationalbanken sowie der europäischen Kreditwirtschaft jedoch ein größeres Ziel. Die gemeinsame Vision für die SEPA ist die Schaffung eines einheitlichen Zahlungsverkehrsraums in Europa, in welchem die Bürger und Unternehmen Zahlungen so einfach, kostengünstig und sicher durchführen können wie heute bereits in ihren Heimatländern. Hierfür ist es notwendig, nationale Hindernisse zu beseitigen und alle Stakeholder an diesem Prozess teilhaben zu lassen.

3.2 SEPA Stakeholder

EU Kommission

Die Hauptfunktion der EU Kommission besteht darin die rechtliche Basis für die SEPA zu schaffen, indem sie sicherstellt, dass die vom Europäischen Parlament und vom Europäischen Rat im April 2007 verabschiedete Payment Services Directive (PSD) zeitnah in nationales Recht umgesetzt wird, um somit einen einheitlichen, EU-weiten Rechtsrahmen für die Zahlungsverkehrsabwicklung zu gewährleisten.

Europäische Zentralbank (EZB)

Die EZB überwacht den Fortschritt des von der europäischen Kreditwirtschaft im Jahre 2002 gegründeten European Payment Councils (EPC) mit Blick auf die Anstrengungen, die SEPA im Zeitplan einzuführen und nimmt an den Treffen des EPC teil. Die Erkenntnisse daraus werden in den offiziellen Fortschrittsberichten zur SEPA veröffentlicht.

European Payments Council (EPC)

Das European Payments Council ist das zentrale Entscheidungs- und Koordinationsorgan der europäischen Banken für den Zahlungsverkehr, welches die Vision der SEPA mit einem selbstregulatorischen Ansatz verwirklicht. Das EPC wurde 2002 gegründet und besteht aktuell aus 67 Mitgliedern (Banken und Bankenverbände) aus 29 europäischen Ländern. Über 250 Experten arbeiten in den unterschiedlichen Arbeitsgruppen an der Einführung der SEPA-Instrumente – Überweisungen, Lastschriften und Karten.

Banken

Für Banken entstehen mit der Einführung der SEPA gleichzeitig Herausforderungen und Chancen. Einerseits gilt es die bestehenden Zahlungsverkehrssysteme auf die neuen prozessualen und technischen Anforderungen anzupassen oder durch neue Abwicklungssysteme zu ersetzen. Die damit verbundenen hohen Investitionen, bei gleichzeitiger Erhöhung des Preisdrucks für Zahlungsverkehrsdienstleistungen, machen es notwendig alternative Geschäftsmodelle zu entwickeln. Andererseits werden die Banken jedoch auch von dem durch die SEPA entstehenden „Euro-domestic-Markt" profitieren, indem sie ihre Produkte und Services europaweit anbieten können.

Payments Service Provider

Zahlungsverkehrsdienstleister werden wahrscheinlich dem härtesten Konkurrenz- und Preisdruck ausgesetzt sein. Durch die neuen europaweit einheitlichen Zahlungsverkehrsformate, Standards und Abwicklungsregeln wird es mittel- bis langfristig zu einer Konsolidierung des Marktes kommen müssen. Je stärker die nationalen Zahlungsinstrumente in den Hintergrund gedrängt werden, desto größer wird der Konsolidierungsdruck werden. Die Dienstleister müssen sich dieser Herausforderung stellen und sich dafür rüsten, um langfristig im Markt zu bestehen.

Unternehmen und Händler

Für Unternehmen und Händler stellt die SEPA die große Chance dar, ihre derzeitig fragmentierte Zahlungsverkehrsinfrastruktur erheblich zu vereinfachen. Unternehmen – insbesondere diejenigen, die in mehreren europäischen Ländern tätig sind – können ihr Cash Management inklusive Bank- und Kontoverbindungen zentralisieren und dadurch erhebliche Kosten- und Effizienzvorteile heben. Für Händler wird die SEPA vor allen Dingen aufgrund der deutlich erweiterten Möglichkeiten der Kartenakzeptanz von Bedeutung sein. Die einheitlichen Standards der SEPA werden außerdem den Markt für Acquiring Dienstleistungen öffnen und somit Händlern eine größere – und nicht aufgrund nationaler Gegebenheiten beschränkte – Wahlmöglichkeit geben, unter den besten und günstigsten Dienstleistern zu wählen.

Konsumenten

Die deutlich steigenden Einsatzmöglichkeiten von Debit- und Kreditkarten werden Vorteile für Konsumenten bringen. So müssen zum Beispiel Urlauber nur noch wenig Bargeld im Urlaubsland abheben und benötigen keine Reiseschecks, da auch ihre nationalen Zahlkarten akzeptiert werden. Bürger, die außerhalb ihres Heimatlandes leben, arbeiten oder studieren, benötigen nur noch ein Konto, um ihre Miete, Telefon- oder Stromrechnung zu zahlen oder ihr Gehalt zu erhalten.

3.3 Roadmap

In enger Abstimmung mit der Europäischen Zentralbank hat das EPC einen Zeitrahmen erstellt, in dem die SEPA realisiert werden soll (Abbildung 2). Seit dem 28.01.2008 können Unternehmen, öffentliche Institutionen, Konsumenten und Banken die SEPA Überweisung nutzen. Das SEPA Cards Framework gilt ebenfalls ab diesem Zeitpunkt. Bis spätestens November 2009 werden auch die SEPA-Lastschriften zur Verfügung stehen. In der Zeit bis zum 31.12.2010 soll nach dem Willen der EU Kommission, der EZB und des EPC durch Marktkräfte eine kritische Masse an Transaktionen auf die SEPA-Instrumente migrieren.

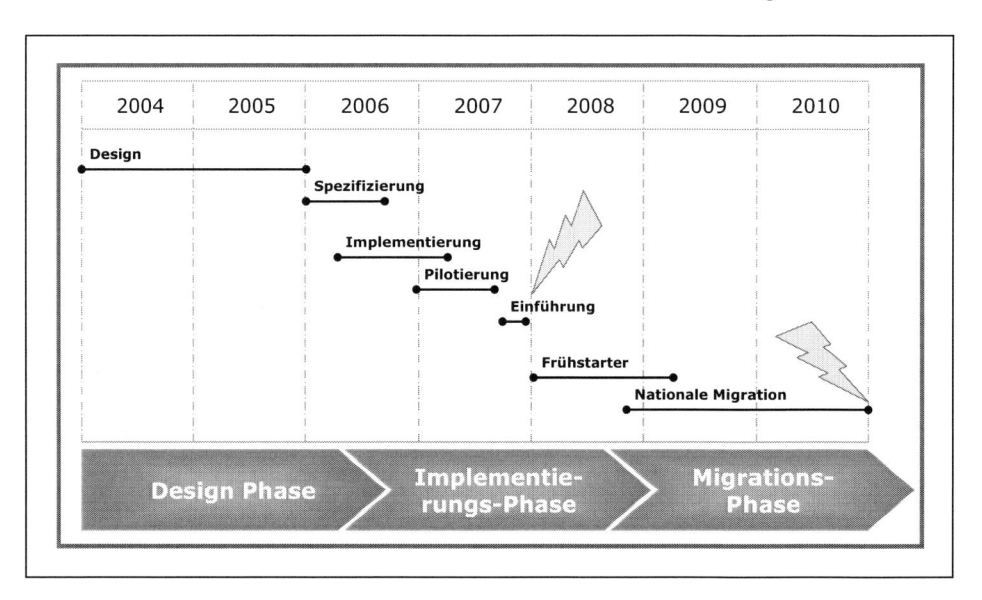

Abbildung 2: *Zeitrahmen der SEPA-Umsetzung (Quelle: Equens Research)*

4. Kosten und Erträge der Banken in Europa im Zahlungsverkehr

Untersucht man die Kosten- und Ertragssituation der Banken in Europa im Zahlungsverkehr stellt man fest, dass diese in jedem Land Europas unterschiedlich aussieht. Während einige Länder in Europa (zum Beispiel Italien, Spanien, Frankreich, UK) teilweise ordentliche Profite mit dem Zahlungsverkehr erwirtschaften, können andere gerade die Kosten decken oder erwirtschaften sogar deutliche Verluste (zum Beispiel Deutschland, Niederlande, Polen). Aber auch wie diese Gewinne oder Verluste zustande kommen, ist jeweils unterschiedlich. Während die einen Gewinne durch Transaktions- und Produktgebühren generieren, können andere eher an den Zinsmargen der Karten und Konten sowie am Float verdienen. Wieder andere erwirtschaften in beiden Segmenten nicht genügend Erträge, um letztendlich einen substanziellen Profit zu erzielen. Die Situation speziell im Zahlungsverkehr spiegelt sich auch generell in den Cost-Income-Relationen der Banken wider und lässt weiterhin viel Potential zur Effizienzsteigerung (Abbilldung 3).

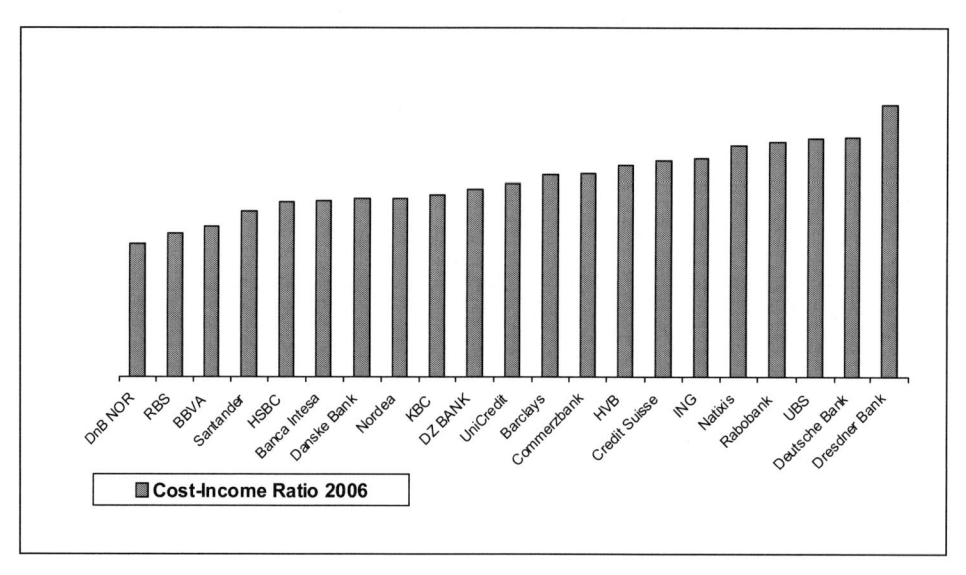

Quelle: Equens Research
Abbildung 3: *Cost-Income-Ratio ausgewählter europäischer Banken im Jahr 2006*

Für viele Banken bleibt also der Kostendruck nicht nur generell, sondern speziell im Zahlungsverkehr bestehen. Untersucht man die wesentlichen Ertragsquellen der Banken aus dem Zahlungsverkehrsgeschäft – Produkt- und Transaktionsgebühren sowie Zinsmargen – genauer, stellt man fest, dass diese bereits unter erheblichem Druck stehen und durch die SEPA unter zusätzlichen Druck geraten werden. Spezialbanken wie die ING Diba, Volkswagen Bank oder Paypal sowie non- und near-banks wie Google, Amazon oder Tchibo setzen die etablierten Banken mit ihren Angeboten schon seit einiger Zeit unter Druck. Durch die SEPA und die damit verbundene Reduzierung der Abwicklungszeiten auf drei Tage (ab 2012 auf einen Tag), die höhere Transparenz und den sich verstärkenden Wettbewerb werden die Ertragsquellen zukünftig noch weiter unter Druck geraten.

5. Chancen für spezialisierte Zahlungsverkehrsabwickler

Die Auswirkungen der SEPA auf die Erträge der Banken im Zahlungsverkehr werden auch zu einem erhöhten Druck auf die spezialisierten Transaktionsdienstleister führen. Diese müssen zunehmend Transaktionsvolumina in Europa bündeln, um Skalen- und Verbundvorteile zu erzielen, die sie in Form attraktiver Preise an die Banken weitergeben können. Die Steigerung der Transaktionsvolumina kann einerseits durch organisches Wachstum, also die Übernahme der Zahlungsverkehrsabwicklung von weiteren Banken, anderseits aber auch durch Partnerschaften und Fusionen erreicht werden. Als europäischer Anbieter verfolgt Equens beide Strategien. Einerseits wurde in den letzten Jahren mit der Übernahme der Zahlungsverkehrsabwicklung der Berliner Volksbank, der Citigroup, der belgischen KBC und der finnischen OP Bank stetig der Kundenkreis erweitert. Anderseits wurde durch die Fusion zwischen dem deutschen Transaktionsinstitut und der niederländischen Interpay, die Partnerschaft mit der belgischen Fin Force und die laufenden Fusionsverhandlungen mit der italienischen Seceti die Marktkonsolidierung vorangetrieben. Mit inzwischen sieben Milliarden Zahlungsverkehrstransaktionen und zusätzlichen zwei Milliarden Debit- und Kreditkartenzahlungen hat sich Equens eine führende Marktstellung mit mehr als zehn Prozent Marktanteil in einem stark fragmentierten Markt erarbeitet. Auch andere Marktteilnehmer wie die britische Voca, die mit dem ebenfalls britischen Kartenprozessor Link zur VocaLink fusioniert ist und einige neue Kunden, wie beispielsweise den schwedischen Anbieter Bankgirocentralen (bgc), gewinnen konnte, sowie die italienischen Abwickler SIA und SSB, die zur SIA-SSB fusioniert sind, und die EBA Clearing als Partner gewinnen konnten, haben diese Strategie verfolgt.

Es ist davon auszugehen, dass in den nächsten Jahren durch die Einführung der SEPA die nationalen Infrastrukturen und Verfahren an Bedeutung verlieren werden und sich eine paneuropäische Infrastruktur entwickeln wird. In diesem Szenario wird nach 2010 auch die Konsolidierung schon deutlich vorangeschritten sein und drei bis fünf konkurrierende Zahlungsverkehrsdienstleister in Europa, die jeweils mindestens zehn Milliarden Transaktionen jährlich abwickeln, werden sich deutlich über die Hälfte des gesamten europäischen ZV-Transaktionsvolumens teilen. Für Banken gilt es jetzt zu handeln, Geschäftsmodelle im Hinblick auf SEPA anzupassen, eine Strategie festzulegen und sich dann entsprechend selbst als Insourcer zu positionieren oder (Teil-)Leistungen aus der "Back-Office-Prozesskette" des Zahlungsverkehrs zuzukaufen. Besonders mittlere und kleine regional tätige Banken, für die das Insourcen des Zahlungsverkehrs von anderen Banken als strategische Option eher schwer umsetzbar ist, müssen sich jetzt positionieren.

6. SEPA Herausforderungen meistern und Chancen ergreifen – Beispiel einer regionalen Genossenschaftsbank

6.1 Hintergründe über die Vereinigte Volksbank AG

Die Vereinigte Volksbank AG ist eine regional aufgestellte Volksbank mit einem betreuten Kundenvolumen von 4,7 Milliarden Euro, circa 2,2 Milliarden Euro Bilanzsumme und über 500 Mitarbeiterinnen und Mitarbeitern. In unmittelbarer Nähe zur Landeshauptstadt Stuttgart erstreckt sich das Geschäftsgebiet vom Rand Stuttgarts bis in den Nordschwarzwald hinein. Neben größeren Kreisstädten wie Böblingen, Sindelfingen, Calw und Weil der Stadt gehört auch eine Vielzahl kleinerer Gemeinden und Ortschaften mit ländlicher Prägung zum Einzugsgebiet. Wirtschaftlich wird die Region bestimmt von der Automobilindustrie, Technologieunternehmen wie unter anderem IBM und HP sowie den entsprechenden Zulieferern. Zu den Kunden der Vereinigten Volksbank AG zählen überwiegend Privatkunden und Kleingewerbetreibende sowie der klassische Mittelstand.

6.2 Projektentstehung und -struktur

Outsourcing ist im Verbund der Volks- und Raiffeisenbanken bereits sehr lange etabliert, da sämtliche Spezialfunktionen wie beispielsweise Zahlungsverkehrs- und Wertpapierabwicklung, IT-Revision, Kreditbearbeitung etc. an spezialisierte Dienstleister ausgelagert werden können. Die Abwicklung des Zahlungsverkehrs wurde auch bei der Vereinigten Volksbank bereits vor vielen Jahren outgesourct. Die restlichen Aufgaben im traditionellen Zahlungsverkehr, wie unter anderem der Vertrieb, werden von der Bank selbst durchgeführt. Ergänzend zu diesen klassischen Zahlungsverkehrsleistungen werden die Kunden im Bereich Electronic

Banking durch ein Spezialistenteam betreut. Bereits sehr früh wurde der Fokus auf den Vertrieb gelegt und auch hier die technische Dienstleistung ausgelagert. Durch die Fokussierung konnte eine hohe Onlinequote (> 40 Prozent) erzielt werden. Insgesamt werden heute im traditionellen Zahlungsverkehr drei von vier Aufträgen beleglos abgewickelt.

Als die Vereinigten Volksbank AG 2006 erste Informationen zur Schaffung der SEPA erhielt, ergab sich zunächst eine Fülle von Fragen:

- Betrifft uns die SEPA überhaupt?
- Welche Bereiche betrifft die SEPA?
- Welche Ertragsauswirkungen hat SEPA aktuell und in Zukunft?
- Wie kann SEPA zur Chance werden?
- Wie gestalten wir die Kommunikation zu unseren Kunden?

Letztendlich geht es bei all diesen Fragen aber um die Suche nach der richtigen strategischen Positionierung der Bank in einem sich dynamisch veränderndem Wettbewerbsumfeld. Da die Zahlungsverkehrserträge – unter anderem erwirtschaftet durch Valutagewinne – heute einen nicht unerheblichen Anteil am operativen Betriebsergebnis regionaler Banken ausmachen und Deutschland im Vergleich zu Europa sehr differenzierte Preisstrukturen aufweist, war es strategisch dringend geboten, sich zur Umsetzung und den Chancen – aber auch den Risiken aus SEPA – intensiv Gedanken zu machen.

Um hierzu umfassende, fundierte und strategisch optimierte Antworten zu finden, wurde zunächst eine Vorstudie erstellt, um auf der Basis der Ergebnisse weitere Überlegungen anzustellen und anschließend ein Projekt zu initiieren. Im Rahmen der Vorstudie wurde sehr schnell klar, dass die SEPA enorme Auswirkungen auf interne wie auch Kundenstrukturen haben wird. Nicht nur die ertragsseitige Betrachtung steht hierbei im Fokus. Vielmehr wurde durch die im Rahmen der Vorstudie ausgewerteten Informationen (unter anderem EZB, EU-Kommission, EPC, ZKA, DZ BANK) schnell klar, dass es hierbei auch um das Halten von gewachsenen Kundenbeziehungen geht, da im zusammengewachsenen Europa das Konto für den Zahlungsverkehr nicht mehr unbedingt in Deutschland geführt werden muss.

Gleichzeitig wurde durch fundierte Analysen des Zahlungsverkehrs festgestellt, dass der Zahlungsverkehr innerhalb der Bank nicht die Wertschätzung erfährt, die er aufgrund der Ertragswirkung haben müsste. Nur in den wenigsten Fällen wurde im Firmen- wie auch im Privatkundenbereich eine Zahlungsverkehrsberatung und -optimierung resultierend aus einer Analyse vorgenommen. Aus den Zahlungsverkehrsanalysen abgeleitete Optimierungspotenziale auf Kundenseite führen jedoch in hohem Maße zur Ertragssicherung der Bank. Aus diesem Grund wurde im Rahmen des Projekts beschlossen, Zahlungsverkehrsthemen unter SEPA als strategisches Geschäftsfeld im Sinne einer Markt-/Produktkombination anzugehen. Neben der administrativen Zahlungsverkehrstätigkeit muss vor allem die vertriebsseitige Ausrichtung dieses strategischen Geschäftsfeldes verstärkt werden.

Das Gesamtprojekt zur Etablierung des strategischen Geschäftsfeldes Zahlungssysteme wurde in zwei Teile zerlegt:

1. Schaffung der strukturellen und organisatorischen Voraussetzungen für das Strategische Geschäftsfeld Zahlungssysteme unter SEPA Bedingungen
2. Entwicklung und Einbindung des Teams in die gesamte Bankstruktur – auch in Konkurrenz zu den Vertriebseinheiten.

Im Rahmen des Gesamtprojektes wurden hierfür acht Teilprojekte mit insgesamt 23 Arbeitspaketen definiert. Das Geschäftsfeld Zahlungssysteme unterteilt sich im Wesentlichen in die Bereiche Kartengeschäft (inklusive Händlerkundengeschäft), klassischer Zahlungsverkehr und Bargeld. Das Kartengeschäft kann weiter in Issuing und Acquiring, der klassische Zahlungsverkehr in das Girogeschäft mit Privat- und Firmenkunden – also Überweisungen und Lastschriften – und den Auslandszahlungsverkehr, das Bargeldgeschäft in Kasse, Geldausgabeautomaten und das Sortengeschäft unterteilt werden (Abbildung 4).

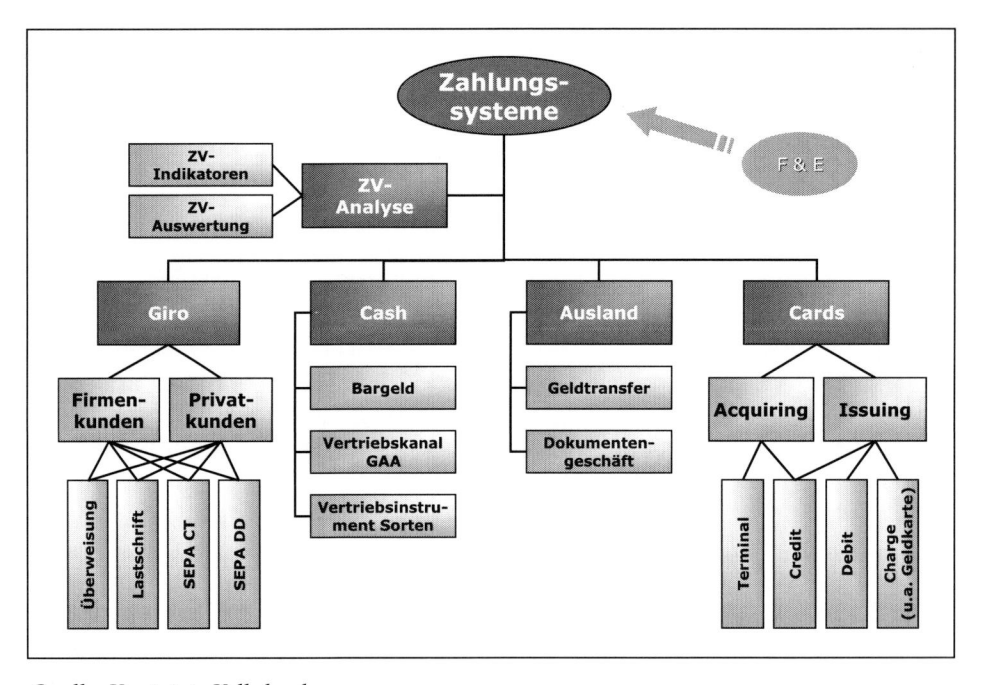

Quelle: Vereinigte Volksbank
Abbildung 4: *Struktur des Geschäftsfelds Zahlungssysteme*

Die Projektphase ist vollendet und mit Wirkung zum 02.01.2008 wurde das strategische Geschäftsfeld Zahlungssysteme etabliert.

6.3 Schlussfolgerungen und Ergebnisse

Betrifft uns die SEPA überhaupt?

Die Studienergebnisse zeigen deutlich auf, dass jede Bank in Deutschland – egal in welcher Größe – von der SEPA betroffen ist. Tangiert ist nicht allein das Firmenkunden-, sondern auch das Privatkundengeschäft.

Natürlich sind Banken, die in Regionen mit gut strukturiertem Firmenkundengeschäft ansässig sind, von der SEPA stärker betroffen. Banken, deren Firmenkunden ins Ausland exportieren bzw. aus dem Ausland importieren, werden in jedem Fall die Auswirkungen der SEPA spüren.

Welche Bereiche betrifft die SEPA?

Neben den Handlungsfeldern des klassischen Zahlungsverkehres muss der Auslandszahlungsverkehr ebenso beachtet werden wie das Kartengeschäft und der Bargeldbereich.

Welche Ertragsauswirkungen hat SEPA aktuell und in Zukunft?

Zahlungsverkehrserträge werden vielfach nicht genügend wertgeschätzt, sind aber für die Gewinn- und Verlustrechnung der Bank enorm wichtig. Während der Projektarbeiten wurde bereits frühzeitig aufgezeigt, dass die Zahlungsverkehrserträge im Rahmen des derzeitigen und sich zukünftig verstärkenden Wettbewerbes nicht gesichert sind. Diese Erträge resultieren neben der Kontoführungsgebühr aus den Transaktionsgebühren sowie teilweise aus den Valutastellungen. Nachdem durch die PSD die Valutenstellungen drastisch verkürzt werden (ab 2012 gilt D+1), ist es dringend geboten, bereits heute Vorbereitungen für die Zeit ab dem Jahr 2012 auszurichten. Bei den Lastschriften werden gerade in Deutschland spätestens ab November 2009 große Veränderungen auf Firmen- und Privatkunden sowie die Banken zukommen.

Wie kann SEPA zur Chance werden?

Wenn es gelingt, frühzeitig die Kunden im Zahlungsverkehr unter anderem mit Mehrwertservices an die Bank zu binden, kann der Konkurrenzkampf in Europa ohne Furcht – aber mit Respekt – angenommen werden. Die SEPA wird somit zur Chance, denn hierdurch wird die Möglichkeit geschaffen, sich auf die Zukunft des Zahlungsverkehrs, des Kartengeschäfts und des Händlerkundengeschäftes auszurichten. Strategische Partnerschaften mit spezialisierten

Dienstleistern sind hierzu jedoch notwendig, da die einzelne Genossenschaftsbank oder Sparkasse die notwendigen Investitionen nicht allein stemmen kann. Innerhalb der Bank muss die SEPA eine hohe strategische Bedeutung haben. Alle Mitarbeiter müssen über die SEPA frühzeitig informiert werden – idealerweise über eine Roadshow in sämtlichen Filialen – damit die Mitarbeiter ihren Kunden umfassende und qualifizierte Auskünfte geben können.

Wie gestalten wir die Kommunikation zu unseren Kunden?

Die Kommunikation mit den Kunden muss so umfassend und schnell wie möglich, aber auch mit hoher Qualität erfolgen. Neben Interviews in Tageszeitungen und Artikeln in der Kundenzeitung sind dazu allerdings insbesondere die persönliche Ansprache der Kunden in der Filiale und direkt durch die Firmenkundenberater in Zusammenarbeit mit den Zahlungsverkehrsexperten notwendig.

Durch die Vorbereitung auf SEPA mit der Etablierung eines neuen strategischen Geschäftsfeldes Zahlungssysteme sind die notwendigen und richtigen Schritte eingeleitet worden, um im europäischen Wettbewerb bestehen zu können und im SEPA-Markt Erfolg zu haben.

Organisationsentwicklung als Servicebereich in der Unternehmensentwicklung einer Bank

Arno Walter / André Berndt

1. Einführung

Die Finanzbranche durchzieht ein Bruch! So oder so ähnlich werden derzeit häufig Diskussionen zu Entwicklungen im Bankensektor überschrieben. Dieser Aussage sollte man weder unreflektiert zustimmen, noch sollte man sie unreflektiert ablehnen. Vor der Meinungsbildung und Therapie ist es notwendig die Art der Fraktur und deren spezifischen Kontext näher zu untersuchen. Im Kontext des Privatkundengeschäftes im Allgemeinen sowie der Beratung und des Filialgeschäftes im Besonderen wird häufig von „Auf-Bruch" gesprochen. Dem Geschäft mit Hypothekardarlehensnehmern geringer Bonität hingegen wird derzeit der Zusammen-Bruch bescheinigt. Der Verständigung zwischen Finanzbranche und ihren Kunden wird zum Teil ein „Ab-Bruch" attestiert[1] - den Direktbanken wiederum der „Durch-Bruch". Einen Ein-Bruch verzeichnen Finanzdienstleister in einigen elektronisch geführten Kundenkonten[2] und in jüngerer Vergangenheit im Kurs ihrer Aktie.

Mitarbeiter und Führungskräfte, die in diesem fragilen Umfeld agieren, wünschen sich Zusammenführung bzw. Harmonisierung, um den „Auf- und Durch-Bruch" zu fördern und dem Zusammen-, Ab- und Ein-Bruch entgegenzuwirken. Die zunehmende Harmonisierung der Vertriebskonzepte von Filial- und Direktbanken ist beispielsweise ein viel versprechender Ansatz, den sich ändernden Erwartungen der Kunden gerecht zu werden und somit den „Auf-Bruch" zu gestalten. Zusammenführung ist auch auf europäischer Ebene im Bereich der gesetzlichen Vorschriften für Finanzdienstleister zunehmend erkennbar. Bevor die Ergebnisse dieser Initiativen genutzt werden können, sind jedoch Investitionen in Strukturen und Systeme notwendig um den neuen Anforderungen gerecht zu werden.

---

1 Vgl. Gburek (2008), S. 89 ff.
2 Vgl. http://www.bankenverband.de/index.asp?channel=161010 vom 04.04.2008.

Das Fraunhofer Institut für Arbeitswirtschaft und Organisation (IAO) befragt seit 2004 jährlich Führungskräfte von Finanzdienstleistern bezüglich großer strategischer Herausforderungen.[3] Im Rahmen der Trendstudie „Bank & Zukunft 2007" wurden sowohl im deutschen als auch im gesamteuropäischen Markt zentrale Herausforderungen identifiziert.

Die größten Herausforderungen für Banken sind:[4]

1. wachsender Preiswettbewerb bei Standardprodukten,

2. steigende Komplexität aufgrund gesetzlicher Vorschriften und

3. steigende Erwartungen der Kunden an die Beratungsqualität.

Für die Finanzbranche bedeutet dies den veränderten Erwartungen von Kunden und Gesetzgeber in einem wettbewerbsintensiveren Umfeld gerecht zu werden. Die Commerzbank als Innovationspartner des Innovationsforums „Bank & Zukunft" hat ihren Weg in die Zukunft mit folgendem Ziel überschrieben: Effizienzsteigerung in Wachstumsphasen.[5] Das Verbinden der scheinbar konfliktären Ziele „Effizienz" und „Innovation" ist das Fundament der Zusammenarbeit zwischen Fraunhofer IAO und Commerzbank. Wesentliche Voraussetzung für das Verbinden beider Ziele ist die Entwicklung der Commerzbank zu einer lernenden Organisation[6].

2. Organisationsentwicklung

Trotz der Allgegenwärtigkeit der Begriffe Organisation und Entwicklung bedürfen diese einer kurzen Definition. Der Terminus Organisation wird in zwei unterschiedlichen Zusammenhängen genutzt (Tabelle 1).

Terminus „Organisation"	Verständnis
Die Organisation Commerzbank	➔ Die Commerzbank ist eine Organisation.
Die Organisation der Commerzbank	➔ Die Commerzbank hat eine Organisation.

Tabelle 1: *Organisationsentwicklung – Die Organisation der Organisation Commerzbank*

Die erstgenannte Bedeutungsebene beschreibt das soziologisch geprägte Konzept der Organisation und zielt darauf ab, dass die Commerzbank eine Organisation ist. Der primär betriebswirtschaftlich geprägte Organisationsbegriff hingegen beschreibt das Konzept, dass die

---

3 Vgl. http://www.bankundzukunft.de/ vom 04.04.2008
4 Vgl. Engstler et al. (2007), S. 8.
5 Vgl. Annuscheit (2007).
6 Zum Begriff der lernenden Organisation vgl. Senge (1990).

Commerzbank eine Organisation hat. Diese Unterscheidung ist Voraussetzung für die Abgrenzung der Verantwortlichkeiten. Für die Entwicklung der Organisation Commerzbank im institutionellen Sinne ist der Vorstand, unterstützt durch den Zentralen Stab Konzernentwicklung, verantwortlich. Die Entwicklung der Organisation der Commerzbank im instrumentellen Sinne obliegt in weiten Teilen dem Zentralen Stab Zentrale- und Filialorganisation. Organisation zielt hier auf das Schaffen von Regelungen und Strukturen durch die Tätigkeit des „Organisierens". Die Organisationsfunktion hat somit den Auftrag, fallweise durch generelle Regelungen zu ersetzen und dadurch die Handlungen der Mitarbeiter, unter Erhalt der Flexibilität, berechenbar zu machen.

Im Zusammenhang von Organisationsentwicklung wird Entwicklung nicht im Sinne der Neu-Entwicklung, sondern als Weiter-Entwicklung von Routinen, Regelungen und Strukturen verstanden. Die Weiter-Entwicklung von Regelungen und Strukturen impliziert deren historisches Vorhandensein und damit die potenzielle Pfadabhängigkeit[7] derselben. Dies bedeutet, dass beim Realisieren der Ziele „Effizienz" und „Innovation" einerseits auf gewonnene Erfahrungen im Sinne von Befähigern zurückgegriffen werden kann und andererseits zu Kernrigiditäten erstarrte „Kernkompetenzen" vergangener Tage aufgebrochen werden müssen.

3. Herausforderung: Kernkompetenzen nutzen und Kernrigiditäten aufbrechen

Die Weiterentwicklung der Organisationsstruktur (Aufbauorganisation) und der Prozesse einer Bank (Ablauforganisation) sind klassische Felder der Organisationsentwicklung. Im Folgenden werden Ansatzpunkte zur Organisationsentwicklung in der Commerzbank, in einem von vielfältigen „Brüchen" geprägten Umfeld im obigen Sinne, aufgezeigt.

Die Struktur und Größe des Zentralen Stabes Zentrale- und Filialorganisation sowie deren Aufgabenstellung haben sich in den vergangen Jahren stark gewandelt. Heute repräsentiert diese Organisationseinheit die in Abbildung 1 dargestellten Themen.

---

7   In Anlehnung an David und Arthur konzeptionalisiert Pfadabhängigkeit jene Eigenschaft ökonomischer Systeme, dass frühere Entscheidungen spätere Entscheidungen maßgeblich beeinflussen und somit das Beschreiten eines bestimmten Pfades mitbestimmen. (Vgl. David 1985, S. 332; Arthur 1994, S. 16 ff.; Koch 2007, S. 284 ff.)

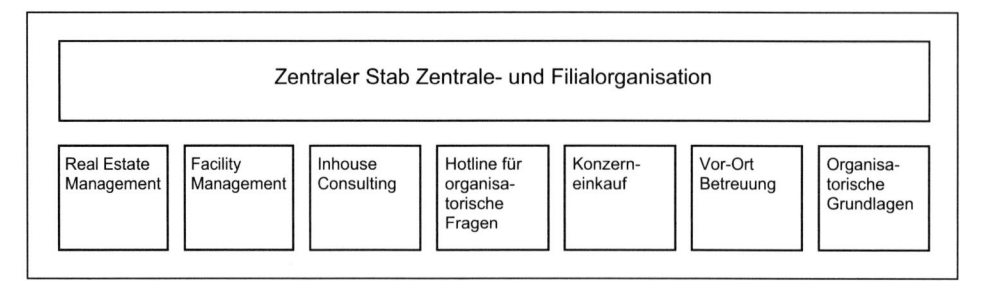

```
┌─────────────────────────────────────────────────────────────────────────┐
│           Zentraler Stab Zentrale- und Filialorganisation               │
│                                                                         │
│  ┌─────────┐ ┌─────────┐ ┌─────────┐ ┌─────────┐ ┌─────────┐ ┌─────────┐ ┌─────────┐ ┌─────────┐
│  │ Real    │ │Facility │ │Inhouse  │ │Hotline  │ │Konzern- │ │Vor-Ort  │ │Organisa-│
│  │ Estate  │ │Manage-  │ │Consult- │ │für      │ │einkauf  │ │Betreuung│ │torische │
│  │ Mgmt.   │ │ment     │ │ing      │ │organisa-│ │         │ │         │ │Grund-   │
│  │         │ │         │ │         │ │torische │ │         │ │         │ │lagen    │
│  │         │ │         │ │         │ │Fragen   │ │         │ │         │ │         │
│  └─────────┘ └─────────┘ └─────────┘ └─────────┘ └─────────┘ └─────────┘ └─────────┘
└─────────────────────────────────────────────────────────────────────────┘
```

Abbildung 1: *Struktur des Zentralen Stabes Zentrale- und Filialorganisation der Commerzbank*

Ausgehend von einer dezentralen, national geprägten Struktur, wurden Prozesse standardisiert, weite Teile der Organisationsfunktion zentralisiert und dadurch Effizienzpotentiale gehoben. In den Bereichen Real Estate Management und Facility Management werden heute umfangreiche Leistungen nicht mehr selbst erstellt, sondern am Markt bezogen. Das Inhouse Consulting fungiert als Partner der Geschäftsfelder bei der Entwicklung und Implementierung von Strategien bzw. der Optimierung und Weiterentwicklung von Geschäftsmodellen zum Generieren von Wettbewerbsvorteilen. Der historische Kern organisatorischer Leistungen, die Schaffung von Struktur und Berechenbarkeit durch Regelungen, wird durch den Bereich Organisatorische Grundlagen erbracht. Neben der Schaffung von Soll-Prozessen durch „Regeln und Anweisungen", gewinnt hier zunehmend die Analyse und Optimierung von Prozessen an Bedeutung. Diese greift in die Organisation im instrumentellen und institutionellen Sinne ein und trägt damit zur Unternehmensentwicklung der Commerzbank bei.

Als Dienstleister der Geschäftsfelder hat die Konzernorganisation den Auftrag, die Geschäftsfelder bei der permanenten Optimierung ihrer Prozesse zu unterstützen um Effektivität[8] und Effizienz[9] zu steigern ohne Qualität einzubüßen. Effektivitäts- und Effizienzsteigerungen sind mithin kein singuläres Werkzeug der Krisenbewältigung, sondern müssen als inhärente Bestandteile jeder Zielformulierung fortwährend neu erarbeitet werden.[10] Ein Weg, dies zu erreichen, ist die Konzentration der Banken auf ihre besonderen Fähigkeiten – ihre Kernkompetenzen.[11] Diese Konzentration kann sich sowohl auf die Fertigungsbreite als auch Fertigungstiefe beziehen. Während Banken im Allgemeinen letzterer besondere Aufmerksamkeit schenken,[12] zeichnen sich insbesondere Direktbanken durch eine reduzierte Fertigungsbreite aus.

---

[8] Die Steigerung der Effektivität zielt darauf ab, die Wirkung der erstellten Leistungen (Output) zu erhöhen, das heißt, auch zukünftig die richtigen Dinge zu tun.

[9] Die Steigerung der Effizienz zielt darauf ab, das Verhältnis von Ressourceneinsatz (Input) und erstellten Leistungen (Output) zu verbessern und mithin auch zukünftig die Dinge, aus ökonomischer Sicht, richtig zu tun.

[10] Vgl. Annuscheit (2007).

[11] Zum Begriff der Kernkompetenzen vgl. Bach, Homp (1998), S. 139 ff; Barney (2003), S. 424.

[12] Vgl. Reppesgaard (2008), S. 11.

4. Mehr Flexibilität durch Trennung von „Nicht-Kernkompetenzen"

In Erwartung einer höheren Handlungs- und Kosten-Flexibilität trennen sich Banken zunehmend von ihren „Nicht-Kernkompetenzen" und beziehen die für die Produktion von Bankdienstleistungen notwendigen Vor- und Unterstützungsleistungen bedarfsorientiert am Markt. Die Trennung von „Nicht-Kernkompetenzen" erfolgt häufig durch Outsourcing an spezialisierte Anbieter oder Gründung von Tochterunternehmen.[13] Da Banken in der Vergangenheit viele Leistungen in Eigenfertigung erbracht haben, geht das Ausschöpfen der neuen Potenziale mit der Transition etablierter Handlungsspielräume sowie Mitarbeiter einher. Herausforderung ist dabei der „Transfer" von individuellem und kollektivem Wissen sowie die anschließende Steuerung der Schnittstellen. Dies wird insbesondere dann deutlich, wenn der konstitutiven Eigenschaft von Wissen - seiner Handlungsinhärenz zugestimmt wird. Handlungsinhärenz zielt im Kern darauf ab, dass Wissen nur im Handeln der Akteure erlebbar wird und jenseits der Handlung nicht „existent" ist.[14] Dies hat zur Folge, dass Wissen, beispielsweise im Rahmen der Auslagerung von Prozessen, nicht auf einen Dritten übergehen kann. Auf den zukünftigen Leistungsgeber können lediglich Mitarbeiter sowie Informationen übergehen. Hauptaufgabe und Erfolgsdeterminante der Kontraktpartner ist es, Prozesse einem Unternehmen so zu entnehmen und in ein anderen so zu implementieren, dass die „Narben" in beiden möglichst klein sind. Ein anderer Lösungsansatz ist, die buchhalterisch outgesourcten Prozesse, physisch nicht dem historisch erfolgreichen Kontext zu entziehen und damit auf zusätzliche Schnittstellen zu verzichten. Die Art der Umsetzung ist letztlich von der Priorisierung der verfolgten Ziele abhängig.

▪ *Chancen von Auslagerungsverträgen*

- langfristiges Sicherstellen einer hohen Qualität der Leistung ohne Investitionsrisiko
- Nutzung von Spezialisierungsvorteilen
- Reduktion und/oder Flexibilisierung der Kosten

Aufgrund der beschränkten Antizipierbarkeit der Markt- und Unternehmensentwicklung sowie der engen Verflechtung der Kontraktpartner gehen mit der Auslagerung auch Risiken einher.

▪ *Risiken von Auslagerungsverträgen*

- Verlust von Kernkompetenzen
- Störungen an den Schnittstellen zum Kontraktpartner
- einseitige und/oder kaum reversible Abhängigkeit
- Nachkontrahierung ursprünglich nicht kalkulierter Leistungen

---

[13] Für den Bereich der Informationstechnologie hat die Commerzbank bereits vielfältige Fertigungsoptionen eruiert und bewertet; vgl. Annuscheit/Veil (2006), S. 39.
[14] Vgl. Orlikowski (2002), S. 253.

Überlegungen zur zukünftigen Erbringung organisatorischer Leistungen müssen neben dem gewünschten Grad der Eigenfertigung auch den gewünschten Grad der geografischen Entfernung der Fertigung einbeziehen.

		Grad der Eigenfertigung	
		Insourcing	Die Verlagerung von Prozessen anderer Organisationen in die fokale Organisation.
	On- Off- Near-shoring shoring shoring	Outsourcing	Die Auslagerung von Prozessen an Dritte.
		Cosourcing	Die Verlagerung von Prozessen zweier oder mehrerer Organisationen in eine gemeinsame Organisation.
In-sourcing		**Grad der geografischen Entfernung der Fertigung**	
Out-sourcing		Onshoring	Die Verlagerung von Prozessen in das Inland bzw. im Inland.
Co-sourcing		Offshoring	Die Verlagerung von Prozessen in das weit entfernte Ausland.
			Captive-Offshoring / Internes Offshoring:
Eigen-fertigung			Die Verlagerung von Prozessen in Organisations- bzw. Konzerneinheiten im weit entfernten Ausland.
		Nearshoring	Die Verlagerung von Prozessen in das benachbarte Ausland.
			Captive-Nearshoring / Internes Nearshoring:
			Die Verlagerung von Prozessen in Organisations- bzw. Konzerneinheiten im benachbarten Ausland.

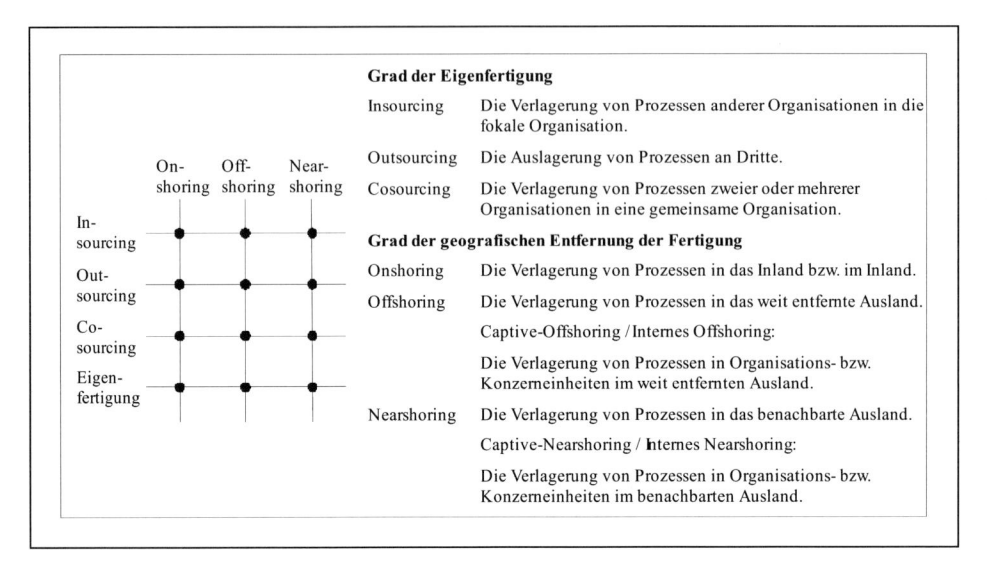

Abbildung 2: Fertigungsoptionen[15]

Um durch die Auslagerung von Prozessen nicht nur einen Auf-Bruch, sondern dauerhafte Wettbewerbsvorteile zu erzielen, ist die Analyse und begleitende Steuerung der Risiken notwendig. Diese sind, durch die seit dem 1. November 2007 verbindlichen neuen Outsourcing-Regeln in den Mindestanforderungen an das Risikomanagement (MaRisk), vorgeschrieben.[16]

Die aufgezeigten Herausforderungen anerkennend, prüft die Zentrale- und Filialorganisation welche (Teil-)Prozesse respektive Leistungen unter Berücksichtigung der Rahmenbedingungen in der Commerzbank und am Markt von Dritten erbracht werden können. Mit der zunehmenden Internationalisierung der Commerzbank steigt darüber hinaus der Bedarf an organisatorischen Leistungen jenseits der nationalen Grenzen des Kernmarktes Deutschland.

Um dem gerecht zu werden, arbeitet der Zentrale Stab Zentrale- und Filialorganisation der Commerzbank gemeinsam mit den Bereichen Transaction Banking und Informationstechnologie an einem Global Operating Model mit dem Ziel, die Entwicklung der Geschäftsfelder in den jeweiligen lokalen Märkten kontextadjustiert zu unterstützen.

---

[15] Vgl. Annuscheit/Veil (2006), S. 39.
[16] Vgl. Rundschreiben 5/2007 (BA) - Mindestanforderungen an das Risikomanagement - MaRisk, Allgemeiner Teil 9
(http://www.bafin.de/cln_006/nn_721290/SharedDocs/Veroeffentlichungen/DE/Service/Rundschreiben/2007/rs__0705__ba.html?__nnn=true vom 04.04.2008)

Vor der abschließenden Darstellung einer möglichen Entwicklungsrichtung zukunftsweisender Organisationseinheiten, möchten wir nochmals die eingangs dargestellten Herausforderungen für Banken zusammenfassen:

- wachsender Preiswettbewerb,
- steigende Komplexität und
- steigende Qualitätserwartungen.

Diesen Herausforderungen muss sich nicht nur die Commerzbank gegenüber ihren Kunden stellen, sondern folgerichtig auch die Konzernorganisation gegenüber ihren internen Kunden – den Geschäftsfeldern der Commerzbank. Um den erkannten Anforderungen zukünftig gerecht werden zu können, hat die Konzernorganisation eine Lean Sigma[17] Offensive mit dem Ziel initiiert, signifikante und nachhaltige Verbesserungen bei der Produktivität, Kostenstruktur und Kundenzufriedenheit zu erzielen. Nach erfolgreichem Abschluss der Pilotierungsphase wird der Zentrale Stab Zentrale- und Filialorganisation die Geschäftsfelder der Commerzbank bei der Umsetzung von Lean Sigma Projekten und damit auf dem Weg zu einer sich dauerhaft weiterentwickelnden, schlanken und kundenorientierten Organisation unterstützen.

Literatur

ANNUSCHEIT, F. (2007): Effizienzsteigerung in Wachstumsphasen, Kein Widerspruch sondern Erfolgsrezept, in: Die Bank, Sonderausgabe, S. 22-25.

ANNUSCHEIT, F./VEIL, M. (2006): Weniger Kosten, mehr Produktivität, in: Bankmagazin 3/2006, S. 38-39.

ARTHUR, W. B. (1994): Increasing Returns and Path Dependence in the Economy, Ann Arbor: University of Michigan Press.

BACH, N./HOMP, C. (1998): Objekte und Instrumente des Wissensmanagement, in: zfo Zeitschrift Führung + Organisation 67, S. 139-146.

BARNEY, J. B. (2003): Resources, Capabilities, Core Competencies, Invisible Assets, and Knowledge Assets: Label Proliferation and Theory Development in the Field of Strategic Management, in: Helfat, C. E. (Hrsg.): The SMS Blackwell Handbook of Organizational Capabilities, Malden et al., S. 422-426.

ENGSTLER, M./PRAEG, C.-P./VOCKE, C./WELSCH, R. (2007): European Retail Banking Survey, Management Summary, 2007 Edition, Fraunhofer-Institut für Arbeitswirtschaft und Organisation IAO, IBM Deutschland GmbH.

DAVID, P. A. (1985): Clio and the Economics of QWERTY, in: The American Economic Review, 75.2, S. 332-337.

---

17 Lean Sigma ist ein Konzept zur Prozessoptimierung, das verschiedene im Rahmen von Lean Management und Six Sigma entwickelte Methoden verbindet.

GBUREK, M. (2008): Die denglische Krankheit, in: Brand Eins 2/2008, S. 89-92.

http://www.bafin.de/cln_006/nn_721290/SharedDocs/Veroeffentlichungen/DE/Service/Rundschreiben/2007/rs__0705__ba.html?__nnn=true vom 04.04.2008.

http://www.bankenverband.de/index.asp?channel=161010 vom 04.04.2008.

http://www.bankundzukunft.de/ vom 04.04.2008

KOCH, J. (2007): Strategie und Handlungsspielraum: Das Konzept der strategischen Pfade, in: zfo, Zeitschrift Führung + Organisation 5/2007, S. 283 – 291.

ORLIKOWSKI, W. (2002): Knowing in Practice: Enacting a Collective Capability in Distributed Organizing, in: Organization Science 13, S. 249-273.

REPPESGAARD, L. (2008): Auf Knopfdruck, in: Financial Times Deutschland Dossier 26.02.2008, Retail-Banking, S. 10-11.

SENGE, P. M. (1990): The Fifth Discipline: The Art and Practice of the Learning Organization. New York: Currency Doubleday, 1990.

Industrialisierung im Allfinanzvertrieb – Utopie oder Wirklichkeit

Frank Erb

1. Angebotsvielfalt als Herausforderung

Seit mehr als 150 Jahren gibt es in Deutschland Genossenschaftsbanken. Die Prinzipien der Selbsthilfe, Selbstverantwortung und Selbstverwaltung bilden bis heute das Fundament der genossenschaftlichen Unternehmensform. Der FinanzVerbund mit seinen 1.254 Volksbanken und Raiffeisenbanken, zwei Zentralbanken, Verbundunternehmen und Sonderinstituten ist mit 190.000 Mitarbeitern und einer Bilanzsumme von 961 Milliarden Euro eine der tragenden Säulen des deutschen Kreditgewerbes und ein wichtiger Faktor im deutschen Wirtschaftsleben.

Ganz gleich ob Hypothekendarlehen, Versicherungen, Leasing, Bausparen, Investment- oder Immobilienfonds, jede Genossenschaftsbank kann ihren Kunden alle Finanzdienstleistungen des FinanzVerbundes anbieten. Dieses dezentrale Verbundsystem bietet Vielfalt ohne Zentralisierung. Denn hinter jedem Angebot steht ein Finanzspezialist wie beispielsweise die Bausparkasse Schwäbisch Hall oder die R+V-Versicherung. Er vertreibt seine Produkte über den Arbeitsplatz des Bankberaters. Das bedeutet, dass jeder Berater einer Bank, neben seiner Software für die typischen Bankprozesse, zahlreiche weitere Programme der Verbundpartner beherrschen muss. Allein um dem Kunden ein umfassendes Altersvorsorge-Angebot anbieten zu können, ruft er vier verschiedene Anwendungen auf: Bausparangebot, Versicherung, Fondlösung und bankeigene Produkte. Den gesamten Angebotsprozess verfolgt er über die jeweilige Anwendung des Anbieters. Eine zusammengefasste Übersicht, welche Produkte er einem Bankkunden angeboten hat, fehlt. Dies ist die Ausgangssituation aus der heraus die FIDUCIA IT AG ihr neues Banksystem entwickelt hat.

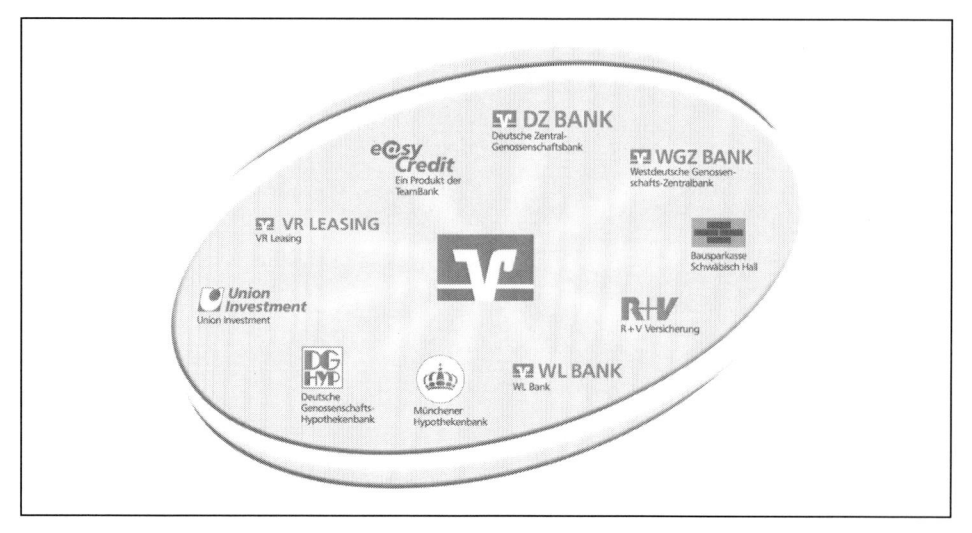

Abbildung 1: Volksbanken und Raiffeisenbanken bieten im Allfinanz-Vertrieb die Produkte der Verbundpartner an.

2. Ein Banksystem integriert viele Produkte

Eines der Hauptziele der FIDUCIA IT AG war es deshalb, ein Banksystem zu schaffen, das mit Hilfe der Industrialisierung diese Vielfalt effizient nutzbar macht. Dazu sollten möglichst alle bankfachlichen Prozesse in einem einzigen IT-System abgebildet werden und möglichst standardisiert und automatisiert ablaufen. Denn je weniger Medienbrüche den Arbeitsablauf behindern, je höher der Automatisierungsgrad der eingesetzten Bankensoftware ist, umso größer ist die Entlastung des Bankmitarbeiters von rein administrativen Aufgaben. Während sich vor 15 Jahren nur etwa zehn bis 20 Prozent der Geschäftsprozesse einer Bank durch IT unterstützen ließen, sind es heute bereits 70 bis 80 Prozent. Für die Banken bedeutet dies, die eigene Wertschöpfungskette zu prüfen, Nicht-IT-Prozesse zu identifizieren, zu definieren und als vollständige IT-Prozesse abzubilden und produktiv umzusetzen. Sind Prozesse einmal automatisiert, unterstützen sie die Organisation in der Bank und reduzieren die Kosten nachhaltig. In Kombination mit der Auslagerung einzelner Geschäftsprozesse bankintern an Service-Einheiten oder extern an Partner können sich Bankmitarbeiter stärker auf ihre vertrieblichen Kernaufgaben – den Kundendialog und Verkauf von Bankprodukten – konzentrieren. Zusätzlich steigert eine integrative Softwarelösung, die die Angebote verschiedener Anbieter unter einer Oberfläche und mit einem einheitlichen Look and Feel zur Verfügung stellt, die Effizienz der Bankprozesse. Der von der FIDUCIA entwickelte agree Bankarbeitsplatz stellt deshalb erstmalig einen integrierten Bankarbeitsplatz im Finanzverbund bereit. Die Bankmitarbeiter können beispielsweise eine Lebensversicherung der R+V an ihrem Vertriebsarbeitsplatz anbieten, verkaufen und zur Policierung direkt in das System der R+V weiterleiten.

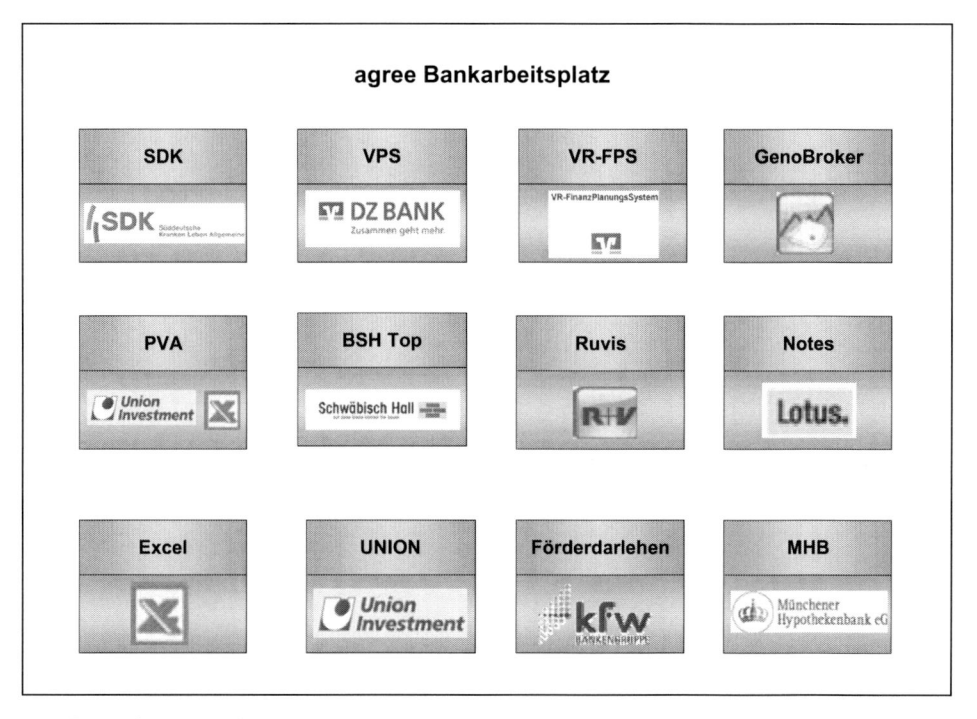

Quelle: Fiducia, Bankenforum 19.10.2007
Abbildung 2: Der agree Bankarbeitsplatz integriert die Programmvielfalt der Verbundprodukte unter einer Oberfläche

3. Den Vertrieb effizient gestalten

Damit Banken angesichts der schwierigen Ertragslage wachsen können, müssen sie sich einerseits neue Vertriebskanäle erschließen und differenzierte Kundenbetreuungskonzepte erarbeiten. Andererseits gilt es, vor allem die Vertriebsmitarbeiter von Routinearbeiten, die nicht zu deren Kernaufgaben gehören, zu entlasten. Dazu gehört beispielsweise die Vorbereitung auf ein anstehendes Kundengespräch. Mit dem agree Bankarbeitsplatz sind sämtliche Vorarbeiten in wenigen Minuten erledigt. Müssen jedoch alle Informationen aus den entsprechenden Systemen abgerufen werden, summiert sich die Vorbereitungszeit schnell auf über 15 Minuten. Die hohe Zeitersparnis wird dadurch erreicht, dass der agree Bankarbeitsplatz alle Informationen in einem System zusammenführt. Der Berater kann mit wenigen Mausklicks alle benötigten Informationen abrufen und wenn gewünscht, ausdrucken. Ein standardisierter Vorgang führt den Berater schließlich sicher durch das Kundengespräch. Da auch die Produkte der Verbundpartner in den agree Bankarbeitsplatz eingebunden sind, kann der Berater umfassend über das gesamte Leistungsspektrum des FinanzVerbunds beraten. So kann er beispielsweise eine Lebensversicherung der R+V anbieten, verkaufen und direkt in das System der R+V weiterleiten, damit eine Versicherungspolice erstellt wird. Die Einbindung von Produkten der Bausparkasse Schwäbisch Hall und Münchener Hypothekenbank ermöglicht einen lückenlosen verbundübergreifenden Baufinanzierungsprozess.

4. Individuelle Dienstleistungen mit Standardprozessen

Der IT kommt für die stärkere Vertriebsorientierung der Mitarbeiter eine entscheidende Rolle zu. Denn noch immer verwendet der Vertriebsmitarbeiter, so die Erfahrungen im genossenschaftlichen FinanzVerbund, etwa 60 Prozent seiner Zeit auf administrative Aufgaben und nur 40 Prozent auf den Vertrieb. Ziel ist es, die Zeit der Vertriebsmitarbeiter für die aktive Kundenarbeit auf etwa 70 bis 80 Prozent zu erhöhen. Aber auch der Anteil der im Vertrieb tätigen Mitarbeiter ist von derzeit 40 mittelfristig auf 70 bis 80 Prozent innerhalb der Filiale zu steigern.

IT unterstützt die Straffung und Beschleunigung der Prozesse, sie sorgt für die automatisierte und durchgängige Kopplung aller Kundenkontaktkanäle. Der Einsatz von IT-gestützten Beratungshilfen am Arbeitsplatz, die lückenlose Dokumentation aller Kundenkontakte und ein durchgängiges CRM-System erschließen neue Vertriebspotenziale und statten den Mitarbeiter mit Entscheidungshilfen aus. Mit Hilfe einer integrierten Beratungssoftware kann der Berater strukturiert die relevanten Vermögens- und Finanzverhältnisse seiner Kunden abfragen. Die entsprechenden Informationen stellt ihm sein System bei Bedarf zur Verfügung. So entsteht ein strukturierter und weitgehend automatisierter, aber kundenorientierter Bankvertrieb.

Diese Kundenorientierung trotz Standardisierung wird dadurch erreicht, dass jede Bank die im System hinterlegten, standardisierten Prozesse gemäß ihrer individuellen Bedürfnisse und Anforderungen anpassen und optimieren kann. Detaillierte Prozessanalysen über die agree Analysetools ermitteln rasch die Schwachpunkte in der Prozesskette. Sie liefern die Basis für gezielte Prozessoptimierungen. So kann beispielsweise die Vertragsunterzeichnung automatisiert werden, indem sie nicht mehr auf Papier, sondern auf elektronischen Tafeln (Pads) erfolgt. Die Daten fließen direkt nach einer automatischen Legitimationsprüfung in das Banksystem ein. Fehler durch die Übertragung von Papier auf elektronische Medien werden ausgeschlossen. Eine Datenkontrolle ist an dieser Stelle nicht mehr nötig. Der Vertrag wird automatisch archiviert. Weiteres Optimierungspotenzial entsteht, wenn die Bank beispielsweise alle vertrieblichen Vorgänge in ihrem System abgebildet werden – von der Definition der Vertriebsansatzpunkte bis hin zur elektronischen Archivierung der Daten: Vertriebsplan und Vertriebsansatzpunkte werden dabei einmalig definiert. Danach erhalten die Vertriebsmitarbeiter ihre Verkaufsansatzpunkte automatisch in einer täglich aktualisierten To-Do-Liste aufgezeigt. Die Vorbereitung, Durchführung und Nachbereitung der Verkaufsgespräche lassen sich ebenfalls im agree Bankarbeitsplatz abbilden. Das Controlling der Vertriebsansätze und die Analyse erfolgen über ein Analysetool.

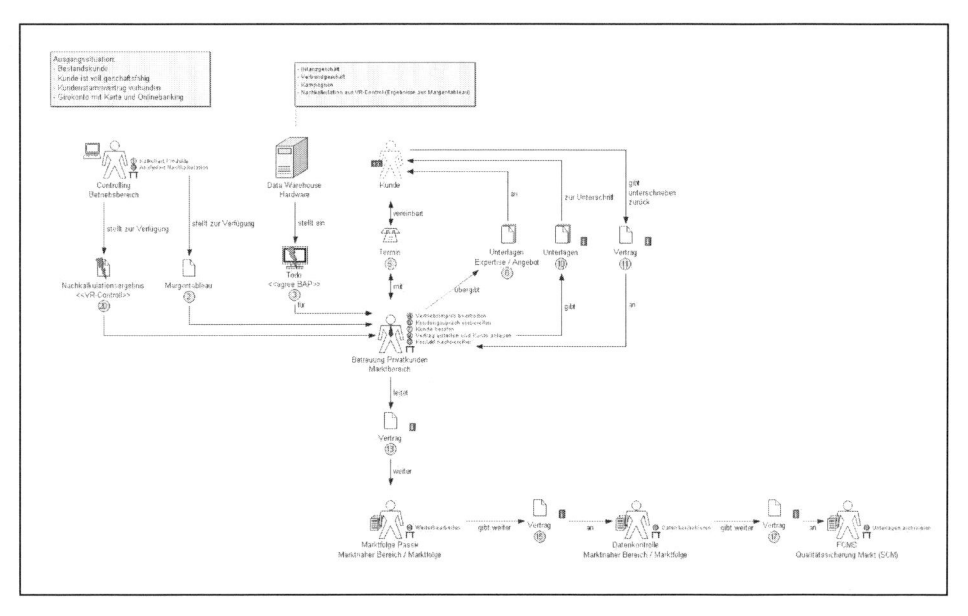

Abbildung 3: *Das Standard-Banksystem agree ermöglicht bankindividuell gestaltete Prozesse*

5. Mit neuen Vertriebswegen Kunden binden

Von einer Modernisierung der Vertriebswege versprechen sich viele Banken einen Wettbewerbsvorteil. Gerade um jüngere und liquiditätsstarke Kunden zu binden, ist diese Strategie weiter zu verfolgen. Über die eBanking Module des agree Bankarbeitsplatzes erhält der Produktvertrieb ein Werkzeug, um die virtuelle Bankfiliale für den Kunden besonders attraktiv zu gestalten. Die Analyseinstrumente des agree Bankarbeitsplatzes liefern die Datenbasis, damit eine Bank gezielte Vertriebskampagnen über das Internet starten kann. Kunden, die häufig das Online-Banking Angebot ihrer Bank nutzen, sind die ideale Zielgruppe für eine Kampagne zum Produktvertrieb über das Internet. Die in einer Vertriebskanalnutzungs-Analyse ermittelten Kunden erhalten auf der ersten Seite ihres Online-Banking eine Mitteilung, die sie auf die speziellen Angebote ihrer Bank aufmerksam macht. Die Software führt die Kunden durch das Angebot. Modellrechnungen erleichtern die Entscheidung bis hin zum Vertragsabschluss. Auch eine Baufinanzierung, Versicherung oder Bankleistung kann so künftig von der Angebotserstellung im Internet bis zum Abschluss im Haus oder durch den Verbundpartner ohne Medienbruch bearbeitet werden. Ein Allfinanzvertrieb, der zum einen die ganze Vielfalt des genossenschaftlichen Angebotsspektrums bietet und zum anderen schnell und kostengünstig arbeitet, ist somit nicht mehr eine Utopie. Dieser Allfinanzvertrieb ist bei vielen Genossenschaftsbanken dank eines integrativen Banksystems agree bereits Alltag.

Mehr Drehmoment durch Industrialisierung im Private Banking?

Jürgen Hoß / Ralf Schuster

1. Ausgangssituation

Private Banking ist ein Premiumsegment im Finanzdienstleistungsumfeld. Vermögende Privatkunden werden ganzheitlich betreut und haben dabei individuelle Anforderungen. Diese gehen bis hin zu einer Mandatsbetreuung mit individuellen Vorgaben für verschiedenste Teilbereiche. Der Private-Banking-Markt ist in den letzten Jahren deutlich gewachsen. Glaubt man Studien namhafter Beratungsunternehmen, so wird der Markt auch künftig weiter stark anwachsen. „Die absolute Zahl der über 35-Jährigen, also derjenigen, die potenziell Unterstützung bei ihrer Vermögensanlagetätigkeit benötigen, wird als Folge der Baby-Boomer-Generation noch bis etwas 2030 kontinuierlich ansteigen (vgl. Wiedei/Beemelmann 2006). Glaubt man weiteren Zukunftsprognosen, von denen eine zum Beispiel in dem Buch „Das Methusalem-Komplott" (vgl. Schirrmacher 2004) dargestellt ist, kommt es zusätzlich zu einer weiteren Verdichtung, sprich Erhöhung von Vermögen bei Einzelkunden.

Das Nachfrageverhalten der vermögenden Privatkunden nach individuell zugeschnittenen Angeboten entspricht weniger einer Einzelfertigung sondern mehr der exakten Bedienung seiner Bedürfnisstruktur. Dies führt zu einem starken Anstieg des Universums an Anlagekategorien und immer komplexer werdenden Produkten. Durch gleichzeitig zunehmende rechtliche Rahmenbedingungen und Transparenzanforderungen entsteht eine Komplexitätsfalle, die letztendlich nur durch die Einführung von Standards aufgelöst werden kann.

Sind Private Banking und Industrialisierung unvereinbare Gegensätze? Kann das Geschäftsfeld nur wachsen, indem die bestehenden Betreuungsstrukturen linear zum Wachstum erweitert werden? Lässt sich durch geeignete Industrialisierung das Drehmoment erhöhen?

Wagen wir einen Vergleich mit der Industrie. Das im Gegensatz zu zahlreichen anderen Automobilkonzernen mittelständisch aufgestellte schwäbische Unternehmen Porsche hat es in einem hochindividuellen Premiummarkt geschafft, dass „aus dem einstigen Pleitekandidaten, dem weidwunden Übernahmeobjekt, binnen weniger Jahre der profitabelste Autohersteller der Welt geworden ist" (Wiedeking 2006). Gekommen ist Porsche von einem Manufakturbetrieb, der hochindividuelle Anforderungen mit tendenziell wenig Industrialisierung abarbeitete. Der Ertrag fiel entsprechend bescheiden aus. Die Übernahme durch einen Großen der Branche schien unabweislich, um die erforderlichen Synergien zu heben und profitabel zu werden. Porsche hat es anders geschafft. Industrialisierung war dabei ein wesentlicher Meilenstein zum Erfolg. Und zwar überall dort, wo es zu mehr Drehmoment führte und dem Kunden gegenüber nicht die Individualität einschränkte. Der Beweis also, dass in einem speziellen Premiumsegment eine Industrialisierung möglich ist, ohne mit einem Kolbenfresser zu enden.

2. Ziele

Geht ein Finanzdienstleister das Geschäftsfeld Private Banking an und hat die erforderlichen Beschlüsse intern herbeigeführt, sind im Wesentlichen folgende Schritte abzuarbeiten:

1. Schaffen einer entsprechenden Organisationseinheit, ausgestattet mit dem erforderlichen kompetenten Personal
2. Ausstatten der Einheit mit der nötigen IT-Unterstützung
3. Etablieren der erforderlichen Prozesse, um die Einheit in sich funktionabel zu gestalten und um eine optimale Überführung der Zielkunden in diese Einheit sicherzustellen

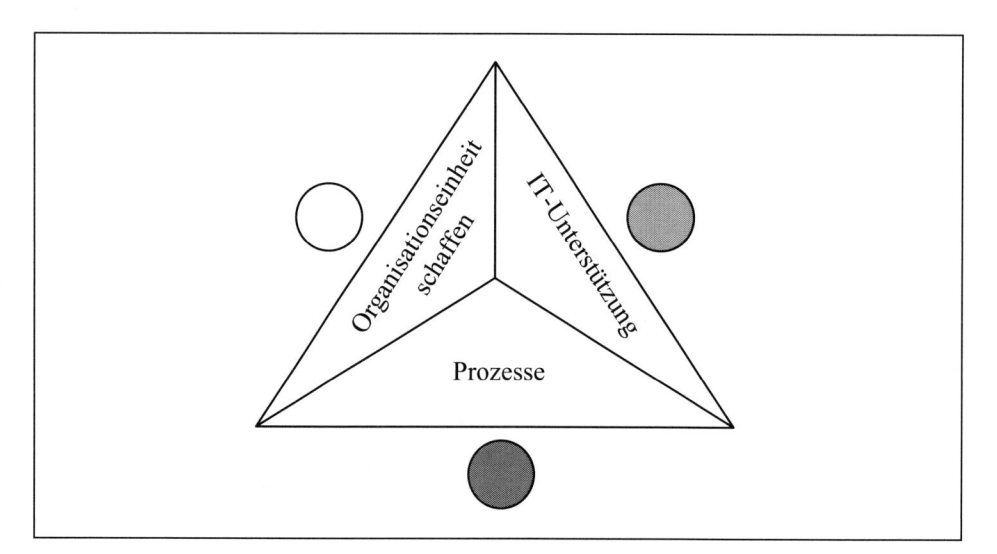

Abbildung 1: Industrialisierungspotenzial der 3 aufgezeigten Schritte

Im *Schritt 1* gilt es, die organisatorische Gestaltung im Hinblick auf die zur Verfügung stehenden Ressourcen zu optimieren. Um die Effizienz und Effektivität zu verbessern, sind die Kompetenzen bezüglich des notwendigen Spezialisierungsgrades und der Zusammenführungsform festzulegen. Standardisiert man gleichzeitig das Leistungsbündel, lassen sich auch individuelle Kundenwünsche flexibel gestalten, ohne der Skalierung entgegenzustehen. Die Lösung dieser vordergründig initialen Aufgaben schafft wertvolle Voraussetzungen für die Folgeschritte, die ein größeres Industrialisierungspotenzial aufweisen.

Zum *Schritt 2* ist festzustellen, dass die heutzutage verfügbaren leistungsfähigen IT-Unterstützungssysteme die Erfassung und Auswertung der Daten erlauben. Sie ermöglichen eine rasche Variation der Planungsdaten und Grundannahmen. Die finanziellen Aspekte, einschließlich der Steuerfolgen jeder möglichen Maßnahme, werden automatisch durchgerechnet und können numerisch wie grafisch dargestellt werden. Idealerweise werden solche Systeme zusätzlich mit den Grundsystemen des Finanzdienstleisters vernetzt (vgl. „Allfinanzstrategie oder Fokussierung" – Basler Bankenvereinigung – 11/2001). Ein solches IT-System sollte die Basis unter anderem auch für die Industrialisierung einzelner Prozesse schaffen.

Im *Schritt 3* spielt, bei näherer Betrachtung, die Musik. Gelingt es, die Prozesse so aufzuteilen, dass wir diese im Hinblick auf die hier aufgezeigte Diskussion in die Kategorien „industrialisierbar" und „individuell" gruppieren, haben wir den Grundstock geschaffen und das erste Teilziel erreicht.

3. Vorgehen

Betrachten wir die Prozesse näher. Eine zugegebenermaßen sehr grobe Aufteilung ergibt

- Prozesse, die direkt in der Kundenbeziehung wirken (Beratungsprozesse bzw. Frontend-Prozesse),
- Prozesse, die im Hintergrund für die optimale Bereitstellung der Dienstleistung gegenüber dem Kunden erforderlich sind (Backend-Prozesse) und
- Kostenmanagement als Werttreiber.

Bei den Frontend-Prozessen liegt der Ansatz der Industrialisierung darin, die hohe Individualität dieses Geschäftsfeldes so zu gruppieren, dass trotz allem standardisierbare Gemeinsamkeiten gefunden werden können. Exemplarisch lässt sich dies an folgendem Beispiel aufzeigen:

- Die Private-Banking-Kunden haben sehr individuelle Anforderungen. Profilgemeinsamkeiten liegen zum Beispiel in der Risikoeinteilung der Kunden und in der grundsätzlichen Anlagestrategie. Schon haben wir zwei musterhafte Industrialisierungsansätze gefunden. Über Risiko- und Assetklassen werden diese in der Herleitung einer taktischen und strategischen Anlagepolitik abgebildet. Eine entsprechend leistungsfähige IT-Unterstützung vorausgesetzt, kann der Kundenbetreuer hier ideal durch den Beratungsprozess Phase für Phase geführt werden. Ohne gegenüber dem Kunden die Individualität einzuschränken, führt ihn das IT-System und bietet ihm dennoch die Möglichkeit, an entscheidenden Stellen den industrialisierten Prozess zu verlassen.

Bei den Backend-Prozessen gibt es noch weitergehende Möglichkeiten, die Wertschöpfung im Private Banking zu steigern. Greifen wir auch hier ein Beispiel heraus:

- Trotz der Leistungsfähigkeit eines IT-Systems ist es erforderlich, in Einzelfällen manuell einzugreifen. Das kann zum Beispiel bei nicht automatisiert abbildbaren Kapitalmaßnahmen, bei fehlerhaften Datensätzen oder bei erforderlichen manuellen Buchungen der Fall sein. Eine optimal gestaltete IT-Lösung bietet hier nicht nur die Möglichkeit, diese Fälle elegant zu bearbeiten, sondern diese übergreifend für mehrere Kunden und auch übergreifend für mehrere Finanzdienstleister zu erledigen. Somit erreichen wir einen sehr hohen Industrialisierungsgrad, der zu einem aufwands- und fehleroptimierten Ergebnis führt. Die Individualität gegenüber dem Kunden wird dabei in keinster Weise eingeschränkt. Ganz im Gegenteil: Der Kundenbetreuer wird von zeitraubenden Standardtätigkeiten befreit und kann sich mit voller Energie dem Kunden widmen. Die Fabrik hinter ihm sorgt für eine optimale Unterstützung.

Zum Schluss betrachten wir das Kostenmanagement als Werttreiber im Private Banking.

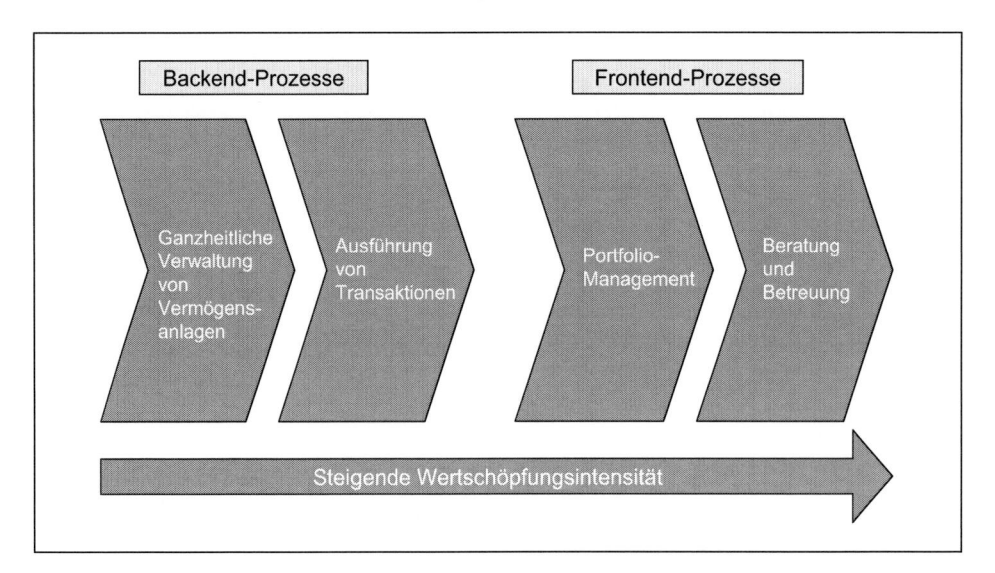

Abbildung 2: Phasen des Wertschöpfungsprozesses im Private Banking

Die einzelnen Phasen des Wertschöpfungsprozesses müssen nicht unbedingt vom selben Institut erbracht werden. Bankleistungen, die von IT-Dienstleistern oder Abwicklungsbanken kostengünstiger erstellt werden, können ausgelagert werden. Dies schafft flexible Kostenstrukturen und die Nutzung effizienter Abwicklungs- und Beratungsprozesse.

Beispiele hierfür sind:

- Qualitätsanspruch Data Warehouse
- Qualitätsanspruch im Outputmanagement (Reporting)

4. Erfahrungen und Ausblick

Die Firma inasys GmbH hat die dargestellten Ansätze mit ihrer Anwendung „inasys WebOffice" (iWO) umgesetzt. In der Sparkassenorganisation und in mehreren Privatbanken wurde neben dem System auch die Industrialisierung von Teilbereichen konsequent aufgegriffen und umgesetzt. Die Erfahrungen sind durchweg sehr zufriedenstellend. Die Industrialisierung ist dabei nicht auf den einzelnen Finanzdienstleister beschränkt. Man ging noch einen Schritt weiter. Man hat die industrialisierbaren Backend-Prozesse ausgelagert und in einer „Fabrik" zusammengefasst. So können Synergien gehoben werden, die dem einzelnen in dem Umfang verschlossen geblieben wären. Und das ganze bei einer höheren Qualität, als diese der einzelne mit vertretbarem Aufwand sicherstellen könnte.

Blicken wir nochmals auf den Vergleich mit Porsche. „Es gibt viele Wege zum Erfolg und jedes Unternehmen, jeder Unternehmer muss seinen eigenen finden" (vgl. „anders ist besser" – Wendelin Wiedeking – 12/2007). Der dargestellte Erfolg ist, wie bei Porsche, kein Geheimnis, sondern vor allem das Ergebnis von kluger Arbeit und konsequenter Umsetzung. Und analog zu Porsche ist das Ergebnis der Beweis, dass Industrialisierung auch in einem hochindividuellen Premium-Geschäftsfeld Private Banking zu mehr Drehmoment führen kann.

Selbstverständlich ist das Ende der Fahnenstange noch nicht erreicht. Zudem verändert sich das Geschäftsfeld stetig und fordert ständig Anpassungen an neue Gegebenheiten. Ob diese durch ein verändertes Anlageverhalten, durch neue Produktkonzepte, durch veränderte gesetzliche Vorgaben oder zahlreiche andere vorstellbare Einflussfaktoren initiiert werden, ist am Ende des Tages unwichtig. Wichtig ist, dass der Weg jeweils kurzfristig neu ausgerichtet wird und insbesondere auch der IT-Dienstleister schnell und umfassend auf die Veränderungen reagiert. So wird auch für die Zukunft ein maximiertes Drehmoment sichergestellt.

Literatur

WIEDEI, J. D./BEEMELMANN, T. (2006): Vermögensverwaltung: Geschäftsfeld der Zukunft, in: Die Bank, Heft 12/2006, S. 40-45.

SCHIRRMACHER, F. (2004): Das Methusalem-Komplott. Die Macht des Alterns – 2004-2050, München 2004.

WIEDEKING, W. (2006): Anders ist besser. Ein Versuch über neue Wege in Wirtschaft und Politik, München 2006.

Innovative Lösungen im Kreditprozess

Frerich-Weers Bremer / Heike Huth

1. Herausforderungen bei der Optimierung der Kreditprozesse

Um erfolgreich im hart umkämpften Markt bestehen zu können, muss jeder Finanzdienstleister die Zufriedenheit seiner Kunden steigern und dabei gleichzeitig seine Betriebskosten senken. Es scheint vielmals unmöglich, diese konträren Anforderungen zusammenzubringen – und doch können innovative IT-Konzepte und flexible Gesamtlösungen die Gegensätze verbinden, zum Nutzen der Kunden und zum Wohle des Unternehmens.

Eine zunehmend entscheidende Bedeutung spielt dabei die Verankerung des Themas Innovation. Innovation beschreibt in diesem Zusammenhang eine nutzenstiftende Problemlösung durch einen neuen Ansatz. Ein entscheidendes Merkmal stellt der Neuigkeitsgrad dar, das heißt, Innovationen müssen nicht immer zwingend völlig neu entwickelte Produkte oder Dienstleistungen beinhalten – ggf. reicht die Übernahme aus einem anderen Bereich, einem anderen Industriezweig aus –, sondern die Entwicklung wird als innovativ wahrgenommen, frei nach Joseph Schumpeter:[1] „Innovation ist die Durchsetzung einer technischen oder organisatorischen Neuerung, nicht allein ihre Erfindung."

Insofern hat Innovationsmanagement eine strategische Bedeutung für Banken bekommen, denn erstklassige Leistungen hängen nicht zuletzt davon ab, innovativer und flexibler zu arbeiten als der Wettbewerb. Viele Finanzinstitute haben inzwischen erkannt, dass geringfügige, schrittweise Verbesserungen ihrer Geschäftsprozesse nicht den gewünschten Erfolg bringen und nehmen aus diesem Grund tiefgreifendere Veränderungen in Angriff.

---

[1] Joseph Alois Schumpeter (* 8. Februar 1883 in Triesch, Mähren; † 8. Januar 1950 in Taconic, Connecticut, USA) war ein österreichischer Ökonom (gilt aber nicht als Vertreter der österreichischen Schule). Er prägte die Begriffe „Schöpferischer Unternehmer" und „schöpferische Zerstörung durch Wettbewerb". (Quelle: http://de.wikipedia.org/wiki/Joseph_Schumpeter)

Diesbezüglich dient insbesondere die Industrie vielen Branchen als Vorbild für eine erfolgreiche Prozessoptimierung; Effizienzsteigerung, Standardisierung, Verfügbarkeit und Sicherheit sind die dominierenden Schlagworte. Die Auseinandersetzung mit industriellen Methoden[2] und deren Übertragung auf den Bankensektor zeigt bereits erste Erfolge.

Der IT kommt in diesem Zusammenhang die Rolle als Enabler von Prozessänderungen und Differenzierungen zu. Eine zentrale Herausforderung stellt die IT-Integration in die Prozesse dar, wobei Unternehmen jedoch häufig erkennen müssen, dass ihre Prozessarchitekturen und IT-Systeme nicht darauf ausgelegt sind, Produktinnovationen oder neue Geschäftsmodelle schnell und flexibel abzubilden. Insbesondere Veränderungen an der bestehenden IT-Anwendungslandschaft erweisen sich oftmals als problematisch: Die zumeist starren Systeme und Insellösungen mit ihren komplexen Schnittstellen können nur mit erheblichem zeitlichen und finanziellen Aufwand angepasst werden. Somit stellt die IT eher den Engpass und weniger den Enabler bei strategisch notwendigen Veränderungen dar.

Unternehmen, denen es gelingt, die Transformation ihres Business und ihrer IT-Landschaft zu synchronisieren, sind bestens gerüstet, um mit innovativen Geschäftsmodellen die Spielregeln ihrer Branche neu zu definieren. Allerdings hält die Informationstechnologie in den Banken mit diesen Entwicklungen nicht immer Schritt. Das Processing in vielen Banken verläuft bisher insgesamt alles andere als geradlinig. Beispielsweise verfügen erst wenige Institute über eine durchgängige, ganzheitliche Kreditprozessunterstützung.

2. Innovative Lösung im Kreditprozess

Als Vorreiter im deutschen Bankenwesen hat die Norddeutsche Landesbank Girozentrale (NORD/LB) gemeinsam mit ihrer Tochter NORD/LB Informationstechnologie GmbH (NORD/IT) eine Lösung für die Standardisierung des Kreditprozesses entwickelt, den „Kreditexperten – KrEx". Er verbindet die vorhandenen Anwendungen und Funktionen der Kreditbearbeitung zu einem einheitlichen Workflow und wirkt im Sinne einer Klammer, die die bewährten, leistungsfähigen Applikationen im Kreditprozess umschließt. Kern des Ganzen bildet die regelbasierte Ablaufsteuerung.

Bei der Konzeptionierung und Umsetzung der Kreditlösung standen die folgenden fachlichen und technischen Punkte im Fokus:

---

[2] Die Industrialisierung zielt sowohl auf die Veränderung der internen Strukturen als auch auf die Veränderung der Wertschöpfungsprozesse ab.

- Standardisierung
  - des Kreditprozesses und der Kreditprodukte
  - mit der Möglichkeit dokumentierter Abweichungen
  - der Übergabeschnittstellen
- kontextabhängige Maskenaufbauten und -folgen, Plausibilitätsprüfungen sowie Entscheidungs- und Navigationshilfen
- Flexibilität
  - für Erweiterungen
  - des Berechtigungskonzepts
- konfigurierbarer, institutsindividuell erweiter- oder veränderbarer Workflow
- Integration vorhandener Systeme
- IT-Unterstützung folgt der organisatorischen Umsetzung

Als zentrale Elemente wurden insbesondere die Berücksichtigung der Prozessorientierung und des SOA[3]-Ansatzes (Service orientierte Architektur) angesehen.

Mit SOA werden in der Regel die Gestaltungsziele der Geschäftsprozessorientierung, der Flexibilität, der Wiederverwendbarkeit und der Unterstützung verteilter Softwaresysteme verbunden. Zielsetzung ist, historisch gewachsene, heterogene Systemlandschaften jederzeit effizient an Änderungen im Geschäftsprozess anpassen zu können durch

- die Bereitstellung von Funktionalitäten in Form gemeinsam nutzbarer und wiederverwendbarer Services (Höchstmaß an Flexibilität),
- die Schaffung der Möglichkeit, Applikationen ohne Auswirkungen auf die bestehende Anwendungslandschaft zu modernisieren/auszutauschen,
- die Nutzung von Industrialisierungsprinzipien wie Automation und Standardisierung.

Auf diese Weise entstehen in Unternehmen flexible IT-Infrastrukturen, die diese in die Lage versetzen, sich schnell auf veränderte Anforderungen oder Geschäftsprioritäten einzustellen.

Der KrEx bildet die gesamte Bandbreite des Kreditprozesses von der Akquisition bis zum Vertragsdruck ab, schafft eine prozessübergreifende, medienbruchfreie IT-Unterstützung und integriert die vorhandene Plattformsystematik für Kreditprodukte, Ratings sowie optionale Darlehensauflagen und -bedingungen. Die verschiedenen Anforderungen der Kreditbearbeitung im Rahmen von Akquisition, Risikoanalyse, Bewertung von Sicherheiten, Kreditentscheidung bis hin zur Vertragserstellung werden über rollenbasierte Zugriffsrechte am Arbeitsplatz in einem Internetbrowser dargestellt. Über ein offenes Schnittstellenkonzept

---

[3] Der Begriff SOA ist in erster Linie ein Managementkonzept und setzt erst in zweiter Linie ein Systemarchitekturkonzept voraus. Das Managementkonzept strebt eine an den gewünschten Geschäftsprozessen ausgerichtete Infrastruktur an, die schnell auf veränderte Anforderungen im Geschäftsumfeld reagieren kann. Das Systemarchitekturkonzept sieht die Bereitstellung fachlicher Dienste und Funktionalitäten in Form von Services vor.

können externe, juristische Systeme integriert werden, somit entfällt eine Mehrfacherfassung von Daten. Durch die moderne Web-Technologie können auch externe Abteilungen, wie zum Beispiel eine Kreditservicegesellschaft, nahtlos eingebunden werden.

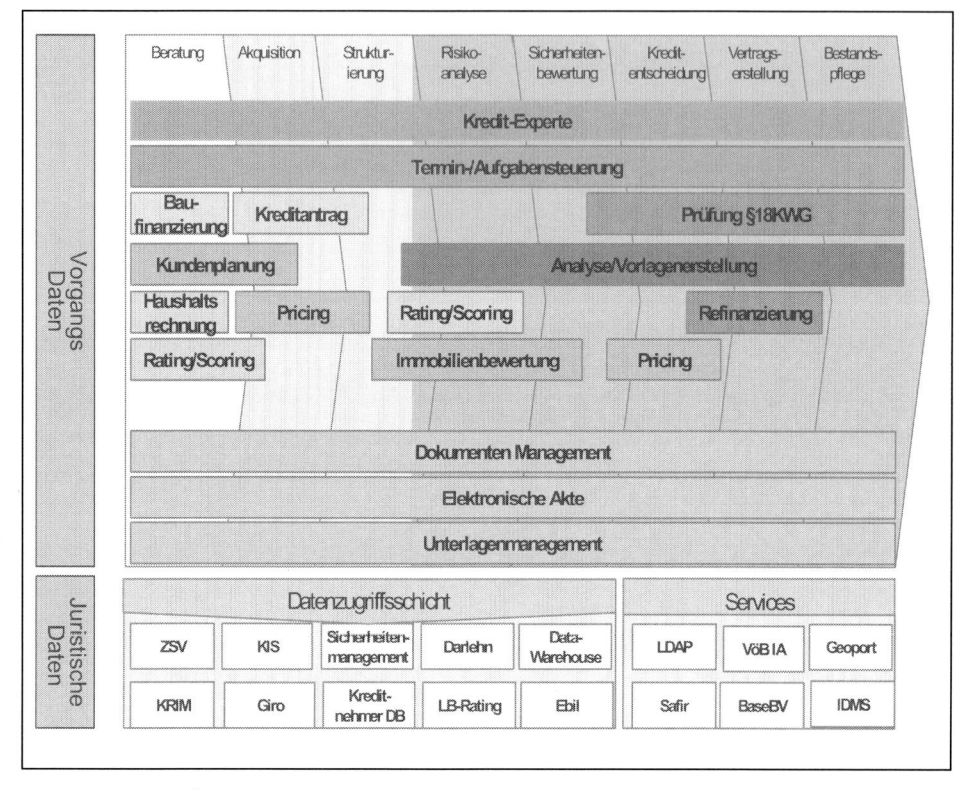

Abbildung 1: Übersicht Kreditprozess und KrEx-Komponenten

Die Lösung strukturiert sich auf drei standardisierten Plattformen:

- Die *Produktplattform* umfasst die Produkte, die im Ablauf bis zum Abschluss und zur Kontoanlage unterstützt werden, zum Beispiel operative (KK-, Aval-, Rahmen-, Festkredit), Mobilien-, Immobilien- und weitere Finanzierungsformen. Weitere Produkte können über das Regelwerk konfiguriert und hinterlegt werden. Die Auswahlmöglichkeiten hinsichtlich Plattformen und Produkte gestalten sich in Abhängigkeit der Kundengruppe unterschiedlich. Anhand der Plattform werden für die in Produktgruppen zusammengefassten Produkte Standardanforderungen vorgegeben (Höhe, Laufzeit, Tilgung, …). Die Festlegung auf ein bestimmtes Produkt gibt damit das Aussehen bzw. die Zusammensetzung der Maskenfolge vor.

- Die *Ratingplattform* umfasst das Regelwerk für die Kundengruppen basierend auf deren Rating- bzw. Scoringnote. Derzeit sind Firmen-, Gewerbe- und Privatkunden hinterlegt. Das Regelwerk ist in Rating- bzw. Scoringklassen gegliedert, für die jeweils plattformspezifische Auflagen definiert werden. Das bedeutet, dass die Gleichbehandlung der Kunden in diesem Zusammenhang eingeschränkt wird, da die rating-/scoringbezogenen Vorgaben von der Rating-/Scoringklasse des Kunden abhängen.

- Über die *Ergänzungsplattform* wird dem Markt die Eingabe weiterer Auflagen und Bedingungen, die nicht produktbezogen sind, ermöglicht. Sie beinhaltet standardisierte Ausnahmen, die mit dem Kunden zu vereinbarende Zusätze, Ergänzungen, verpflichtende Erklärungen etc. in Form von Standardformulierungen bereitstellen.

Durch die Optimierung des Kreditprozesses wurde vor allem Folgendes erreicht:

- Hebung von Effizienzpotenzialen über den gesamten Kreditprozess durch
  - Qualität und Eindeutigkeit der jeweiligen Arbeitspakete
  - Reduktion des Klärungsbedarfes in den Marktfolgebereichen
  - Produktarten mit standardisierten Anforderungen
  - Senkung der Bearbeitungs- und Durchlaufzeiten
  - Vermeidung von individuellen Auflagen und Bedingungen
- deutliche Verbesserung der Daten- und Ergebnisqualität
- Qualitätsverbesserungen in den Prozessen
- papierloser elektronischer Workflow
- maschinelle Generierung der Vorlagen und Verträge aus den gewählten Einstellungen und gemachten Eingaben
- Produktivitätssteigerung der Mitarbeiter
- verkürztes „Time-to-Market"
- Steigerung der Kunden- und Mitarbeiterzufriedenheit
- Erfüllung aller entsprechenden Anforderungen regulatorischer Art
- Messbarkeit der Leistungen als Grundlage für SLA-Vereinbarungen

Auch der Kunde zieht seinen Nutzen aus der innovativen Kreditlösung, insbesondere profitiert er aufgrund der kürzeren Reaktions- und Bearbeitungszeiten von schnelleren Entscheidungen und ggf. günstigeren Konditionen bei Standardgeschäften. Die Zufriedenheit mit seinem Kreditinstitut sollte sich somit deutlich erhöhen.

3. Fazit und Ausblick

Die Kreditlösung KrEx[4] bietet einen konfigurierbaren, standardisierten Ablauf zur Abbildung des Kreditprozesses. Durch ein institutsindividuell konfigurierbares Regelwerk werden Auflagen, Bedingungen und der Maskenaufbau sowie die Maskenfolge kontextabhängig gesteuert. Damit sind die Oberflächenelemente auf das notwendige Minimum eingeschränkt, was wiederum eine einfache Bedienung, eine deutlich reduzierte Durchlaufzeit und einen geringen Schulungsaufwand zur Konsequenz hat.

Kurzfristiges Ziel ist die Erhöhung der Quote für die fallabschließende Bearbeitung von Kreditvorfällen im Standardprozess und die Beschleunigung der Bearbeitung von Kreditvorgängen außerhalb des Standards durch weitere Prozessoptimierungen, etwa durch die Integration weiterer Prozesse und Kreditprodukte, wie zum Beispiel Internet Portal, elektronische Genehmigung, elektronische Kreditakte, elektronische Unterschrift oder die Einbindung von Spezialfinanzierungen.

---

[4] Bei den „IBM Lotus Awards 2007" wurde der KrEx in der Kategorie „Best Industry Solution" im Finale als Zweitplatzierter ausgezeichnet.

Der Industrialisierungs-Quick-Check – eine Methode für das Assessment der prozessbasierten Industrialisierungsreife bei Banken

Claus-Peter Praeg

1. Ausgangssituation

Durch die Adaption von Methoden und Werkzeugen aus der industriellen Produktion und Fertigung werden für Banken große Potenziale in Bezug auf Effizienzsteigerungen erwartet. Aktuelle Marktstudien zeigen, dass diejenigen Banken, die sich mit dem Thema Industrialisierung befassen und begonnen haben Maßnahmen umzusetzen, erste Erfolge verzeichnen konnten (Spath et al., 2007). Um diese vielfältigen Möglichkeiten erschließen zu können, bedarf es der zielorientierten und erfolgreichen Weiterentwicklung der eingeschlagenen Industrialisierungsmaßnahmen bei den Banken. Allerdings fehlt es den meisten Banken derzeit an einem detaillierten Überblick über ihren derzeitigen Entwicklungsstand in ihren Geschäftsprozessen sowie an konkreten Handlungsempfehlungen für eine zielgerichtete und erfolgreiche Umsetzung von Industrialisierungsmaßnahmen. Bestätigt wir dies durch Untersuchungen des Fraunhofer IAO, wonach Banken geeignete Methoden und Tools für die Umsetzung von Industrialisierungsmaßnahmen fehlen (Spath et al., 2007).

Aus diesem Grund hat das Fraunhofer IAO gemeinsam mit den Partnern des Innovationsforums „Bank und Zukunft" ein Assessment-Tool entwickelt, den „Industrialisierungs-Quick-Check" (IQC), mit dessen Hilfe Banken in die Lage versetzt werden, ihre Situation in Bezug auf die Industrialisierungsreife ihrer Geschäftsprozesse zu analysieren. Weiterhin kann mit Hilfe des Tools das strategische Alignment der vorhanden Geschäftsprozesse als auch deren Managementreifegrade analysiert und hinsichtlich der Industrialisierungsanforderungen bewertet werden (Praeg, 2007). Durch das Bereitstellen geeigneter Verfahren und Methoden zur Steigerung der Produktivität und der Prozessreifegrade sollen vor allem das Management und die Mitarbeiter in die Lage versetzt werden, bei einem erkannten Produktivitätsdefizit geeignete Schritte unternehmen zu können, um diesen Mangel zu beheben und somit den

Bestand und die Wettbewerbsfähigkeit der Bank zu sichern. Durch diese kontinuierliche Produktivitätsverbesserung und Wertsteigerungen profitieren neben den internen Zielgruppen ebenfalls die externen Partner sowie die Anteilseigner (Eigentümer, Aktionäre, Gesellschafter etc.) der Bank.

Mit Hilfe dieses Tools werden Entscheidungsträger in den Banken in die Lage versetzt, ihren aktuellen Stand hinsichtlich des institutsspezifischen »Industrialisierungs-Reifegrad« systematisch zu ermitteln und geeignete Maßnahmen zur Behebung der identifizierten Lücken ergreifen zu können.

2. Zielsetzung des Assessment Tools

Das Industrialisierungs-Assessment Tool soll die oben genannten Zielgruppen bei der Weiterentwicklung der Bankenindustrialisierung unterstützen. Er zielt auf die prozessorientierte und funktionsübergreifende Steigerung der Produktivität innerhalb der Bank und in der Kooperation mit externen Partnern ab. Dabei orientiert es sich an der Strategie und den Zielen des Instituts sowie an dessen spezifischer Marktsituation.

Konkret soll das Tool die Banken bei der Erreichung folgender Zielsetzungen unterstützen:

- Bereitstellung einer Methode, mit deren Hilfe Banken in der Lage sind, ihre aktuelle Situation in Bezug auf die Industrialisierung zu bewerten

- Identifikation und Konzentration auf Prozesse mit dem größten Potenzial hinsichtlich Industrialisierung und Wertschöpfung

- Fokussierung auf die wesentlichen Felder zur Verbesserung der Industrialisierungsreife und Wettbewerbsfähigkeit

- Ausrichten der gesamten Strukturen und Abläufe in der Bank auf die Bankenstrategie und Koordination der notwendigen Tätigkeiten in Bezug auf die Industrialisierung (strategisches Alignment)

- systematische Auswahl der geeigneten Methoden und Werkzeuge hinsichtlich des Wertbeitrages zur Industrialisierung

Auf Basis dieser Zielsetzungen wurde der Industrialisierungs-Quick-Check entwickelt, welcher im nachfolgenden Kapitel beschrieben wird.

3. Industrialisierungs-Quick-Check

Mit dem »Industrialisierungs-Quick-Check« (IQC) ist eine Methode entwickelt worden, mit deren Hilfe Banken und deren Partner ihren organisationsspezifischen Reifegrad hinsichtlich der Industrialisierung ermitteln können (Praeg, 2007). Das modular aufgebaute Assessment-Tool unterstützt die Evaluation der Bankorganisation sowohl hinsichtlich ihres »strategischen Fit«, das heißt der zielgerichteten und wertorientierten Ausrichtung der Bankorganisation an der Bankstrategie und ebenso hinsichtlich der Prozessorientierung in der Bank. Mit Hilfe dieses Tools sind die Banken in der Lage, ihre vorhandenen Prozesse zu bewerten und erhalten gleichzeitig eine detaillierte Analyse der vorhandenen Verbesserungsmöglichkeiten. Diese GAP-Analyse wird für jeden untersuchten Prozess individuell vorgenommen. Mit Hilfe des IQC erhalten die Banken gleichzeitig priorisierte Handlungsempfehlungen für die Verbesserung ihrer Industrialisierungsaktivitäten (Bauer et al., 2006).

Für die zielgerichtete und ergebnisorientierte Umsetzung der beschlossenen Maßnahmen werden darüber hinaus Empfehlungen für den Einsatz ausgewählter Industrialisierungsmethoden abgeleitet. Diese Empfehlungen erfolgen auf Basis der zuvor vorgenommen Organisationsbewertung der Bank.

Der Industrialisierungs-Quick-Check erfasst die in Abbildungen 1 dargestellten vier Bereiche für das Bankmanagement ab (Praeg & Engstler, 2007).

Abbildung 1: Struktur des Industrialisierungs-Quick-Check

Der Industrialisierungs-Quick-Check deckt dabei die folgenden Bereiche für das Bankmanagement ab:

- *Industrialisierungstrends und Marktentwicklung:* Aktuelle und nachhaltige Markttrends und Entwicklungen bilden den Wettbewerbsrahmen für die Banken. Diese Entwicklungen determinieren die Strategien und die daraus abgeleiteten Maßnahmen zur Erhaltung der Wettbewerbsfähigkeit. Diese Trends können im IQC aufgenommen und aus der spezifischen Situation der Bank bewertet werden.

- *Situation und Strategie der Bank:* Aufgrund der gegebenen marktlichen Bedingungen müssen die Banken ihrer strategischen Ausrichtung orientieren. Daher wird in diesem Bereich auf die strategische Ausrichtung der Bank fokussiert, um ein kritisches Hinterfragen der eigenen Situation bezüglich der gewünschten strategischen Ausrichtung und Entwicklung anzuregen.

- *Reifegradmodell:* Dieser Bereich fokussiert auf die vorhandenen Abläufe in der Bank. Vorhandene Geschäftsprozesse werden auf ihren Reifegrad hinsichtlich der Industrialisierungsprozessreifegrade analysiert und von den Entscheidungsträgern der Bank evaluiert.

- *Methoden- und Maßnahmenset:* Basierend auf den Prozessbewertungsergebnissen werden vorhandene GAPs identifiziert und quantifiziert. Auf Basis dieser Bewertung werden priorisierte Handlungsempfehlungen für die Bank ausgesprochen und Maßnahmen zum Einsatz geeigneter Methoden und Instrumente bereitgestellt, mit deren Hilfe die für die spezifische Situation geeigneten Industrialisierungsmethoden und -instrumente bereitgestellt. Dazu sind im Tool circa 45 Industrialisierungsmethoden und Instrumente erfasst und systematisch beschrieben.

Für die Nutzung des Quick-Checks wurde ein siebenstufiges Vorgehensmodell entwickelt (siehe Abbildung 2). Ausgehend von der Bewertung aktueller Trends und Marktentwicklungen im Bankensektor hinsichtlich deren Wirkungen auf das eigene Institut wird eine Einschätzung der strategischen Positionierung der Bank in Bezug auf das Drei-Banken-Modell (Flesch, 2005) vorgenommen. Im Anschluss daran erfolgt die Bewertung ausgewählter Geschäftsprozesse hinsichtlich deren strategischer Relevanz und der in den Prozessen gebundenen Kapazitäten. Im folgenden Arbeitsschritt werden die aktuellen sowie die zukünftig angestrebten Reifegrade der identifizierten Geschäftsprozesse evaluiert und vorhandene Lücken identifiziert. Aufgrund dieser Evaluationsergebnisse können verschiedene strategische Optionen abgeleitet werden und es erfolgt im letzten Arbeitsschritt eine Auswahl geeigneter Produktivitätsmethoden und Instrumente, welche zur Schließung der identifizierten Lücken geeignet sind.

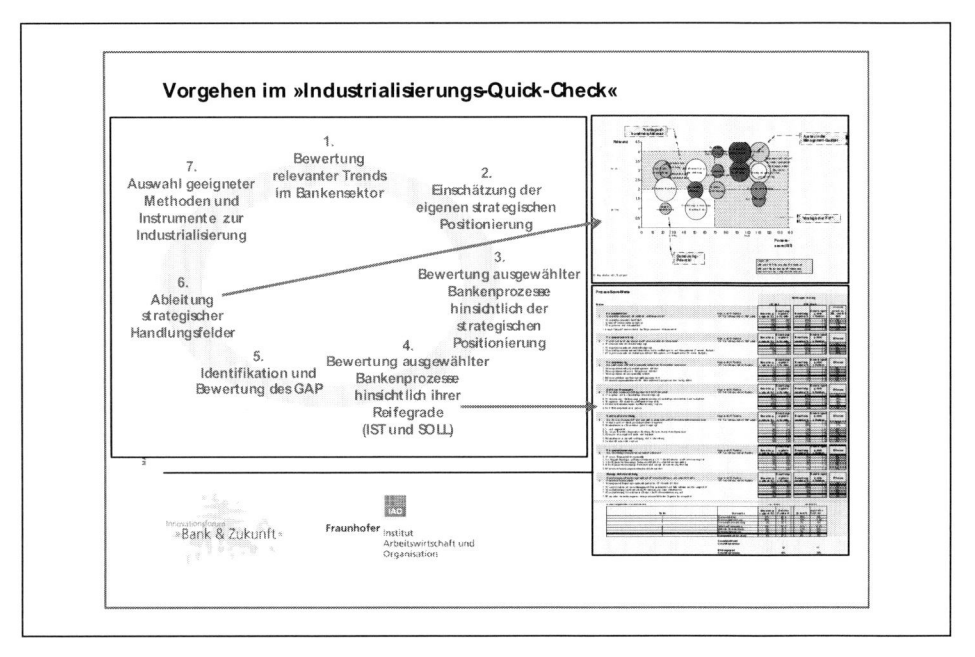

Abbildung 2: *Vorgehensschritte im Rahmen des Industrialisierungs-Quick-Check*

Aufgrund des modularen Aufbaus des IQC kann der Nutzer verschiedene Bereiche unabhängig voneinander nutzen. Allerdings ist es erfahrungsgemäß sinnvoll, dass der Nutzer beim ersten Gebrauch des IQC möglichst alle Module bearbeiten sollte, um ein stimmiges Gesamtbild der derzeitigen Situation bezüglich der „Industrialisierungsreife" zu erhalten und die spezifischen Rahmenbedingungen der Bank zu erfassen. Im Zeitablauf genügt es dann, nur entsprechende Module, bei denen aktuell Anpassungsbedarf besteht, zu bearbeiten. Der Nutzer wird dabei in die Lage versetzt, die Auswirkungen verschiedener Entwicklungen und Maßnahmen im IQC zu analysieren und entsprechende Rückschlüsse auf die Bank zu ziehen.

Des Weiteren wird im Rahmen des IQC eine klare Konzeption zur Produktivitätssteigerung bei Banken beschrieben und ein Ordnungsrahmen für verschiedene Gestaltungsprinzipien, Vorgehen, Methoden und Werkzeuge bereitgestellt. Dabei werden, entsprechend der vorhandenen Prozess- und Produktivitätslücken (GAPs), geeignete Methoden und Werkzeuge zur Behebung dieser Lücken bereitgestellt. Durch das Bereitstellen geeigneter und systematisch dokumentierter Verfahren und Methoden zur Steigerung der Industrialisierungsreife soll vor allem das Management in die Lage versetzt werden, bei einem erkannten Defizit auch ohne vertiefte Kenntnisse der unterschiedlichen Industrialisierungsmethoden und Werkzeuge geeignete Schritte unternehmen zu können, um die identifizierten Defizite beheben zu können.

Der IQC unterstützt damit das innerbetriebliche Methodenmanagement (Vorgehensweisen, Verfahren, Methoden, Instrumente) in einer Bank. Er ordnet das Zusammenspiel zwischen Verfahren, Methoden und Werkzeugen. Dies bedeutet, es werden entsprechend der Situation bestimmte Methoden und Werkzeuge bereitgestellt, mit denen der Anwender in die Lage versetzt wird, geeignete Maßnahmen zur Prozessverbesserung zu veranlassen. Besonders unter Produktivitäts- und Wirtschaftlichkeitsaspekten ist es wichtig, die gesamte Wertschöpfungskette zu betrachten.

Durch den IQC sollen die betreffenden Mitarbeiter in die Lage versetzt werden, auch ohne detaillierte Methodenkenntnisse, geeignete Hilfsmittel bereitgestellt bekommen und somit Maßnahmen zur Steigerung der Prozessreife und zur Produktivitätssteigerung durchzuführen. Dazu ist festzuhalten, dass eine Anpassung der einzelnen Methoden auf bankspezifische Bedürfnisse vorgenommen werden muss. Die Ableitung spezifischer Programme und Maßnamen zur Produktivitätssteigerung in der Bank soll mit Hilfe des IQC ermöglicht werden.

4. Erfahrungen und Ausblick

Die Erfahrungen im Einsatz des IQC zeigen, dass der IQC eine einfach zu nutzende Methode darstellt, um Banken hinsichtlich ihrer Industrialisierungspotenziale analysieren zu können. Entsprechend positiv sind die Reaktionen der bisherigen Nutzer ausgefallen. Der Einsatz in verschiedenen Organisationen zeigte, dass viele Banken einen niedrigeren Industrialisierungsreifegrad besitzen, als sie dies aus ihrer eigenen Sicht erwartet haben. Des Weiteren ist es für viele Banken hilfreich, die vorhandenen GAPs systematisch identifizieren zu können und gleichzeitig eine Hilfestellung in Form einer Short-List geeigneter Industrialisierungsmethoden zu erhalten. Der Industrialisierungs-Quick-Check ist geeignet, um die Banken auf dem Wege der Industrialisierung zielorientiert und systematisch zu unterstützen. Es ist ein geschäftsprozessorientiertes Tool und setzt dementsprechend voraus, dass sich die Banken mit einer prozessorientierten Organisationsform auseinander gesetzt haben. Die Prozessorientierung in Banken mit nachvollziehbaren Prozessen, klaren Strukturen und einer kunden- und mitarbeiterfokussierten Gestaltung werden durch kontinuierliche Organisations- und Technologieveränderungen ermöglicht. Des Weiteren muss die Bereitschaft für die kontinuierlichen Verbesserungen und die Weiterentwicklung dieser Prozesse vorhanden sein, um das Tool erfolgreich einsetzen zu können.

Dagegen ist ebenfalls zu betonen, dass dieses Assessment-Tool vorwiegend die ersten Schritte im Industrialisierungsprozess einer Bank unterstützt und nicht als ein allumfassendes Werkzeug angesehen werden kann, mit dessen Hilfe sich alle auftretenden Fragestellungen in einer Organisation beantworten lassen.

Die Industrialisierungsbemühungen der Banken zielen einerseits auf die Etablierung eines professionellen Geschäftsprozessmanagements ab. Darauf aufbauend werden andererseits die Prozesse modularisiert, standardisiert und soweit als möglich automatisiert. Somit kann die zukünftige Weiterentwicklung des Assessment-Tools in vielfältige Richtungen vorangetrieben werden. Einerseits sind die Gestaltung und Etablierung von standardisierten Prozessmodulen sowie die Berücksichtigung von Prozesspattern (Andersson *et al.*, 2005) wichtige Bereiche, die bei der Weiterentwicklung des Tools zu berücksichtigen sind. Auf Basis dieser Arbeiten kann der Quick-Check zu einer Benchmarkingplattform weiterentwickelt werden, auf der Banken ihre Prozesse bzw. die verschiedenen Prozessmodule miteinander vergleichen und bewerten. Die daraus gewonnenen Erkenntnisse dienen einer zielgerichteten Verbesserung der Prozessperformance und der organisatorischen Effizienz.

Für Banken hält die Industrialisierung noch weitere vielfältige Möglichkeiten für zukünftige Effizienzsteigerungen bereit. Eine reine Fokussierung auf den Aspekt der Effizienz greift jedoch viel zu kurz. Mit der zunehmenden Industrialisierungsreife werden sich die Banken und deren Organisationsstrukturen weiterentwickeln. Dies führt zur Etablierung neuer Strukturmodelle und daraus abgeleitet auch neuer Geschäftsmodelle und Betätigungsfelder für Banken. Darüber hinaus zeigen auch die Entwicklungen auf den internationalen Bankenmärkten, dass aufgrund von Industrialisierungsmaßnahmen für die deutschen Banken eine Möglichkeit bereitstellt wird, um auch in einem internationalen Wettbewerb erfolgreich bestehen zu können. Der Industrialisierungs-Quick-Check unterstützt die Banken bei den Vorbereitungen, um auf die zukünftigen Herausforderungen des Marktes gerüstet zu sein.

Literatur

ANDERSSON, B. / BIDER, I. / JOHANNESSON, P. / PERJONS, E. (2005): Towards a formal definition of goal-oriented business process patterns. Business Process Management Journal, 11(6).

BAUER, W. / ENGSTLER, M. / PRAEG, C.-P. / VOCKE, C. (2006): Der Weg zur Banken-Industrialisierung: Industrialisierungs-Quick-Check (White Paper). Stuttgart: Fraunhofer Institut für Arbeitswirtschaft und Organisation (IAO).

FLESCH, J. R. (2005): Die Zukunft der deutschen Kreditwirtschaft – von der Drei-Säulen zur „Drei-Banken"-Struktur. Zeitschrift für das gesamte Kreditwesen, 12, S. 604-606.

PRAEG, C.-P. (2007): An Assessment Tool for Bank Industrialisation – Challenges and Opportunities for Business Process Management. Paper presented at the Australasian Conference on Information System (ACIS 2007), Toowoomba, Queensland, Australien.

PRAEG, C.-P. / ENGSTLER, M. (2007): Der Industrialisierungs-Quick-Check. Geldinstitute, 38(2).

SPATH, D. / ENGSTLER, M. / PRAEG, C.-P. / VOCKE, C. (2007): Trendstudie Bank und Zukunft 2007 – Mit Prozessexzellenz und Vertriebsinnovationen die Bank der Zukunft gestalten. Stuttgart 2007.

Serviceorientierte Architektur (SOA) – Hype oder Notwendigkeit?

Johannes Wallenborn

1. Was ist SOA überhaupt?

Der Begriff SOA steht für serviceorientierte Architektur und wird momentan fast wie in einem Hype als Lösung für alle möglichen Probleme genannt und wird allgemein im Kontext der Informationstechnologie verwendet. Die Wirtschaftlichkeit von serviceorientierten Architekturen und die zu erzielenden Einsparpotenziale werden in verschiedensten Studien belegt. Sie betrachten entweder die für die Entwicklung von Anwendungen aufzubringende Zeit oder die Anzahl von neu zu entwickelnden bzw. wieder zu verwendenden Komponenten oder analysieren die Qualität von Anwendungen anhand der gemeldeten Fehler.

Wirtschaftlichkeit ist zwar ein wichtiges Thema, allerdings sind für die Bewertung serviceorientierter Architekturen andere Kernfragen ebenfalls ausschlaggebend:

- Welchen konkreten Beitrag liefert die Informationstechnologie (IT) für das Geschäft und die Unternehmensziele und welchen Beitrag soll sie in Zukunft liefern?
- Welche strategische Bedeutung hat die IT für das Unternehmen?
- Wie ist der Geschäftswert der eingesetzten IT zu beurteilen?
- Wie effektiv und effizient sind IT-Entwicklung und -Produktion?
- Welche IT-Investitionen sind unter unternehmerischen und betriebswirtschaftlichen Gesichtspunkten sinnvoll?

Serviceorientierten Architekturen (SOA) sind dementsprechend ein Thema für die eigentliche Unternehmensstrategie.

Im Sinne der Informationstechnologie ist SOA ein Architekturmuster, das den Aufbau und die Zusammensetzung einer Anwendungslandschaft aus einzelnen fachlichen Bausteinen beschreibt. Sie sind lose miteinander gekoppelt und bieten ihre Funktionalitäten in Form von Services an. Ein Service wiederum ist eine feste, definierte Leistung, die als Teil eines oder mehrerer Geschäftsprozessabläufe verwendet werden kann. Solche Services werden über einen einheitlichen, standardisierten Mechanismus aufgerufen, der die durch die Services repräsentierten Anwendungsbausteine plattformunabhängig aufruft und dabei die Implementierungsdetails verbirgt.

Der Grundgedanke von SOA ist also die Trennung von Anwendungsbausteinen nach fachlichen Gesichtspunkten bei gleichzeitiger Kapselung technischer Details. Dadurch können neue oder veränderte Geschäftsprozesse schneller und mit geringerem technischem Aufwand durch Kombination von Services in Anwendungen abgebildet werden.

SOA bezieht sich zwar primär auf die Informationstechnologie, allerdings ist die Serviceorientierung in den Geschäftsprozessen immer der Ausgangspunkt. Die sinnvolle Verknüpfung von Geschäftsprozessen, der sich daraus ergebenden Anwendungsarchitektur und der nachfolgenden Implementierung mittels einer kostengünstigen Infrastruktur stellt das Gesamtbild einer serviceorientierten Architektur dar.

Insofern ist SOA kein Hype, sondern eine Notwendigkeit, um den gestiegenen Anforderungen nach höherer Flexibilität und Schnelligkeit gerecht werden zu können. Und SOA ist weit mehr als nur ein Thema der Informationstechnologie, denn ohne die Berücksichtigung der Interdependenzen zwischen den Geschäftsprozessen und den sie unterstützenden Anwendungen und Systemen kann keine sinnvolle und erfolgreiche Implementierung serviceorientierter Architekturen erfolgen.

2. Grundlagen einer serviceorientierten Architektur

Die Fertigungstiefe im Bankenbereich ist weitaus höher als in anderen Wirtschaftsbereichen, vor allem im Vergleich zur Fertigungsindustrie. Automobilhersteller erreichen eine Fertigungstiefe von nur noch etwa 20 Prozent gegenüber Banken mit circa 80 Prozent, die nur noch von Versicherungen mit circa 85 Prozent übertroffen wird.[1] Auch die für Banken wichtige Cost Income Ratio (CIR) liegt tendenziell zwischen 60 und 70 Prozent, nur wenige Banken erreichen hier dank industrieller Methoden eine CIR von weniger als 50 Prozent. Doch obwohl Finanzdienstleister in den letzten Jahren einen massiven Ausbau der Vertriebskanäle und des Produktportfolios durchgeführt haben, hat sich nachhaltiger Erfolg (noch) nicht eingestellt. Gründe dafür sind oft die nicht ausreichende Berücksichtigung von Integrationsmöglichkeiten bei der Etablierung neuer Produkte oder Technologien. Statt eine grundlegende Neukonzeption des Geschäftsmodells voranzutreiben, wurden häufig nur einzelne Produkt-,

---

[1] Capital, Ausgabe März 2006, basierend auf Auswertungen der Deutschen Bank und Steria Mummert Consulting.

Kanal- und/oder Regionalsilos ausgebaut. Die ergriffenen Maßnahmen hatten im schlechtesten Fall mehr negative Konsequenzen als einen messbaren Nutzen. Dazu zählen auf der Negativseite:

- Überkapazitäten
- Verringerung der Flexibilität
- isolierter Einsatz teurer Technologien mit Zunahme der Komplexität
- Kosten werden nicht nachhaltig gesenkt (Maßnahmen zielen auf „Symptome" und nicht auf Ursachen ab)
- Schaffung neuer Kostenremanenzen

Dies resultiert oft in hohen internen Komplexitätskosten und führt dazu, dass kein zielgerichteter externer Marktauftritt erkennbar ist. Deutlich wird dies auch am Reifegradmodell der Industrialisierung im Bankensektor. Hier finden sich die meisten Unternehmen irgendwo in der Mitte zwischen Prozessmanagement und Konzentration auf Kernkompetenzen.

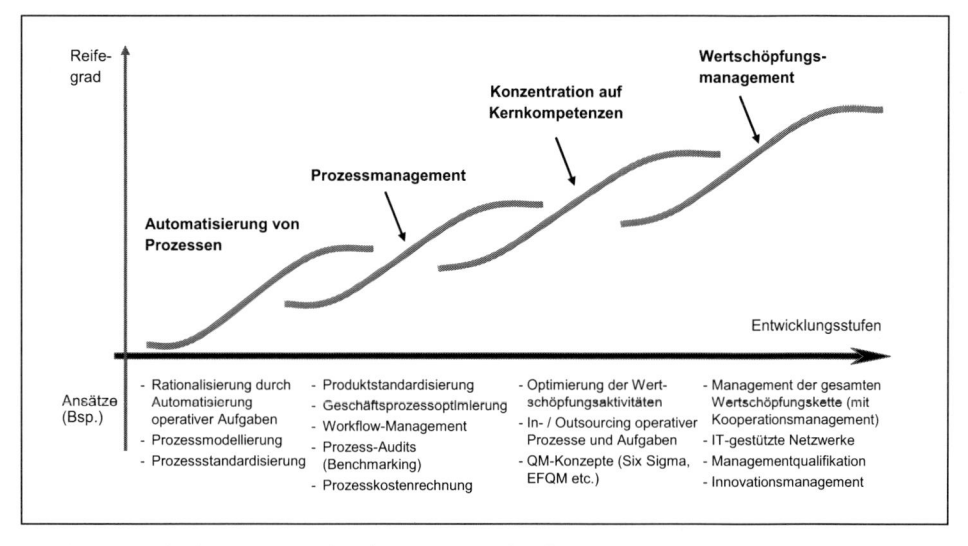

Quelle: Fraunhofer IAO, Trendstudie Bank & Zukunft 2006
Abbildung 1: *Reifegradmodell der Industrialisierung für den Bankensektor*

Anlass für diese kaum befriedigende Situation ist neben den oben geschilderten Problemen oft das nicht oder nicht ausreichende Aufbrechen der Wertschöpfungskette sowie die fehlende oder unzureichende Beantwortung der Frage, was zu den eigentlichen Kernkompetenzen der Bank gehört. Ohne eine klare und stringente Beantwortung dieser Frage hingegen ist ein aktives und den strategischen Unternehmenszielen dienendes Wertschöpfungsmanagement nicht möglich. Dies setzt voraus, dass die einzelnen Bereiche einer Bank wie Vertrieb, Produktion und Abwicklung daraufhin überprüft werden, welchem strategischem Ziel sie verpflichtet sind und welche Funktion in der Bank sie dabei wahrnehmen.

Strategisch ist dabei der Vertrieb für die exklusive Kundenbindung verantwortlich, die Produktion für Produkt- und/oder Kostenführerschaft, während der Bereich Abwicklung vor allem für die Produktführerschaft steht und dabei funktional das Portfoliomanagement verantwortet.[2]

Die Anforderungen an Mitarbeiter, Ressourcen und Steuerungsmechanismen sind in den genannten drei Bereichen durchaus unterschiedlich. Dabei zielen Maßnahmen im Bereich von Wachstum und Kostenmanagement primär auf Effizienz, Vertriebserfolg und Kundenzufriedenheit. Die Herausforderung ist dabei die Schaffung und Umsetzung eines unternehmensweiten, flexiblen und effizienten Geschäftsmodells. Hierfür muss eine ganzheitliche Sourcingstrategie ausgearbeitet werden, die nicht nur konsequent umgesetzt, sondern im Sinne eines Wertschöpfungsmanagements auch ständig überprüft werden muss.

Eine solche umfassende Sourcingstrategie muss klar definieren, welche Aufgaben aufgrund ihrer strategischen oder wettbewerbsdifferenzierenden Bedeutung auf jeden Fall von der Bank selbst durchgeführt werden. Andere Aufgaben können, je nach Einschätzung bezüglich der Kernkompetenzen, im Co-Sourcing mit strategischen Partnern zur Erzielung von Skaleneffekten oder zur Risikostreuung durchgeführt werden. Das Aufbrechen der Wertschöpfungskette in diesem Sinne ist nur möglich durch die vermehrte Komponentisierung der zugrundeliegenden Geschäftsprozesse. Und genau hier spielt die Informationstechnologie eine wesentliche Rolle, da erst durch eine serviceorientierte Architektur und ihre Implementierung in Anwendungen und Systemen die notwendige Flexibilität erreicht werden kann.

3. Transformation zu einer serviceorientierten Architektur

Banken müssen heutzutage oft die mangelnde Flexibilität monolithischer, vertikal integrierter Anwendungen berücksichtigen. Häufig werden Geschäftsprozesse disaggregiert, um die Vorteile einer Spezialisierung und dadurch Kostenvorteile durch unterschiedliche Sourcingstrategien realisieren zu können, obwohl eigentlich IT-Implementierungen benötigt würden, die eine Transformation der Geschäftsprozesse abbilden können. Der vermehrte Druck jedoch, bestehende und neue IT-Funktionen mit den Geschäftszielen und den Prozessänderungen in Einklang zu bringen, motiviert Unternehmen, flexiblere Ansätze der Anwendungsentwicklung und -bereitstellung zu wählen. Dabei werden folgende Punkte eine zunehmend wesentliche Rolle spielen:

---

[2] Vgl. Flesch (2006).

Serviceorientierte Architektur (SOA) – Hype oder Notwendigkeit?

- Die Notwendigkeit zu größerer Flexibilität und mehr Innovation forciert die vermehrte *Komponentisierung* des gesamten Unternehmens und seiner Prozesse.
- Anwendungen entwickeln sich parallel dazu – sie werden zunehmend *modular*.
- Eine *Simplifikation* der genutzten IT-Infrastruktur ist notwendig, um die Veränderungen im Geschäft und den Prozessen zu unterstützen.

Dabei sind drei Schichten zu berücksichtigen, die miteinander korrespondieren (Abbildung 2).

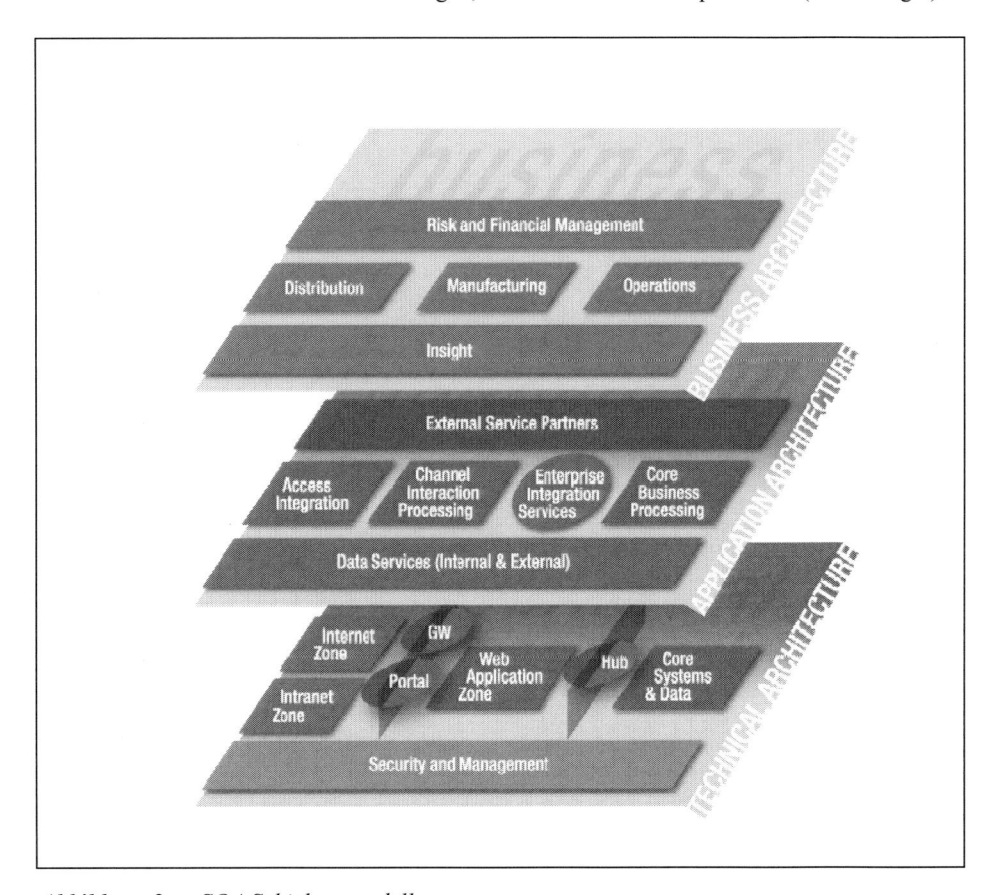

Abbildung 2: SOA Schichtenmodell

Unter *Business Architecture* versteht man die konkreten Geschäftsprozesse und ihre Implementierung, während die *Application Architecture* die Anwendungen und ihre Interdependenzen betrachtet. Die *Technical Architecture* beschreibt die technische Infrastruktur.

Eine wirklich serviceorientierte Architektur über alle drei Schichten erfordert eine Entkopplung. Während heutzutage die erste Schicht eher eine Koppelung autonomer Geschäftsbereiche darstellt, die als eine juristische Einheit am Markt agiert, erfordern die Marktgegebenheiten eine lose Koppelung interner wie externer Servicegeber. Jeder Servicegeber agiert dabei mit einem strategischem Fokus und dem gemeinsamen Ziel, die jeweiligen Kernkompetenzen zu bündeln. Dabei müssen die Geschäftskomponenten, die Prozesse sowie die Unternehmensinformationen entsprechend ausgerichtet sein.

Weit verbreitet ist heutzutage noch eine Anwendungsarchitektur, die es den Benutzern (meistens den Mitarbeitern) ermöglicht, die Funktionen der Anwendungen an dedizierten Arbeitsstationen des Unternehmens auszuüben. Erforderlich ist hier allerdings die Möglichkeit für alle Nutzer (Mitarbeiter, Kunden, Partner), ihren jeweiligen Geschäftszweck durch die Erbringung der integrierten Kernkompetenzen der Bank und/oder der Partner mittels des von ihnen gewählten Kanals zu erzielen. Hier geht es vor allem um die Ausrichtung der Funktionen und Daten sowie die Einführung eines für die Serviceorientierung unterstützenden Entwicklungsprozesses für Anwendungen.

Und letztlich wird statt einer fragmentierten und für dedizierte Silos bestimmten Infrastruktur eine allgemeine technische Infrastruktur benötigt, die im Sinne eines optimierten Anwendungsportfolios gemeinsam zu nutzen ist. In dieser Ebene werden vor allem die Infrastrukturbereiche der unterschiedlichen Domänen für Benutzer, Prozesse, Information, Management und physische Plattformen betrachtet.

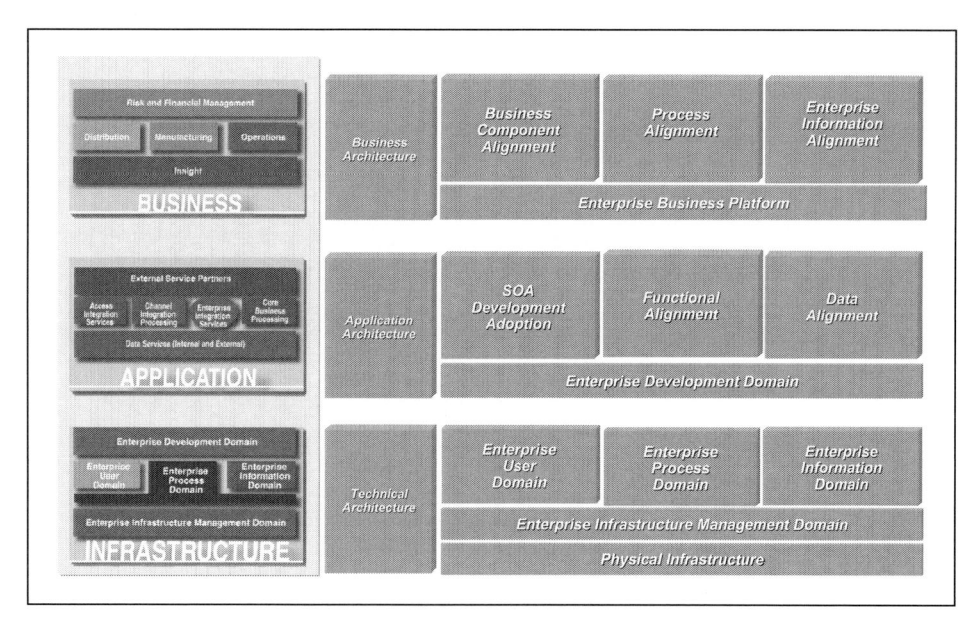

Abbildung 3: Interoperabilität des SOA Schichtenmodells

Vom Standpunkt der Implementierung aus betrachtet ist SOA also eine Kombination von Integrationsfähigkeiten ...

- *Geschäftsmodellierung* ermöglicht die grafische Darstellung und Simulation eines Geschäftsprozesses einschließlich der Aufgabenbeschreibung, der notwendigen Ressourcen und Entscheidungspunkte.
- *Prozesstransformation* ermöglicht die Wiederverwendung existierender Anwendungen und Informationen in neuen Formen.
- *Zugriff* erweitert die Möglichkeit, auf Daten und Informationen durch neue Klassen von Geräten und Interaktionsmethoden, unabhängig von der Art der Verbindung, zuzugreifen.
- *Kollaboration* erlaubt es Benutzern, in einer personalisierten Art und Weise mit dynamischen Informationen, Anwendungen, Prozessen und anderen Benutzern zu interagieren.
- *Applikations- und Informationsintegration* ermöglicht die Kombination multipler Informationsquellen und Geschäftsanwendungen.
- *Business Process Management* erlaubt die Modellierung, Anwendung und Analyse von Prozessen mit dem Ziel eines gesamtheitlichen Managements.

... und Fähigkeiten im Management der Infrastruktur:

- *Verfügbarkeit* sichert das Befinden und die adäquate Funktion der IT-Umgebung.
- *Sicherheit* garantiert die Informationen, deren Vertraulichkeit und Integrität geschützt sind.
- *Optimierung* ermöglicht die beste produktive Nutzung der IT-Infrastruktur.
- *Provisionierung* stellt die richtigen Ressourcen den richtigen Prozessen und Nutzern zur Verfügung.
- *Methodenbasierte Orchestrierung* erkennt, veranlasst und antwortet entsprechend der Geschäftsziele.
- *Business Services Management,* um die IT-Umgebung in Geschäftsbegriffen zu visualisieren und Servicelevels entsprechend der Geschäftszielsetzungen zu managen.
- *Virtualisierung von Ressourcen* stellt eine einzige, konsolidierte logische Sicht und den Zugriff zu allen Ressourcen im Netzwerk her (Server, Speicher, verteilte Systeme/Grid).

Serviceorientierte Architekturen erfordern damit sowohl eine Änderung im Denken wie auch in der Technologie.

Von	Nach
funktionsorientiert	prozessorientiert
entwickelt für Permanenz	entwickelt für Änderungen
ein langer Entwicklungszyklus	inkrementelle Entwicklungszyklen
vertikal integrierte Anwendungssilos	horizontal integrierte und orchestrierte Lösungen, die zusammenarbeiten
fest gekoppelt	lose gekoppelt
Strukturierung von Anwendungen mittels Komponenten und Objekte	Strukturierung von Anwendungen mittels Services
bekannte Implementierungen	abstrakte Implementierungen
große, langfristige IT Investments	kleinere, kurzfristigere IT Investments

Tabelle 2: *Veränderungen durch Serviceorientierte Architekturen*

Die Integration bisher separierter Systeme ermöglicht damit die geforderte schnellere und flexiblere Reaktion auf Marktanforderungen bei gleichzeitiger Reduzierung von Prozesszyklen und -kosten durch Verwendung automatisierter statt manueller Transaktionen. Letztendlich erhöht eine serviceorientierte Architektur die Visibilität der Geschäftsprozesse und damit auch die Transparenz.

Für Banken als Finanzdienstleister sind serviceorientierte Architekturen unverzichtbar, insofern kann die Frage Hype oder Notwendigkeit eindeutig und klar beantwortet werden: Es ist nicht die Frage ob, sondern nur noch wann und wie gut eine SOA implementiert wird.

Literatur

FLESCH, J. R. (2006): Strukturentwicklung der deutschen Kreditwirtschaft; Präsentation im Rahmen der Tagung „Bank & Zukunft" in Frankfurt am Main, Februar 2006.

FRAUNHOFER IAO (2006): Trendstudie Bank & Zukunft 2006, Stuttgart 2006.

Von der Prozessbewertung zur Serviceorientierung: Value Chain im Finanzierungsmanagement

Uwe Bröker

1. Wandel der Zeit

In der Finanzindustrie, und hier besonders bei den Banken,[1] vollziehen sich tiefgreifende Veränderungen. Der Markt und die ihm zugrundeliegenden Spielregeln des Wettbewerbs befinden sich im Umbruch. Banken sehen sich einem immer stärker werdenden Druck zur Optimierung und gleichzeitigen, innovativen Neuausrichtung ihrer Geschäftsstrategie ausgesetzt. Bestehende Wertschöpfungssysteme werden aufgelöst und neu konstruiert. Unternehmen aus dem Nichtbankenumfeld greifen in das Finanzierungsmanagement ein und mischen den bisher klar definierten Finanzdienstleistungsmarkt auf.

Der heutige Bankkunde ist kein Stammkunde auf Lebenszeit mehr. Mehrfach-Bankverbindungen sind eher die Regel als die Ausnahme. Der Umgang mit Finanzdienstleistungen, seien es Kredite oder Geldanlagen, ist etwas ganz Alltägliches. Bankprodukte sind zu Gebrauchsgütern geworden. Die Kunden informieren sich im Internet und bedienen sich bei den günstigsten Anbietern. Gleichzeitig steigt die Nachfrage nach individuellen und maßgeschneiderten Angeboten für die unterschiedlichen Lebensabschnitte eines Kunden, hier macht es auch keinen Unterschied ob Privat- oder Firmenkunde.

Die jährlich erstellten Studien des Innovationsforums „Bank & Zukunft" untermauern diesen Trend und verweisen auf die notwendigen Handlungsfelder. Neben der Kundenbindung über verschiedene Vertriebskanäle gewinnen die flexible und modulare Produktgestaltung sowie das Servicemanagement als kritische Erfolgsfaktoren zunehmend an Bedeutung.

Diese Entwicklungen stellen hohe Anforderungen an die Reaktions- und Anpassungsfähigkeit von Finanzinstituten. Wie sich eine Bank für die Zukunft aufstellt, wird im Rahmen der Geschäftsstrategie festgelegt. Traditionelle Managementsysteme und -instrumente greifen je-

---

[1] Hinweis: Der Begriff „Banken" steht für alle Organisationsformen von Geldinstituten.

doch zu kurz, um den von den Banken induzierten Veränderungen ausreichend gerecht zu werden. Antworten auf diese Herausforderungen können nur mit einer Neuorientierung im strategischen Denken und Handeln einhergehen. Hiefür ist ein nachhaltiger, dennoch flexibler Wandel im Management der Finanzdienstleistungen erforderlich.

Nicht nur das strategische Management zur Unternehmensausrichtung der Finanzinstitute ist im Umbruch begriffen. In Analogie hierzu findet ein gesellschaftlicher Wandel statt, der alle Industrien beeinflusst. Die ganzheitliche Betrachtung vom Privat- über Firmenkunden bis hin zu führenden, nicht im Kernfinanzgeschäft tätigen Marktteilnehmern muss somit in die prozessuale Dimensionierung der Wertschöpfungskette eingehen.

Unter „Value Chain Management" ist die Definition der innovativen, strategischen Ausrichtung einer Bank ebenso wie die Realisierung der Geschäftsmodelle zu verstehen. Zur Sicherstellung der hierfür notwendigen Umsetzungskompetenz gilt es, geeignete Methoden zu erarbeiten und diese, ohne sich an theoretischen Ansätzen festzuhalten, pragmatisch und erfolgreich einzusetzen.

Den Brückenschlag zwischen strategischer Geschäftsfeldmodellierung und den Möglichkeiten der Umsetzung bildet die Prozessbeschreibung. Sie ist die Grundlage aller Services einer Bank, sei es im externen Verhältnis als Dienstleistungsanbieter oder im internen als Nutzer.

Den Weg zur Serviceorientierung und der professionellen Gestaltung im Finanzierungsmanagement unterstützt die S&N AG im Rahmen ihrer „Value Chain Guidance".

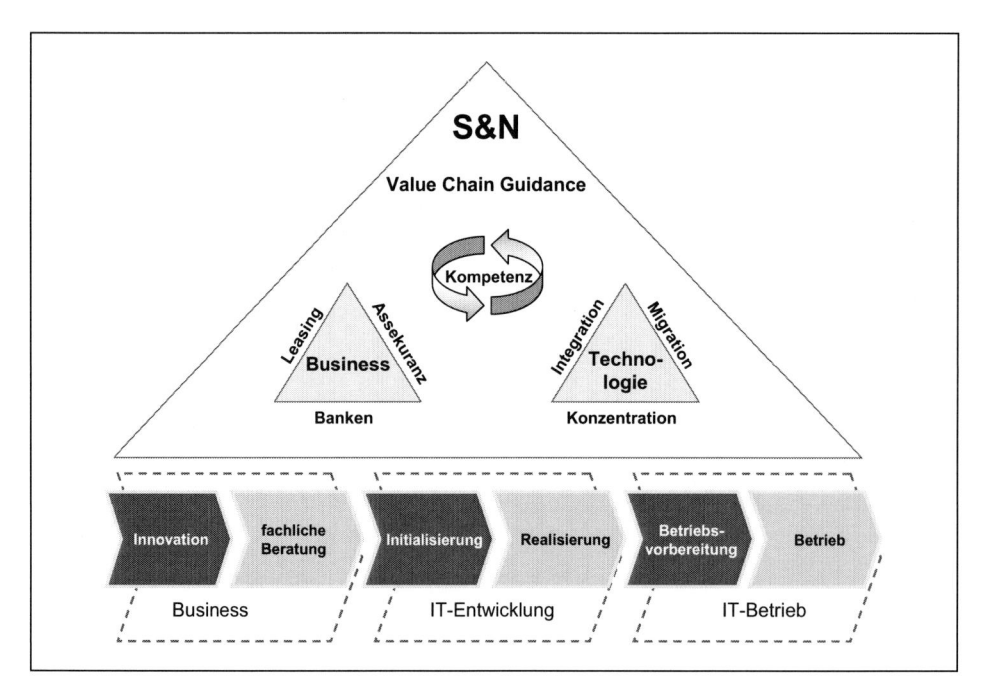

Abbildung 1:   *Value Chain Guidance*

2. Serviceorientierung

Der Begriff Serviceorientierung wird in der heutigen Zeit schnell mit der Informationstechnologie und dem Schlagwort SOA[2] in Verbindung gebracht. Diese Sicht ist allerdings eindimensional.

Service steht für Dienste, die als wesentliche Bestandteile der strategischen Ausrichtung einer Bank durch Menschen, Maschinen bzw. Systeme erbracht werden. Die Bereitstellung eines Dienstes, ob nun in humaner oder technologischer Form, hängt im Wesentlichen von der Aufgabenstellung und den zugrundeliegenden Prozessen ab. Die daraus resultierende Orientierung bewirkt eine Anforderung des Marktes nach mehr Flexibilität und einer stärkeren Kundenfokussierung. Damit rücken sowohl die Geschäftsprozesse als auch die Fragen nach einer Prozessoptimierung in den Mittelpunkt.

Das Prinzip der Serviceorientierung ist auf alle Bereiche eines Unternehmens projizierbar und daher unabhängig von Organisationsstrukturen oder Technologien.

Die Umsetzung von Dienstleistungen durch Menschen beruht auf den gleichen Resultaten einer ganzheitlichen Prozessbeschreibung, ist jedoch im Sinne psychologischer und emotionaler Realisierungskriterien separat zu behandeln und nicht Bestandteil dieses Beitrags.

Eine an den veränderten Marktbedingungen ausgerichtete IT-technische Umgestaltung beginnt mit einer analytischen Betrachtung der Geschäftsprozesse und der kritischen Bewertung der angebotenen Dienstleistungen und Produkte. Dabei steht die fachliche Bewertung im Vordergrund. Die Konsequenz ist klar: Bei den neu zu gestaltenden Abläufen bestimmt nicht das System den Arbeitsablauf, sondern die Geschäftsstrategie – und zwar bei Möglichkeit „heute so und morgen so".

Das Zusammenspiel von Strategie, Geschäftsmodell und Technologie erhält einen neuen, signifikanten Stellenwert. Und genau hier setzt die architektonische Verknüpfung von Prozessen mit bereitgestellten Services durch den Einsatz einer „Service orientierten Architektur" an und zeigt ihre besonderen Stärken. Die auf Basis der fachlichen Anforderungen entstehenden Dienste sind flexibel kombinierbar und lassen sich zu neuen, sich verändernden Abläufen zusammenfügen. Gleichzeitig ergeben sich Möglichkeiten der Mehrfachverwendung der Services. So kann beispielsweise ein Service „Kreditkonditionsrechner" sowohl für die interne Kreditkalkulation herangezogen werden als auch in Kombination mit einem Online-Beratungsangebot ins Internet gestellt werden. Dem Online-Beratungsangebot kann wiederum ein Fragenkatalog als Hilfe zur optimalen Produktauswahl zugeschaltet werden, während der Kundenberater das geeignete Produkt im Kundengespräch ermittelt.

---

[2] SOA = Serviceorientierte Architektur

Die Beratungsqualität wird erhöht, das Produktangebot wird durch die stärkere Kundenorientierung verbessert und die Prozesse sowie Abläufe können flexibel gestaltet und optimiert werden. Die besondere Kreativität bei der Prozessgestaltung und der Produktkonfektionierung der Fachbereiche schafft so den entscheidenden Wettbewerbsvorteil.

3. Prozessbewertung – „Business Process Optimization"

Zu Beginn eines BPO[3]-Projektes steht eine fundierte Analyse und Bewertung der strategischen Ausrichtung der Bank. Nur auf Basis einer tragfähigen Zieldefinition lassen sich Maßnahmen entwickeln, die zur Zielerreichung beitragen. Ausgehend vom Handlungsbedarf bzw. Marktdruck gibt es verschiedene Möglichkeiten für die Umsetzung des „Service orientierten Ansatzes".

Die bestehenden Geschäftsprozesse werden analysiert und dokumentiert. Dabei werden neue Anforderungen aus dem strategischen Management berücksichtigt und ebenfalls prozessual beschrieben. Als Ergebnis der Analyse entsteht eine Prozesslandschaft, die dann auf Optimierungspotenziale hin untersucht werden kann.

Parallel dazu werden auf der IT-Seite die bestehenden Systeme bewertet und Migrationsstrategien entwickelt, die den Pfad zu einer auf Services ausgerichteten Infrastruktur aufzeigen.

Zur Ermittlung des Prozessreifegrads kann ein „Industrialisierungs-Quick-Check" durchgeführt werden. Dieses im Rahmen des Innovationsforums „Bank & Zukunft" konzipierte und von S&N weiterentwickelte Tool wird im Dialog mit dem Kunden eingesetzt. Es ermöglicht erste Aussagen darüber, welche Prozesse das größte Verbesserungspotenzial aufweisen und mit welchen Strategien und Methoden sie optimiert werden können. Des Weiteren werden die Teilprozesse identifiziert, die als Service einen besonders hohen Nutzen haben. Der aktuelle Reifegrad und schließlich die Neubewertung der Prozesslandschaft werden unter Zuhilfenahme des „Quick Checks" ermittelt.

Eine Zuordnung der Prozesse zu Services und deren Orchestrierung bilden nachgelagerte Schritte, die im Rahmen der SOA notwendig sind. Die besondere Herausforderung besteht nicht allein darin, den Zuschnitt und die Granularität der Services festzulegen. Durch seine Ausprägung als Fachfunktionalität wird schnell deutlich, dass ein Service weit mehr ist als eine technische Schnittstelle. Die Fragen nach der Service Qualität mit SLA[4] sind ebenso zu berücksichtigen wie die besonderen Anforderungen an die Sicherheit.

---

[3] BPO = Business Process Optimization
[4] SLA = Service Level Agreement

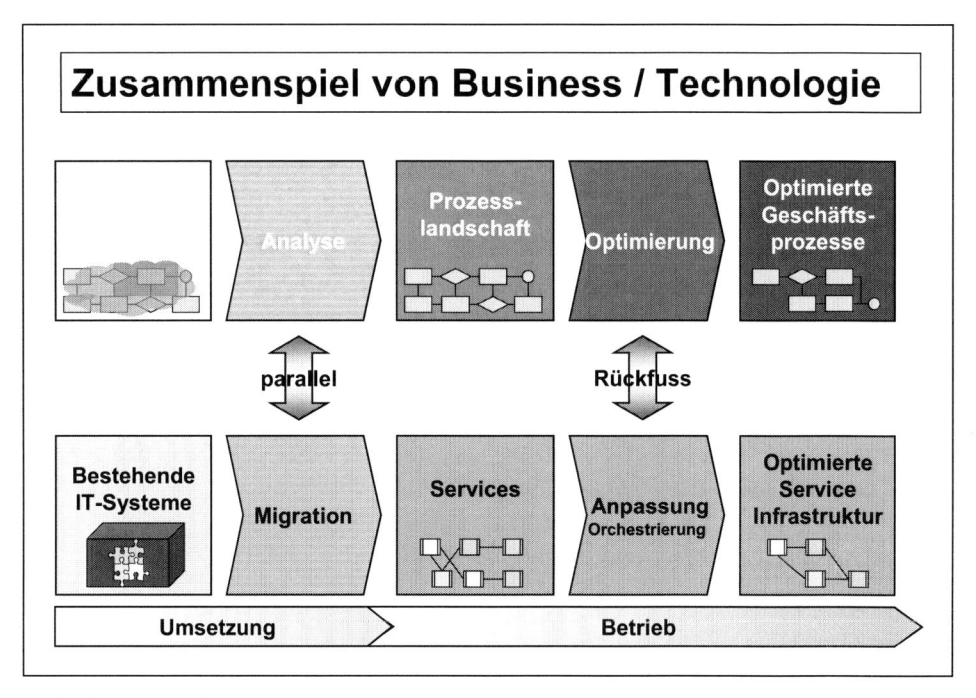

Abbildung 2: SOA-Vorgehensmodell

Das Vorgehensmodell ist insbesondere dazu geeignet, in einem ersten Schritt zunächst nur ganz spezielle Geschäftsprozesse oder einzelne Applikationen zu bewerten und umzustellen, sodass der Nutzen schnell erkennbar ist und sich die notwendigen Investitionen begrenzen lassen. Die dabei gewonnenen Erkenntnisse erzeugen Akzeptanz in der Unternehmensleitung sowie in den Fach- und den IT-Bereichen und sind Grundlage für zukünftige, flexible Veränderungsprozesse, die in der Einführung einer ganzheitliche SOA-Strategie münden sollten.

4. Industrialisierung, Standardisierung

Im Zusammenhang mit Serviceorientierung wird oftmals von Industrialisierung gesprochen. Jedes Finanzinstitut muss einen eigenen, spezifischen Weg der Industrialisierung finden und dabei den Fokus auf die Geschäftsprozesse innerhalb der gesamten Wertschöpfungskette legen. Neben Outsourcing und anderen Ausprägungen ist die Standardisierung ein wesentlicher Industrialisierungsaspekt.

Bereits jetzt zeichnen sich auf Standards beruhende „Service orientierte Anwendungen" durch ihren Verbreitungsgrad aus. S&N hat mit seinem „Bilanz Analyse und Reporting System" BARS und dem Kreditmanager KM hier bereits nationale und internationale Erfolge verzeichnet. Neben technologischen ‚State of the Art'-Elementen erlaubt die flexible Kombination eine schnelle Integration von Richtlinien wie Basel II oder von individuellen Erweiterungswünschen der Banken.

Wie anfänglich erwähnt, ist zukünftig immer mehr mit der Verschmelzung und Kopplung von Märkten zu rechnen. Eine enge Verzahnung zwischen Bank- mit Nichtbankprozessen wird zur Normalität. Es wird sichtbare und im Hintergrund arbeitende, abwickelnde Unternehmen geben. Für den Nutzer stehen dabei der Servicegedanke und die transparente, medienbruchfreie Diensterbringung im Vordergrund.

Bereits heute lassen sich solche Geschäftsverflechtungen erkennen. Mit Lösungen, wie zum Beispiel CETIS CH, werden bankspezifische Services aus dem Bereich Cashmanagement in das Finanzierungsmanagement von sozialen Einrichtungen, Wohnungsbaugesellschaften oder Handelsunternehmen integriert.

5. Perspektiven

Zukünftig wird sich das strategische Management der Banken als ein globaler Finanzierungsmanagementanbieter begreifen müssen. Die heutigen Bankprozesse decken nur einen Teilaspekt ab. Handels- und Telekommunikationsunternehmen sowie das Versicherungs- und Gesundheitswesen werden ihren Platz im Finanzierungsmanagement einfordern. Nationale Belange unterliegen internationalen Interessen usw. Ohne Fokussierung der Banken auf ein multidimensionales Prozessmanagement, das neben den Geschäftsprozessen der unterschiedlichen Teilnehmer auch das Verhalten, das Wissen und die Technologie einbezieht, wird eine ausreichend verbesserte Wertschöpfung im Unternehmen nicht möglich sein.

Die Perspektiven sind gut, doch nur wer heute bereit ist, die Weichen zu stellen, wird morgen die Herausforderungen als Chancen und Möglichkeiten nutzen können.

Teil IV

Ausblick

Ausblick 2015

Martin Engstler / Claus-Peter Praeg / Christian Vocke

1. Herausforderungen gestern, heute und morgen

Die Entwicklungspfade der Bankinstitute sind von einem hohen Wettbewerbsdruck geprägt. Vor diesem Hintergrund wurden zahlreiche Strategieprojekte initiiert, die insbesondere durch Optimierungsprogramme die erforderlichen Freiräume für zukunftsorientiertes strategisches Handeln und Unternehmensentwicklungsprozesse schaffen sollen.

Zeitgleich wurde die Wettbewerbsarena durch fortschreitende Expansionsbestrebungen von Direktbanken sowie spezialisierten Banken und durch erweiterte Geschäftsmodelle bisheriger „Near-Banks" und „Non-Banks" (viele haben inzwischen Banklizenzen erworben oder werden künftig über diese verfügen) im deutschen Bankenmarkt erweitert. Hinzu kommen Anbieter aus anderen europäischen Ländern, die im Zuge des harmonisierten europäischen Finanzmarktes den deutschen Bankenmarkt verändern werden.

Durch technische Innovationen konnten die Banken den Automationsgrad bei den Bankprozessen deutlich erhöhen und auch die Zusammenarbeit in vernetzten Wertschöpfungsketten optimieren. Zudem haben sich neue Interaktionsprozesse mit den Kunden etabliert, zum Beispiel über das Internet, an SB-Terminals oder im Telefonbanking. Die Kunden sind hierdurch in Bankgeschäften „selbstständiger" und auch „erwachsener" geworden. Dabei haben sie ihre Erwartungen an die Bank sowie das individuelle Erleben ihrer Bank neu definiert.

All dies zusammen führt zu einem neuen Verständnis des Banking, das zahlreiche neue Herausforderungen und auch Chancen birgt. Das Ausloten strategischer Optionen für die „Bank von morgen" muss daher einen festen Platz in den Strategiekonzepten von Banken und den IT-Dienstleistern der Branche einnehmen.

Doch welche Einschätzungen zur Weiterentwicklung des Bankensektors sowie des Banking teilen die Bankmanager, welche Leitlinien der Veränderung lassen sich heute erkennen? Diese Frage nimmt seit dem Jahr 2006 einen festen Platz in der Trendstudienreihe „Bank & Zukunft" von Fraunhofer IAO ein. In einem Ausblick zu den erwarteten Veränderungen bis zum Jahr 2015 werden mögliche Entwicklungslinien anhand von Thesen skizziert und von den Teilnehmern der Trendstudienreihe bewertet.

2. Entwicklungstrends

Im Folgenden werden ausgewählte Aspekte der Entwicklung des Bankensektors bis zum Jahr 2015 vertiefend dargestellt (siehe Abbildung 1).

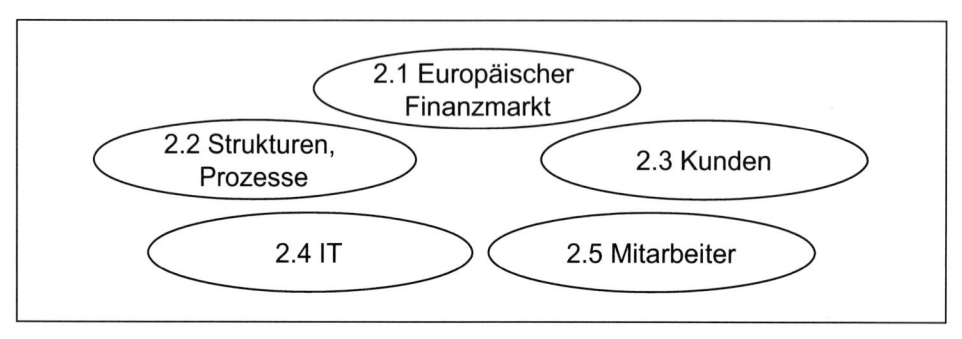

```
        2.1 Europäischer
            Finanzmarkt
  2.2 Strukturen,
     Prozesse              2.3 Kunden

       2.4 IT           2.5 Mitarbeiter
```

Abbildung 1: *Übersicht über die ausgewählten Aspekte im Bankensektor*

Abschließend werden in Kapitel 3 hieraus ableitbare Handlungsfelder zusammengefasst.

2.1 Integration zu einem europäischen Finanzmarkt

Banken erwarten, dass der internationale Bankenmarkt zunehmend durch einige wenige „Key-Player" beherrscht wird. Hierzu werden weitere transnationale Fusionen erwartet, die zu neuen Ranglisten der größten Banken der Welt führen werden (zum Beispiel Banken in Fernost). In Europa haben sich die (weiter) wachsenden Bankkonzerne aus Südeuropa positioniert, die großen Banken aus Deutschland hingegen sind in den Statistiken weiter abgerutscht.

Aber nicht nur diese Entwicklungen stellen eine zentrale Herausforderung für die inländische Bankenlandschaft dar. Auch die Steigerung von Marktanteilen ausländischer Banken im deutschen Bankenmarkt ist in diesem Zusammenhang zu nennen. Der Kampf um Marktanteile resultiert aus der positiven Wahrnehmung des deutschen Bankenmarkts. Um diesen „großen und attraktiven" deutschen Bankenmarkt zu erobern, werden ausländische Banken mit innovativen Ansätzen ihre Vertriebskanäle in Deutschland ausweiten. Zurückgreifend auf ihr positives Image ihres jeweiligen Herkunftslandes versuchen sie von diesem zu profitieren. Somit ist ein Kampf der besten Vertriebskanäle und des besten Images entfacht: Soft- und Hard-Factors sind in diesen gleichermaßen integriert.

Forciert wird diese Komplexitätsentwicklung durch die zunehmenden internationalen gesetzlichen und aufsichtsrechtlichen Regelungen. Durch die noch zunehmenden internationalen Verflechtungen bei Banken, Dienstleistern und in der Industrie müssen auf globalen Märkten zunehmend internationale Auflagen der jeweils betroffenen Aufsichtsbehörden berücksichtigt werden.

Ein weiterer Aspekt der Komplexitätssteigerung begründet sich so in einer zunehmenden Konfrontation mit verschärften gesetzlichen Normen bzw. der europäischen Harmonisierung. Es wird damit ein zusätzlicher Aufwand erwartet, der künftig mit der Umsetzung weiterführender Auflagen und Verfahren verbunden ist (zum Beispiel MiFID, SEPA).

Die Internationalisierung darf jedoch nicht allein aus Bankensicht betrachtet werden. Auch die Kunden intensivieren ihre Aktivitäten in internationalen Finanzmärkten. Im Zuge einer immer besser informierten und selbstständiger werdenden Bankenkundschaft, ergibt sich für diese ein Maximum an Optionen, um das für sie beste bzw. effektivste Bankprodukt auszuwählen. Wie lange die Kunden hierzu ihre Bank vor Ort (noch) als Türöffner nutzen ist ein gestaltbarer Aspekt im Kundenmanagement. Erst langsam wird dieses Themenfeld zum Beratungsthema und damit auch zu einer Dienstleistung der Banken für ihre Kunden.

2.2 Strukturentwicklung, Prozessmodelle (Konsolidierung und Kooperationen)

Im Bereich der Strukturentwicklung und Prozesskompetenzen der Banken lassen sich mehrere Optionen für die Zukunft herausarbeiten. Dabei kann die Strukturentwicklung der Banken nicht unabhängig von der Entwicklung des nationalen und internationalen Bankenmarktes sowie der zunehmenden internationalen Verflechtungen von Bankgeschäften betrachtet werden. Die Banken werden zunehmend den Geschäften ihrer Kunden folgen müssen. Die internationale Zusammenarbeit wird die Bedeutung der Finanzzentren im nahen und mittleren Osten und auch in Asien weiter steigern, insbesondere bei großen Finanzierungsgeschäften. Auf Ebene der Europäischen Union werden die Integrationsbemühungen und Projekte zukünftig noch verstärkt werden. Im Jahr 2015 wird sich in Europa aufgrund der verschiedenen Aktivitäten (unter anderem SEPA-Start 2008) zumindest auf Ebene der Zahlungsverkehrabwicklung in diesem Bereich ein integriertes Marktsegment herausbilden. Weitere Integrationsbemühungen auf europäischer Ebene werden sich auch nach dem Jahr 2015 aufgrund zahlreicher, nationalstaatlicher Regelungen noch verzögern. Doch nicht nur die gesetzlichen Rahmenbedingungen werden eine weitere marktseitige Integration hemmen, sondern auch unterschiedliche kulturelle Eigenschaften und Kundenbedürfnisse zeigen, dass sich die Marktintegration als ein langfristiger Prozess darstellen wird. Es ist davon auszugehen, dass sich die Integration des europäischen Bankenmarktes über eine zunehmende, länderübergreifende Integration einzelner Wirtschaftsregionen vollziehen wird, welche einen hohen Grad an wirtschaftlicher Homogenität besitzen.

Bezogen auf den deutschen Bankenmarkt bedeuten diese Entwicklungen, dass sich die internationalen Regelungen und Marktverhältnisse sehr stark auf nationale Märkte auswirken werden. Für die Struktur des deutschen Bankenmarktes ergeben sich dabei mehrere Entwicklungspfade. Zu erwarten ist einerseits eine verstärkte Konzentration und Zentralisierung von Prozessen. Andererseits kann eine zunehmende Aufweichung der Verbundgrenzen bis hin zu einer Virtualisierung des heute noch existierenden Drei-Säulen-Modells im Deutschen Bankenmarkt die Marktstrukturen drastisch verändern.

Der intensive Wettbewerb im deutschen Bankenmarkt erfordert zudem Innovationsimpulse, die über die Bankbranche hinaus Wirkung zeigen. Eine stabile und zukunftsorientierte Unternehmensentwicklung im Bankensektor hat damit branchenübergreifende Bedeutung.

Wie zuvor bereits erwähnt, werden sich die Bankenstrukturen entsprechend den marktseitigen Rahmenbedingungen anpassen müssen, da sie durch diese stark beeinflusst werden. Bezüglich der organisatorischen Strukturen werden sich bei Banken zunehmend industrialisierte Strukturen etablieren. Durch die verstärkte Internationalisierung und Mobilität der Kunden müssen Banken geeignete Strukturen aufbauen, die ihnen einerseits eine große Flexibilität in Bezug auf ihr Leistungsspektrum und andererseits die effiziente Abwicklung ermöglichen. Dazu werden erprobte industrielle Verfahren und Methoden auf die spezifischen Bedürfnisse der Banken angepasst und implementiert. Des Weiteren wird sich das Back Office der Banken in der Weise virtualisieren, als dafür spezifische Kompetenzen in der Abwicklung der Prozesse gebündelt werden. Diese Entwicklung setzt jedoch eine zunehmende organisatorische Reife der Banken in Bezug auf die Industrialisierung voraus, um von den Vorteilen, die sich aus der Nutzung solcher Abwicklungsfabriken ergeben, profitieren zu können. Dabei werden spezialisierte Nischenanbieter diese Rolle übernehmen. Vor allem für die regionalen, kleinen und mittelständischen Banken werden sich dadurch neue Möglichkeiten in der Strukturentwicklung ergeben.

Vor allem die flexible Gestaltung und Etablierung von agilen Prozessen zwischen verschiedenen Wertschöpfungspartnern und Kunden wird in diesem Bereich zu nachhaltigen Strukturveränderungen führen, die nur mit der entsprechenden Entwicklung der Prozessmanagementkompetenzen in den Banken realisierbar sein werden.

Aufgrund der Intensivierung bei der Industrialisierung und einer zunehmenden Marktorientierung bezüglich der Bepreisung der Back-Office-Leistungen werden die Kosten für die Banken besser beherrschbar. Für die Zukunft bedeutet dies, dass vor allem die Möglichkeiten zur Ertragssteigerung durch die Entwicklung neuer Geschäftsmodelle, die Intensivierung der Vertriebstätigkeiten sowie die Erschließung neuer Kundengruppen in das Zentrum der Aktivitäten rücken. Zur Differenzierung am Markt werden sich die Banken künftig vor allem um ihren Marktauftritt und die Markenentwicklung bemühen müssen.

2.3 Kundenzentrische Strategien

Um der Herausforderung „Kundenbindung" in der heutigen Zeit begegnen zu können, müssen die spezifischen Kundenmerkmale, die eine Erweiterung zu früheren Merkmalen darstellen, Beachtung finden. Diese Merkmale beziehen sich vor allem auf die neue Selbstständigkeit und die Zunahme der Segmentierungsmöglichkeiten der Kunden bzw. Kundengruppen.

Ersteres resultiert vor allem aus den Informationstechnologien (IT). Durch diese wird es dem Kunden ermöglicht, sich selbstständig und unabhängig von einem Berater über bestimmte Produkte zu informieren. Das Internet gewinnt als zentrale Informationsplattform für die Kunden weiter an Bedeutung und liefert im Sinne eines „Finanz-Google" eine erste Anlaufstelle für Informationen. Durch neue Dienste (zum Beispiel im Kontext des Web 2.0) wird sich diese Plattform zunehmend von einer Informationsplattform zu einer individualisierten Kommunikationsdrehscheibe weiterentwickeln. Der Informationsgrad, welcher so in Eigeninitiative erworben wird, stellt wiederum eine neue Herausforderung für den Bankmitarbeiter dar. Steigt das Wissen der Kunden, so muss auch die Beratungsqualität des Bankmitarbeiters steigen.

Nicht nur die individuellen Merkmale einzelner Kunden tragen neue Anforderungen an die Bank heran. Auch der allgemeine gesellschaftliche Wandel, der sich im Zuge der Modernisierung vollzieht bzw. schon vollzogen hat, trägt sein Übriges dazu bei. Im privaten Kundenbereich müssen so zum Beispiel eine alternde Kundenstruktur und das Ansteigen von Singlehaushalten berücksichtigt werden. Dies sind jedoch nur zwei Beispiele für sich verändernde und erweiternde Kundensegmente. Die Aufgabe der Bank ist es, diese bestehenden Differenzierungsmerkmale von Kundensegmenten zu analysieren und zu betonen. Allein dadurch kann eine gezielte und eine im Allgemeinen „individualisierte" Kundenansprache und damit auch Kundenbindungspotenziale gewährleistet und umgesetzt werden. Es wird erwartet, dass der demografische Wandel sogar zwingend zu angepassten Geschäftsmodellen führen wird.

Kundenbindungspotenziale aufzudecken gilt es auch im Zuge der zunehmenden Internationalisierung. International agierende Anbieter im Inlandsmarkt spielen hierbei eine wichtige Rolle. Die neue Herausforderung heißt in diesem Zusammenhang „Shared Wallet". Dieser Begriff bezeichnet einen Trend der Verteilung von Finanzprodukten auf eine ansteigende Anzahl von Finanzdienstleistern. Im Zuge des „Shared Wallet" ist demnach auch eine Komplexitätssteigerung für den Kunden erfahrbar, der sich nun mehreren kombinierbaren Optionen aus einer Wahl an Vertriebskanälen und Anbietern gegenübergestellt sieht.

Die Bankmanager erwarten vor diesem Hintergrund, dass die Kunden zukünftig einen zentralen Finanzmanager für ihre Finanzgeschäfte heranziehen werden. Dieser agiert als vertrauensvoller Berater und Scout in komplexer werdenden Finanzmärkten und bietet damit dem Kunden eine hohe Dienstleistungsqualität als Mehrwert. Aus Sicht der Banken werden Kunden somit nicht zu „Multi-Banken-Usern", sondern konzentrieren ihre Finanzgeschäfte auf einige wenige Institute. Diese Institute absorbieren die Komplexität des größer gewordenen

Finanzmarkts und helfen den Kunden, diesen individuell zu erschließen. Die Bank ist somit vertrauensvoller Partner in dynamischeren Finanzmärkten („Fels in der Brandung"). Gleichzeitig muss sie höheren Flexibilitätsansprüchen und Effizienzanforderungen der dynamischen und technisierten Umwelt gerecht werden.

Der erste Aspekt kann durch die Umsetzung emotionaler Elemente für die Kunden realisiert werden. Die Bank als institutionelle unpersönliche Einrichtung wird durch Anreicherung mit emotionalen Werten zur „Bank mit Herz", die mit Begriffen wie „Ruhepol", „Informationsdrehscheibe", „vertrauensvoller Berater", „Erholungslandschaft" etc. assoziiert wird.

Der zweite Aspekt erfordert eine „schnörkellose Bank", die als Hightech-Bank vorrangig auf eine hohe Effizienz der Interaktion abzielt. Damit verbunden sind sowohl Preisvorteile durch den höheren Automationsgrad als auch Wettbewerbsvorteile durch die technische Modernität, die hohe Bedienerfreundlichkeit („barrierefrei") oder den erreichten hohen Sicherheitsstandard („Vertrauen").

Ein Kunde wird seine Bank künftig an beiden Parametern messen, wenngleich die jeweiligen Aspekte in unterschiedlichen Situationen bzw. Bedarfsmomenten zum Tragen kommen: Die persönliche Interaktion wird mit passender „Rahmung" einer „Bank mit Herz" realisiert werden, die Ausführung von Transaktionen hingegen in Prozessen einer „Schnörkellosen Bank" (siehe Abbildung 2).

Schnörkellose Bank
- Bank als High-Tech-Institution
- Mitarbeiter am Schalter werden durch Serviceroboter ersetzt
- Banken müssen in Technikentwicklungen eingebunden sein, um deren Bedienerfreundlichkeit zu forcieren
- Biometrische Kundenerkennung um Sicherheitsstandards zu erhöhen und Prozesse zu vereinfachen

Ein Bank soll beides leisten!

Bank mit Herz
- Bankgeschäfte in angenehmer Atmosphäre
- Bank als Ruhepol: Ausstattung wie in einer öffentlichen Bibliothek
- Die Bank als Kommunikationsort / Informationsdrehscheibe
- Bank als Erholungslandschaft mit entsprechender äußeren Gestaltung (Rasenflächen, Gartenanlagen …)

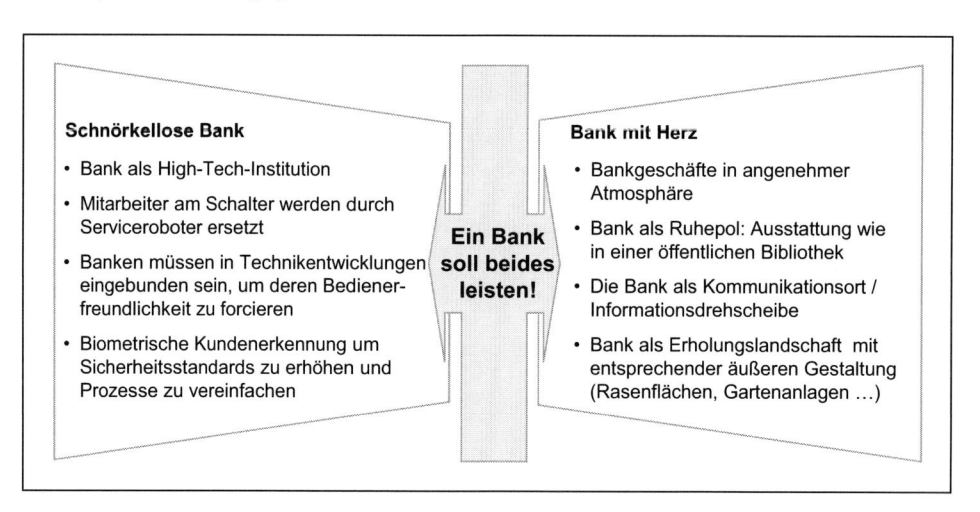

Abbildung 2: *Erwartungen an die „Bank der Zukunft"*[1]

---

[1] Quelle: Fraunhofer IAO. Grundlage bildet die Auswertung der eingereichten Beiträge des Ideenwettbewerbs „Bank der Zukunft", der von der Financial Times Deutschland in Kooperation mit Fraunhofer IAO und der Deutschen Bank AG im November 2007 durchgeführt wurde.

Zum Entwurf kundenzentrischer Strategien ist neben der bedarfsorientierten Analyse der Kundensituation künftig auch eine intensivere Auseinandersetzung mit den Verhaltensmustern im Sinne interaktionsorientierter Kundentypologien erforderlich. Das Lernen über den und mit dem Kunden muss künftig wieder ausgeprägter sein. Beispielhaft aufgeführt seien hier die vier Verhaltenstypologien der comdirect[2] (siehe Abbildung 3):

- „Halt suchender Mandant": Konservative Grundeinstellung, hohe Relevanz des erlebten Vertrauens, vertreten in allen Altersgruppen und Bildungssparten.
- „Ungebundener Selbstversorger": Profilierungsdrang, hohe Eigenständigkeit.
- „Flirtender Zaungast": Sicherheitsbedürfnis und Innovationsdenken.
- „Wählerischer Souverän": (Ältere) Menschen mit hohem Selbstwertgefühl.

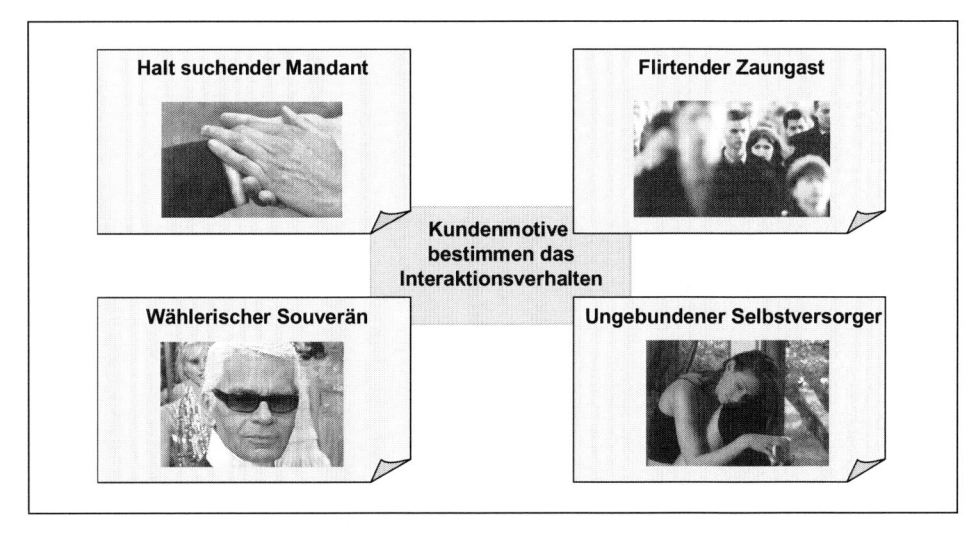

Abbildung 3: *Kundenverhaltenstypologien nach Comdirect (2007)*

Die Verhaltenstypologien „Halt suchender Mandant" (hohe Bindungsintensität) und „Ungebundener Selbstversorger" (hohe Flexibilität) zeigen eindeutige Verhaltensmuster. Hingegen stellen der „Flirtende Zaungast" (Neugierde, Experimentierfreude) und der „Wählerische Souverän" (maximaler Qualitätsanspruch, Begeisterungsmomente) Hybridtypen dar, die einerseits ein hohes Bindungspotenzial haben, sich andererseits jedoch nur schwer dauerhaft an eine Bank binden lassen. Die Verhaltenstypologien verdeutlichen, dass die Definition und Implementierung von Kundenstrategien nicht allein auf die Produkt-Kundensegment-Konstellationen zu reduzieren ist. Die Definition von Interaktionsstrategien im Vertrieb muss zudem Verhaltensmuster reflektieren und sich in die Inszenierung der Bank-Kunde-Kommunikation integrieren.

---

2   Vgl. Comdirect (2007).

Durch individualisierte Interaktionskonzepte und eine damit erzielbare Kundenbindung sowie Vertriebskraft wird auch erwartet, dass eine Bepreisung des damit geschaffenen Mehrwerts am Markt durchsetzbar ist. So könnten Themenberatungen künftig als eigenes Produkt vermarktet werden.

Im Gegenzug dazu ist bei Verzicht auf die Beratungsleistung eine Reduktion auf den „reinen Verkauf" von Anlage- und Kreditprodukten in Finanzshops mit entsprechender Preisgestaltung ebenso denkbar.

Untermauert wird diese Einschätzung auch durch Ergebnisse von Kundenbefragungen, die den „Preis" des Finanzprodukts als alleiniges Entscheidungskriterium eine niedrigere und sogar rückläufigere Bedeutung beigemessen als den wahrnehmbaren Leistungs- und Qualitätsvorteilen (siehe Abbildung 4).

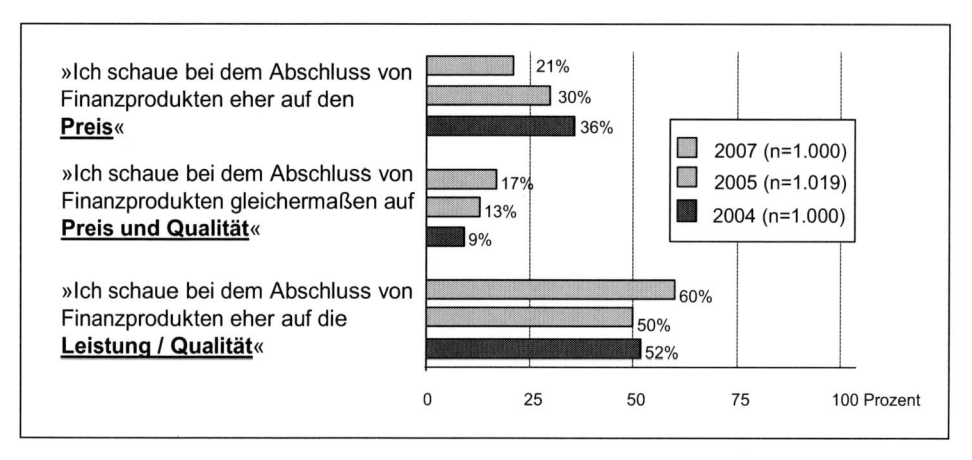

	2007 (n=1.000)	2005 (n=1.019)	2004 (n=1.000)
»Ich schaue bei dem Abschluss von Finanzprodukten eher auf den **Preis**«	21%	30%	36%
»Ich schaue bei dem Abschluss von Finanzprodukten gleichermaßen auf **Preis und Qualität**«	17%	13%	9%
»Ich schaue bei dem Abschluss von Finanzprodukten eher auf die **Leistung / Qualität**«	60%	50%	52%

Abbildung 4: Kundensicht auf die Parameter Preis – Leistung – Qualität[3]

Beim Verkauf von etablierten Standardprodukten ohne leistungsbezogene Differenzierungsmerkmale (zum Beispiel einfaches Tagesgeldkonto, Online-Girokonto) haben sich die Kunden an einen Konditionswettbewerb der Anbieter gewöhnt und die Einladung zum Rosinenpicken angenommen. Sie werden zunehmend zu Lock- und Einsteigeprodukten, deren Wirtschaftlichkeit sich nur durch Cross- und Up-Selling erreichen lässt.

Bei der Formulierung qualitätsorientierter Kundenstrategien müssen die Banken die wahrnehmbaren Leistungsmerkmale in den Mittelpunkt stellen. Darüber hinaus müssen sie dafür Sorge tragen, dass diese vom Kunden verstanden und auch emotional erlebt werden. Hierzu wollen die Banken klassische Bankprodukte künftig durch integrierte Finanzdienstleistungsangebote ersetzen. Damit soll einerseits die Vergleichbarkeit auf Ebene von Einzelproduktmerkmale erschwert und andererseits die leistungsbezogene Differenzierung der Bank als (Finanz-)Dienstleister gefördert werden. In den Mittelpunkt der Kommunikation rücken

---

[3] Quelle: TNS Infratest (2007).

dabei wieder traditionelle Werte im Banking wie Vertrauen, Kompetenz, Sicherheit, Solidität und barrierefreier Leistungszugang, die ergänzt durch emotionale Erlebnisse zur Kundenbindung und damit zu nachhaltigen Vertriebserfolgen beitragen sollen. Aufgabe einer dienstleistungsorientierten Bank wird zunehmend sein, die Komplexität des Marktes für den Kunden zu absorbieren und den Nutzen der Dienstleistungen transparenter zu machen. Wichtiges Element dazu bildet auch eine Sprachwahl, die der Begriffswelt des Kunden entspricht.

2.4 Zunehmende Bedeutung der IT

Der Einsatz innovativer Informations- und Kommunikationstechnologien (IT) im Finanzsektor als Prozessbegleiter und Enabler wird zukünftig weiterhin forciert werden, so das Fazit der Trendstudienreihe „Bank & Zukunft". Die darin aufgearbeiteten Einschätzungen der Studienteilnehmer zeigen jedoch auch, dass die Möglichkeiten der Integration technologischer Errungenschaften zum heutigen Zeitpunkt nicht annäherungsweise ausgeschöpft sind.

Aus Prozesssicht werden eine verstärkte Automation und die Umsetzung einer durchgängigen IT-Unterstützung im Sinne von „End-to-End"-Ansätzen angestrebt. Diese soll einerseits die Performanz der Leistungsprozesse verbessern. Andererseits kann damit auch die Leistungskraft der Bankorganisation insgesamt erhöht werden. Die aufgrund von optimierten Prozessen und der fortschreitenden Automatisierungen erschließbaren Ressourcen sind bei der Verbesserung und Intensivierung der Kundenbetreuung zu nutzen, die langfristig auch in steigendem Ertrag münden sollen. Die Verstärkung der Automation im Bereich standardisierbarer Abläufe sowie die zunehmende Umsetzung von „End-to-End"-Ansätzen wird auch die Zusammenarbeit von Bank und IT-Dienstleister intensivieren – weg vom bloßen IT- hin zum Prozessdienstleister. In erweiterten Wertschöpfungsstrategien wird dabei dem Thema der „Standardisierung" eine hohe Bedeutung beigemessen, um Wertschöpfungsprozesse flexibler konfigurieren und effizienter abbilden zu können. Die Umsetzung regulatorischer Auflagen bildet dabei eine zusätzliche Herausforderung, die jedoch auch neue Chancen in nationalen und internationalen Märkten eröffnen.

Die Erschließung innovativer Technologien stellt eine weitere Herausforderung sowohl für die Banken als auch für deren IT-Dienstleister dar. Hier gilt es technologische Möglichkeiten sowie marktorientierte Anforderungen bzw. Potenziale abzuwägen und individuelle Pfade zur Erschließung dieser innovativen Technologien für die Bank abzuleiten.

Ein Innovationsfeld stellt der künftige Technologieeinsatz bei der Kundenidentifikation in der Bankfiliale dar. Treiber dieser Entwicklung sind sowohl technische Innovationen als auch steigende Anforderungen im Markt hinsichtlich Sicherheit und Servicekomfort. Die neuen Technologien ergänzen dabei bestehende Lösungen, werden in diese integriert oder ersetzen sogar in Einzelfällen bestehende Lösungen (siehe Abbildung 5).

Eine hohe Bedeutung haben in diesem Zusammenhang biometrische Verfahren (zum Beispiel Gesichts-, Stimm- und Bewegungserkennung, Finger-, Venen- und Irisscan). Die Banken erwarten, dass sich biometrische Verfahren bis zum Jahr 2015 als Sicherheitsstandards in Banken etabliert haben werden. Als Nutzenpotenziale hinsichtlich der Einführung dieser Verfahren lassen sich zum Beispiel die automatisierte Kundenidentifizierung und Bereitstellung von Kundendaten nach Filialeintritt sowie die mitarbeiterprofilorientierte Zugangskontrolle zu IT-Systemen festhalten. Somit tragen derartige Verfahren zukünftig neben der Optimierung von Sicherheitsstandards auch zur Weiterentwicklung erforderlicher Individualisierungsprozesse in der Bank-Kunde-Kommunikation bei.

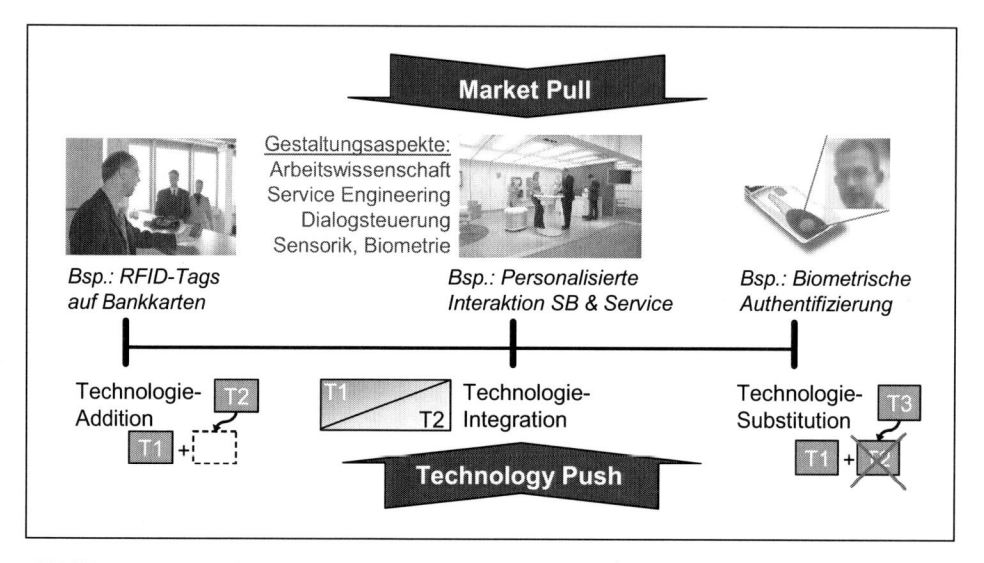

Abbildung 5: Künftiger Technologieeinsatz bei der Kundenidentifikation

Neben der Implementierung neuartiger Technologien wie biometrischer Verfahren wird auch der Erweiterung bereits bestehender Lösungen durch neue Technologien ein hohes Potenzial zugesprochen. Anzuführen ist in diesem Zusammenhang zum Beispiel die funktionale Erweiterung des klassischen SB-Gerätes hin zum universellen Dienstleistungsroboter, welcher Dienste offeriert, die über die derzeit bereitgestellten Standardfunktionen (zum Beispiel Kontostandsübersicht, Kontoauszugsdruck) hinausgehen. Zu nennen sind hier bankenübergreifende Finanzgeschäfte sowie Produktbündelangebote unter Einbeziehung von Partnerunternehmen (zum Beispiel Ticketverkauf) oder Behörden (zum Beispiel digitale Bürgerservices).

Ein weiteres zentrales Innovationsfeld stellt das Internet dar, dessen Potenziale im Finanzdienstleistungssektor noch lange nicht vollständig ausgeschöpft sind. Erwartet werden einerseits drastische Veränderungen für bestehende Vertriebsprozesse, zum Beispiel Intensivierung des Verkaufs standardisierter Finanzprodukte und auch komplexerer Produkte wie Baufinanzierungen über das Internet. Anderseits wird erwartet, dass sich neue Märkte und Geschäftsmodelle etablieren werden, zum Beispiel über Kreditbörsen oder Versteigerungen von Produkten über das Internet, bei denen die Banken auch den direkten Kontakt zum Endkunden einbüßen könnten. Es ist daher erforderlich, die technischen Potenziale und die Akzeptanz damit verbundener Interaktionsmöglichkeiten bei den Kunden zu beobachten und daraus individuelle Strategien abzuleiten. In diesem Zusammenhang sind auch die zu verzeichnenden und zunehmenden Experimente im Hinblick auf den Einsatz von Anwendungen und Technologien des Web 2.0 zu verstehen.

Erste im Rahmen des Verbundforschungsprojektes Innovationsforum „Bank & Zukunft" gewonnene Erkenntnisse haben gezeigt, dass ausgewählten Anwendungen (zum Beispiel Blogs, Wikis, Communities etc.) sowie die für die Nutzung dieser in Frage kommenden Nutzer ein sehr hohes Potenzial hinsichtlich des Einsatzes derartiger Lösungen zur Gestaltung neuer Kommunikationsformen mit sich bringen. Wettbewerbsvorteile im medialen Vertriebsweg Internet lassen sich in diesem Zusammenhang insbesondere durch die Optimierung interner Leistungs- und Informationsbeschaffungsprozesse (E2E), die Gewährleistung unternehmensübergreifenden Wissenstransfers (B2B) sowie die Gestaltung neuer Formen des Kundendialogs untereinander (C2C) sowie im medialen Beratungsgespräch (B2C) generieren.

Galten bisherige Begegnungen in der medialen Welt als anonym und abstrakt, so wird durch die Verbindung realer und medialer Welt auch eine emotionale Brücke hergestellt. Rund zwei Drittel der Banken erwarten bereits heute, dass bis zum Jahr 2015 die Kunden ihren Berater sowohl in der realen als auch in der virtuellen Filiale treffen können. Handelnde Personen und erlebtes Ambiente werden dabei zusammengeführt, wobei sich reale und virtuelle Welt in der Interaktion zunehmend ergänzen (siehe Beispiel in Abbildung 6). So könnte zum Beispiel das persönliche Gespräch in der Filiale am Vormittag durchgeführt werden, die Erläuterung einer ausgearbeiteten Lösung am Abend in der virtuellen Welt.

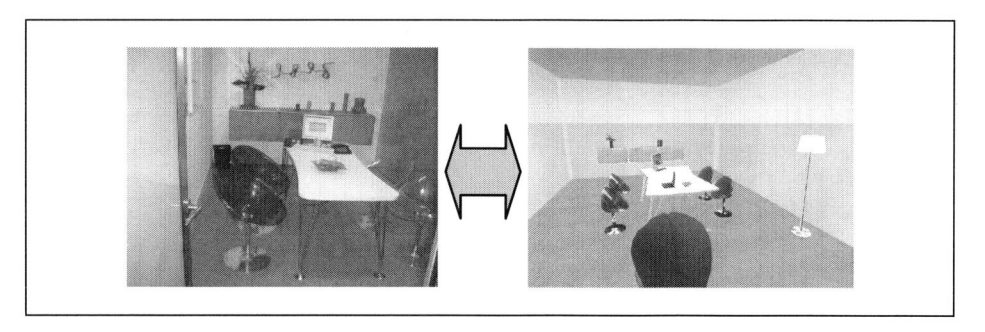

Abbildung 6: Begegnungen in realen und virtuellen Räumen[4]

Im Zuge einer behutsamen Vorgehensweise besteht für Banken, die sich mit den dargelegten Chancen und auch den existierenden Risiken (zum Beispiel Reputationsrisiko) auseinandergesetzt haben, die Möglichkeit, ausgewählte Web-2.0-Anwendungen zunächst organisationsintern einzusetzen und so erste Erfahrungen zu sammeln. Es empfiehlt sich jedoch, diese

---

4 Beispiel: Beratungsraum in „Q110 – Die Deutsche Bank der Zukunft": real in Berlin und virtuell in Second Life.

neuen Dienste zeitnah auch externen Nutzern anzubieten, da davon auszugehen ist, dass sich das Web 2.0 langfristig auch im Finanzdienstleistungssektor durchsetzen wird und es vermieden werden sollte diesbezüglich im Vergleich zu Wettbewerbern ins Hintertreffen zu geraten. Als weitere kritische Erfolgsfaktoren sind eine regelmäßige Pflege sicherzustellen (insbesondere bei Inhalten sowie Reaktionszeiten bei Anfragen), Richtlinien für Mitarbeiter im Umgang mit Web 2.0 zu definieren und regulatorische Vorgaben sowie Darstellungsform und Inhalte der neuen Dienste auf die Konformität mit der Unternehmenskultur zu prüfen.

Insgesamt lässt sich im Hinblick auf die zukünftige Bedeutung, Konzeption und den Einsatz von Informationstechnologien im Finanzsektor festhalten, dass Finanzdienstleister neben der fortschreitenden Integration innovativer IT-Lösungen zudem Optimierungen entlang der Wertschöpfungskette durch zielgerichtete, bedarfsorientierte Maßnahmen der Technologieaddition und -substitution anstreben. Die Potenziale zu heben erfordert eine Innovationsbereitschaft der Banken und ein gemeinsames Lernen mit Lösungspartnern, ohne dabei den Kunden außer acht zu lassen.

2.5 Steigende Anforderungen an Management und Mitarbeiter

Mit der strukturellen Umgestaltung der Bankinstitute auf dem Weg zur „Bank der Zukunft" geht auch eine Veränderung der Anforderungen an den Bankmitarbeiter einher. In diesem Zusammenhang werden sich die Rollenprofile der Mitarbeiter sowie deren Qualifikationsprofile ändern. Allgemein wachsen die Anforderungen an den Mitarbeiter, der sich zunehmend selbst organisieren muss. Flexibilität und Agilität werden zu zentralen Herausforderungen.

Künftig werden die meisten Mitarbeiter einer Filialbank im Vertrieb arbeiten und eine steigende Anzahl wird zudem mobil tätig sein. Im Fokus des Mitarbeiters soll weiterhin der Kunde stehen, dessen Bedürfnisse in zunehmendem Maße individualisiert berücksichtigt werden müssen, um die Bank-Kunde-Beziehung aufrecht zu erhalten. Dabei werden auch traditionelle Rollen, wie zum Beispiel die klassische Servicekraft in der Filiale, durch die zunehmende technologische Durchdringung an Bedeutung verlieren bzw. werden sich hin zu neuen Rollen, wie zum Beispiel die eines „Navigator" für den Kunden, verändern. In der Beratung werden verstärkt kommunikative Verkaufstalente gesucht, die eine Brücke zwischen zunehmend komplexer werdenden Finanzmärkten und den Bedürfnissen der Kunden schlagen können. Diese vertriebsorientierten Generalisten sind eng mit den Fachspezialisten in der Bank bzw. den Experten der weiteren Wertschöpfungspartner vernetzt.

In der Produktion werden einfache Tätigkeiten zunehmend durch die IT automatisiert. Ansätze zur Steuerung von Workflows sowie die Prozessentwicklung werden dabei an Bedeutung gewinnen. Dabei sind auch Managementstrukturen anzupassen sowie neue Rollenprofile wie zum Beispiel „Prozessingenieure" einzuführen. Hierdurch wird eine Schnittstellenfunktion gestärkt, die Aspekte der fachlichen Prozessentwicklung und der Implementierung neuer Informationstechnologien verbindet. Zudem wird die Steuerungsebene prozessorientiert unterstützt.

Ein weiterer zentraler Aspekt der Personalentwicklung stellt die Stärkung der Innovationskraft als Basis für die Schaffung von Differenzierungsmerkmalen am Markt dar. Dies bedingt zum einen eine Stärkung der Managementstrukturen, zum Beispiel durch Einführung einer Rolle, die die Funktion eines „Innovationsmanagers" zur Steuerung der Innovationsaktivitäten wahrnimmt. Zum anderen ist das Innovationspotenzial der Mitarbeiter sowohl bei der Ideenfindung und -konkretisierung als auch bei deren Umsetzung in der Bank und im Markt zu erschließen.

Ein wesentlicher Erfolgsfaktor der Unternehmensentwicklung in Banken wird darin bestehen, die Mitarbeiter und Führungskräfte auf die Veränderungen bei den Geschäftsmodellen vorzubereiten. Nur wenige Bankmanager sind heute der Meinung, die hierfür erforderlichen Weichenstellungen bereits umfassend getroffen zu haben. Vielmehr sehen sie sich inmitten dieser Umbruchphase, in der man mit Ängsten vor einer anderen Bankenwelt der Zukunft aktiv umzugehen hat und gleichzeitig innovative Kräfte zur Veränderung mobilisieren muss.

3. Zukunft als Herausforderung und Chance

Das Projekt „Zukunft" stellt für die Banken gleichermaßen Herausforderung und Chance dar. Folgende Aspekte werden dabei von besonderer Relevanz sein

- Harmonisierung der Finanzmärkte: Die Umsetzung regulatorischer Auflagen ist nur der erste Schritt, die Märkte werden sich nachhaltig verändern. Die Banken werden gefordert sein, diesen Markt für sich und ihre Kunden zu erschließen.

- Intensivierung des Wettbewerbs: Neben dem Wettbewerb mit etablierten Anbietern müssen sich die Banken zunehmend auch auf neue Marktteilnehmer einstellen. Dabei müssen neue Zugangswege zum Kunden (zum Beispiel über den Handel, Kooperationspartner im Internet etc.) offen und kritisch durchleuchtet werden.

- Klare strategische Positionierung im Markt: Durch Aufweichung bisheriger Differenzierungen wie Filial- oder Direktbank, Universal- oder Spezialbank etc. sind auch die Profile einer Bank unschärfer geworden. Die Banken müssen an klaren Profilen arbeiten, die für die Kunden und die Mitarbeiter gleichermaßen stimmig und interessant sind.

- Kundenakquisition und Kundenbindung: Banken müssen immer wieder neu um Kunden kämpfen und durch erlebte Qualität, angemessenes Pricing und Begeisterungsmomente binden. In einem zunehmend komplexeren Finanzmarkt werden die Banken gefordert sein, diesen für den Kunden zu erschließen und den Nutzen einer langfristigen Beziehung damit zu rechtfertigen.

- Kompetenz, Vertrauen und Sicherheit: Diese Werte werden auch künftig als „Hygienefaktoren" für Banken von hoher Bedeutung sein und sind mit einem hohen Standard sicherzustellen.

- Qualität in multiplen Begegnungsorten: Das Erleben der Bank und seiner Beschäftigen ist in unterschiedlichen Medien und Situationen möglich. Ein hoher Qualitätsstandard ist in allen Situationen sicher zu stellen, insbesondere bei den technischen Schnittstellen (SB, Internet, Virtuelle Welten).

- Rolle der Beratung: Zu den Aufgaben eines Mitarbeiters im Vertrieb gehört zunehmend die Aufgabe, stimmige Lösungen für den Kunden zu erarbeiten und diesen mit der Komplexität des Marktes und seiner Produkte nicht zu verunsichern. Beratung bekommt damit zunehmend einen wahrnehmbaren Wert und damit mittelfristig auch einen Preis.

- Innovationsmanagement: Durch erlebbare Innovationen im Vertrieb können Differenzierungsmerkmale geschaffen werden, die es die es jedoch immer wieder neu zu entwickeln gilt. Hierzu werden neue Rollen wie die eines Innovationsmanagers zu etablieren sein, der Moderator, Koordinator und ggf. auch Coach für Innovationsprozesse ist.

- Prozessmanagement in Wertschöpfungsnetzwerken: Durch Prozessmanagement wird Prozessexzellenz erreichbar sein, die Effizienz und Agilität gleichermaßen einschließt. Innovative Wege sind daher auch in Bankorganisation und in der Umsetzung der Prozesse zu beschreiten. Industrialisierungsmaßnahmen und der damit verbundene intensivierte Technikeinsatz im Banksektor werden sich weiterhin ausdehnen.

- Erweiterte Rolle der IT und seiner Dienstleister: IT-Dienstleister werden zu wichtigen Partnern im Prozessmanagement und in der innovativen Prozessentwicklung weiterentwickeln. Die Standardisierung von Schnittstellen eröffnet damit die Basis für eine schnellere Adoption innovativer Lösungen, die unternehmensindividuell realisiert werden. Dabei wird in den Banken die Rolle eines IT-Managements an Bedeutung gewinnen, wenngleich deren Umsetzung über Partner erfolgt.

Die Trendstudienreihe „Bank & Zukunft" von Fraunhofer IAO zeigt, dass sich die Banken intensiv mit Zukunftsfragen und deren Folgen für die eigenen Strategien beschäftigen. Dennoch fühlen sich die meisten Banken auf die abschätzbaren Veränderungen im Bankenmarkt und im Banking noch nicht hinreichend vorbereitet: Nur jede vierte Bank sieht sich bereits heute sehr gut bzw. gut vorbereitet, 44 Prozent sehen in Detailfragen noch enorme Defizite und 31 Prozent den Bedarf umfassender Veränderungen, um sich den künftigen Herausforderungen stellen zu können[5].

Die „Bank der Zukunft" kann und muss erst noch gestaltet werden. Von entscheidender Bedeutung wird daher sein, wie es gelingen kann, das Thema Innovation als Leitthema im Management zu verankern und auch die Mitarbeiter und Kunden für die „Bank der Zukunft" zu begeistern.

---

[5] Quelle: Spath (Hrsg.)/Engstler/Praeg/Vocke (2008)

Literatur

COMDIRECT (2007): Kunden-Motive 2007. Tiefenpsychologie - die Deutschen und ihre Beziehung zur Bank, Quickborn: Comdirect 2007.

ENGSTLER, M./PRAEG, C.-P./VOCKE, C./WELSCH, R. (2007): European Retail Banking Survey, Stuttgart & Frankfurt am Main: Fraunhofer IAO/IBM Deutschland GmbH 2007.

SPATH, D. (HRSG.)/ENGSTLER, M./PRAEG, C.-P./VOCKE, C. (2006): Trendstudie Bank und Zukunft 2006 - Wettbewerbsfähigkeit durch Innovation im Vertrieb und industrialisierte Prozesse, Stuttgart 2006.

SPATH, D. (HRSG.)/ENGSTLER, M./PRAEG, C.-P./VOCKE, C. (2007): Trendstudie Bank und Zukunft 2007 - Mit Prozessexzellenz und Vertriebsinnovationen die Bank der Zukunft gestalten, Stuttgart 2007.

SPATH, D. (HRSG.)/ENGSTLER, M./PRAEG, C.-P./VOCKE, C. (2008): Trendstudie Bank und Zukunft 2008 – Wie sich Banken auf die Herauforderungen von morgen bereits heute vorbereiten, Stuttgart 2008.

Die Herausgeber

Professor Dr. Dieter Spath ist Leiter des Fraunhofer-Instituts für Arbeitswirtschaft und Organisation (IAO) und des Instituts für Arbeitswissenschaft und Technologiemanagement (IAT) an der Universität Stuttgart. Nach dem Studium des Maschinenbaus, Fachrichtung Betriebs- und Fertigungstechnik an der TU München und seiner Promotion begann er seine Industrielaufbahn 1981 bei der KASTO-Firmengruppe, deren Geschäftsführer er 1988 wurde. 1992 erhielt Dieter Spath einen Ruf als ordentlicher Professor an der Universität Karlsruhe (TH) und damit verbunden die Leitung des Instituts für Werkzeugmaschinen und Betriebstechnik (wbk). In den Jahren 1996 bis 1998 war er Dekan der Fakultät Maschinenbau, von 1996 bis 2001 Mitglied des Senatsausschusses und des Bewilligungsausschusses für Sonderforschungsbereiche bei der Deutsche Forschungsgemeinschaft (DFG). Dieter Spath wurde 2003 in den acatech-Konvent für Technikwissenschaften der Union der deutschen Akademien der Wissenschaften gewählt. Er ist unter anderem Kuratoriumsmitglied des Georg-Schlesinger-Preises. 2003 wurde er für seine Bemühungen einer akademischen Zusammenarbeit mit der Technischen Universität Danzig mit der Verdienstmedaille der TU Danzig geehrt. Herr Professor Spath hat zahlreiche Veröffentlichungen zu den Herausforderungen der zukünftigen Arbeitswelt und Knowledge-Management publiziert.

Dr. Wilhelm Bauer ist Institutsdirektor am Fraunhofer-Institut für Arbeitswirtschaft und Organisation (IAO), Stuttgart. Er studierte an der Universität Stuttgart mit den Schwerpunkten Industrial Engineering, Arbeitswissenschaft und Datenverarbeitung. Als Institutsdirektor leitet er am Fraunhofer-Institut für Arbeitswirtschaft und Organisation IAO das Competence Center „New Work". Unter anderen ist Herr Bauer Projektleiter im Verbundforschungsprojekt „OFFICE 21®". Die inhaltlichen Schwerpunkte der Arbeiten sind Arbeitsforschung, New Work, Arbeits- und Bürogestaltung, Virtual Reality und Rapid Product Design. Herr Bauer verantwortet Projekte in den Bereichen Strategieentwicklung, Arbeitsformengestaltung, ganzheitliche Bürokonzepte und Change Management. Er ist Autor von mehr als 200 wissenschaftlichen und technischen Veröffentlichungen. An den Universitäten Stuttgart und Hannover ist er Lehrbeauftragter für Arbeitsgestaltung im Büro.

Martin Engstler ist Leiter des Zentrum Finanzdienstleister am Fraunhofer-Institut für Arbeitswirtschaft und Organisation (IAO), Stuttgart. Seit Juli 2004 ist er Projektleiter des von ihm mitinitiierten Verbundforschungsprojekts „Innovationsforum »Bank & Zukunft«" am Fraunhofer IAO. Im Rahmen dieser Initiative bündeln aktuell rund 25 Bankinstitute und IT-Dienstleister ihre Kompetenzen, um gemeinsam innovative Konzepte und Lösungen für die Finanzbranche zu entwickeln. In den von ihm mitverfassten Studien und Publikationen zur Zukunft der Finanzbranche setzt er sich insbesondere mit der Weiterentwicklung der Geschäftsmodelle im Vertrieb und der Gestaltung künftiger Geschäftsprozesse auseinander. Martin Engstler ist Lehrbeauftragter im Fach „Projektmanagement" an der Hochschule der Medien in Stuttgart.

Die Autoren

Michael Allen ist Gründer von Allen International. Er verfügt über 30 Jahre Erfahrung im internationalen Marketing und beschäftigt sich seit über 20 Jahren mit Themen des Strategischen Designs. Sein Unternehmen machte er zu einer der größten Design Beratungsgesellschaften in privater Hand in Europa. Vor der Gründung von Allen International war Michael Allen als Managing Director für das Europageschäft von RPA Europe verantwortlich. Zuvor war er General Manager für Philip Morris in Ägypten und Marketing Director von Liggett & Myers International für den Nahen Osten.

André Berndt ist seit 2007 als Spezialist Business Management im Zentralen Stab Zentrale- und Filialorganisation der Commerzbank tätig. Schwerpunkt seiner Tätigkeit ist die Steuerung von Struktur- und Innovationsprojekten. Seit 2006 koordiniert er die Zusammenarbeit der Commerzbank mit dem Fraunhofer Institut Arbeitswirtschaft und Organisation (IAO) im Rahmen des Innovationsforums „Bank und Zukunft".

Peter Blatter ist seit 2002 Mitglied des Vorstands und COO der Citibank Deutschland. Er verantwortet das Ressort Operations & Technology und damit auch das Dienstleistungscenter der Citibank in Duisburg. Peter Blatter ist seit 1978 bei der Citibank. Die berufliche Laufbahn des Diplom-Volkswirtes begann im japanischen Industriesektor.

Frerich-Weers Bremer, Diplom-Kaufmann, Jahrgang 1963, ist seit 2006 Geschäftsführer der NORD/IT. Auf den bisherigen Stationen seines Berufslebens (unter anderem Deutsche Bank AG, Siemens Business Services GmbH & Co. OHG, T-Systems Enterprise Services GmbH) hat er sowohl das Bankgeschäft als auch die dazugehörigen Prozesse und unterstützende IT ausgiebig kennen und anwenden gelernt. Somit sind ihm die Anforderungen aus Sicht des Kunden sowie die Leistungen, die einen sehr guten IT-Dienstleister ausmachen, bestens bekannt.

Uwe Bröker ist seit 2001 Mitglied der Unternehmensleitung der S&N AG. Dort verantwortet er unter anderem den Aufbau neuer, strategischer Handlungsfelder, das Produktmanagement und den Ausbau des Europageschäfts. Zuvor war Herr Bröker in verschiedenen Positionen eines großen IT-Konzerns tätig. Hier leitete er in den letzten Jahren internationale Großprojekte aus den Bereichen der Unternehmens-Geschäftsoptimierung und M&A.

Dipl.-Kffr. Andra Dempzin ist Marketingberaterin im Bereich Banking bei der Wincor Nixdorf International GmbH. Sie studierte Medienwirtschaft mit dem Schwerpunkt Marketing. Frau Dempzin verantwortet im Kommunikationsbereich unter anderem das internationale Kundenmagazin der Division. Ansprechpartner für das Innovationsforum „Bank & Zukunft" seitens Wincor Nixdorf International GmbH ist Herr Michael Strümpfler (siehe unten).

Frank Erb ist verantwortlich für den Vertrieb und die Erbringung von betriebswirtschaftlichen Beratungsleistungen rund um das Produktportfolio der FIDCUCIA IT AG. Schwerpunkte hierbei sind: alle Customer Relationship Management Produkte (operativ, analytisch, omnipräsent), IT-Prozessberatung/-optimierung und Balanced Scorecard.

Bernd Fitschen ist in der Portfoliosteuerung der GAD eG tätig und beschäftigt sich im Rahmen des Innovationsmanagements mit neuen Geschäftsmodellen für Banken. Zu seinen bisherigen Betätigungsfeldern gehörte neben dem Informations- und Kommunikationsmanagement in Banken der Ausbau der Vertriebswege. In den letzten Jahren war er für die Einführung von innovativen Angeboten im SB-Umfeld verantwortlich.

Dr. Johann Rudolf Flesch hat nach seinem Studium als Diplomvolkswirt und Promotion viele Jahre in verschiedenen Kreditinstituten, zuletzt als Vorstand gearbeitet. Parallel hat er sich in zahlreichen Veröffentlichungen mit Fragen der Bankstrategie und -steuerung beschäftigt. Gegenwärtig ist er als Berater und Lehrbeauftragter der Universität Hannover tätig.

Susanne Fröhlich, Jahrgang 1960, arbeitet seit 1990 bei IBM als IT-Architekt für Bankkunden. Davor studierte sie zum Diplom-Wissenschaftsorganisator mit Spezialisierung Informatik an der Humboldt Universität zu Berlin und sammelte Berufserfahrungen als Software Entwicklerin und in der IT-Projektleitung. In ihrer gegenwärtigen Funktion berät sie Banken unter anderem bei den Themen Online-Banking und Arbeitsplatzerneuerung sowie beim Einsatz von Web 2.0 Technologien und Konzepten.

Dr. Martina Göhring studierte Betriebswirtschaft an der Universität Stuttgart, im Anschluss Projekt- und Führungspositionen am Fraunhofer Institut für Arbeitswirtschaft und Organisation, IAO, in Stuttgart, seit 2004 geschäftsführende Gesellschafterin der centrestage GmbH (www.centrestage.de) und im Vorstand des Deutschen E-Learning Netzwerkes D-ELAN e. V. centrestage arbeitet als Agentur für Unternehmen im Bereich Web 2.0, corporate Blogs und Wikis, online und virales Marketing, Social Media Optimierung, Geschäftsprozesse im Enterprise 2.0. Eine enge Kooperation zwischen centrestage und dem IAO Innovationsbereich Bank & Zukunft besteht in der gemeinsamen Community-Plattform Bank 2.0 (www.bankzweinull.de), die Ideen, Anwendungen und Lösungsvorschläge von IT und Web 2.0 im Bankenbereich bündelt.

Axel Gürntke ist Bereichsleiter Produktionsbank und Steuerungsbank der Akademie Deutscher Genossenschaften e. V. (ADG) in Montabaur. Er verantwortet unter anderem die Konzeption und Durchführung von Seminaren zum Thema Produktionsbank.

Christoph Hampe ist seit 2004 Experte für sicherheitstechnische Lösungen unter Einbeziehung von biometrischen Systemen bei der Bosch Sicherheitssysteme GmbH. Er verantwortet den Vertrieb und die Geschäftsentwicklung in Deutschland Benelux und Teilen Osteuropas. Zuvor war er bei der ZN-AG Bochum (heutige L1 Identity Solutions) zuständig für das Partnermanagement und den Vertrieb in Deutschland Österreich und der Schweiz. Schon während seiner Ausbildung zum Rechtsanwalt hat er sich mit Innovationen im technischen Umfeld beschäftigt.

Die Autoren

Jürgen Hoß, Jahrgang 1961, ist Informatiker und war von 2003 bis 2006 Geschäftsführer des bayerischen Sparkassenrechenzentrums, der IZB SOFT. Davor leitete er knapp fünf Jahre die Hauptabteilung Organisation der Kreissparkasse Esslingen-Nürtingen. Davor war er Leiter einer der Entwicklungsabteilungen des Rechenzentrums der baden-württembergischen Sparkassen (ehemals RWSO). Seit 1. September 2007 ist Jürgen Hoß in der Geschäftsführung von inasys. Er ist verantwortlich für die Bereiche Professional Services, Support und Qualitätssicherung.

Heike Huth, 1958 geborene Bankkauffrau, leitet den Geschäftsbereich „Kreditsysteme" in der NORD/IT und ist für die Entwicklung und Betreuung der den Kreditprozess unterstützenden Verfahren in der NORD/LB sowie weiterer Landesbanken und Sparkassen zuständig. Sie ist seit über 30 Jahren im NORD/LB-Konzern tätig und durch ihre Tätigkeit in der Bank bestens mit bankfachlichen Themen und Prozessen vertraut.

Andrea Immenschuh, Marketing Manager Lotus, IBM Deutschland. Seit Mai 2007 ist Andrea Immenschuh als Marketing Managerin für den Bereich Lotus Software in Deutschland zuständig. In dieser Funktion ist sie für das Marketing des IBM SWG Lotus Produktportfolio verantwortlich. Diese Produkte beziehen alle End-User-Produkte der IBM ein und umfassen de Bereiche Software, Consulting & Business Services sowie technische Services. Andrea Immenschuh arbeitet seit vier Jahren für die IBM und war bis vor ihrem Wechsel zur Software Group im Bereich Financial Services Sector (FSS) tätig. Dort hatte sie unter anderem die Projektleitung für die Durchführung von Customer Events (zum Beispiel CeBit, EBIF) und die Marketingplanung für den Bereich FSS inne.

Frank Koebsch (Siemens Enterprise Communications GmbH & Co. KG) ist seit 1991 Mitarbeiter der Siemens AG. Seit 1998 hat er als Führungskraft in verschiedenen Funktionen tätig. Von 2000 bis 2006 war er als Leiter Vertrieb für Banken und Versicherungen tätig. Heute bringt er seine gewonnenen Erfahrungen in das Business Development für die Kunden der Branche ein. Die von ihm erarbeiteten Lösungen wurden aufgrund des Nutzens für die Kunden oft prämiert, zum Beispiel als Finalist beim top+ award 2004 # Go for Profit and Growth der Siemens AG, 2004, oder Finalist in der Kategorie Best Industry Solution auf der IBM Lotusphere, 2007.

Ines Kremer (Siemens Enterprise Communications GmbH & Co KG) ist seit 1997 Mitarbeiterin der Siemens AG. Fokussiert auf die Kunden der Finanzbranche, insbesondere Banken und Versicherungen, war sie in verschiedenen Funktionen im Vertrieb und im Business Development tätig. Gegenwärtig beschäftigt sie sich mit der Entwicklung von Lösungen für Unified Communication und Collaboration in der Finanzbranche.

Markus Krüger ist leitender Redakteur der Zeitschrift „Bankinformation" (BVR).

Gunter Lück, Diplom-Ingenieur, Jahrgang 1963, arbeitet seit 1991 für den internationalen Einrichtungsspezialisten Vitra. Seit 2000 leitet er den Bereich Projektmanagement in Deutschland. Im Rahmen seiner Tätigkeit koordiniert er komplexe Einrichtungsprojekte. Seit 2006 ist er Mitglied in der Initiative „Bank und Zukunft" des Fraunhofer Institutes in Stuttgart.

Tobias Lukas (29, MBA) verantwortet seit 2006 die Abteilung Unternehmenssteuerung bei der Berliner Volksbank eG. Nach dem Studium der Betriebswirtschaftslehre in Berlin und Frankfurt an der Oder begann er seine berufliche Entwicklung als Vorstandsreferent bei der Berliner Volksbank eG.

Uwe Müller (42) verantwortet seit 2005 als Manager Systems Engineering den Bereich Strategic Finance bei Cisco. Der Diplomingenieur begann seine Laufbahn bei Cisco Deutschland 1999 als Consultant in den Bereichen Regional Sales und später Public Sector. Als Manager im Bereich Public Sector war er erfolgreich für verschiedene Großprojekte verantwortlich, bevor er den Bereich Strategic Finance übernahm. Seit über 15 Jahren ist Uwe Müller in der IT tätig. Vor Cisco hatte er verschiedene technische Führungspositionen bei der DZ BANK und später bei dem auf die Finanzindustrie spezialisierten Systemhaus Neef inne. Seit 2007 hält Uwe Müller den Titel MBA, der Universität Viadrina, Frankfurt an der Oder.

Toni Piskač, Jahrgang 1970, studierte an der Hochschule für Kunst und Design Burg Giebichenstein in Halle Innenarchitektur. Seit 2001 leitet er bei Vitra den Bereich International Interior Design Services. In dieser Funktion entwickelt er Einrichtungskonzepte für Verwaltung, Geldinstitute und Handel.

Claus-Peter Praeg ist als Projektleiter am Fraunhofer IAO sowie am Institut für Arbeitswissenschaften und Technologiemanagement der Universität Stuttgart tätig. Er leitet nationale und internationale Projekte im Bankensektor für die Bereiche Industrialisierung, Geschäftsprozessmanagement, IT-Service Management und Technologiemanagement. Herr Praeg ist Autor zahlreicher wissenschaftlicher Publikationen, Marktstudien und internationaler Konferenzbeiträge sowie Koautor der jährlich erscheinenden Marktstudie im Rahmen des Innovationsforums Bank und Zukunft.

Ulrich Prosch, Jahrgang 1956, Dipl. Bankbetriebswirt (ADG), ist Direktor Unternehmensservice der Vereinigten Volksbank AG. Dort ist er zuständig für die Bereiche Personal, Organisation, IT, MSC, Kontrolle, Zahlungssysteme (Vertrieb und Administration), Mitarbeiter-Service (Famile & Beruf, Gesundheitsmanagement, Vorschlagswesen). Außerdem ist Herr Prosch ehrenamtlicher Arbeitsrichter und Prüfer bei der IHK Stuttgart.

Michael Reif ist Prokurist und Bereichsleiter Vertrieb bei der VR-Bank Rhön-Grabfeld eG.

Horst Schreiber ist Vertriebsvorstand der Volksbank Trier eG, Mitglied im Fachrat Markt beim Bundesverband der Deutschen Volksbanken und Raiffeisenbanken e. V. (BVR) sowie Mitglied im Fachausschuss Marketing beim Rheinisch-Westfälischen Genossenschaftsverband e.V. (RWGV).

Ralf Schuster, Jahrgang 1961, studierte Betriebswirtschaftslehre mit den Schwerpunkten Finance und Informatik an der Universität Paderborn. Am 1. Oktober 1987 stieg er als einer der ersten Mitarbeiter bei inasys ein und war bis zu seiner Berufung als Geschäftsführer zum 1. Januar 2002 in verschiedenen leitenden Positionen tätig. Seit 1999 ist Ralf Schuster als Gesellschafter an der inasys GmbH beteiligt. Ralf Schuster ist in der Geschäftsführung der inasys GmbH verantwortlich für die Geschäftsbereiche Vertrieb/Marketing, Entwicklung und Finanzen.

Die Autoren

Hermann Stengele ist Vorstandsvorsitzender der 2000 fusionierten Sparkasse Pfullendorf-Meßkirch, die auf der CeBIT 2001 im Wettbewerb „Banken im Wandel - Arbeitswelt 2010 im Multichannel-Vertrieb" ausgezeichnet wurde.

Michael Strümpfler ist Marketing Manager bei der Wincor Nixdorf International GmbH. In der Banking Division verantwortet er den Schwerpunkt „Branch Conception". Herr Strümpfler fungiert als Ansprechpartner innerhalb der Wincor Nixdorf International GmbH zu allen Themenbereichen des Innovationsforums „Bank & Zukunft".

Benjamin Syrbe ist Advisor to the Board of Directors bei Equens. In dieser Funktion ist er strategischer Berater des Vorstands zu verschiedenen Themenfeldern, wie beispielsweise zukünftige Trends und Entwicklungen im Zahlungsverkehrsumfeld, Qualitätsmanagement, Business Intelligence und strategische Partnerschaften. Zudem ist er verantwortlich für die strategische Weiterentwicklung der Themenfelder E-Invoicing, biometrische Bezahlsysteme sowie Betrugsprävention. Bis 2006 war Herr Syrbe Berater im Innovationsmanagement des ehemaligen Transaktionsinstituts für Zahlungsverkehrsdienstleistungen. Davor studierte er Betriebswirtschaft mit Schwerpunkt Banking an der Berufsakademie in Mannheim und an der Open University in London. Während dieser Zeit arbeitete er in den Bereichen Zahlungsverkehr, Kreditmanagement und Corporate Finance für die DZ BANK AG.

Christian Vocke ist seit Oktober 2000 wissenschaftlicher Mitarbeiter im Competence Center „New Work" des Fraunhofer-Instituts für Arbeitswirtschaft und Organisation (IAO) in Stuttgart. Herr Vocke ist Teilprojektleiter des seit Juli 2004 in Kooperation mit Banken und Dienstleistungsunternehmen der Finanzbranche etablierten Verbundforschungsprojektes Innovationsforum „Bank & Zukunft" mit Fokus auf die Entwicklung innovativer Geschäftsmodelle und IT-Infrastrukturen für zukunftsfähige Bankszenarien. Die Tätigkeitsschwerpunkte konzentrieren sich auf die Forschung sowie konzeptionelle Planung und Beratung im Hinblick auf die Integration informationstechnischer Lösungen in innovative Arbeitsszenarien. Christian Vocke studierte Informationstechnik mit den Schwerpunkten E-Business und Projektmanagement an der Berufsakademie Stuttgart und absolviert derzeit den berufsbegleitenden MBA-Studiengang „Finance & Management" an der Hochschule Nürtingen-Geislingen.

Sabine Vogel, Diplombetriebswirtin (FH), war von 05/2001 bis 01/2008 bei den arvato services Bertelsmann tätig. Seit 04/2004 leitete sie den Geschäftsbereich Banken der arvato distribution GmbH, Eschborn. 02/2008 gründete sie die Sabine Vogel Beratung und Management, Stuttgart. In diesem Rahmen ist Frau Vogel beratende Betriebswirtin mit den Schwerpunkten Vertrieb und vertriebsnahe Prozesse (www.beratung-und-management.de).

Johannes Wallenborn ist Chefarchitekt im Financial Services Sector der IBM Deutschland und verantwortlich für die Konzeption und Durchführung strategischer Projekte im Bereich Banken und Financial Markets. Nach einem Studium der Betriebswirtschaftslehre ist er seit nunmehr 22 Jahren vor allem im Bereich der relationalen Datenbanksysteme und großer Transaktionssysteme für Kunden verantwortlich. Er erfand ein java-basierendes Devicesubsystem für Bankenperipherie und führte ein Konsortium mehrerer Unternehmen zur weltweiten Standardisierung dieses Systems und zur Entwicklung einer Referenzimplementierung. In den letzten Jahren berät er Kunden zumeist zum Themenbereich Unternehmensarchitekturen.

Arno Walter ist seit 2008 Leiter des Zentralen Stabs Zentrale- und Filialorganisation. In die Commerzbank AG kam Herr Walter im Jahre 2002 als Bereichsleiter für Produktmanagement Private Kredite und Basisprodukte. Von dort kam er über die Stationen Firmenkundengeschäft, wo er als Leiter Business Development unter anderem das Programm „Move to the Top" zur Entwicklung der „Besten Mittelstandsbank" verantwortete, und Osteuropa, wo er als COO und Mitleiter der Filiale Prag den weiteren Ausbau begleitete, in seine heutige Funktion.

Georg Martin Wasner, Jahrgang 1969, arbeitet seit 1998 bei IBM als IT-Architekt für Bank- und Versicherungskunden. Nach dem Studium zum Diplom-Physiker an der Technischen Universität München startete er seine berufliche Laufbahn als Software Entwickler und Projektleiter. Heute berät er u. a. Banken in den Bereichen Online-Banking und Arbeitsplatzerneuerung sowie beim Einsatz von Web 2.0 Technologien und Konzepten.

Rainer Welsch, Jahrgang 1970, ist als Solution Manager im Bereich Financial Services für die IBM Corporation tätig. Nach einer Bankausbildung, einem Studium der Betriebswirtschaft an der Universität zu Köln sowie dem Absolvieren des CEMS Master in International Management in Brüssel/London startete Rainer Welsch 1998 seine berufliche Karriere als Management Consultant bei PricewaterhouseCoopers Consulting. Seit 2002 ist er für IBM im Business Development für die Konzeption und den Vertrieb innovativer Lösungen für Finanzinstitute verantwortlich. Seit 2004 arbeitet Rainer Welsch im European Banking Industry Solution Center in Barcelona und berät führende europäische Finanzinstitute. Er leitet mehrere Kooperationen mit wissenschaftlichen Institutionen, ist Autor bzw. Co-Autor diverser bankfachlicher Studien und hat zahlreiche Buchbeiträge und Fachartikel publiziert.

Markus J. Wunder (dipl. oec.), Jahrgang 1964, war von 1983 bis 1986 und von 1992 bis 1995 bei der Kreissparkasse Waiblingen als Bankkaufmann tätig, zuletzt als stv. Leiter des Vorstandssekretariats. Dort war er verantwortlich für das Qualitätsmanagement und die Unternehmensplanung/-steuerung. Von 1995 bis 2000 leitete Herr Wunder das Privatkundensekretariat der Sparkasse Karlsruhe, zuständig für Grundsatzfragen im Privatkundengeschäft, Marketing und Werbung. Danach war er als Bereichsleiter der Zentralen Kundenbetreuung bei der Raiffeisenbank Illertal eG beschäftigt, bevor er Ende 2001 zur Kreissparkasse Ludwigsburg wechselte. Dort führte er als Leiter Privatkundensekretariat bis Ende 2006 die Bereiche Call Center, Marketing, Verkaufsmanagement und Werbung. Seit 2007 ist Herr Wunder freiberuflich als Managementberater tätig.